TransLatin 01
트랜스라틴총서

라틴아메리카의 근대를 말하다
: 서구중심주의에 대한 성찰

WHEN WAS LATIN AMERICA MODERN?
Copyright © Nicola Miller and Stephen Hart, 2007
All rights reserved
First published in English under the title When Was Latin America Modern? by Nicola Miller and Stephen Hart Palgrave Macmillan, a division of St. Martin's Press, LLC. This edition has been translated and published under licence from Palgrave Macmillan.
The Authors has asserted their right to be identified as the author of this Work.
Korean translation copyright © 2008 by Greenbee Publishing Company
This translation of When Was Latin America Modern? is published by arrangement with Palgrave Macmillan through Shin Won Agency Co.

라틴아메리카의 근대를 말하다 : 서구중심주의에 대한 성찰

초판 1쇄 인쇄 _ 2008년 6월 23일
초판 1쇄 발행 _ 2008년 6월 30일

편저자 _ 스티븐 하트·니콜라 밀러 | 옮긴이 _ 서울대 라틴아메리카연구소

펴낸이 · 유재건 | 주간 · 김현경 | 책임편집 · 진승우
편 집 · 박순기, 주승일, 박재은, 강혜진, 임유진, 김신회
마케팅 · 이경훈, 이은정, 정승연, 서현아
영업관리 · 노수준 | 경영지원 · 양수연 | 유통지원 · 고균석

펴낸곳 · 도서출판 그린비 | 등록번호 · 제10-425호
주소 · 서울시 마포구 동교동 201-18 달리빌딩 2층 | 전화 · 702-2717 | 팩스 · 703-0272

ISBN 978-89-7682-711-1 04300
     978-89-7682-710-4 (세트)

이 도서의 국립중앙도서관 출판시 도서목록(CIP)은 e-CIP홈페이지(http://www.nl.go.kr/ecip)에서 이용하실 수 있습니다.(CIP제어번호: 2008002163)

이 책의 한국어판 저작권은 신원에이전시를 통해 저작권자와 독점계약한 도서출판 그린비에 있습니다. 저작권법에 의해 한국 내에서 보호를 받는 저작물이므로 무단 전재와 무단 복제를 금합니다.
책값은 뒤표지에 있습니다. 잘못 만들어진 책은 서점에서 바꿔 드립니다.

그린비 출판사 나를 바꾸는 책, 세상을 바꾸는 책
홈페이지 · www.greenbee.co.kr · 전자우편 · editor@greenbee.co.kr

TransLatin
트랜스라틴총서 01

라틴아메리카의 근대를 말하다
: 서구중심주의에 대한 성찰

니콜라 밀러 · 스티븐 하트 편저 | 서울대 라틴아메리카연구소 옮김

그린비

〈트랜스라틴〉을 간행하며

500년 소중한 꿈을 나누어 드립니다

한국에서 라틴아메리카 연구를 하는 것은 쓸쓸한 일이었습니다. '주변부'를 연구한 대가로 저절로 학계의 마이너리그로 떨어지게 되었으니까요. 당연하지 않느냐고 할 사람도 있을 겁니다. '남미병'을 들먹이거나 라틴아메리카의 '시원치 않은' 국제적인 위상 운운하면서요. 하지만 라틴아메리카의 소중한 꿈, 다른 목소리, 심오한 성찰을 들려주어도 별로 소통되지 않는 국내 현실이 반드시 그런 이유 때문일까요? 확실히 말할 수 있습니다. 진짜 원인은 다른 데 있다고요. 서구 지식만을 중히 여기는 국내 학계의 풍토가 그 주범입니다. 그리고 그런 풍토는 지식의 생산, 유통, 소비를 장악하고 있는 서구중심주의적 국제 지식네트워크에 종속되어 있는 데 따른 것입니다.

애당초 국제 지식네트워크에서 라틴아메리카는 만만한 희생양이었습니다. 서구 시각으로 볼 때 라틴아메리카는 제일 먼저 '문명의 빛'을 전수받고도 성장하지 못한 지진아이기 때문입니다. 일례로 헤겔은 그 땅을 "역사 없는 아메리카"라고 정의했을 정도입니다. 이 무슨 가당치 않은 말입니까. 사람이 살고 인간사회가 존재하는데 역사가 없다니요. 아무튼 서구는 라틴아메리카를 손가락질하면서 서구 지식이 우월하다는 증거로 삼았습니다. 사파티스타가 아래로부터의 세계화를 주장하면 그것이 대안이 될 수 있냐고 핀잔을 주었습니다. 소위 '좌파 도미노'도 대책 없는 포퓰리즘이라고 공격했습니다. 이런 정치적·사회적 사건들이 신자유주의라는 서구 지식을 처방하는 바람에 비롯되었는데도 말입니다.

우리네 사정도 별로 다르지 않습니다. 서구중심주의적 국제 지식네트워크에 갇혀 있는 사람들이 대안을 꿈꾸는 사람들에게 오히려 대안이 없다고 공격하는 무책임한 행동을 하고 있습니다. 푸코, 들뢰즈, 네그리 등등 서구에 대한 반성을 앞 다퉈 수입하기도 하지만 비슷한 이야기를 그보다 훨씬 전부터 주장한 라틴아메리카의 목소리는 듣지 못하거나 무시해 버립니다. 라틴아메리카의 자생적 지식이 서구 지식과 유사하면 참신하지 않다 생각하고, 다르면 신뢰하지 않기 때문입니다. 가령, 프랑스혁명이 외친 해방은 인류 보편적인 고귀한 가치로 떠받들면서 라틴아메리카에서 외친 해방은 모방이나 넋두리나 불온한 이념쯤으로 취급합니다. 국내 지식인들이 국제 지식네트워크에 종속되어 있다는 명백한 증거가 아니고 무엇이겠습니까?

〈트랜스라틴〉 총서를 기획하고 발간하게 된 것은 국내 라틴아메리카 연구에서는 일대 사건입니다. 라틴아메리카를 체계적이고 꾸준하게 소개하여 국내 학계의 지식 지형도에 라틴아메리카의 위치를 올바로 자리매김할 통로가 마련되었으니까요. 하지만 총서를 발간하면서 그것보다 더 기쁘게 생각하는 것이 있습니다. 근대적/식민적 세계체제 하에서 라틴아메리카가 500년을 소중하게 간직해 온 인간 해방의 꿈에 대해서 알려드릴 수 있게 되었다는 점입니다. 〈트랜스라틴〉의 목표는 바로 그 소중한 꿈을 나누어 드리는 것입니다.

2008년 6월
서울대 라틴아메리카연구소

:: 차 례

〈트랜스라틴〉을 간행하며 4

서론_라틴아메리카 근대성에 대한 학제적 접근 9

1부_역사학과 사회과학의 관점들

1장_라틴아메리카 근대성의 지리학 : 불균등하고 논쟁적인 발전 35
서론 35 | 근대성에 관한 지리적 관점들 37 | 비유럽중심주의적 근대성 공간 53 | 공간적 관점에서 본 라틴아메리카 근대성 56 | 발전 63 | 결론 67

2장_근대성과 전통 : 변동하는 경계, 변동하는 맥락 69
근대성의 정의 69 | 근대성에 대한 인류학적 접근 71 | 목적론과 척도 73 | 목적론과 척도의 잔존 79 | '전통'과 '근대성'의 구성성(constructedness) 84 | 전경화와 후경화 88 | 결론 95

3장_19세기 중엽 히스패닉 세계의 근대성들 99
선구적인 인류학에서 새로운 세계사(global history)까지 101 | 결론 127

4장_언제부터 라틴아메리카가 근대적이었는가? : 어떤 역사가의 답변 130

**라틴아메리카의
근대를 말하다**

2부_문학비평과 문화연구의 관점들

5장_언제부터 페루가 근대적이었는가?: 페루 내 근대성 선언들에 대하여 173
마누엘 곤살레스 프라다와 근대성 선언 175 | 에구렌의 자동차 184 | 마르틴 아단의 물 187 | 대화로서의 근대 192 | 쿠스코의 담벼락 앞에서 198 | 알베르토 플로레스 갈린도의 역사와 메시아적 시간 207 | 에필로그: 메시아적 시간의 장면 212

6장_비판적 기획으로서 뒤늦음: 마샤두 지 아시스와 표절자로서 작가 215
라틴아메리카의 예술과 사회: 교차로 215 | 뒤늦은 작가—시대를 앞선 작가 222 | 독자로서의 마샤두 지 아시스, 마샤두 지 아시스의 독자들 231

7장_쿠바 영화: 빛을 향한 긴 여행 240

8장_문화와 커뮤니케이션 영역에서 바라본 라틴아메리카와 미국의 관계 253
근대성이 진행되는 과정에서 발생한 이주의 양상 254 | 상상력과 상호문화적 오해들 259 | 북쪽과 남쪽에 존재하는 다문화성의 모순 263 | 결합 가능한 선택들 268

결론_언제부터 라틴아메리카가 근대적이었는가? 271

참고문헌 294 | 옮긴이 후기 321 | 찾아보기 328

| 일러두기 |

1 이 책에서 '아메리카'는 북미, 카리브 지역, 중미, 남미를 통칭한다.
2 'postcolonialism'은 '포스트식민주의'로, 'decolonialism'은 '탈식민주의'로 번역했다.
3 본문의 주석은 모두 각주로 표시되어 있으며, 옮긴이 주 끝에 '―옮긴이'라고 표시했다. 또 옮긴이가 본문에 첨가한 내용은 대괄호([ ])로 묶어 표시했다.
4 본문에 인용된 문헌은 저자명, 출간년도, 인용 쪽수 순으로 간략히 표기했다. 자세한 서지사항은 책 뒷부분의 '참고문헌'에 정리되어 있다.
5 외국 인명이나 지명, 작품명은 2002년에 〈국립국어원〉에서 펴낸 '외래어 표기법'을 따라 표기했다.
6 단행본·전집·정기간행물 등에는 겹낫표(『 』)를, 영화·단편·시 등에는 낫표(「 」)를 사용했다.

이 책은 2007년 한국학술진흥재단 인문한국사업 유망연구소(B00024)의 지원을 받아 기획, 번역되었음을 밝힙니다.

서론_라틴아메리카 근대성에 대한 학제적 접근

니콜라 밀러[*]

"언제부터 라틴아메리카가 근대적이었는가?"라는 질문은 사람들을 자극해 보려고 고안되었고, 실제로 그렇게 되었다. 이 책의 탄생 배경이 된 학제적 행사의 논쟁들이 해답을 내놓는 방향으로 흐르기보다는 질문 자체의 유효함, 그 질문을 다루는 기준, 근대성이라는 개념이 과연 의미 있는 분석적 내용을 제공할 수 있는지를 따지게 되었으니 말이다. 근대성이라는 용어를 가장 거세게 비판한 이는 인류학자 피터 웨이드였다. 그는 근대성은 목적론적 함의(진보적 대행진의 불가피성)와 척도화(비근대적인 모든 것을 작고 의미 없는 것으로 축소시키는 큰 그림으로서의 근대성) 때문에 출구가 너무 없어서 분석의 도구로 유용하지도, 용인할 수도 없다고 보았다. 심지어 '다양한 근대성'(multiple modernity)이라는 변이형조차 마찬가지라고 생각했다. 그러나 참여

---

[*] 니콜라 밀러(Nicola Miller)는 영국의 유니버시티 칼리지 런던(UCL)의 라틴아메리카 역사학 부교수로 재직 중이다. 저서로『소비에트와 라틴아메리카 관계, 1959~1987』(1989)와『국가의 그늘에서: 20세기 스페인아메리카의 지식인과 국가 정체성 탐구』(1999)가 있다. 현재 그녀는 라틴아메리카 지식인의 역사와 근대성에 대해 연구하고 있다.

자 다수는 결국 '근대성'이라는 용어를 고수하고 이 용어에 분석적 실체를 부여하는 전략을 토의하는 데 찬성했다. 비록 이 비평서의 글들이 근대성을 (계몽에서 덧없음에 이르기까지) 광범위하게 지시함으로써 그런 시도에 내포된 갖가지 문제들을 증언하고 있지만 말이다.

라틴아메리카의 근대성 경험은 지난 20년 동안 라틴아메리카 학자들은 물론 다른 지역의 라틴아메리카 연구자들에게도 커다란 학술적 관심을 불러일으킨 주제였다. 그런 관심은 라틴아메리카에서 포스트모더니즘을 논하는 것이 타당한가, 하는 논쟁과 보통 '세계화'라고 일컫는 일련의 변화가 야기한 충격에 대한 대응의 일환으로 고조된 측면이 있다(Quijano, 1990 ; Rincón, 1995 ; Sáenz, 2002 등). 근대성에 대한 관심은 특히 문화연구 분야에서 두드러졌다. 그러나 수많은 역사학자, 사회과학자, 영화 전문가, 건축 환경학, 시각 예술 역시 근대적이라는 것이 라틴아메리카에서는 무엇을 의미하는가, 라는 주제를 둘러싼 연구를 했다. 연구 결과물은 풍요롭지만, 라틴아메리카 근대성 자체가 그렇듯이, 파편적이기도 하다. 학자들은 상이한 분과학문으로부터(실제로는 각자의 분과학문 내부에서) 근대성의 연대기, 특징, 행위자 등과 같은 근본적인 이슈에 대해 폭넓고 다양한 입장을 개진했다. 여기서 이 문헌들을 다 재검토하기란 불가능하겠지만, 근대성을 연구한 라틴아메리카 학자들의 지난 10년 정도의 주요 작업을 대충이나마 추출해 보면 다양한 관점이 작동하고 있음을 볼 수 있을 것이다.

그러면 "언제부터 라틴아메리카가 근대적이었는가?" 이 질문에 곧이곧대로 답하자면, 주로 철학자들의 주장처럼 15세기 말 유럽 제국주의의 시작이나(Quijano, 1990 ; Dussel, 1995), 주로 역사학자들의 주장처럼 19세기 초 독립투쟁이나(Guerra, 1992 ; 1995 ; Uribe Urán,

2001), 문학비평과 문화연구의 관점대로 라틴아메리카가 국제 경제에 통합되고 모데르니스모*가 출현한 19세기 말이나(Rama, 1984 ; Ramos, 1989 ; Jrade, 1998 ; Geist and Monleón, 1999), 브루네르 같은 사회학자들이 주장하는 것처럼 20세기 중반 대중매체 기술의 확산이나(Brunner, 1995), 헤아릴 수 없이 많은 정치학자들과 경제학자들이 주장하듯이 20세기 말 신자유주의 및 민주주의와 함께 라틴아메리카 근대가 시작되었다. 그나마 이 기점들 사이의 몇몇 시기를 거론하지 않더라도 말이다.

    라틴아메리카의 근대성을 둘러싼 이러한 견해 차이는 물론 근대성 의식이 전반적으로 언제 생겨났는지에 대한 합의가 결여되어 있음을 보여 주는 측면도 있다. 많은 학자들, 특히 역사학자들은 계몽주의적 합리성 모델의 영향이 자본주의적 생활방식의 증가와 짝을 이룬 시기인 18세기 말과 19세기 초에 이끌리고 있다(Geras and Wokler, 2000 ; Bayly, 2003). 그러나 또 다른 학자들은 종교개혁과 과학혁명이 일어난 17세기론을 설득력 있게 제기하였고, 1200년처럼 빠른 연대를 제안하는 이들도 있다(Hardt and Negri, 2000). 그러나 근대성의 역사에 대한 이러한 공공연한 불확실성은 아직 근대적이지 못하다고 간주되는 국가에 비해 이미 근대적이라고 간주되는 국가들에서는 (계속 근대적이려면 끊임없이 신경을 써야하기는 하지만) 정치적으로 그리 첨예한 문제가 아니다. 레나토 로살도는 소위 근대화된 국민국가와 근대화

---

* 모데르니스모(modernismo). 19세기 말 라틴아메리카의 문학 경향으로 현대 라틴아메리카 문학의 시초라는 평가를 받는다. '모데르니스모'는 사전적으로는 '모더니즘'의 스페인어 단어에 해당하지만 영미권의 모더니즘과는 시기적으로나 경향으로 보아서나 차이가 난다. 옥타비오 파스(Octavio Paz) 등은 서구에서 낭만주의가 한 역할을 모데르니스모가 라틴아메리카에서 수행했다고 본다.—옮긴이

되지 못한 국민국가 사이의 "엄청난 이데올로기적 차이"를 논하면서, 높은 유아사망률 등의 이슈가 아프리카계 미국인들 사이에서는 "저발전의 표식이나 불균등 근대화 사례로 다루어지지 않는 반면 라틴아메리카에서는 원칙적으로 또 틀림없이 그렇게 다루어지리라고" 지적했다(García Canclini, 1995 : xiii~iv). 라틴아메리카가 근대화 없는 모더니즘, 근대성 없는 근대화, 일종의 사이비 근대성에 불과한 근대성의 경험을 했다는 식의 흔히 듣는 주장들은 모두 마크 터너가 "결핍의 거대서사"라고 부르는 것에 의거해 있다. 즉 일찍 독립하고 일찍 신식민주의를 경험한 라틴아메리카의 특수한 역사는 다른 지역들의 일반적인 패턴에 부합되지 않기 때문에 무엇인가가 결여된 것이라는 고정 관념에 의거하고 있는 것이다. 라틴아메리카가 대안적 근대성을 발전시켜 왔다는 요지의 몇몇 이론(異論)은 부분적으로는 이러한 가정들을 반박하기 위한 것으로 점점 더 많이 모색되고 있다. 대안적 근대성론은 독립 전쟁 원래의 해방 충동을 고수하고 21세기의 변화와 경쟁하는 모델을 제공한다.

우리가 학제적 워크숍을 열게 된 것은 바로 여기에서 개괄하고 있는 다양한 관점들을 토의하고, 그 관점들을 둘러싼 이론적·방법론적 이슈들을 토의하기 위해서였다. 워크숍은 2005년 2월 런던에 있는 아메리카연구소(Institute for the Study of the Americas)에서 열렸다. 공동의 관심사를 토론하고자 상이한 분과학문의 학자들을 불러 모으는 것은 매력적이면서도 모험적인 일이다. 학제적 행사는 자금을 대는 기관들에게 우호적으로 보이고 학계의 비상한 관심을 끈다. 학제적 행사가 훌륭한 일이라는—비록 모호하지만—광범위한 공감대가 형성되어 있는 것이다. 그러나 학제적 행사는 롤랑 바르트가 말하는 "쉬운 안정감이라는 평온함"(Barthes, 1977 : 155)을 제공하지 못한다. 학제적 행사가 사람들을 자극하여 다른 분과학문의 기여에 관심을 가지게 만든다는 목적을 실제로 성취한다면 말이다(하지만 많은 학자들은 역사학자는 역사 논문만 논평하고, 인류학자는 인류학 논문만 논평하고 마는 학제적 행사에 너무나 익숙해 있다. 그래서 각 분과학문은 다른 인식론들의 충격적인 파도에 전혀 교란되지 않고, 그러면서도 '학제적 연구'에 충실했다는 만족감이라는 순풍을 받으며 자기 항로를 평온하게 항해한다). 심지어 이번 경우처럼 관심이 촉발되었다 해도 분과학문 간 접속은 용이하지 않을 것이고, 분과학문 간 차이뿐만 아니라 각 분과학문 내부의 차이가 전면에 대두되는 일도 흔하다. 또한 접속이 되는 경우도 있고 그렇지 않은 경우도 있다. 역사학자들은 보통 정치학자나 지리학자들에게는 배울 용의가 있지만 문화연구 학자들과의 연계성을 인정하는 것은 쉽지 않다. 인류학자들과 문화연구 연구자들은 서로 많은 공통점을 발견하는 경향이 있지만(부분적으로는 이들 중 다수가 공통의 이론서 목록에 의거하기 때문이다. 그리고 적어도 일부는 기본적으로 민족지적인 방법론을 공유한다), 가장 이론에 투철한 역사학자들에게도 잔존해 있는 실증주의와 논쟁을 벌이는 것은 어렵게 생각한다.

크든 작든 위에서 언급한 모든 긴장이 '언제부터 라틴아메리카가 근대적이었는가?'라는 주제로 열린 워크숍에서 명백히 드러났다. 그래서 이 비평서는 주제 면에서는 강력한 통합성을 지니지만, 근대성 문제에 대한 실로 다양한 접근법을 보여 준다. 물론 부재도 존재한다. 예컨대 이 책에 분명히 포함될 수 있었을 분과학문들만 언급해 보아도 우리는 철학자, 예술사가, 경제학자의 글을 포함시키지 못했다. 그럼에도 불구하고 이 책의 편자들은 워크숍에서의 견해 교환이 궁극적으로는 각 분과학문의 비판적 자기 성찰이라는 동기 부여 이상의 일을 해냈다고 본다.

이어서 필자는 라틴아메리카 근대성을 재사유할 토대를 학제 연구의 등불 아래 창출할 수 있을 몇몇 수렴점을 짚어 볼 것이다. 그러나 먼저 두 파트로 나누어져 실려 있는 각 장을 개괄하고자 한다. 1부는 '역사학과 사회과학의 관점들'이며(1, 2, 3, 4장), 2부는 '문학비평과 문화연구의 관점들'(5, 6, 7, 8장)이다.

각 장의 개요

세라 A. 래드클리프가 쓴 1장 「라틴아메리카 근대성의 지리학: 불균등하고 논쟁적인 발전」은 사회이론과 문화연구에 정통한 지리학이 얼마나 풍요로운 시각을 제공할 수 있는지 보여 주고 있다. '근대성'이라는 용어의 규범적 함의에 대단히 예민한 그녀는 근대성이라는 주제에 대한 지리학적 접근을 개관하고, 라틴아메리카 근대성을 이해하는 새로운 틀을 만들고자 기존 연구를 비판한다. 래드클리프는 에콰도르 사례연구에서 얻은 증거로 이를 예증하고자 한다. 그녀는 근대성이 불가피하게 지리적 함의와 관련된 개념이라는 전제를 깔고 출발하지만, 이 점 때문에 필연적으로 유럽중심주의나 전파설로 귀결될 필요는 없다고 주장한다.

래드클리프는 앨런 프레드와 마이클 와츠의 "변형된 다양한 근대성"(multiple reworked modernities)이라는 개념을 채택하면서(Pred and Watts, 1992), 유럽식 근대성이 역사적으로 지배적 형식이었다 해서 필연적으로 유럽식 근대성을 보편적 기준으로 간주해야 하는 것은 아니라고 강조한다. 근대의 기획, 담론, 경험의 분석틀을 확립하고자 근대성의 거대한 기둥을 넘어뜨리면서, 그녀는 핵심 질문이 "언제부터 라틴아메리카가 근대적이었는가?"가 아니라고 주장한다. 이런 질문은 목적론적 접근, 규범적 접근을 낳을 수밖에 없고, 이런 접근법으로는 라틴아메리카가 근대성의 무도회에 늦게 도착한 것으로 보일 수밖에 없다는 것이다. 래드클리프는 대신 "라틴아메리카의 어떤 공간이 근대적이었는가?"라고 질문해야 한다고 주장한다. 그녀는 특정 시간, 특정 공간에서 근대성을 구축하는 요소들인 상호연결과 차별화(interconnectedness and differentiation), 연대와 계서제의 추이를 포착하기 위해 지주(支柱)의 메타포를 사용한다. 통상적으로 근대성을 견인한 요소로 간주되는 자본주의와 국민국가라는 두 주요 동력 중 어느 것 하나 균질적인 덩어리가 아니라고 그녀는 강조한다. 근대성과 발전 사이에는 예견 가능하거나 규칙적인 연계성이 없다. 1980년대 라틴아메리카의 경험*이 적나라하게 보여 주었듯이 반대의 일도 일어날 수 있는 것이다. 래드클리프의 연구는 근대성의 구축에서—영토의 지리학이든 상상의 지리학이든—지리학의 의미를 보여 주는 주목할 만한 사례이다. 또한 근대성 경험의 신체적 측면은 물론이고, 역사학자와 문화비평가들의 마음을 사로잡곤 하는 근대성 경험의 정신적 과정도 염두에 두고 있다.

    피터 웨이드에게 라틴아메리카는 언제나—혹은 결코—세계 어느 지역 못지않게 근대적이었다. '근대성'이라는 용어의 분석적 가치에 대한 그의 극단적인 의심은 서구 사회과학, 특히 그의 학문 영역

---

* 1980년대 라틴아메리카의 경제 위기를 말한다.—옮긴이

인 인류학에서 이분법적 사고방식이 끈질기게 지속되고 있지 않나 하는 우려에서 비롯된 것이다. 2장 「근대성과 전통: 변동하는 경계, 변동하는 맥락」에서 논의되고 있듯이 그는 "언제부터 라틴아메리카가 근대적이었는가?"라는 워크숍의 질문에는 서구 근대성에 지배된 역사적인 서사의 가정이 수반되어 있다고 본다. 그에게 서구 근대성은 진보와 번영의 항로를 제시함으로써, 모든 다른 사회를 그 물결 속에서 허우적거리게 만들었고 라틴아메리카도 그 기준에 의거해 시간적·공간적으로 자신을 정의하거나 타자에게 정의되는 맥락을 낳은 것이다. 웨이드는 근대성을 스케일이 크고 전 지구적인 것으로 서술하는 반면 전통은 스케일이 작고 지역적인 것으로 서술하는 목적론과 척도 효과(scaling effect)를 제거하는 것이 얼마나 어려운지를 보여 주기 위해 네스토르 가르시아 칸클리니의 『혼종문화: 근대성 넘나들기 전략』(*Hybrid Cultures: Strategies for Entering and Leaving Modrnity*, 1992)*에 대한 두 논평에 대해 논한다.

몇몇 비평가들과는 반대로 웨이드는 가르시아 칸클리니의 책이 '전통'과 '근대성' 두 범주 모두 뒤흔들고 있다는 관점을 취한다. 그럼에도 불구하고 웨이드는 혼종이라는 개념 자체에 이미 무엇이 전통적이고 무엇이 근대적인지 하는 구분이 존재한다고 말한다(이는 웨이드가 다른 글에서 주장하듯이 혼혈mestizaje이라는 개념 자체가 인종적 순수성의 개념에 의존하고 있는 것과 마찬가지이다). 웨이드는 인류학이 이런 이분법과 그 밑에 깔려 있는 유럽중심주의를 해제해 버리는 방법을

---

* 스페인어판 원제는 *Culturas híbridas: estrategias para entrar y salir de la modernidad*이며 1990년에 간행되었다. 라틴아메리카 근대성 논쟁과 문화연구에서 가장 중요한 저술 중 하나로 꼽힌다.—옮긴이

제시할 수 있으리라고 낙천적인 주장을 한다. 그는 자연선택이라는 생물학적 개념을 끌어들여, 비직선적 시간성과 내적으로 생성된 조직에 의거한 복합적 네트워크 모델이 비척도적·비목적론적 사유를 위한 영감의 원천이 될 수 있다고 제안한다. 비록 사회과학자들이 인간의 행위주체성(agency)을 고려하는 방법을 발견해야 되겠지만 말이다. 그는 이어서 다문화주의와 상호교환에 강조점을 두는 접근법들이 특정 분석적 맥락에서는 적절하다는 일련의 사례를 제시한다. 웨이드는 특히 콜롬비아 음악 연구에서 전통──이에 결부된 모든 사람이 커다란 의미를 부여하는 범주──이라는 것이 종종 혼종적이고 근대적이라는 사실을 발견했다. 왜냐하면 전통이 근대성과 함께 혼종을 빚어내기 때문이다. 사실 요즘 학자들이야 전 지구와 지역, 근대성과 전통과 같은 분석 범주들이 객관적인 현실을 담고 있는 것이 아니라 그저 변화 과정을 읽어 내고 추론해 내는 방법일 뿐이라는 사실을 전적으로 수긍한다. 그러나 근대성이라는 용어의 분석적 가치에 대한 웨이드의 극단적인 회의는, 이를 유념하는 것이 실제로는 항상 쉬운 것만은 아니라는 점을 상기시켜 주는 좋은 예이다.

역사학자 기 톰슨은 바로 웨이드가 논한 것, 즉 자신의 목적에 부합하는 범주들을 구축하는 인류학자들의 역사적 사례를 언급하는 것으로 3장 「19세기 중엽 히스패닉 세계의 근대성들」을 시작한다. 미국 인류학자들은 근대화는 불가피하다는 인식 하에 1920년대 멕시코 농촌에서 문화변동 모델을 구축했다. 하지만 그 과정에서 그들은 '근대적' 실천과 상품에 대한 수많은 경험적 증거들을 수집하게 된다. 그 인류학자들의 분석적 모델 대신 그 뒤에 숨어 있는 주관적·문화적 경험의 증거들에 의거한 톰슨은 지방 차원의 전망 하에 멕시코와 스페인의 두 지역을 비교한다. 톰슨의 주장에 따르면 이 두 지역은 19세기 중반에 근대성을 의식의 층위에서 경험했다. 톰슨은 이어 방법론으로서의 비교사의 잠재적 강점과 약점을 논하기 위해 C. A. 베일리의 『근대세계의 탄생 1780~1914』(Bayly, 2003)를 예로 든다. 베일리의 전제는 근대적이라는 것은 적어도 부분적으로는 자기정의(self-definition)의 과정이라는 것이다. 따라서 주관적 경험의 증거가 고려되어야 한다는 것이고, 톰슨은 이런 접근법이 영감을 준다고 보았다. 예의 '세계사'도 필연적으로 선택적일 수밖에 없다. 베일리의 책에서 히스패닉 세계는 대거 생략되어 있고, 그나마 여전히 정형화된 방식으로 언급되고 있어서 라틴아메리카 연구자들로서는 경악스러울 것이다. 특히 아시아와 관련된 상황에서는 저자의 예리함이 돋보이기 때문에 더욱 그럴 수밖에 없다. 이런 점에서 베일리의 접근법은 웨이드의 지적이 일리가 있음을 보여 준다. 목적론적이고 척도화된 관점을 고수하면 베일리처럼 특권적인 지배 모델에 저항할 때조차 문제를 야기하는 것이다.

톰슨은 자신의 견해를 입증하고자 1850년대에서 1870년대 사이 멕시코의 푸에블라시에라 및 스페인의 말라가-그라나다 고지대의 일상생활을 세심하게 재구성한 그의 글에서 비교사가 근대성이라는 개념에 어떻게 적확한 내용물을 제공해 주는지 보여 준다. 경제적·정치적·사회적·문화적 요소를 아우르는 방법론을 사용하는 톰슨에게 근대성은 민주주의적인 낙관론, 소비문화, 사회성의 새로운 형태, 연대 조직들의 정치화를 수반하는 것이다. 두 지역의 공적인 일상생활에서 시민 결사체와 민주적 실천이 존재했다고 말하는 톰슨의 주장은 멕시코와 페루 그리고 아마도 아르헨티나와 쿠바도 마찬가지였으리라는 카를로스 포르멘트에 의해 뒷받침된다(Forment, 2003). 라틴아메리카와 다른 지역의 사례를 비교했다는 장점을 지닌 톰슨의 글은 목적론적 모델들의 한계에 대한 충분한 증거를 제공한다. 1867년 공화정 복원 이후의 멕시코, 즉 민주주의와 경제적 진보에 대한 믿음이 상승일로에 있다가 권위주의적 반동에 봉착했을 때의 사건들이 보여 주듯, 근대성을 향한 움직임은 후퇴할 수도 있고 전진할 수도 있다. 또 소비문화는 이에 부합하는 시민문화 없이도 발생했다. 톰슨의 사례 연구는 비목적론적 사유의 가능성들을 보여 주고 있다. 그러나 웨이드가 근대성 개념 전체를 폐기하려고 하는 반면, 톰슨은 비교의 틀 속에서 근대성에 특정한 내용물을 부여하고자 한다.

앨런 나이트가 집필한 4장 「언제부터 라틴아메리카가 근대적이었는가?: 어떤 역사가의 답변」은 "언제부터 라틴아메리카가 근대적이었는가?"라는 질문에 수반되는 개념적 난제들을 직접 다루고 있으며, 이 질문이 토론을 자극하는 도구적 가치가 있다는 것은 인정하지만 발견적 장치(heuristic device)로서의 유효성에 대해서는 회의적인 결론에 이른다. 그러나 그의 관심의 초점은 웨이드와는 다르다. 나이트의 관점에서 볼 때 역사적 과정에 대한 세심한 주의는 (역사학자들이 통상적으로 사용하는 많은 개념에 내재되어 있는) 목적론과 척도화의 위험에 대항할 수 있다. 근대성이라는 용어와 관련된 진정한 문제점은 일관되게 적용 가능하고 엄밀한 의미를 이 용어에 부여하기가 대단히 어렵다는 것이다.

나이트는 (인류학에서 비롯되어 언어학을 거쳐 온 구분인) "내부적 관점"(emic)과 "외부적 관점"(etic)의 유익함을 주목한다.* 즉 특정 역

---

* 이 책 135쪽에 있는 옮긴이 주를 참조하라.—옮긴이

사적 맥락에서 개념들이 행위자들에게 어떻게 이해되고 있으며, 사회 과학자들이 그 행위자들을 분석하면서 그 개념들을 어떻게 사용하고 있는지 주목하는 것이다. 나이트는 '근대성'이라는 용어가 라틴아메리카에서는 20세기 말에야 사용되었으며, 그것도 주로 학문적 담론에서였을 뿐이라고 주장한다. 그러나 나이트는 '근대'와 '근대성'이라는 용어들이 과연 분석적 내용을 지니고 있는가 하는 이슈를 다루면서, 라틴아메리카에서 근대성은 대체로 낯설고 수입된 것이라고 보는 이들에게 도전한다. 이러한 관점은 "다양한 창안과 발견을 등한시"할 뿐만 아니라 라틴아메리카가 "독자적으로 '근대성'을 만들어 낼 수 있는 자율적 능력"을 지니고 있다는 점을 부정하는 것이라고 주장한다. 나이트는 만일 근대성이 무엇인가를 의미한다면, 그것은 유럽 계몽주의로 알려져 있는 사상과 가정(假定)들의 꾸러미를 가리킨다고 주장한다. 그렇다 하더라도 상황은 전혀 명료하지 않다. 세계 다른 지역은 물론이고 유럽의 여러 지역에서도, 계몽주의 전파의 역사는 "선별적인 전유, 왜곡, 거부"의 역사이기 때문이다. 나이트는 라틴아메리카 여러 나라의 여러 지역, 여러 시대에 걸쳐 계몽주의 사상의 출현을 추적하는 것이 가능하고 심지어 유용할 수도 있다고 주장한다. 그러나 그보다 더 많이 나아가려는 시도, 즉 언제부터 라틴아메리카가 근대적이었는지 확정하려고 노력하는 것은 잘못된 개념을 제한적일 수밖에 없는 자료에 적용하는 일이라고 결론짓는다.

윌리엄 로우가 쓴 5장 「언제부터 페루가 근대적이었는가?: 페루 내 근대성 선언들에 대하여」는 선형적 사유에서 탈주하려는 도전에서 비롯된 통찰력들을 제시한다. 로우는, 최근 포스트계몽주의적 지적 모델을 채택하는 와중에서도 진보의 서사를 충분히 문제 삼지 않았기 때문에 "시간적 이질성을 생각하는 데에는 의지가 요청된다"라고 말한다. 호세 카를로스 마리아테기의 유명한 주장처럼, 유럽중심적인 마르크스주의의 틀, 즉 봉건주의에서 자본주의를 거쳐 사회주의로 진보한다는 역사 단계론을 페루 현실에 적용하는 것은 별로 의미가 없다. 페루 역사를 결핍의 역사로 바라보는 시각을 극복할 유일한 길은 강력한 의지로 과거를 미래에 투사시킴으로써 과거를 구원하는 것이었다. 로우는 역사에 대한 마리아테기의 사유가 과거와 현재의 관계를 읽어 낼 가능성에 대한 발터 벤야민의 논의와 상응하는 것이라고 파악하면서, 시간적 순서에 따른 서사를 고수하는 통상적인 역사 방법론을 비판한다. 이를 위해 로우는 19세기와 20세기의 페루 문학 텍스트 및 역사 텍스트의 여러 장면을 탐색한다. 근대적 시간성이 확연히 드러나는 장면들이 있는 텍스트들이다. 로우의 생각은 저마다 한 가지씩 근대성의 장면을 담은 5장의 하위 절들이 순서와 상관없이 읽힐 수 있도록 하자는 것이다. 즉 연속선상에 있는 절들이 아닌 개별적인 성좌로 하위 절들을 구상한 것이다. 연속성과 순차성을 거부하고 시간성과 공간성을 함께 끌어들이는 글쓰기 방식을 통해, 비선형적 접근이 페루 근대성이라는 개념을 이해하는 데 필수적이라는 자신의 주요 논지를 실천하고 보여 주고 있는 것이다.

역사성은 중요한 것이지만 문화적 특성 역시 중요한 것이다. 근대성의 상(像)들은 특정 시간대에서뿐만 아니라 특정 장소에서도 생성된다. 로우는 라틴아메리카 근대성을 연구하는 유일한 길은 그것이 일반적으로 알려진 근대성과 간극이 있거나 불충분한 것임을 투철하게 인식하는 것이라고 시사한다. 페루는 "근대적인 동시에 비근대적"이며, 페루 역사를 연구한 사람이면 그 다양한 현실을 포괄하기 위해 충분히 유연하고 자기비판적인 발견적 장치를 찾을 필요가 있다.

주앙 세자르 데 카스트로 호샤는 분석적 용어로서의 '근대성'의 가치에 직접 초점을 맞추는 대신 다른 각도에서 이 문제에 접근한다. 그는 앨런 나이트가 "내부적 관점"이라고 부른 맥락에서, 즉 19세기 말 브라질의 특수한 역사적 맥락에서 근대성이 어떻게 이해되었는지를 다룬다. 19세기 말 브라질에서 근대성의 핵심 요소는 경제발전 및 사회정의 외에도 강대국의 최신 경향을 따라잡으려는 열망이었다. 카스트로 호샤의 6장 「비판적 기획으로서 뒤늦음: 마샤두 지 아시스와 표절자로서 작가」가 보여 주듯이, 내부적 경험에 목적론과 척도화의 요소들이 각인되어 있다는 이유만으로 그 요소들을 반드시 "외부적 관점"의 분석으로 다룰 필요는 없다.

브라질의 대표적인 소설가인 마샤두 지 아시스가 근대화에 어떻게 응답하는가를 논하면서, 카스트로 호샤는 근대성에 대한 분석적 접근법을 제공한다. 목적론과 척도화는 근대 기획 속에서 구축되는 경향이 있어서, 근대성을 분석하려는 이들이 이러한 것들을 떨쳐 버리기는 정말 어렵다. 하지만 이럴 때 카스트로 호샤의 접근법은 도움이 된다. 그의 사례 연구는 아무리 한계가 많은 상황에서도——가령 언제나 문명 대 야만이라는 가혹한 역사적인 굴레로 독해되어 온 맥락에서 발생한 충격적인 근대화 효과들 때문에——극단적으로 다른 결과를 산출할 수 있다는 사실을 보여 준다.

카스트로 호샤는 염세주의 그리고/또는 억압을 낳고 마는 운명론적인 대응이 라틴아메리카 문화정치의 주요 요소였고 지금까지도 그렇다는 점을 부인하지는 않는다. 하지만, 그는 마샤두 지 아시스가 낙천적이고 창조적인 응답을 어떻게 전개했는지 보여 준다. 마샤두 지 아시스는 독창성의 불가능성이 영향력 부재를 의미하는 것이 아니라 사실은 그 반대라는 사유를 개진했다. 왜냐하면 독창성의 불가능성이 특정 전통과의 관계에서 자신을 해방시켜 주었고, 모든 전통을 전유할 가능성을 열어 주었기 때문이다. 즉 마샤두 지 아시스는 늘 벌써 뒤처져 있는 자신의 위치를 받아들이는 대신, 이를 장애로 여기지 않고 이점(利點)으로 재해석한 것이다. 이리하여 마샤두 지 아시스는 카스트로 호샤가 "비판적 기획으로서 뒤늦음"이라고 부르는 전략을 '차용' 함으로써 의식적인 표절자가 되어 기존의 (특히 낭만주의의) 작가 개념의 토대를 허물고, 세계 어디에서나 모든 작가는 작가이기 이전에 독자라는 사실을 환기시키고, "영향에 대한 불안"(anxiety of influence)에 입각한 분석틀——라틴아메리카 문화에 관한 분석틀——의 부적합성을 입증하였다.

　훌리오 가르시아 에스피노사는 7장 「쿠바 영화: 빛을 향한 긴 여행」에서 쿠바 영화의 틀에서 근대성을 바라보면서 영화인의 시선을 우리 이슈에 가져온다. 익히 알려져 있는 바와 같이 그는 선구적 감독이자 토마스 구티에레스 알레아와 함께 쿠바영화기구(ICAIC)의 공동 설립자로 쿠바 영화에서 의미심장한 역할을 수행했다. 가르시아 에스피노사는 쿠바혁명 이전에는 사실상 존재하지 않다가 쿠바는 물론 라틴아메리카를 보이는 지역으로 만드는 데 핵심 역할을 한 쿠바 영화의 부상과 발전에 대해 이야기한다. 이 글은 밀착된 역사적 분석이 근대성 발현의 조건들이 수렴되는 것이 얼마나 중요한지 조명해 줄 수 있는 또 다른 사례이다.

　가르시아 에스피노사와 구티에레스 알레아는 1950년대 중반 로마에서 돌아와 이탈리아 네오리얼리즘의 가르침과 쿠바 영화산업을 일으키려는 열정에 고무되어 있었다. 그러나 짧은 첫 다큐멘터리 때문에 이내 독재자 바티스타에 의해 투옥되었다. 쿠바에서는 혁명 이후에야 국내 영화를 제작할 현실적 가능성이 생겼다. 그리하여 단기간의 이탈리아 체류에서 얻은 개인적인 전문 기술과 특수한 정치 환경—쿠바의 독립성 확립에 매진한 정부—이 결합하여 영화를 통해 "확실한 해방"을 달성할 잠재력을 창출하였다. 독립성과 진정성은 서로 의지하는 것이라는 사실을 재확인시켜 준 사례이다. 또한 쿠바 영화의 사례는 근대성의 가변적인 역사 속에서는 어떠한 요인도 고정적인 가치가 될 수 없다는 사실을 예증한다. 1950년대 제약으로 작용한 냉전이라는 국제적 환경이 1960년대에는 기회가 되었기 때문이다. 가르시아 에스피노사는 1989년을 쿠바 영화사의 전환기(전반적으로 부정적인 전환기)라고 적고 있다. 그는 영화배우의 카리스마가 깃들어 있는 예술작품의 "아우라"를 밀어낸 상업적 영화사들의 성공 때문에 영화가 약속한 충만한 해방은 아직 실현되지 못했다고 강조하면서 글을 맺는다. 영화제들이 "최우수 배우"가 아닌 "최우수 등장인물"이나 "최우수 비소외(非疏外) 영화"에 상을 주어야 한다고 제안하면서 가르시아 에스피노사는 라틴아메리카만의(그렇다고 민족주의적이지만은 않은) 근대성론을 전개한다. 라틴아메리카 근대성은 사회적 연대와 윤리적 책임감을 통해 유럽적 근대성이 남긴 소외를 극복할 의무를 보완하되 계몽주의 사상 고유의 해방의 약속을 고수하고 이를 되살려야만 한다는 것이다.

 네스토르 가르시아 칸클리니는 근대성에 관한 라틴아메리카의 많은 통상적인 논쟁—풍요로운 모더니즘 대 빈곤한 근대화, 근대화 맥락 속에서도 전통의 끈질긴 지속—이 모두 국가적 맥락에서 이루어진 것이라고 지적하면서 8장 「문화와 커뮤니케이션 영역에서 바라본 라틴아메리카와 미국의 관계」를 시작한다. 국가는 이제 더 이상 근대화가 진행되는 주요 무대가 아니라고 말하는 가르시아 칸클리니의 주된 관심사는 그가 최근 수십 년 동안 일어난 현상이라고 보는 "계몽의 근대성"에서 "신자유주의적, 전 지구적 근대성"으로의 이동이 라틴아메리카에 끼친 영향을 분석하는 것이다. 같은 기간 동안 근대성에서 라틴아메리카의 주요 지시대상이었던 유럽을 미국이 대체했다. 이 두 가지 현상의 맥락에서, 또 자신의 예전 연구에 의거하여(García Canclini, 2002) 가르시아 칸클리니는 사회경제적 변동 분석과(특히 이주 패턴의 변화)와 사회적 상상력 분석을 접합시킨다. 그는 '북쪽'과 '남쪽' 아메리카* 사이의 문화적 교환이 쌍방향으로 이루어지고는 있지만, 균등하게 이루어지지 않는다는 사실을 중점 부각시켜야 한다고 주장한다. 이 점은 미국이 차별철폐조치 등등의 정책을 통해 미국 사회의 다문화주의를 포용하면서도 미국 영토 바깥에서 만들어진 문화상품──특히 영화──을 계속 주변화시키는 모순에서 특히 명백하게 나타난다고 지적한다. 이리하여 "단순히 차이를 인정하는 것으로 만족"하는 다문화주의는 연막뿐일 수 있다. 두 아메리카 사이의 상호연결을 촉진시킬 항로, 즉 다문화주의가 모색 중이라고 주장하는 차이에 대한 관용과 하위주체와의 연대를 촉진시킬 항로의 중요한 첫 걸음은 불평등의 증가를 분석하는 일이다. 이 불평등은 끈질긴 비대칭적 권력관계가 야기한 것이고, 이는 근대성의 해방의 약속이 아직 모두에게 열려 있지 않다는 사실을 입증한다. 사람과 상품과 사상의 이동이라는

---

* 각각 미국과 라틴아메리카를 말한다.──옮긴이

견지에서 근대성을 바라보고 있는 가르시아 칸클리니의 분석틀은 과거 시기에도 적용 가능할 것이다.

발산과 수렴

지금까지 이야기한 것에서 분명히 드러나듯이, 이 책의 집필자들은 다음과 같은 근대성의 몇몇 주요 주제에 대해 상이한 입장을 취하고 있다. ① 근대성의 객관적 측면과 주관적 측면의 관계, 이와 관련된 자료 문제와 위상. ② 근대성이 수입되었는지, 수입되어 적절히 뿌리를 내렸는지, 발명된 것인지 하는 이슈. 그리고 근대성이 외국에서 온 것이라면 순차적으로 들어온 것인지 아니면 한 번의 빅뱅이 있었는지(빅뱅이 있었다면 언제였는지)의 이슈. ③ 사상과 지식인의 역할. ④ '근대성'이라는 용어 자체의 가치 문제. 이는 근대성의 규범적 함의에 대한 우려 때문이기도 하고 그리고/또한 이 범주가 다양한 경험들을 담으려면 너무 유연해져야 하지만, 그 결과 근대성이라는 용어가 의미를 상실하고 분석적인 면에서도 지나치게 포괄적이 되어 버린다는 우려 때문이기도 하다. 래드클리프와 로우 같은 이들은 근대성의 구성성과 논쟁성을 강조함으로써 그 용어를 고수하였지만, 웨이드와 나이트 같은 이들은 그러지 않았다.

더 뜻밖의 일은 몇몇 이슈에 있어서 수렴의 정도이다. 첫째, 공간성으로 시간성을 보완할 필요성에 대해서는 전반적으로 의견 일치를 보았다. 비록 텍스트에 주안점을 두는 이들은 시간을 더 생각하는 경향이 있고, 구체적인 문화에 주안점을 두는 이들은 공간을 더 강조하는 경향이 있지만, 전체 집필자들이 양자를 다 고려해야 한다는 원칙에 입각해 글을 썼다. 세라 래드클리프가 애초의 질문을 "라틴아메리카의 어떤 공간이 근대적이었는가?"로 재구성한 것은 널리 받아들여졌다. 그러나 학술회의 명칭을 "어디서 라틴아메리카가 근대적이었는가?"라고 붙였다면 "어디서"는 "언제"가 그랬듯이 수많은 질문의 대상이었을 것이고, "어느 영역에서" 혹은 "어느 분야에서" 류의 보충 질문이 필요했을 것이다. 둘째, 전체 집필자들이 포스트식민주의 패러다임은 특히 라틴아메리카와 관련해서는 적절하지 않다는 원칙에 입각해 있다. 포스트식민주의가 식민적 만남(colonial encounter)으로 영원히 회귀하면서 이를 모든 것의 원천으로 삼기 때문에, 라틴아메리카를 설명할 때도 그러하리라고 보기 때문이다. 비록 라틴아메리카 역사학자들이 (시기적으로는 1750년에서 1850년에 해당하는) 독립전쟁이 야기한 변화를 경시한 경향이 있었지만, 래드클리프의 주장처럼, 식민시대와 독립 사이의 불연속성에 대해서, 특히 (최근 역사 서술에서 떠오르는 분야인) 근대성으로의 신속한 진전에 대해서 더 많은 연구가 필요하다. 게다가 '식민지배적/피지배적'이 '근대적/비근대적 혹은 전통적'과 자동적으로 겹치는 것은 아니다. 사실 이러한 모든 이분법적 대립은 대단히 주의 깊게 역사화시켜야 한다. 셋째, 라틴아메리카 근대화의 주축인 자본주의와 국민국가는 둘 다 획일적이지도 않고 전지전능하지도 않다. 사실, 래드클리프가 데이비드 하비의 연구에 의거하여 강조하는 것처럼, 자본주의는 다양한 형태의 부를 착취하면서 작동한다. 국민국가는 보통 근대성의 도구로 여겨지지만, 이 책의 많은 증거들이 보여 주는 것처럼, 국가에 대한 문화적 개념이 정치적 개념보다 적합한 도구인 경우도 많았다. 상상의 공동체가 지닌 해방의 잠재력은 국민주권과 평등에 기초한 국민들의 이상과 자의적 국가권력과 이에 따른 종속이라는 현실 사이의 간극으로 인해 위축되었다. 클라우디오 롬니츠가 다른 연구에서 주장했듯이, "결과적으로 나타난 혼종들"은 종종 "국민 문화가 지닌 복원력의 발현으로 해석되었으며", 그래서 "근대 기획의 실패는 국민을 형성하곤 했고, 이는 국민국가로부터의 해방을 의미하였다"(Lomnitz, 2000 : 239). 한편 이 책을 비롯한 수많은 연구에서(Quijano, 1990 ; Lomnitz, 2001 ; Sáenz, 2002) 근대 해방의 약속이 라틴아메리카에서는 두드러질 정도로 끈질긴 것이었다는 충분한 증거를 발견할 수 있다.

결론

이 책은 대체로 용어 문제나 방법론적 문제를 이슈로 하지 않는다. 라틴아메리카 연구자들 중에서는 다양한 근대성을 옹호하는 이들이 있다. 다양한 근대성이라는 틀이 대안과 도전을 인정할 뿐만 아니라 역사화 작업을 용인한다는 이유에서이다(Roniger and Waisman, 2002 ; Whitehead, 2006 ; 이 책 결론 참고). 또 다른 연구자들은 모더니즘적 가치들의 구성 뒤에 숨어 있는 제국주의적 지배와 수탈의 역사를 "감추는" 하나의 "편의적 다원주의"에 저항하기도 한다(Sáenz, 2002 : viii). 사실 목적론과 척도화에 대한 가정들을 폐기하기는 쉽지 않다. 특히 그 가정들이 내부적 관점에서 조성되어 사용되었을 경우에는 더욱 그렇다. 게다가 래드클리프의 지적처럼, 역사적으로 볼 때 근대성은 특정 역사적 변화들을 다른 변화들보다 우위에 둠으로써 권력을 작동시켜 왔기 때문에 근대성 분석 모델은 이를 염두에 두어야 한다. 비록 유용한 많은 연구들이 사유의 교환 문제라든가 아니면 상호작용에 입각한 자아와 타자 구축을 염두에 두었지만, 가르시아 칸클리니가 환기시켜 주듯 미국과 라틴아메리카 국가들 간의 지속적인 불균등 권력관계를 도외시할 우려는 여전히 존재한다. 하나의 용어나 모델 그 자체만으로는 유럽중심주의를 벗어나는 것은 불가능한 것이다. 그리고 우리는 좋아하지 않는 가치들(주로 개인주의와 자유 시장 같은 가치)을 유럽중심적으로, 좋아하는 가치들(연대, 자율 같은 가치)을 하위주체적이라고 분류하는 경향이 있다. 또한 우리는, 자신들의 가치에 대해 강력한 내부적 비판을 계속 생산했던 유럽이나 미국의 복합성은 호탕하게 무시하면서도 라틴아메리카는 세심하게 구분하려는 터무니없는 고민을 하는 경우가 종종 있다. "근대성"을 "다양한 근대성"으로 교체한 것만으로는 결정론에서 벗어날 수도 생색내기라는 비판에서도 자유로울 수 없다. 이 책에서 로우의 글이 가장 극단적이고 새로운 방법론을 고안했다. 단순히 제안을 하는 정도가 아니다. 그는 차이의 용인을 더 수월하게 해주는 주관적이고 경험적인 용어들을 사용해 근대성을 정의한다. 하지만 적어도 근대성의 개념만은 고수한다. 사람들이 흔히 요구하는 "새로운 분석적 언어"(Sáenz, 2002 : x)는 그 자체만으로는 충분하지 않다. 그것은 새로운 질문, 새로운 자료, 새로운 시각의 문제이기도 하다. 그리고 무엇보다도, 결과물이 다를 수도 있고, 과정이 사건들과 예기치 않은 방법으로 상호작용을 할 수도 있고, 언어가 중요하다는 점을 끊임없이 인식해야만 하는 문제이기도 하다. 로렌스 화이트헤드가 이 책을 포괄적으로 결론짓는 장에서 주장하듯이 "다양한 근대성"이라는 틀은 이런 도전들을 능히 수용할 만큼 강력한 잠재력을 지니고 있다.

    새로운 접근 방법들을 개진하면서 우리는 학제성이, 그 모든 잠재적인 함정에도 불구하고, 바람직할 뿐만 아니라 근본적으로 중요하다는 점을 말하고 싶다. 워크숍의 토론들이 보여 주었듯이, (오늘날 점점 더 광범위한 자료에 의거하고 있는) 역사적 증거가 목적론의 부적합성을 일깨워 준다. 언어, 텍스트성, 의미에 주목하는 문학비평과 문화연구는 근대성의 열망, 근대는 언제나 다른 곳에 있다는 관념(혹은 논지를 극단적으로 밀고 나갈 경우 브뤼노 라투르의 『우리는 결코 근대적이었던 적이 없다』[Latour, 1993]에서처럼 근대는 어디에도 존재하지 않는다는 관념)에 이끌리게 만든다. 즉, 근대성을 성취된 상태가 아니라 끝없이 미루어지고 있는 상태로 보는 것이다. 문학사는 또한 근대가 늘 중심에서 주변부로 움직이는 것은 결코 아니라는 점을 부각시킨다. 가령, 1차 세계대전 이후 "전위주의 운동은 변방과 중심부에서 동시에 출현했다"(Geist and Monleón, 1999 : xxx). 한편, 사회과학은 우리가 선택하는 분석적 용어에 함축되어 있는 의미에 주의를 기울이라고 강요한다.

이리하여, 라틴아메리카 근대성의 창조에 있어서 외부 모델의 역할을 생각할 때, 유럽의 경험들을 역사적 선례로 보기는 하되 규범적인 것으로 간주할 필요는 없어진다. 역사적으로 유럽과 미국은 물론 다른 지역들(특히 일본, 중국, 소련, 호주, 뉴질랜드)의 다양한 경험은 실제로 라틴아메리카에 안내인 역할을 하였다――비록 종종 그렇게 되지 말았어야 했지만 말이다. 라틴아메리카에서 외부 사상이 어떻게 동화, 적응, 도전, 전유되었는지에 대한 역사적 재구성은 그 자체가 규범적 가정에 도전하는 일이다. 물론, 역사적 재구성을 위해 라틴아메리카는 더 많은 연구를 필요로 하지만 말이다. 라틴아메리카가 외부 모델을 잘 받아들이지만 단지 수행의 어려움 때문에 논쟁이 일어났다고만은 볼 수 없다. 적어도 20세기 초부터 라틴아메리카는 비판과 대안들을 제기하였다. 이런 응답들을 그저 근대에 대한 저항으로 인식한다면 올바른 이해가 아니다. '근대성'이라는 용어가 라틴아메리카에서는 탈근대성에 대한 최근 논쟁 속에서 통용되게 되었지만, '근대적'과 '근대적인 것'이라는 표현은 대중잡지 제목 등으로 20세기 초부터 사용되었다. 관건은 외부 모델이 어떻게 중재되었나인데 우리가 알고 있는 것보다는 훨씬 더 다채로운 방식으로 중재되었다.

이런 점에서 우리가 나아가야 할 길은 역사의 주체가 관념인가 물질인가 하는 논의를 털어 버릴 분석적 방법에 달려 있다. 찰스 테일러가 주장하듯이, 인간의 실천은 늘 어느 정도는, 심지어 "강제로 행해야 하는" 실천이라 해도, "자기개념(self-conceptions)이나 이해방식"에 의거하는 데 반하여, "관념은 늘 실천에 칭칭 둘러싸여 역사에 등장한다. 그 실천이 담론적 실천일 뿐일지라도 그렇다"(Taylor, 2004 : 31, 33). 테일러의 사회적 상상 모델, 혹은 "의미화를 통해 한 사회의 실천들을 가능하게 해주는 그 무엇"(Taylor, 2004 : 2)은 이 허위적 이분법을 넘어서기 위한 하나의 제안이다. 또한 툭하면 엘리트와 관련지어 분석된 주제에 사회적 깊이를 부여하는 방법을 제공하기도 한다. 담론, 기획, 경험의 견지에 입각한 래드클리프의 근대성 개념은 역사적 의식을 포괄하는 데 유용할 것이다. 또한 그 개념은 근대성이 특수한 시간의식, 특히나 진보의 미래와 가속화된 변화를 예견하는 시간의식을 수반하고 있다는 논의를 가능하게 해줄 것이다(Koselleck, 2002). 어떤 경우이든지 간에 근대성을 측정 가능한 역사적 과정의 산물 혹은 불명료한 문화 기획으로 간주하기보다는, 객관적 요소와 주관적 요소 모두 편입시킬 수 있을 근대성 모델을 발견하는 일이 중요하다. 아마도 근대성을 클러스터 개념, 즉 열망과 잠재력의 세트로 파악하는 것이 차라리 나을 것이다. 개별적인 역사적 상황에서야 특정 열망과 잠재력이 강조, 재해석, 비판, 찬미, 주변화될 수도 있겠지만, '근대성'이 널리 인정을 요하는 범주라면 그 어떤 요소도 전적으로 배제할 수는 없다. 결국 우리는 인문과학과 사회과학 양자 모두 "행복한"과 "좋은" 같은 가치지향적 개념들은 물론 "문자해독 능력"이 있는지, "도시적 특성"이 있는지, "산업화 단계"에 들어섰는지(이 책에 실린 앨런 나이트의 글(4장)을 참고하라) 등의 더 입증 가능한 개념들과는 다른 질문 유형을 찾아낼 필요가 있다. 많은 결점에도 불구하고 "언제부터 라틴아메리카가 근대적이었는가?" 같은 질문 말이다.

01
역사학과
사회과학의 관점들

1장_라틴아메리카 근대성의 지리학:
불균등하고 논쟁적인 발전[*]

세라 A. 래드클리프[**]

서론

근대성은 흔히 16, 17세기 유럽에 처음 등장하여 점차 다른 지역으로 확대된 지식, 권력, 그리고 사회적 실천의 집합체로 이해된다(Gregory, 1994 : 388~392). 이 정의는 유럽중심주의 및 그 기저를 이루는 공간 모델을 포함하고 있는데, 이 공간 모델에 따르면 근대성은 '근대적' 중심부에서 다른 지역으로 전파되어 갔다는 것이다. 다시 말하면 근대

---

[*] 이 글을 발표할 수 있도록 학술회의에 초대해 준 니콜라 밀러와 스티븐 하트에게 큰 감사를 드린다. 학술회의 발표문을 준비하는 과정에서 읽고 조언을 해주고, 코멘트를 해준 리즈 드레이슨, 필 하월, 하이디 스콧에게 감사드리며, 설명의 중요성을 일깨워 준 내 졸업반 학생들에게도 감사드린다. 이 장을 검토하면서 이 주제에 대해 유용한 지적을 해주고 이해의 폭을 넓혀 준 루시아나 마르틴스, 로렌스 화이트헤드, 스티브 레그, 인투 골드슈미트에게도 감사드린다.

[**] 세라 A. 래드클리프(Sarah A. Radcliffe)는 영국 케임브리지 대학 뉴홀의 펠로우 겸 라틴아메리카 지리학 조교수로 재직 중이다. 저서로『세계화하는 세계의 문화와 발전 : 지리학과 행위자 그리고 패러다임』(공저, 2006)이 있으며, 샐리 웨스트우드(Sallie Westwood)와 공동편집으로『국가의 재건 : 라틴아메리카의 장소, 정치, 정체성』(1996)과『비바 : 라틴아메리카 여성과 민중시위』(1993)를 펴냈다.

성 개념 속에는 독특한 **지리적** 관점이 존재하는데, 이것은 세계를 이해하고 세계 내에서 라틴아메리카의 위치를 읽어 내는 일종의 심상 지도(mental map)이다. 근대성의 토대가 되는 이러한 공간적 언어(spatial language)를 비판적으로 바라봄으로써, 근대의 **물질성**(materiality) 배후에 있는 공간적 전개 과정과 근대성 **이론** 내에 존재하는 유럽중심주의를 분석할 수 있다. 이런 맥락에서 이 장은 근대성의 틀에 대한 기존의 비판(예를 들면, Mignolo, 2000)을 확장하고, 동시에 공간적 전파모델보다 더 진화한 형태의 공간이론을 제공하기 위해서 근대성에 관한 보다 심화된 이해를 모색하고자 한다.

그래서 라틴아메리카 근대성의 시간성에 대한 질문보다는 라틴아메리카의 **어떤 공간**이 근대적이었는가 하는 질문에 초점을 두려고 한다. 이 장에서 필자는 라틴아메리카가 근대성 무대에서 종속적이고 주변적인 후발주자가 아니라는 것을 드러내고자 한다. 이를 위해 에콰도르의 의미 있는 자료에 근거하여 근대성에 대한 몇 가지 지리적인 논거들을 검토할 것이다.

먼저, 근대성 형성과정에서 지리적인 실천의 중요성을 강조하는 입장과 비전파설을 강조하는 근대성에 대한 몇몇 지리학적 접근 방법을 비판적으로 검토하고자 한다. 두번째로는 라틴아메리카의 근대성을 이해하기 위한 잠정적인 개념틀을 그려 볼 것이다. 그 다음 절에서는 결론에 앞서 국민국가와 발전에 관한 에콰도르 자료들을 이용하여 근대성을 뒷받침하는 지리적 실천에 관한 이론을 어떻게 적용할 수 있는지 살펴볼 것이다.

근대성에 관한 지리적 관점들

지리학 내에는 넓게 보아 근대성을 연구하는 두 개의 지리학자 그룹, 즉 역사·문화지리학파와 발전지리학파가 존재한다. 전자가 주로 초기 대도시의 근대성에 관심을 갖고 있는 반면 후자는 남(南)에 관심을 갖고 있다. 20세기 중반, 지리학이 개발도상국의 근대성 **부재**에 주로 관심을 두었다면, 오늘날에는 포스트식민적 관점에서 변형된 다양한 근대성(multiple reworked modernities)에 주목하는 경향이 강하다. 일반적으로 지리학은 근대성이 당연한 것으로 받아들여지지 않았던 시기, 그리고 스스로 근대적이라 주장하는 근거들이 꼼꼼하게 분석되어야 하는 지리적 영역/역사적 시기에 관심을 갖는다.* 일반적으로 지리학은 근대성이 다소 불안정할 때, 즉 '중심' 국가들에서 근대성이 처음 시작되었거나, 혹은 저발전이나 신식민주의로 그 토대가 흔들렸을 때 근대성 문제를 다루기 시작했다. 발전주의와 역사주의 두 학파 모두 사회와 공간은 동시적이고 상호의존적으로 구성된다는 통찰에 기대고 있다(Agnew, 1987; Pred, 1984). 이러한 분석적 전통에 의거하여 이 절에서는 핵심적인 인문지리학 개념과 접근 방법들에 대해 개괄적으로 다룬 후에, 간단한 라틴아메리카 사례를 통해 살펴볼 것이다. 이를 통해 기존의 개념과 접근 방법을 비판적으로 활용하여 라틴아메리카 사례에 적용할 틀을 마련하고자 한다.

"모호성이나 일반화"(Ogborn, 1998:2)를 피하기 위해서 근대성

---

* 발전지리학에 대해서는 Pred and Watts, 1992; Popke and Ballard, 2004; Wright, 2003; Gidwani and Sivaramakrishan, 2003; Korff, 2001를 보라. 도시지리학에 대해서는 Ogborn, 1998; Gilbet et al., 2003; Talyor, 2000 등을 보라.

에 대한 정의는 체화된 경험과 정체성은 물론이고, 근대성의 기준점이 될 미래에 대한 기획 및 강력한 담론과 재현을 성취해야 한다. 이러한 관점에서 근대성은 기획, 담론, 경험들로 구성된 3중적 현상으로 볼 수 있다(Jervis, 1998 ; Howell, 근간 참고).*

(a) 기획——근대성은 미래와 관련하여 스스로를 정의하고, 경영이나 관료제와 마찬가지로 설계, 기획, 규범화를 촉진한다. 이런 접근 방법은 푸코와 하버마스와 관계가 있다. 그럼에도 불구하고 기획으로서의 근대는 지금까지 축적된 개선, 즉 결코 상대화될 수 없는 개선과 관련되어 있다. 예를 들면 백신 및 건강관리에 따른 유아 사망률 감소가 유아 사망보다 바람직하다. 게다가 무지, 고통, 전제주의 퇴치라는 계몽주의적 이상은 근대 기획의 핵심사항으로 간주된다. 근대성은 사회적 기획뿐 아니라 공간적 기획을 포함하고 있다. 근대성이 구현되는 범주, 질서, 규범화는 동시에 공간적인 범주와 공간적인 질서, 그리고 공간의 규범화이기도 하다(Foucault, 1984 ; Bauman, 1991). "(경계는) 예리하고 분명하게 표시되어야 하며, 이를 통해 애매한 모든 것들, 그리고 **내부**와 **외부** 사이의 본질적인 차이를 포함하는 모든 것들은 제거된다."(Bauman, 1991 : 24) 이러한 목표는, 세계 다른 지역과 마찬가지로, 근대성을 도시공간에 초점을 둔 기획으로 여긴 20세기 로스앤젤레스의 발전주의 사유의 주요 특징이었다(Martins and Abreu, 2001 ; Popke and Ballard, 2004).

---

* 나는 근대성의 복합성을 세 가지 측면에서 이해하는 방법을 필 하월에게 빌려 왔다. 그렇지만 내가 그 방법론을 라틴아메리카와 연관 지어 발전시킨 방식에 대해서 하월은 아무런 책임이 없다.

(b) 담론 —— 담론으로서의 근대성은 보다 우월하고 비 '전통적' 인 실천, 이데올로기 또는 기획의 주장으로 볼 수 있다. 이때 실질적인 (아마도 보편적인) 개선이 항상 명백하게 드러나지는 않을 수도 있다. 근대성 담론은 '근대적인' 것과 '비근대적인' 것을 구별하는 문화적 헤게모니와 폭력을 통해 설명할 수 있다. 이 담론은 아메리카 대륙 발견 이후 동시적이고 폭력적으로 형성된 근대성의 위계구조로서 식민성/근대성이라는 이중성을 만들어 낸다(Mignolo, 2000 ; Lechner, 1995). 예를 들면, 안데스 지역 국가에서 농업의 근대화는 20세기 내내 대농이 소농보다 효율적이라는 담론에 기초하였다. 근대성은 기술, 예술, 사회조직 형태, 경제 관행 등 다방면에 걸쳐 새로운 것을 강조하고, 전통적이고 낡은 것을 미신과 무지 혹은 종교적 신화로 치부하여 없애 버렸다.** 그러나 근대성의 변수와 내용이 끊임없이 바뀌었지만 근대화는 그리 성공적이지 못했다. 볼리비아의 신자유주의 근대성이 이전 근대성과 비교하여 보여 준 커다란 차별화는 그저 "보다 생산성을 중시하는 태도를 보여야 하고, 국가의 보호보다는 개인적 노력에 의거해야 하고, 외부 교류에 대해 우쿠 루나***적 태도보다는 개방적인 모습

** 18·19세기에 정치적·문화적 근대성과 정체성을 재구축하기 위해 고심하던 라틴아메리카 지식인과 정치 지도자들은 자유, 평등, 과학적 실증주의라는 계몽주의적 사상을 열렬히 신봉했다. 프랑스 계몽주의, 영국 자유주의, 콩트의 실증주의는 모두 대서양을 건너와 지적 계발과 정치적 행동 방식을 가르쳐 주었다(Hale, 1996). 키하노는 이 시기 계몽주의 사상을 차용하고 논의하는 과정에서 유럽과 라틴아메리카 간에 차이가 없다고 본다(Quijano, 1995). 하지만 라틴아메리카에서 근대성 담론들은 19세기 초부터 유럽적 근대성을 이 지역에 적합하지 못한 것으로 만드는 정체성, 가톨릭주의, 지역적 특수성을 둘러싼 담론들에 대해 대답해야만 했다. 그래서 19세기부터 시작하여 20세기 내내 지역의 정체성을 근대성의 목적/실천에 종속시키는 것이 적절한가에 대한 의문이 제기되었다(Larraín, 2000).

*** 우쿠파차(ukhupacha)는 내부 세계, 루나(runa)는 사람을 의미한다. 따라서 우쿠 루나(ukhu runa)는 내향적/종교적 지향의 사람을 뜻한다.

을 보여야 한다는 볼리비아인들의 의식구조의 변화"일 뿐이다 (Oporto, 1992 : 86). 그러므로 근대성 담론은 결코 헤게모니적이지 않고 또 근대성의 각종 기획이나 사건들을 다양하게 위치 지어진 주체들의 판단과 평가와 일치시켜야 하기 때문에 종결되지 않는다. 이 점이 우리로 하여금 경험을 살펴보게 한다.

(c) 경험 —— 근대성은 각 개인들에 의해 다방면에서 경험되고 체화되고 수행되지 않는다면 아무런 의미를 갖지 못한다. 평범한 개인들은 근대성의 담론과 기획들을 구성하는 방식으로 변화와 담론들을 경험하고 주조된다. 근대성은 사회적 주체 내에 체화된 반응, 특정 행동, 태도 등의 구체적 예시를 통해 형성된다(Hansen and Stepputat, 2005). 기든스는 근대성의 주요 특징 중 하나가 반영성, 즉 사회적 실천에 대한 지속적인 자기 점검과 수정이며 이를 통해 '급진적인 근대성'이라 할 수 있는 근대성의 불안정성이 나타난다고 주장한다(Giddens, 1999). 예를 들어 근대성 기획과 담론을 통해 20세기 라틴아메리카는 노동자, 시장경제 참여자, 정치적 주체로서의 남성과 여성의 성 역할이 급진적으로 변하였다. 비록 보다 큰 해방이나 자기실현을 향한 단순한 경로는 아니었을지라도, 경제적·정치적·사회적 권리의 신장과 더불어 가사, 노동, 공공영역과 정치영역, 계몽주의 목표와 관련된 여성의 경험은 개선되었다(Dore and Molyneux, 1999).

(d) 기획, 담론, 경험에 대한 검토를 통해 근대성이 갖는 깊이와 복잡성이 확인될 수 있다. 지금부터는 지리학자들이 근대성의 이러한 측면들을 어떻게 다루고 있는지 살펴보기로 한다. 지리학 이론에 대한 비

판적인 검토를 통해 라틴아메리카의 근대성 이해에 필요한 개념들을 논의할 것이다.

기획

지리학자들은 자본주의나 근대 국민국가로 표현되는 정치권력을 근대성 기획의 배후에 존재하는 원동력이자 근대성이 가지고 있는 공간성을 구체화시키는 기제로 파악한다.* 자본주의는 과거와 마찬가지로 지금도 전 지구적 과정이다. 자본주의는 안데스 원주민의 은광과 아프리카 노예들의 노동을 결합하여 복잡한 연결선상에 연결시키는 전 지구적 과정이었으며, 이를 통해 전 지구적 부의 불균등을 초래했다. 이렇게 매우 다양하고 긴밀하게 연관된 정치경제의 맥락에서, 서구는 스스로를 근대적인 것으로 그리고 후에는 선진국으로 상상하기 시작했다. 제임스 마호니가 보여 주듯이(Mahoney, 2003), 라틴아메리카 여러 지역은 전 지구적 정치경제 속에 편입되면서 소득, 수명, 문맹률에서 장기적인 영향을 받았다. 그러나 정치경제를 결정적 요인으로 바라보는 것은 문제의 소지가 있다. 첫째, 정치경제가 자본주의로 축소될 때, 근대성에 대한 설명은 헤게모니적이고 추상적인 자본주의적 힘이 지닌 전능한 음모에 대한 설명이 되어 버린다(Harvey, 1989 ; Ogborn, 1998 비교·참고). 둘째, 라틴아메리카의 정치경제가 가지고 있는 형식적 다양성은 자본주의의 다양성과 지방적(local)/지역적(regional) 조건의 연관성에 대한 설명을 필요로 한다(예를 들면, Guano, 2002).

---

* 공간성은 기본적으로 앞에서 언급된 개념을 의미한다. 즉 공간과 사회는 함께 만들어지고, 사회는 상층부에서 발생하는 것이 아니며, 다양한 경제와 사회들은 권력-지식 관계로 기입된 매우 다양한 형태의 공간 질서를 창조한다는 개념 말이다.

셋째, 정치경제에 대한 마르크스주의적 설명은 지역적으로 특수한 정치경제의 우연성, 비확정성, 비목적론적 성질을 강조하는 부분에서 정확한 데 반해, 자본주의적 (저)발전이 가져오는 결과를 섣불리 판단할 위험이 존재한다.

자본주의 경제의 내재적인 불균등한 본질과, 불균등하게 발전된 지형에서 정치경제적 역학관계를 강조하는 불균등 발전에 대한 설명들은 이러한 한계들을 극복한다. 지리학자 닐 스미스는 "자본주의의 불균등 발전은 통계적이라기보다 구조적이며 …… 불균등 발전은 자본의 체계적인 지리적 표현"이라고 보았다(Smith, 1984). 스미스에 따르면, 자본주의는 이윤을 추구하면서 광산, 플랜테이션, 공단, 서비스 제공자 등 기존의 경제활동을 극복하는 새로운 공간을 만들고, 이 안에서 새로운 지형을 생성하는 활동들이 나타나고, 다시 자본은 다음 라운드의 "창조적인 파괴"를 위한 또 다른 수단을 추구하면서 작동한다(Harvey, 1989). 그러나 이 설명은 소규모 농업, 비공식부문 생산, 화폐 가치로 평가되지 않는 사회적 재생산을 획일적인 잠재적 자본 활동으로 폄하하고, 그들을 독립적인 원인으로 인정하거나 혹은 독자적인 불균등한 지형으로 존재하는 것을 막기 때문에 그 자체에 유럽중심주의를 수반하고 있다. 이런 맥락에서 발전지리학은 앨런 프레드와 마이클 와츠가 "변형된 근대성들"이라고 명명한 것에 초점을 맞춘다. 라틴아메리카를 제외한 세계 여러 지방의 분석을 통해 프레드와 와츠는 "차이, 연결성(connectedness), 구조가 다소 모순적인 세계자본주의 체제 안에서 어떻게 생산되고 재생산되는지"를 강조한다(Pred and Watts, 1992 : 2). 이들은 지방적으로 특수하게 경험되고 구성되고 중재된 근대성의 지방적 특수성에 주목하면서, 이를 비자본주의적 경제

형태와 비시장적 사회문화 관계를 포함하는 "자본 이동성(capital mobility)을 추진하는 비지방적(non-local) 과정" 내에 위치시킨다(Pred and Watts, 1992:6). 문화, 경제, 정치의 상호연관성과 행위자들의 힘을 강조하는 것은 남(南)에 존재하는 다양한 근대성의 형태를 인정하게 해준다. 다시 말해, 변형된 근대성 개념은 "대도시적 근대성을 보편적 기준이 아니라 지배적 형태로 간주"한다(Coronil, 1997: 9).

문화와 정치가 생산, 재생산, 유통의 지방화된/지역화된 클러스터를 형성하는 데 중요한 역할을 담당했기 때문에, 라틴아메리카는 다양한 변형된 근대성이 위치하고 있는 공간으로 간주될 수 있다. 지역적으로 특수한 정치경제가 우연성, 불확실성, 비목적론적 결과를 보여주기 때문에, 오늘날 라틴아메리카에서 신자유주의 정치경제는 근대성의 결정적 요소가 아니다(예를 들면, Guano, 2002; Perreault and Martin, 2005; Radcliffe, 2005a). 신자유주의는 라틴아메리카의 부와 근대성을 진작시키기 위해 불균등 저발전 지역들을 개발하겠다고 약속하지만, 이전의 발전 모델들처럼 (급진적인) 불균등을 야기하거나 좌절된 사업으로 전락할 소지가 있다.

정치와 관련하여 지리학자들은 근대 국민국가의 권력 관계를 근대 기획의 근본적인 것으로 간주한다. 다른 학문에서처럼 근대국가의 행정은 근대성의 본질을 구성하는 핵심적인 것으로 보통 파악된다. 근대성에서 권력의 중심위치를 차지하고 있는 국민국가는 '합리적'이고 자명한 지형 내에서 주체, 경관, 자원의 배치에 결정적 역할을 담당했다. 근대화 사업을 실제로 수행하기 위해 국민국가는 규칙을 정하고 주체와 객체의 위치를 결정한다. 이런 사업은 공간들의 지정 및 이들의 상호관계에 기초하고 있다. 근대 국민국가는 주체, 자원, 경관의 규칙적 배치를 명령한다. 국가권력은 본질적으로 공간적인 세 요소, 즉 분명한 경계를 갖고 있는 영토에 대한 주권, 국내 문제와 국외 문제는 근본적으로 구분된다는 가정, 근대사회의 지리적 틀로서 영토국가의 정책이라는 세 축에 의존한다(Agnew, 1999 : 175~6). 그러므로 근대성의 권력경관(landscape of power)은 공간의 배치, 즉 객체의 위치, 경계, 주체와 공간과의 상호관련성에 관한 이야기라고 할 수 있다.

 이런 맥락에서, 단순한 지도제작과 영토 조사도 특정 지도 형태로 정보를 담고 있을 뿐 아니라, 근대적 형태의 권력을 떠받드는 기능을 담당한다. 영토가 실측되고 권력을 담아내게 되는 구체적인 **지리적 실천**이 근대 영토권력의 공간성을 떠받들고 있는 셈이다. 그리고 이러한 지리적 실천은 근대성의 자명성을 반복해서 보여 준다. 따라서 지도는—그리고 주권, 권력, 국제관계는—국가의 근대적 속성인 주권 수행을 뒷받침한다. 전쟁으로 피폐한 아프가니스탄의 경우를 논하면서, 정치지리학자인 사이몬 달비는 다음과 같이 주장한다.

> 아프가니스탄 같은 곳에서 국가의 정상적인 속성들은 거의 존재하지 않는다. 따라서 정치행위가 유의미한 상태인 양 강력하게 가장할 수밖에 없는 상황에서, 주권이 단순한 지리적 묘사에 계속 집착하는 것은 지리적 실천이 근대성의 중심적인 역할을 한다는 사실을 보여 준다(Dalby, 2003).

 멕시코와 에콰도르에서든 또는 아프가니스탄에서든 근대는 영토, 주권, 재현된 정체성의 반복에 근거를 두고 있는데, 이를 통해 근대성에 대한 공간 특화적인 주장들이 생산된다. 라틴아메리카의 근대성은——그리고 전 세계의 다른 근대성들은——"영토라는 함정"에 열중해 있으며(Agnew, 1999), 그 함정 속에서 지도제작, 경계 확정, 경관 조사 등은 근대성 관련 사업의 핵심이다. 지도의 생산, 유통, 지리학 정보의 능숙한 이용은 다음 에콰도르 사례가 보여 주듯이 근대성의 구성에서 순진하거나 우연적인 활동은 아니다.

* * *

전반적으로 지리학자들은 공간, 장소, 경관의 변형과 공간경험에 관심을 보였다. 근대의 공간들은 "모든 영역에서 일련의 복수적이고 모순된 공간과 장소들이며, 많은 다양한 형태를 취하고 있다"(Ogborn, 1998 : 20). 따라서 근대의 공간관, 즉 공간은 전적으로 합리적이고 파놉티콘적(panoptic)이며 기하학적이라는 시각을 넘어선다. 근대 추상 공간의 자본주의적 생산을 미리 계획된 합리적인 것——"직선의 환상"(Pred and Watts, 1992 : 16 ; Lefebvre, 1991)——으로 설명하는 앙리 르페브르의 설명과는 대조적으로, 근대 공간들이 가지고 있는 "차별화되고 맥락화된 지형들과 (그들의) 외형과 존재 조건들"에 주안점을 두고 있다(Ogborn, 1998 : 21).[*] 근대 기획을 본질적으로 공간적인 것으로 검토함으로써, 지리학자들은 매우 불균등한 지형들 내에서 근대성 확장과 관련된 눈금 격자를 제시할 때 변형된 정치경제의 논쟁적(contested) 헤게모니와 근대국가가 갖는 중요성을 강조해 왔다. 경제와 정치권력은 권력의 표현이며, 이 권력은 근대성의 핵심 장소에서

---

[*] 르페브르(Lefebvre, 1991) 참조. 마일스 옥본(Ogborn, 1998)은 런던의 18세기 근대성 공간의 예로 막달라 마리아 병원, 복스홀 정원, 세관(the Excise), 등기관리소(Universal Register Office)를 든다.

항상 작동하고 있다. 따라서 이 장소는 위치(location)와 계급/서열(rank/order)이라는 이중적 의미에서 라틴아메리카 근대성을 설명하는 핵심요소이다(Robinson, 1989 : 176). 정치경제와 국가에 토대를 둔 근대 기획은 오로지 (재)생산과 교환의 구체적 실천과 영토적 주권을 규정하는 구체적인 지리적 실천에 관련되는 정도 내에서 구성된다. 공간의 조직화는 '진짜' 근대적 사업의 단순한 배경이 아니라 근대성 개념과 토대에 중요한 역할을 담당하고 있다.

담론

위에서 언급한 설명들과 대조적으로, 역사문화 지리학자들은 근대성의 출현과 전개를 재현적 위계구조를 통해 설명하면서 근대성의 담론적·문화정치적 층위들을 강조한다. 이들은 식민 담론과 재현, 식민국가 내에서 근대의 형성, 식민지의 비근대적 배치 등에 상당한 관심을 보였다.* 지리학자들은 분석적 개념틀을 잡기 시작했는데, 문화지리학자 데릭 그레고리가 말하는 것처럼, 식민주의의 "전염성 출현"은 "언제나 타자의 역사뿐 아니라 타자의 지리학까지도 만들어 낸다"(Gregory, 2004 : 7, 11). 오늘날 중동의 식민적 근대성을 논하면서, 그레고리는 문화와 권력이 접하는 지점에서 이러한 지리학이 발견되고 생산되는 방식을 강조한다. 그레고리는 근대성이 자본주의의 불균등 발전 이야기로 축소되는 것을 거부하고, 대신에 에드워드 사이드가 명명한 "식민주의의 상상의 지리학"(imaginative geographies)을 강조

---

* 비슷한 맥락에서 차테르지(Chatterjee, 1993)는 전 지구적 근대 기획이 "사회성의 대안적 형태나 대안적 합리성, 가치 등을 종속시키고 배제하고 파괴하는 단일한 보편성이나 합리성 혹은 도덕성을 요구한다"고 주장한다.

한다(Said, 1978). 사이드의 용어를 부연 설명하면서, 그레고리는 상상의 지리학을 다음과 같이 정의한다.

> 분할은 …… '동일한 것'을 '다른 것'과 구별할 목적으로 쓰이고, 둘 사이 …… 즉, '우리 것'이라는 익숙한 공간과 '그들의 것'이라는 익숙하지 않은 공간 사이에 간격을 구축하고 설정한다. …… (상상의 지리학은) 일종의 가공이다. '가공'은 허구적인 것과 실제로 만들어진 것을 유용하게 결합하는 어휘이다. 결국 이 두 가지 모두가 상상이 실체가 된 것이기 때문이다(Gregory, 2004 : 17).

하위주체에 대한 오리엔탈리즘적인 이미지에 덧붙여[**] 상상의 지리학의 이중적 본성은 서구주의(occidentalism)에 대한 조사를 필요로 하게 되는데, 페르난도 코로닐은 서구주의를 "재현적 실천이라 정의하고 비서구사회 주민들을 서구의 타자로 제시하는 효과"를 지닌 것으로 간주했다(Coronil, 1997 : xi, 13~15 ; Mignolo, 2000).[***] 다시 말하면, 식민적 근대성에 대한 분석은 지리학자들로 하여금 장소들 간의 관계가 지리적 상상을 중심으로 어떻게 구성되는지, 그리고 하위주체인 타자들에 대해 중심부의 도시적 자아형성을 중심으로 어떻게 구성되는지 살피게 한다. 다양한 지역의 이해에 입각하여 지리학자들은 유일한 혹은 단일한 식민권력과 포스트식민주의 역사 개념을 해체하기

[**] 사이드의 『오리엔탈리즘』(Said, 1978)은 중동지역 사람들에 대한 식민적 묘사가 유럽인들이 자신들을 묘사할 때 사용했던 범주들과 어떻게 대립적으로 사용되는지 기술한다.
[***] 그레고리에 따르면, "서구가 어떻게 스스로에게 '자생의 이야기'(stories of self-production)를 말하는가"이다(Gregory, 2004 : 4).

시작했다(Power, 2003). 그러나 식민 경험의 특수성에 대한 해체 작업에도 불구하고, 식민주의 하에서 라틴아메리카의 상상의 지리학의 형성에 대한 본질적인 연구는 매우 부족하다. 할리와 스콧의 경우가 있기는 하지만 말이다(Harley, 1992 ; Scott, 2003).

그러나 포스트식민주의 연구에서처럼 권력의 식민적 형태와 상호작용이 갖는 다양성, 식민주의에 대한 저항, 포스트식민적 경험의 탄력성과 독특함을 인식하지 못하고 모든 설명을 식민적 만남(colonial encounter)으로 돌리는 것은 위험한 시도이다. 식민 시기와 공화국 시기를 식민주의 1부와 2부로 다루기보다는 **불연속성**으로 다루는 것이 더 필요하다. 포스트식민주의적 설명이 물질성, 실천, 모순적 주체 등을 재현적인 것으로 축소한다는 일반적인 비판을 넘어서, 거기에는 그들의 **지리학**과 관련된 문제가 있는 것이다. 식민지적 차이(colonial difference), 즉 식민권력과 식민화된 영토 사이의 거리와 경계에 주목함으로써, 이러한 설명은 또 다른 차이의 지리학과 상상의 지리학을 무시하는 위험에 빠질 수 있다. 이 지적은 라틴아메리카와 관련하여 중요성을 갖는다. 즉 라틴아메리카에서 포스트식민주의적 접근 방법은 상상의 지리학과 독립 이후 약 2세기에 걸쳐 진행된 영토를 둘러싼 갈등을 간과하고, 이러한 역사를 시대착오적인 단일한 범주로 전락시키고 있다는 것이다.* 그래서 월터 미뇰로는 계몽주의를 라틴아메리카 근대성의 부산물로 간주하고, 식민성은 "'근대성'의 반대이자 불가피한 측면, 즉 근대성의 어두운 측면"이라고 보았다(Mignolo, 2000 : 19, 22).

---

* 예를 들면, 에콰도르 민족주의자들의 상상의 지리학에서 페루는 타자로서 스페인을 대체했다.〔페루와 에콰도르는 수차례 분쟁으로 전쟁까지 겪었다.―옮긴이〕

식민적/식민화된 경계들은 근대성/비근대성의 영속적인 이정표가 아니라, 변화하는 권력과 차이의 지형으로 구성된다. (포스트)식민적 차이에 대한 보다 더 역동적인 접근은 지역 간의 담론적·문화적 관계들을 우발적이고 구성된 것으로, 그리고 갑작스러운 변화에 종속적이고 순응적인 것으로 바라본다. 엔리케 두셀에 따르면(Dussel, 1993 ; 2002). 스페인/유럽이 스스로를 근대라는 새로운 시대의 중심, 즉 지주(支柱)가 된 시점은 스페인이 무어인들을 격파하고 그 즉시 식민제국을 신세계로 확장하는 국면이 서로 맞물리는 때였다.** 마일스 옥본도 이와 유사하게 18세기의 런던을 "근대세계의 중심"으로 간주한다(Ogborn, 1998 : 32 ; Gregory, 2004). 기획과 두서없는 협상의 소용돌이 속에 나타나는 장소들 간의 미묘한 균형으로서 지주라는 비유는 근대성을 공식적으로 확립된 식민체제의 엄격한 경계 혹은 식민체제의 대체물인 공화주의 안에 가두기보다는, 우발적이자 지속적으로 변화하는 근대성의 지리학을 인지하는 데 적절한 비유이다.

이러한 접근 방법은 근대적/비근대적 지역 구분을 당연하게 받아들이기보다, 각 지역들이 **연결되고** '지주'를 위한 맥락을 만들어 내는

** 더 체계적인 형태의 지식과 권력을 향한 이베리아인들의 움직임은 이슬람 근대성의 주변부에서 발생했다. 이때 이슬람 근대성은 북아프리카와 중동에서 의학과 토목 지식의 꽃을 피우고 있었고, 매우 세련된 문학적·미학적 문화를 자랑했다. 이베리아 반도의 문화는 이슬람 문화와 대비되면서 스스로를 정의했다. 그러나 역사가들과 스페인 연구자들은 스페인에서 지식과 권력의 가톨릭적 체계화가 13세기 이베리아 군주제의 잔재에서 시작되었음을 상기시킨다. 13세기면 스페인어가 체계화되고(첫번째 스페인어 사전은 1492년에 등장함) 국가적 목적/자치 개념이 확립되던 때이다. 그렇지만 가톨릭 군주들이 주도한 해외 진출과 국가통합 과정 이후 16, 17세기가 전개되면서 비로소 스페인은 의심할 나위 없이 '근대적인' 정치·사회·경제 구조를 획득하기 시작했다. 비록 종교재판으로 인해 고립을 자초했던 한계에도 불구하고 말이다. 〔'가톨릭 군주들'이란 이사벨 여왕과 페르난도 왕을 가리킨다. 이들은 1492년 근 8세기 만에 이베리아 반도에서 이슬람인들을 완전히 몰아낸 뒤 국가통합에 힘을 기울였다. 1492년은 또한 콜럼버스가 신대륙을 '발견'한 해이기도 하다.—옮긴이〕

(담론적, 물질적으로 체화된) 수단에 대해 질문을 던진다. 이는 우발적이고 순수하지 않은 접촉의 순간이라 할 것이다. 포스트식민적 관점으로부터 지리학자들은 남(南)의 독특한 근대성에서의 연결과 이동성의 역할을 이해하기 시작했다. 발전지리학자인 마커스 파워는 "포스트식민주의는 부분적으로 **확장된 지리**(stretched-out geographies)가 함축하는 것을 분석하고, 남과 북 사이의 중요한 흐름과 이동을 이해하고 연결을 만드는 것"이라 주장한다(Power, 2003 : 122). 여기서 "확장된 지리"란 역사적으로 또 지역적으로 특수한 지형학을 말한다. 즉 아프리카는 라틴아메리카와 똑같은 방식으로 확장된 지리학의 좌표 안에 나타낼 수 없다. 아울러, 에콰도르는 멕시코나 아르헨티나와 같은 방식으로 연결 지형학에 배치될 수 없다. 이처럼 근대성의 지리학은 연결과 차이, 위계와 상호관계를 동시에 다룬다(Pred and Watts, 1992 : 13). 연결들의 복잡한 (비)식민적 여정을 살펴봄으로써, 우리는 발전의 개입과 식민관계가 어떻게 정치경제와 문화의 지리학에서 중첩될 수 있는지를 검토할 수 있다. 다수의 확장된 지리는 19세기와 20세기 초 유럽에 뿌리를 두고 있었던 반면에, 북아메리카는 현재 연결들의 중심지이다(García Canclini, 2000 : 211 ; Slater, 2004).* 이런 지형학은 식민주의에 신세를 진 것일지도 모른다. 하지만 그렇다고 현 시대의 모든 문제를 식민주의 혹은 서구에서 비롯된 편협한 발전 개념에 돌리는 것은 충분하지 않다.

---

* 물론 연결의 여정은 전 지구적 재조정이 제안하는 것보다 훨씬 더 복잡하다. 안데스 지역 원주민들은 근대성을 추구하기 위해서 캐나다 최초의 종족이나 핀란드의 삼미(Sammi) 부족과 함께 복잡한 초국가적 네트워크를 만든다.

경험

마지막으로 근대성을 설명하려면 신체, 수행성(performativity), 행위주체성(agency) 문제에 대한 질문이 필요하다. 근대성에 대한 고전적인 설명은 계몽적 근대성을 달성하기 위한 가장 중요한 것으로 이성/정신을 강조한 데 반해, 탈구조주의는 종종 근대적 실천/기획이 가치, 주관성, 도덕성의 구현과 수행을 통해 어떻게 작동하는지를 강조한다. 푸코에 따르면, 중심부와 식민지에서 근대적 미래 담지체로서의 신체에 대한 규율은 근대성의 근본적인 요소로 간주되었다. 문화지리학에서는 규율화된 신체가 공간의 배치(감옥, 보호시설 등)를 통해 구체화되며, 또 지역적 공간은 다른 공간적 척도 안에 자리를 잡는다고 주장하면서 이러한 접근에서 벗어난다. 그레고리는 "유럽의 근대성은 공간의 확산을 통해 자아를 건전하고 합리적이며 보편적인 것으로 구성했으나, 여기서 모든 공간은 유럽 내로 국한된다"고 주장한다(Gregory, 2004 : 3).

젠더, 인종, 식민지적 차이는 식민적 차이의 세계 내에서 주체와 정체성을 구성하는 토대가 되었다(Stoler, 1995). 비록 근대성 담론이 흔히 인종적 혹은 문화적 동질성을 우선시하기는 하지만, 지속적인 인종적 섞임과 근대성과 관련해서 이것들이 가지는 부수적인 이점들은 체현된 인종적 의미들이 근대성을 강조한다는 것을 보여 준다(Korff, 2001 ; Bonnett, 2002).

자기 자신을 근대적인 것으로 설정하는 것은 일관성 있는 근대성 지표, 즉 신체, 가정, 도시, 국가, 세계 지역 주위에 배치된 다중 척도에 의존한다. 그러므로 경험적으로 체화된 근대성의 다중 척도/공간적 배치는 서로 상호작용하면서 근대성 구성에 영향을 미친다. 마일스 옥본의 표현을 빌리면 "근대성은 공간 척도를 만들어 낸 동시에 혼란을 야기했다"(Ogborn, 1998 : 19). 근대권력의 실천은 물질적이고 상징적인 다양한 지리학 내에서 이루어진다. 그리고 그 지리학 주위에서 담론적이고 실제적인 조정이 끊임없이 시도된다. 따라서 개인의 신체 척도는 더 넓은 공간의 조직과 연결된다. 식민시대 라틴아메리카에서 체크무늬 형태로 중앙광장 주변거리를 배치하고, 원주민들을 낮은 고도 지역에 강제로 재배치한 사례들은 근대성의 내면화가 어떻게 권력의 특정 경관과 연결되는지 보여 준다(Robinson, 1989). 20세기 볼리비아에서도 "근대성은 젠더화되고 인종화된 신체를 갈등의 장으로 변화시킨다"(Stephenson, 1999 : 3). 체화는 권력을 가진 그룹들이 공간, 장소, 사회를 조정하는 과정에서 파생되는 규율 과정의 결과이자 효과이다. 공간/권력은 바로 이런 체화 과정에 부과되는 것이다.

 규율의 반복은 주체를 체화시키는 저항의 모든 형식 및 미끄러짐과 함께 작동하게 되는데, 이때 주체의 공간은 규율권력의 공간에 정향되어 있지 않는다. 다양한 척도의 실천들이 여러 방법으로 근대적 공간 질서를 파괴할 가능성이 있다. 그러나 이것이 단순하게 낭만적인 반근대 정서의 창조를 의미하지는 않는다. 이러한 저항의 다양한 층위를 언급해 보면, 첫째 근대 기획을 변경하기 위해 하위주체들이 공간을 요구할 수 있는 기술을 갖게 되었다는 점을 들 수 있다. 예를 들면, 원주민 조직들은 페루와 에콰도르의 근대화 개발 계획에 의문을 제기하려고 지도를 이용한다(Orlove, 1993 ; Radcliffe, 1996). 둘째, 행위자들이 의도적으로 근대성 지도를 오독하거나(Orlove, 1991 ; Radcliffe and Westwood, 1996), 혹은 근대성의 중심 사업과 어울리지 않는——아니면 방향을 살짝 바꾸는——방법으로 근대적 공간 조직에 관여할 수 있다. 예를 들면, 연결을 통해 확장된 지리학은 마을 축제와 혼종적 문화 형식들을 위한 자금을 마련하기 위해 도시 이주자 및 국제 이민자들을 안데스의 마을들과 연결시킨다(Oslender, 2004). 다시 말하면, 근대성에 대한 다양한 저항 —— 그리고 근대성의 비헤게모니적 불완전성 —— 은 반근대적 혹은 탈근대적 주체를 생산하는 것이 아니라, 권력과 차이의 지형학과 불균등한 개발에 대한 다양한 입장을 생산해 낸다. 지리적으로 다양한 근대성의 효과와 비용은 지방적/지역적/전 지구적 형태로 근대성을 재구성하게 하는 데 일조한다. 라틴아메리카의 사회적 권리운동들은 그룹, 그리고/혹은 지역과 국가와의 물리적·사회적·정치적 거리에서 만들어지고 또 이 거리를 반영한다(Davis, 1999 ; Slatter, 1998). 사파티스타운동에서 아프로-콜롬비안운동*까지 다양한 라틴아메리카의 사회운동은 정치적이면서 동시에 공간적이기도 한 전략을 고안해 내며 자신들의 최우선 과제에 따라 근대성 공간을 재조정한다(Slater, 2004 ; De la Fuente, 2004 참고).

비유럽중심주의적 근대성 공간

요약하면, 근대성은 기획, 담론, 경험으로 구성되며 각각의 요소는 불균등한 지형학, 상호연결, 다양한 지리적·학문적 실천의 표현으로 이루어진다. 근대 기획이 크게 자본주의, 서구 과학, 계몽주의 등 전 지구적 이야기라면, 근대성 담론과 경험은 지역적, 포스트식민적, 개별적인 공간과 경계들을 주로 다룬다. 불균등 개발과 공간 연결의 맥락

---

* 아프로-콜롬비안(Afro-Columbian)운동. 콜롬비아의 아프리카계의 권리를 옹호하는 사회운동.—옮긴이

에서 일단 이원론적인 포스트식민주의의 상상의 지리학이 폐기되고 나면, 이제 근대성은 동일한 척도로 비교될 수 없으며 또한 다양한 것으로 인식될 수 있다. 채워질 수 없는 근대 기획과 다양한 저항들과 결합되어 있는 불균등 개발의 역동성은 매우 다양한 근대성 지리학과 근대성의 구현으로 나타난다.

여기서 근대의 공간성과 지리적 실천을 구별하는 것이 유용하다. 근대의 공간성은 그 기저에 있는 공간적 과정으로 이루어지는데, 이 과정이 말 그대로 근대성의 지도를 만든다. 또한 이 과정의 역동성은 라틴아메리카와 세계 다른 지역, 라틴아메리카 내부의 다른 지역 및 국가들 사이의 구별을 강화한다. 이는 근대성에 대한 비공간적 설명을 반박하는 것으로 되풀이할 만한 가치가 있다. 비록 동시대 권력과 저항의 작용에 대한 통찰을 제공하긴 하지만, 바우만과 네그리·하트는 오늘날 권력은 탈영토적이며 따라서 근대 기획은 다소간 지리학에서, 주로 근대 국민국가의 좌표에서 자유로워졌다고 주장한다(Bauman, 1999 ; Hardt and Negri, 2000). 이와 대조적으로, 나는 근대성의 불균등 공간 속에서 서로 다른 국면과 지역은 서로 다른 공간성을 갖는다고 본다. 즉 항상 국가 영토였던 것은 아니라 하더라도, 늘 공간적이었다고 보는 것이다. 달리 표현하면, 다양한 근대성을 그 공간적 토대로부터 분리하는 것은 불가능하다. 변형된 근대성들과 식민적 근대성 개념, 그리고 '놀라운 자본주의'의 복합적 형태에 의거하여, 나는 근대의 공간성들이 전 세계에 걸쳐 매우 차별화된 근대성 지도들을 생산하고 있다고 본다. 불균등한 정치경제 ― 전부 자본주의는 아닐지라도 ― 의 역동성과 식민적/포스트식민적 상상의 지리학에 각인된 권력관계에 종속되어, 라틴아메리카 지역은 매우 다양한 형태의 근대성을 경험한다. 이러한 다양한 형태들 중 그 어떤 것도 유럽이나 북아메리카의 경험과 정확하게 일치하는 것은 없다. 이것은 바로 이러한 경제적·문화적·정치적 과정에서 본질적으로 **지리적인 변수**들, 혹은 다양한 지방 역사들(근대성/식민성의 역사)의 역사적 경험 때문에 그렇다고 볼 수 있다(Mignolo, 2000 : 22). 라틴아메리카와 세계 다른 지역 간의 상관적이고 "확장된" 연결성을 주시하는 것은 근대의 공간성 이해에 도움을 준다. 되풀이하자면, 이 공간성은 근대성에 대한 고전적 정의가 주는 전파설의 비유(diffusionist metaphor)로 축소될 수 없다.

이러한 근대성의 거시적인 변형 내에서 지리적 실천은 근대성 실천, 기획, 경험을 구성하는 데 결정적 역할을 한다. 이것은 이데올로기적이고 실용적인 지형 측량, 지도제작, 영토 상상, 확장된 공간에 동일성 부여, 장소와 지역에 대한 서사 만들기 등을 포함한다. 이들 각각의 요소가 근대성의 공간적 질서형성에 기여한다.* 그러나 근대성 실천의 이러한 요소들은 동일한 범주 위에서 작용하는 것이 아니라, 도시개발 계획이나 전국 코카인 생산 지도와 같은 다른 척도와 결합하여 작용한다. 근대성의 공간적 지형학은 교차 척도로 구성된다. 신체에서 도시, 국민국가, 제국에 이르기까지, 근대성 형성과 이해에 있어서 다른 척도들은 상호작용하고 또 한 척도에서 다른 척도로 권력이동이 일어나는 것을 바라본다. 이러한 근대성 실천, 담론, 경험이 보여 주는 서로 다른 확장들을 고려해 보면, 근대성이 인간주체와 국가 영토에 자신의 권력과 영향을 차별적으로 표현하면서 상이한 척도들을 가로질러 상이한 방법으로 작동하고 있다는 것을 알게 된다. 푸코는 권력이 어떻

---

* 그러므로 이것은 경제적 혹은 정치적 목적을 위한 국민국가의 기능적 통합에 관한 논쟁이 아니다.

게 경제에서 시작하여 정치를 거쳐 사회제도 안으로 가로질러 작용하는지에 대한 중요한 통찰을 제공한다. 최근에 지리학자들은 어떻게 사회생활의 공간성이 서로 다르면서도 상호연결된 척도들을 생산하고, 이것들이 어떤 결과를 구조화하고 또 다른 결과는 방지하는지 연구하고 있다(Marston, 2000). 기획으로 보이든 혹은 담론이나 경험으로 보이든 간에, 근대성은 직선적인 과정으로 축소될 수 없고, 더 나아가 매우 논쟁적인 과정으로 존재한다. 근대성을 둘러싼 갈등은 기획, 불균등 발전, 논쟁 사이의 미끄러짐에서 발생한다.

공간적 관점에서 본 라틴아메리카 근대성

국민국가
"질서와 진보."—브라질 국기의 모토

국민국가는 라틴아메리카의 식민성/근대성이 유래된 순간을 반영하긴 하지만(Mignolo, 2000 : 19), 이 지역에서는 종종 근대성의 행위자이자 상징이기도 하다. 국민국가의 조직 논리, 행정, 시민의식의 철학과 실천, 규칙과 통치의 형식과 목록 등은 각각 근대의 기획, 경험, 담론 형성에 기여한다. 국가성(statehood)은 자명한 주권적 권리를 갖는 영토를 확립하고, 나아가 영토의 합보다 더 큰 실체를 형성한다. 포스트식민적 국가들은 "전적으로 서구에 그 기원을 두지는 않는 국가다움(stateness)에 대한 다양한 논의가 세계 여러 지역에서 어떻게 확장되고, 결합되며 토착화되는가"라는 관점에서 분석될 수 있다(Hansen and Stepputat, 2001 : 10). 즉 국가다움/국가성은 하나의 기획으로 간주되며, 나아가 국가가 주권을 행사하는 지형, 문화, 사회의 특수성을 반영한다. 라틴아메리카 국가 건설에 대한 조지프와 뉴전트의 영향력 있는 연구에 따르면, 근대의 기획이 구체화되고 또 저항과 변형 작업이 일어나는 "국가 형성의 실제적이고 절차적인 영역"이 있음을 알 수 있다(Joseph and Nugent, 1994:19).

에콰도르 사례와 관련해 보면, 국가의 근대 기획은 지리적 수단, 지식, 상상이라는 수단에 토대를 두고 있음이 드러난다. 이미 주장한 바와 같이 에콰도르의 포스트식민적 국가성 이야기는 "지리적 용어의 배치에 대한 이야기이자 공간과학 개념의 선별적 차용에 관한 이야기"이다(Radcliffe, 2001:124).* 이 방법들은 화폐의 유통, 교통, 교육 등을 통한 영토의 물리적 통합뿐만 아니라 지도제작, 자원조사, 인구조사 등을 포함한다.** 이러한 실천들을 바라보는 다른 관점은——여기에 따르는 부수적인 담화와 주체성 호명과 함께——이들을 공간권력의 기술, 영토 주권의 공고화를 위한 도구, 사회적 통합 수단으로 간주하는 것이다. 간단히 말해 근대성을 질서와 일관성을 향한 진전으로 바라보는 것이다. 세밀한 역사적 설명은 아니지만, 이는 근대의 공간성이라는 개념을 통해 개략적으로 국가성에 접근하는 방법이다. 에콰도르 근대성의 두 가지 주요 특징으로는 지리적 조직과 상상의 지리학에 그 토대를 두고 있으며, '근대적인' 것의 변화하는 개념에 따라 이것들이 끊임없이 재조정되고 재편성되었다는 점을 들 수 있다. 에콰도르의 국가 근대성에 관한 지리학의 역사는 1860~1875, 1930~

---

* 여기에 사용된 자료는 졸고(Radcliffe, 2001)에 광범위하게 의존하고 있으며, 더 최근 자료들을 추가했다.
** 멕시코에서 지형학과 지도제작의 사용에 관한 최근의 역사적 논쟁은 크레이브(Craib, 2004) 참조.

1940년대 중반, 1960~1970년대, 1980~1990년대 네 단계로 구분될 수 있다.

과학적 국가를 위한 지리학 도구 만들기 : 1860~1875

에콰도르의 주권 영토라는 측면에서 독립 이후의 근대적 국가성은 19세기 중반까지 뚜렷한 결론이 나지 않았다. "1860년에서 1865년까지 국가적 문제는 영토 문제였다."(Quintero and Silva, 1994 : 114) 가르시아 모레노 대통령은 실증주의, 관찰, 실험에 주목한 당시 라틴아메리카 풍토에 따라 유럽의 과학자 집단에 도움을 청했다(Hale, 1996 : 148). 식물학자, 박물학자, 수학자들과 함께 지리학자들이 새로 설립된 에콰도르 최초의 세속대학인 국립공과대학에 임용되었는데, 다수가 유럽인이었다. 이들 중 1870년에 에콰도르에 온 독일 지질학자 테오도어 볼프(Theodor Wolff)가 빌헬름 라이스(Wilhelm Reiss)를 비롯한 동료들과 함께 에콰도르 지도를 만들었고, 이는 에콰도르의 지리적 구획과 특성에 대한 중앙집권적인 지식이 확립되는 계기가 되었다. 지도제작법이 중요한 새로운 도구였으며, 소지역 재편성과 이에 따른 권력의 정치적 균형에 일조했다. 1870년 에콰도르는 국가지리학자라는 직위를 만들어 최초로 볼프를 임명했으며, 공공사업을 위한 지리학자들의 전문성 강화는 광물 자원 조사와 연결되었다.[*]

영토의 실제적인 통합은 새로 등장한 지리적 상상과 재현 체계에 의해 보완되었다. 가르시아 모레노 대통령은 통합된 영토라는 전망을

---

[*] 예를 들면, 볼프는 북부 해안의 에스메랄다스(Esmeraldas) 주(州)가 천연자원 면에서 아마존 강에 필적한다고 보고 이바라(Ibarra)-산 로렌소(San Lorenzo) 간 철도부설 계획을 지지했다(Foote, 2004 : 91).

―앞에서 살펴본 것처럼, 근대성의 전형적인 영토적 함정이다―가지고 있었다. 비록 실제 파급 범위는 극히 작았지만, 교량·도로·과야킬-키토 간 철도(후자는 1908년까지 완성되지 않았다) 건설이라는 유례없는 일을 감독했다.** 과야킬-키토 간 철도 배후에 숨어 있는 민족주의적 의제는 라틴아메리카적인 맥락에서는 익숙하지 않은 것이었다(Foote, 2004:89). 통화가 유통되는 동질적인 공간이 1884년 수크레화 발행으로 만들어졌고, 1866년 제정된 국가(國歌)는 상상의 공동체에 대한 어렴풋한 빛을 발하고 있었다. 국가 작사자인 후안 레온 메라(Juan León Mera)가 『에콰도르 지리학 문답식 입문서』의 작가라는 사실도 흥미롭다(Terán, 1983:183). 영토의 실제적 통합은 이데올로기적으로도 원주민들과 소수의 아프리카계를 노동시장으로 편입시키는 수단으로 간주되었다(Foote, 2004). 이러한 근대적 공간성의 영역들은 각각 국가성 수행을 강화하려는 목적으로 쓰였다. 그러나 국가의 주권은 19세기 후반기에 들어서도 여전히 완전하게 주도권을 장악하지 못했다.

그러나 19세기 말 무렵 우리는 대체로 베네딕트 앤더슨이 근대 국민국가의 "동질적 공간"이라고 부른 상상의 지리학을 이룩하면서(Anderson, 1991) 근대성의 추상적 공간이 시작되는 것을 보게 된다.

** 플라시도 카아마뇨(Placido Caamaño)와 엘로이 알파로(Eloy Alfaro)를 포함한 차기 대통령들도 가르시아 모레노(Gabriel García Moreno)처럼 철도에 열렬한 관심을 보였다. 알파로는 "철도, 고속도로, 포장도로가 없는 나라는 발전할 수 없다"고 주장했다(Foote, 2004:88에서 재인용). 철도에 관한 지속적인 집착은 스페인에서의 독립과 동시에 개막된, 해양을 중심으로 한 경제적·정치적 상호연결체계에도 불구하고 에콰도르가 대부분의 라틴아메리카 국가들과는 달리 수도가 해안에 위치하지 않는다는 점을 아마도 반영하는 것이리라(Robinson, 1989:169). [키토(Quito)는 안데스 고지대에 위치해 있으며 수도로서 정치적 중심지인 반면, 과야킬(Guayaquil)은 에콰도르 남부 해안에 위치해 있는 경제의 중심지이다. 따라서 과야킬-키토 철도부설은 에콰도르의 중요한 국가적 과제일 수밖에 없었다.―옮긴이]

그러나 이러한 공간성들에 대한 주권, 지식, 일상적 경험 등은 아직 불완전하고 매우 불균등하였으며 심지어 외국계 회사와 이웃 국가들에게 손상되기도 했다. 외국계 회사들이 1920년대에 석유를 찾기 시작했을 때, 사용할 수 있을 만큼 정확한 아마존 강 지도는 여전히 없었다(Foote, 2004 : 96). 이용 가능한 지리적 수단은 비교적 초보적인 것이었지만, 유럽 국가들과 비슷한 방식으로 만들어졌다. 에콰도르는 이례적으로 소수의 엘리트들 사이에서 진행된 지리학적 지식과 기술의 통합, 그리고 자신들의 지정학적 영역을 보호하려는 방어적인 엘리트들에 의한 이러한 근대적 기술 이용이라는 특징을 갖는 것처럼 보인다.*대부분의 에콰도르 주민들은 인종차별, 빈곤, 교육적 결핍으로 이 기획에서 배제되었다.

국가 지리학의 근대화 : 1930년대와 1940년대

이 기간 동안 지리학은 근대 국민국가의 자원과 인구 목록을 만드는 수단이 되었을 뿐 아니라, 데이비드 후센이 주장하듯이 "국가 정체성의 정립과 육성에 필수적인 수단"이 되었다(Hoosen, 1994 : 4). 비록 프란시스코 테란을 필두로 한 민간 지리학자들이 일반 시민에게 (국가적인) 지리적 상상을 촉진하는 자료들을 제공하기 시작했으나, 에콰도르 지리학의 근대화는 점점 더 중앙집권적이고 전문적인 군부의 지도 아래 진행되었다.

  1920년대에 군부, 특히 육군은 "조국의 국경에 대한 지식"과 지질학, 수리학, 산림학, 농업, 광물 등의 국부 목록이 근대국가에서 말

---

* 백인 크리오요(criollo : 아메리카에서 태어난 백인) 지배 하의 에콰도르에 존재하던 영토에 대한 통치 불능(ungovernability)에 관해서는 실바(Silva, 1995)를 참조.

할 나위 없이 귀중하다고 주장했다. 1925년 이후 계속된 독일과의 교류는 1928년 지형학과 지도제작법 훈련 프로그램 창설, 육군최고사령부 산하 '군사지리서비스'(Instituto Geográfico Militar : IGM) 창설로 이어졌다. 후에 '서비스'가 '연구소'로 바뀌어 '군사지리연구소'가 된 이 기관은 '범미주지리역사연구소'와 '아메리카측지서비스'라는 두 기구를 통해 라틴아메리카 전역의 유사한 조직들과 광범위한 연결고리를 갖고 있었으며, 이 기구들은 냉전시대에 훈련과 자원 분배의 중요성을 점차 인식하고 있었다.

만약 근대성이 단지 기획과 담론에 관한 것이 아니라면, 사람들이 자신과 타자를 상상하는 구성요소로서 지리학을 경험하게 되는 것은 1930년대에 나타나기 시작해서 1940년대에 본격화되었다.** 중고등학교 교사들이 지리학을 배우기 시작했고, 추측건대 그들은 배운 지식을 학생들에게 전달했을 것이다! 테란이 쓴 교과서 『에콰도르 지리학』(*Geografia de Ecuador*)은 1948년에 처음 발행되어 20쇄에 이르렀으며, 그는 1970년대 중반에 '국가문화위원회' 위원이 되었다. 이러한 변화의 지정학은 1941년 페루와의 전쟁에서 상당한 영토 손실을 입었을 시기의 에콰도르가 경험하고 있던 근대성의 상황과 관련되어 있다. 이 사건은 소위 말하는 "국경의 역사"에 교육적으로 집착하는 결과를 낳았고, 학생들은 브라질과 콜롬비아를 포함할 때는 영토 재편을 우호적인 것으로, 페루와 관련해서는 본능적으로 공격적인 성향을 보이도록 교육받았다. 국가 주권과 지리적 도구에 대해 지정학적이고 군사적인 통제가 증가하는 데도 불구하고, 지리학적 지식과 지도의 민족주의

** 이와 관련된 사안으로는 1941년 설립 발의된 '사회생물학통계청'을 꼽을 수 있다. 인구센서스에 앞서서 지역과 거주민들을 목록화할 목적으로 발의되었다.

적 해석은 학교를 통해, 또 에콰도르의 새 영토를 보여 주는 "로고 지도"(logo map) 배포를 통해 차츰차츰 대중화되었다(Radcliffe, 1996).

영토의 사회적 통합 시도: 1960년대와 1970년대
이 기간 동안 에콰도르의 지리적 상상과 기술에 중요한 변화가 나타나게 된다. 발전된 근대적인 국가가 되지 못하고 있는 에콰도르의 어정쩡한 상황이 전면에 대두되고, 예전부터 축적되어 온 지리학 지식과 도구의 배치를 구체화시키면서이다. 그러나 지도제작 정보와 기술의 운용은 점점 군에 의해 중앙집권화되고 규제되었다. 새로운 법안으로 IGM은 국가의 지리학 기술에 독점적 권리를 갖게 되었다.* 다른 라틴아메리카 국가들의 경우와 마찬가지로 냉전체제와 관련된 국가안보 선언은 지리적 기술, 감시 기술, 새로운 지정학적 상상을 위한 상급 전문 훈련기관 설립을 정당화하였다(Hepple, 1992 참고).

지리학적 기술과 지식은 발전을 촉진하기 위해 사용되었다. 여기서 발전은 더 넓고 포괄적인 방식으로 정의되고, 논란의 여지가 있긴 하지만, 근대 기획의 주요 개념틀을 제공했다. 에콰도르는 또한 원유 판매에 따른 세입으로 급속하게 영토 통합을 진행시키는데, 이는 20세기 중반 상황을 여러 방식으로 반영한다. 도로 총 연장은 1959년과 1978년 사이에 세 배가 되었다(Quintero and Silva, 1991: 238). 에콰도르의 해묵은 지역주의는 발전의 문제점으로 간주되었는데, 에콰도

---

* 냉전시대 안보에 대한 관심이 빚어낸 결과물 가운데 하나는 리우데자네이루 조약에 따라 확정된 국경선이 그려지지 않은 지도, 즉 1941년 이전의 영토대로 표시된 지도의 판매가 불법이고 최고 16년의 징역에 해당하는 처벌을 받을 수도 있었다는 점이다. [1941~1942년 사이 페루-에콰도르 영토 분쟁은 1942년의 리우데자네이루 조약으로 마무리되고 새로운 국경선이 그어졌다. 그 결과 에콰도르는 상당한 손해를 보았다.—옮긴이]

르 지리학자의 말을 빌리면 "지리학은 많은 문제들, 특히 지방주의의 문제점들을 극복하는 데 엄청난 도움을 준다. 또한 과야킬과 키토를 둘러싼 지역주의의 극복을 위해서도 역시 마찬가지이다"(reseach interview, April 1994). 많은 조직적·재현적·공간적 상상 작업은 이러한 지역주의를 극복하려는 시도를 계속하고 있다. 베나비데스는 에콰도르의 고고학 유적지 코차스키(Cochasqui) 주민의 관습과 재현체계가 정복 이전부터 존재했던 그 땅에 살면서도 어떻게 근대국가 및 그 시민들과 결합하려는 노력을 경주하고 있는지를 보여 주고 있다(Benavides, 2004).

요약하자면, 지도제작법, 자연경관 목록, 영토의 정의, 특정 상상의 지리학들의 고양 등의 지리학적 실천들은 근대 국가권력의 본질을 구성한다. 에콰도르의 경우 근대성은 장소 특화적인 담론 및 발전과 민족주의라는 근대적 정체성의 구현이 수반된 공간 기획이었다. 내가 정치경제와 식민적 근대에 관한 질문들과 거리를 둔 것은 마르크스주의 혹은 포스트식민주의와 관련된 전체화된 설명의 한계를 보여 주려는 의도에서이다. 그러나 식민사가 그 나라 근대성의 담론, 인종, 젠더에 대한 정보를 제공하는 것처럼, 정치경제의 지리학은 철도망과 도로망 분포를 설명한다.

발전

"근대화와 지방적 전통주의(local traditionalism) 중에서 선택하는 것은 말도 되지 않는 단순화이다."―페르난도 칼데론(Calderón, 1995 : 45)

유럽중심주의와 전파설이라는 근대성에 대한 고전적 정의에서 발전은 특별한 계기로 인식된다. 1950년대에 근대화를 둘러싼 주류파의 발전주의는 유럽과 미국의 발전을 "독립적인 논리와 역동성"(independent logic and dynamism)으로 간주하고(Slater, 2004 : 11), 이를 수정 없이 그대로 남(南)에 확장하고자 했다. 그러므로 이 마지막 절에서는 라틴아메리카의 발전에 관한 최근의 논쟁과 함께 근대의 공간성에 관해 토론하고자 한다. 여기서 발전이란 용어는 변화의 바람직한 방향에 대한 담론과 대다수의 주민에게 장기간에 걸쳐 일어나는 경제와 사회복지 지수의 개선을 의미한다. 근대화 이론가이자 반공산주의자로 『성장 단계』(*Stages of Growth*)의 저자인 로스토(W. W. Rostow)에게 근대화로서의 발전은 식민주의를 대체하는 것이었다(Slater, 2004 : 62). 그 결과 발전은 일부 지형이나 인구 그룹을 시장 통합과 합리적 교육/전문성 교육과정의 방해물로 간주하면서, 전통과 근대를 둘러싼 의미들을 변화시켰다(예를 들면, Orlove, 1993).

그러나 탈발전주의적인 설명을 고려할 때, 복합적인 공간연결, 변화하는 담론, 지속적으로 재연결되는 지형에 대한 경험으로 발전을 이해하는 방식은 아직 라틴아메리카 발전 논쟁의 최전선에 등장하지 않고 있다. 때로는 반(反)발전주의라고도 불리는 탈발전주의 저자들은 주류파의 발전을 포괄적인 (서구의) 획일적인 지배로서 근대성의 어두운 측면을 대표한다고 거부한다(Rahnema with Bawtree, 1997). 탈발전주의는 발전 연구뿐 아니라 이를 넘어 상당한 논쟁을 야기했으며, 다양한 라틴아메리카 연구자들과 관련이 있다. 콜롬비아 발전 프로젝트의 아르투로 에스코바르와 페루의 NGO인 '안데스농업기술계획'(Proyecto Andino de Tecnologías Campesinas : PRATEC)은 발전 비판론자들의 광범위한 하위그룹의 두 예라고 볼 수 있다(Escobar, 1995 ; Apffel-Marglin with PRATEC, 1998). 근대성에 반대하는 전통 옹호론으로서의 탈발전주의 저술은 '근대'와 '발전'을 가르는 기준의 변화로 급격하게 진화 중인 발전 패러다임들의 융통성과 다양성을 일반적으로 부정하는 경향이 있다(Radcliffe, 2005b 비교·참고). 탈발전주의적 접근은 (지방의) 문화적 차이가 주는 미덕을 천명할지라도, 이 문화적 차이를 반서구 정치학 이야기로 축소시키는 경향이 있다. 또한 이를 통해 지방 문화 내부에 존재하는 위계와 "지방의" 삶을 형성하는 연결들에 대한 비발전지리학들을 무시한다(예를 들면, Escobar, 2001 ; Andolina et al., 2005 비교·참고). 탈발전주의는 발전의 지리학을 서구의 특수한 근대 발전문화 대 지방의 진정성이라는 단선적 경계로 단순화시키는데, 이는 발전 계획에서의 민족주의 역할을 경시하고(Gupta, 1998), 또 전 지구적 층위에서 발전이 갖는 의미를 경시하는 것이다.*
많은 원주민주의자 혹은 가톨릭 저술가들과 함께 탈발전주의는 라틴아메리카/안데스 문화를 발전과는 전혀 무관한 것으로 바라본다(Larraín, 2000 비교·참고).** 라틴아메리카는 근대발전기획에 대해 오랫동안 모호한 태도를 취해 왔다. 오랫동안 근대성을 갈망함과 동시에 —종종 유럽식 양식으로—지나치게 유럽적이라 지역 현실에 적합하지 않다고 거부하면서, 라틴아메리카 지식인들은 종종 모순적으

---

* 벨은 발전을 북이 동질적인 남에 강요하는 것으로 바라보기보다, "사유(思惟)의 공간 계보학 흔적을 추적하는" 기획이라고 부르면서 이 계보학이 "포스트식민적 비판에 있어서 중추적"이라고 본다(Bell, 2002 : 77). 이것은 남-북 관계의 우연성, 북의 변화하는 견해와 맥락, 지식의 다양한 행위자와 장소들, 발전이 남과 북에 주는 복합적인 유용성을 강조하는 것이다.
** 안데스 지역은 일반적으로 라틴아메리카에서 발전이 더디어서 전통이 많이 남아 있는 지역으로 간주되는 경향이 있음.—옮긴이

1장_라틴아메리카 근대성의 지리학 **65**

로 유럽의 지배를 거부하는 한편으로 유럽의 문명화 사명을 내재화시켰다(Coronil, 1997: 73). 호르헤 라라인이 지적하듯이, 많은 라틴아메리카 저자들은 근대성이 근본적으로 유럽적인 것이고, 따라서 라틴아메리카 지역에는 이질적인 것이라고 생각했다(Larraín, 2000). 이런 지적 전통에 비추어 볼 때 아르투로 에스코바르의 저술들은 헤게모니적 발전에 대한 탈구조주의적 비판이라기보다는 근대성의 공간성과 권력에 대한 지역적 입장을 고려한 다시 읽기로 읽혀질지도 모른다.

사망률·질병률의 감소, 교육률 증가 등 달성된 사업으로 발전을 이해할 때조차도, 발전이 가지고 있는 매우 우발적이고 불균등한 본질은 다양한 근대성의 반전과 비직선적 특성을 인정하게 한다. 라틴아메리카가 단일한 근대발전기획에 종속되어 있다는 탈발전주의적 설명과는 반대로 지리적 실천과 공간에 대한 설명은 20세기 후반에 근대 주체와 공간들이 어떻게 커다란 변화를 겪어 왔는지를 보여 준다. 예를 들면, 근대화 계획과 성장거점에 대한 하향적인 정책 수단들은 아마존 지역의 식민화 계획이나 지역 발전 계획에 다양한 경험과 사업들을 제공했다. 1990년대에 다시 등장한 탈중심화 경향은 —— 비록 신자유주의적 거시경제 정책이라는 전 지구적 지정학적 정책에 의해 구상되긴 했지만 —— 에콰도르의 한 발전 계획에서 원주민이 GIS[Geographic Information System] 자료를 통제하게 된 데에서 보듯이, GIS와 원격탐사와 같은 지리학적 기술에 대한 민주적인 접근을 가능하게 했다.

그러나 정치경제와 문화정치학의 지속적이고 역동적인 재배치를 고려한다면, 발전은 근대성을 보장하는 분명한 경로는 아니다. 일단 만반의 준비만 갖추면 발전이 가차 없이 진행될 것이라는 20세기 중반의 기대에도 불구하고, 세계 여러 곳에서 발전의 역전현상이 일어날 수 있음을 보여 준다(Ferguson, 1999). '잃어버린 10년', 즉 라틴아메리카의 1980년대가 이를 단적으로 입증한다. 1945년과 1970년 사이에 라틴아메리카 많은 지역의 경제 성장과 민주주의 정착은 라틴아메리카가 근대성에 도달했음을 나타내는 듯싶었다. 그러나 1980년대 사회적 발전은 역전되었고, (권위적인) 군사 정부는 사소한 근대성 계획까지도 의문을 제기하면서 민주주의를 대체했다.

결론

근대 공간은 근대성 구성의 토대가 된다. 근대 공간과 지리적 실천은 당연한 것으로 간주해서는 안 되는 성과로서 근대성 기획의 핵심이자 무수한 경쟁적인 담론들의 주제이며, 또 근대성에 대한 체화된 경험의 토대가 된다. 라틴아메리카의 어떤 지역이 언제부터 근대적이었나 하는 질문은 근대성의 공간성과 이 지역의 다양한 곳에서 실시되는 지리적 실천과 관련하여 답변될 수 있다. 라틴아메리카는 15세기의 이슬람 근대성, 이베리아 반도, 엘도라도의 상상의 지리학 사이라는 특수하게 확장된 지리 내에 놓였을 때 처음으로 근대적이었다. 비록 근대성이 종종 서구 대 기타 지역이라는 전 지구적인 배경 위에서 정의되긴 하지만, 이 글은 근대성의 수많은 척도들이 상호연결된 공간과 과정에 관한 논의라는 것을 드러내려고 시도했다. 자본주의의 불균등 발전은 심지어 식민 시기 라틴아메리카의 하위지역들을 차별화하기 시작했고, 매우 불균등한 경관을 만들어 내는 데 적극적인 역할을 했다. 그러므로 라틴아메리카 국가들에서 근대성은 결코 동일한 외양을 지닌 발전으로 인식될 수 없었다. 우리는 근대성의 공간성과 지리적 실천을 살펴보았고, 인간적 척도에서부터 전 지구적 척도에 이르기까지 수많은 척도로 근대적 공간과 비근대적 공간을 비교하는 행위 자체가 근대성 권력을 작동시키는 것이라고도 주장할 수 있다. 공간에 대해 절대 동질적이지 않은 근대성은 복잡한 공간성 내에서 비교적인 언어를 끊임없이 사용한다. 지리학 내에서 이것을 불균등한 자본주의적 발전으로 설명하는 경향이 있음에도 불구하고(예를 들면, Harvey, 1989), 이 글에서는 근대성의 다양한 변형 공간에 대한 최근 설명에 의존함으로써 이러한 비교가 문화적·사회적·역사적 산물로 간주하는 것이 가능하다고 주장했다.

근대성은 지리학이며 다양한 공간과 경관 사이를 비교하는 공간 이야기이다. 아울러 근대성이 비교를 위해 지형학적 하부구조를 제공하고 또 근대적 변화를 위한 사업을 제공하기 때문에, 근대성의 외형 역시 마찬가지로 계속 변화하고 있다. 근대성이 지도화되는 참조점은 ─혹은 나의 비유를 좀더 확장시키자면 삼각점들은─ 다채롭게 근대성을 변화시키고 있고, 근대성을 열망하며 혹은 특정 관점의 근대성을 거부하는 지역들에 위치한다. 다시 말해 우리는 1인당 소득을 측정할 때 사용되는 지형학적 틀에 의해 축도된 것과 같은 정적이고 이차원적인 근대성 지도보다, 계속해서 움직이는 4차원적 지표와 직면하고 있는 것이다. 이러한 지표에서 근대성 개념에 의미를 부여하며 근대성의 내용을 정의하는 것은 장소들─신체, 도시, 국가─사이의 연결과 이들의 근대성에 대한 협상이다.

2장_근대성과 전통: 변동하는 경계, 변동하는 맥락

피터 웨이드[*]

근대성의 정의

라틴아메리카 근대성의 연대기 문제를 논하기 위해 먼저 라틴아메리카의 사례를 중심으로 하지만 보다 보편적으로 적용될 수 있는 근대성에 대한 인류학적 접근은 무엇인지 살펴볼 것이다. 이러한 주제에 바로 접근하기에 앞서, 근대성의 정의와 시대구분이 어떻게 이루어지는지 간략히 언급할 필요가 있다. 이는 인류학자들이 행하는 정의와 시간 척도와 아마도 유사할 것이다. 많은 학자들은 근대성에 이 문제들에 대한 합의가 부족하다는 점을 지적한다. 이와 관련하여 배리 스마트(Smart, 1990 : 15)는 "용어들의 성운, 특히 역사적 지시물과 시대구분을 위한 개념들의 구체성 결여"를 지적한다(King, 1995 ; Therborn, 1995 참고). 스마트는 근대성이라는 용어가 이교도에서 기독교로의

---

[*] 피터 웨이드(Peter Wade)는 영국 맨체스터 대학 사회인류학 교수로 재직 중이다. 그의 최근 저서로 『라틴아메리카의 인종과 종족성』(1997)과 『음악, 인종, 국가 : 콜롬비아의 트로피컬 뮤직』(2000) 및 『인종, 자연, 문화 : 인류학적 접근』(2002)이 있다.

공식적 이행을 지칭하기 위해 사용되었던 5세기의 라틴어 모데르누스(modernus)에서 파생되었다는 점을 주목하고(또한 모데르누스는 방식 또는 양식을 의미하는 모두스modus에서 파생되었다는 점을 덧붙일 수 있으리라), 이후 근대성이라는 용어는 "고대와의 관계 속에서 현재를 위치 짓기 위해" 사용되었다고 본다. 하버마스를 인용하면서 그는 근대성이라는 용어는 "유럽에서 고대와의 새로운 관계 형성을 통해 새로운 시대에 대한 자각 의식이 형성되던 바로 그 시기"에 쓰이기 시작했다고 말한다(Smart, 1990 : 17). 이러한 의미에서, 근대성은 상대적 용어이다.

그럼에도 대개의 비평가들은 근대성의 시대구분을 고수하려 한다. 브라이언 터너에 의하면 근대성은 "16세기 서구 제국주의의 확산으로 생겨났으며" 자본주의의 지배, 과학적 절차의 수용, 경제에서 가계의 분리와 함께 지속된다(Turner, 1990 : 6). 마이클 하트와 안토니오 네그리는 두 가지 모순적인 힘이 나타난 1200년에서 1600년 사이에 근대성이 발생했다고 본다(Hardt and Negri, 2000 : 70~87). 첫번째 힘은 초월적 세계와 대조되는 현세의 권력과 인간 주체의 긍정에 의거하고, 두번째 힘은 이와는 반대로 현세의 권력에 대해 다시금 초월적 통제를 가하고 근대적 주권의 개념에 도달하려는 시도에 의거한다. 마셜 버먼은 17세기 초반부터 유럽 등 전 세계에 영향력을 행사한 세 차례에 걸친 연속적인 변화의 물결을 제시하지만(Berman, 1983), 근대성이라는 용어는 레이먼드 윌리엄스가 말하듯 '근대적'이라는 것이 긍정적 의미를 획득하게 되는(Williams, 1988) 후기 계몽주의 시기인 19세기를 위해 보류한다. 아르투로 에스코바르에 의하면, 일반적으로 근대성에 대한 지배적 이론들에서 "근대성은 17세기 북부 유럽의 종교개혁, 계몽주의, 프랑스혁명 등과 같은 특정한 시간적·공간적 기원을 지닌다. 이러한 역사적인 과정들은 18세기 후반에 들어 구체화되었으며 산업혁명과 더불어 통합적으로 공고화"되었다(Escobar, 2004 : 211). 대니얼 벨 등의 이론가와 더불어 스콧 래시는 근대성(또는 일부 이론가에게 있어서는 근대화)과 모더니즘을 구분한다. 이들의 이론적 틀에서 본다면, 경제와 과학기술 과정으로서의 근대성은 16세기에 시작된 반면, 19세기 후반의 모더니즘은 이러한 역사적 과정으로 생겨난 모순에 대응하는 문화적 또는 미학적인 반응으로 간주된다(Smart, 1990 : 17~19). 이러한 구분은 특히 경제적·사회적 근대성의 형성이 지체되어 왔거나 적어도 이러한 근대성이 문화적 모더니즘과 괴리되어 있던 라틴아메리카 상황에 적합하다고 간주되었다(García Canclini, 1995 : 41~65 ; Schwarz, 1992).

근대성에 대한 인류학적 접근

다수의 인류학자들은 앞서 언급한 접근 방식들을 대체로 수용하며, 근대성의 시대구분과 이를 둘러싼 논쟁에 대해 별다른 이견을 제기하지 않는다. 알베르토 모레이라스가 찰스 테일러의 설명을 빌려 표현하듯이, 일반적으로 근대성은 "전 세계에 걸친 사회형성에서 자본주의가 다각적으로 영향력을 발휘하면서 유래된 결과"라고 이해되었으며(Moreiras, 2001 : 3), 이와 관련하여 서구의 과학적 합리성과 베버 식 의미의 여타 형식적이고 계산적 합리성들의 영향에 대해 부연하려는 이들도 있을 것이다. '근대성의 인류학'에 대한 많은 접근 방식들이 이렇게 광의의 개념으로 근대성을 해석한다.

근대성에 대한 일반적인 인류학적 접근은 크게 두 가지로 구분할 수 있다. 먼저, 비서구로 지시되는 지역을 넘어 서구를 대상으로 하는 민속지학으로까지 인류학의 지평을 확대하려는 연구들을 들 수 있다. 이러한 시도는 그 자체로는 반론의 여지가 없으며, 사실상 인류학 내부에서는 기나긴 역사를 지닌다. 이러한 시도 자체가 이미 '전통적' 비서구와 '근대적' 서구라는 검토되지 않은 분리를 수용하는 것이라고 해석할 수도 있지만, 이러한 의혹에도 불구하고 대개의 인류학자들은 이러한 평이한 이원론적 구분 자체에 적어도 표면적으로라도 거부의 의사를 보일 것이다. 두번째로, 재의미화와 혼종화의 과정 분석을 이용한 근대성의 인류학적 연구들을 들 수 있다. 이는 일반적으로 비서구인으로 지칭된다고 간주되는 '지역'의 사람들이 어떻게 생산·소비·지식의 전 지구적 회로를 통해 그들의 사물·사고·상징을 변화시키고, 그 과정에서 이를 토착화하고, 재의미화하며, 전유하고, 혼종화시키는가, 그리고 이를 통하여 어떻게 '다양한' 또는 '대안적' 근대성들을 만들어 내는가를 분석하는 것을 의미한다(Comaroff and Comaroff, 1993 ; Englund and Leach, 2000 ; Inda and Rosaldo, 2001 ; Miller, 1995). 이런 연구에서 주된 논쟁은 어떻게 동질화와 차별화가 동시에 일어나고, 또한 연속과 변화라는 개념을 어떻게 인지하고 분석해야 하는지의 문제를 중심으로 벌어진다(Robbins, 2004 ; Sahlins, 1999 ; Wilk, 1995). 앞에서도 언급했듯이, 상당수 인류학자들은 마치 지역성이란 이미 명확한 구획에 따라 존재하며, 외부에서 가해지는 세계적 힘의 위협을 받고 있다는 식으로 명확하게 지역과 전 지구를 구분하는 데 거부의사를 보일 것이다. 이러한 반론에도 불구하고, 앞서 제기한 이분법적 사고에는 공간적 요소와 시간적 요소가 일종의 상호보강적 관계로 작용하고 있음을 주목할 필요가 있다. 이러한 사고에 의하면 근대성은 전통 '이후'에 존재할 뿐만 아니라(비록 미래와 관련해서는 미래 '이전'에 존재하게 되겠지만), 지역성 '너머'에 존재하며, 지역성에 대한 '보다 광범위한 맥락'으로 작용한다.

목적론과 척도

전통과 근대, 지역과 전 지구, 종속(하위)과 지배(헤게모니)의 병렬적 이항으로 구성되는 이원론은 종종 인류학적 연구의 심층에 자리한다. 제임스 던컬리가 말하듯, 현재의 우리는 "지구상에 존재하는 것은 모두가 어떤 망설임이나 당혹감도 없이 서로 연결되어 있는 세계화된 풍토"에 속해 있다고도 볼 수 있을 것이다(Dunkerley, 2000 : 51). 하지만, 이원론적 구분의 잔재를 내보이는 방식으로 분석적 연계들이 지속적으로 만들어지고 있다. 그럼에도 인류학은 철저한 탐구를 통하여 이러한 이원론을 해체하는 방법을 제시할 수 있으며, 더불어 이원론에 수반되는 척도화와 목적론의 효과들 그리고 궁극적으로는 유럽중심주의를 해체하는 방법을 제시할 수 있다. 인류학의 문화상대주의(특수주의)와 문화적 평등(보편주의)에 대한 자기모순적인 헌신은 모든 사람은 동시대를 살고 있다는 사실, 다시 말해 브뤼노 라투르의 표현을 빌리면 "우리는 모두 근대적"이거나, 또는 우리 모두는 한번도 "근대적이었던 적이 없다"는 사실을 의미하는 것이다(Latour, 1993). 물론 이러한 시각은 인류학이 스스로의 지적 유산에 대해 제기해 온 비판의 일부를 형성해 왔다. 모두가 동등하게 근대적이라고 주장하는 것이 서구 근대성의 전면적 승리를 의미하는 것은 아니며, 오히려 이러한 주장은 진보의 척도에 근거해 누군가는 다른 누군가보다 앞서 있다고 가정하는 유럽중심주의에 대한 반박이 될 수 있다. 그럼에도 인류학의 유산에 존재하는 이원론적 자취는 이에 대한 비판이 제기되는 과정에 잔존해 있다. 하지만 비판의 근간이 되는 시각 그 자체에서 가능성을 찾을 수 있을 것이다.

널리 알려진 것처럼, 근대화주의적이고 발전주의적인 이론들은 유럽중심주의적 성향을 지닌다. 이러한 이론들은 서구적 형태의 경제 및 정치조직의 우월성을 가정하며, 서구적 형태의 조직이 유럽에서 발생하여 전 세계로 전파 또는 부과되어 왔으며, 이러한 일방적 흐름은 지속되어야 한다는 목적론적 사고를 근간으로 한다. 앤서니 킹의 지적처럼, 근대성은 공간적 기원과 운동뿐만 아니라 역사적 기원을 내포한다는 점에서 시공간적 서사를 담고 있다(King, 1995 ; 이 책 1장 참고). 더 나아가, 근대성에는 척도화의 효과가 작동하고 있으며, 이에 의하면 근대성은 거대한 규모 또는 전 지구적인 것을 의미하는 반면 이에 대한 반대항인 전통은 소규모 또는 지방을 지칭한다. 결국 근대성은 전통의 "맥락"이요, "더 큰 그림"이 된다(Englund and Leach, 2000).

이러한 유럽중심주의와 목적론에 대해 수많은 비판이 제기되었다. 가르시아 칸클리니는 발전주의의 무용성에 대해 비판한다(García Canclini, 1995 : 3~7). 엔리케 두셀은 유럽적 근대성은 은폐되고 오인된 주변부에 대한 대립항, 즉 타자성에 대한 대립항으로 스스로를 구축했다고 주장한다(Dussel, 1995b : 66~67). 이러한 주변부적 타자로서 제일 먼저 알려진 곳은 라틴아메리카였다. 에스코바르는 엔리케 두셀, 월터 미뇰로, 아니발 키하노 등 일련의 라틴아메리카 학자들의 연구에 주목한다(Escobar, 2004 : 217~220 ; Castro-Gómez, 1998 참고).* 이들은 비단 식민주의뿐만 아니라 포스트식민주의적 형태의 지배까지 포괄하는 용어로서 식민성과 근대성 간에 존재하는 상호구성적 속성(mutually constitutive nature)을 강조한다. 서구 근대성은 비서구 지역의 지배, 특히 정복이 근대의 시작을 의미했던 아메리카 지배의 산물이다. 근대성의 이면, 아니 미뇰로가 말하는 근대성과 식민성의 "경계"(border)에 위치(location)하는 것은 유럽중심주의적 지배 담론에 대한 윤리적 논박을 야기할 수 있다(Mignolo, 2000).

하지만 목적론과 척도화의 효과를 근절하는 것은 생각보다 더 어려운 일일 것이다. 라틴아메리카에는 대안적 형태의 근대성이 존재한다느니, 포스트모더니티가 서구 사회의 일반적 삶의 조건을 구성하기 이전에 이미 라틴아메리카의 불균등한 근대성 속에 포스트모던적 형태라 부를 만한 것이 포함되어 있었다느니 하고 말하는 사람도 있다. 또한 라틴아메리카에는 전통과 근대성이 복합적으로 혼종되어 결합되어 있고, 이러한 결합 관계에서 후자는 전자를 대체하지 않는다고 주장하기도 한다. 이러한 입장들에도 불구하고, 근대성은 유럽에서 발현했고, 다른 지역보다 먼저 발현했으며, 유럽 이외의 근대적이라고 정의할 수 없던 지역에 불균등한 방식으로 작용했고, 다른 어떠한 사회문화적 형태들보다 더 전 지구적인 규모였다는 식의 사고방식들이 여전히 존재한다. 이들 사고방식에는 좀처럼 흔들리지 않는 상식적 명백함이 자리하고 있다. 하지만 이러한 사고방식들 기저에는 기본적으로 동일한 목적론이 깔려 있다. 물론 이런 목적론이 서구화의 불가피성이

---

* 두셀, 키하노, 미뇰로, 에스코바르 등은 최근 라틴아메리카 연구의 주요 관심사인 탈식민주의 연구(Decolonial Stuides)의 선구자이자 주요 연구자들이다. 이들은 근대성과 식민성은 동전의 양면과 같으며, 근대세계체제는 근대적/식민적 세계체제로 규정하는 것이 마땅하다고 주장한다.—옮긴이

라는 단순 목표만을 지향하지는 않을 것이다. 하지만 이러한 목적론은 하나의 역사적 서사를 형성하고 있다. 서구 근대성이 제일 먼저 발생했고, 서구 근대성의 전파로 오늘날의 세계가 구축되었으며, 서구 근대성은 여타 사회 과정들보다 더 큰 맥락으로 작용한다는 서사이다.

워크숍의 기본 전제이자 이 책의 출간 근거가 되었던 "언제부터 라틴아메리카가 근대적이었는가?"라는 질문은 이런 목적론적이고 척도화된 사고방식의 작동을 보여 주는 좋은 예이다. 언제부터 라틴아메리카가 근대적이었는지 질문하고 그 연대기에 주목하는 것은 결국 보다 복합적인 문제, 즉 라틴아메리카라는 맥락에서 근대성이란 무엇인가의 문제에 접근하기 위한 해석적 도구에 지나지 않는다. 그러나 그 도구는 '다른 곳'에서 '예전'에 생겨나 라틴아메리카에 '도달'하게 된 근대성을——비록 상이한 방식으로 상이한 시간대에 도달하여 정말로 모순적이고 예측 불가능한 결과를 남기지만——전제로 한다. 다시 말해, 라틴아메리카의 내부는 물론이고 그 너머에도 존재하는 서구적 근대성이 주도하는 역사적 서사를 기본적으로 상정하고 있는 것이다.

비척도적이고 비목적론적으로 사회변화를 사고하기 위한 다른 방법은 모든 사회형태를 동시대의 것이자 동일한 시간 척도로 보는 것이다. 혹은 모든 방식의 시대구분이나 역사화, 그리고 일체의 척도화 시도를 정치적 효과를 지닌 일종의 구성물(construction)로 간주할 수도 있을 것이다. 이는 분석적 구성물일 수도 있고 또는 '대중적' 구성물일 수도 있다. 근대성이 시공간적으로 유럽에 근거하고 있다는 사고는 권력과 지식의 영역에서 명백한 효과를 가져오는 구성물이다. 특정 형태들을 '국가적' 또는 '전 지구적'인 것으로 척도화함으로써 이들에게 보다 많은 권력을 부여하게 되며(이 책 1장 참조), 이를 통해 이 특정 형태들은 '지역적' 사회형태와 과정들의 맥락으로 작동하게 된다. 이에 따라 '맥락'은 지역과의 관계를 통하여 상이한 방식으로 작동하게 되어, 그 스스로 설명이 되기도 하고, 더 나아가 지역으로 하여금 특정한 방식으로 반응하게 만드는 공간권력 기술(技術)의 일부가 되기도 한다.

무리한 비교일 수도 있지만, 자연선택으로 생물학적 변화를 설명하는 입장에서 비척도적·비목적론적 사고에 상응할 만한 것을 찾을 수 있다. 소위 생명 단계들의 진화에는 특정 방향이나 목적론이 없으며, 새로운 생명체, DNA, 인구 구조 등의 형태들은 특정한 방향성 없이 출현한다는 것이다. 이들은 한 곳에서 다른 곳으로 퍼지고, 어떤 것은 더 빨리 퍼지며, 파리나 인간이나 일부 박테리아 등은 다른 생명체보다 광범위한 지역에 존재한다. 그러나 이러한 관계가 중심과 주변부의 구도 또는 시간적 단선성의 논리를 따르지는 않는다('해부학적으로 근대적인 인간'이라는 사고는 목적론적 용어이며, 자연선택의 기본 원리들과 모순됨에도 불구하고 진화론에서 사용되고 있다). 또한 형태들 간의 척도도 존재하지 않는다. 개별적 표현형에 있어서 어떤 형태는 다른 것보다 크기가 클 수도 있고, 일부는 더 많은 개체 수를 지니기도 한다. 그러나 각각의 형태는 다른 모든 형태에 대해 동등한 맥락이 되며, 어떤 형태도 다른 형태의 '지역'에 대한 '전 지구'가 되지 않는다. 일부는 보다 넓은 공간에 걸쳐 존재한다 하더라도, 결국 모든 형태는 동등하고 동시에 전 지구적이자 지역적이다. 이들 모두가 단일한 네트워크를 구성하는 요소들이며, 이는 물론 고도의 복합성을 지닌 네트워크이다. 흥미롭게도 사회과학, 생물학, 물리학의 최근 연구들이 복수의 복합적 네트워크를 사고한다는 점에서 일정한 공통 지점을 찾게 되었으며, 이들 네트워크는 자생적으로 생겨나는 비직선적이고 생성적인 자기 조직의 속성들을 지니는 것으로서, 외부 환경에서 자극받아 생겨난 결과물이 아니다(Escobar, 2004 : 222 ; Thompson, 2004). 사회과학은 이러한 복합적 네트워크를 세계화에 따른 최근 산물로 간주하는 경향이 있다. 하지만 사회형태들이 언제나 이러한 방식으로 네트워크를 형성하고 있었다는 가정에서 출발할 수도 있을 것이다. 비록 이러한 것들이 네트워크들을 척도화하고 목적론적 의미를 부여하는 인간이 만든 위계질서에 지속적으로 종속되어 왔지만 말이다.

생물학적 과정과 사회문화적 과정의 주된 차이는 인간은 자의식적 행위주체성을 지니며, 통제하고자 하는 과정에 디자인을 부과하는 존재라는 점에서 비롯된다. 이러한 차이점을 고려한다면 두 과정을 비교의 대상으로 삼는 것에는 심각한 오류가 있음을 알 수 있다(물론 디자인과 행위주체성의 개념은 이기적 유전자 등의 은유를 통해, 그리고 자손 재생산의 극대화를 위한 존재로서의 개별적 유기체에 대한 강조를 통해 자연선택 이론들에 침투하게 되었으며, 이들 이론에서 논쟁의 주제가 되기도 한다). 사람들은 전 지구적 그리고/또는 지역적 효과를 위해, 진보적 그리고/또는 전통적이 되려고 과정들을 **디자인**할 것이다. 하지만 핵심은 이러한 과정들은 이들을 만들어 내고 실현하며 이에 따른 효과를 감지해 내는 바로 그러한 사람들에 의해 전 지구적/지역적 그리고 근대적/전통적으로 **구성**된다는 것이다. 편재(遍在)가 '전 지구적'인 것을 의미하지는 않는다. 가령, 음식 섭취와 배설 등의 행위는 도처에서 행해지지만 이를 전 지구적 또는 세계화 행위라고 부르지 않는다. 새로운 것이 반드시 '현대적'인 것도 아니다. 가령 신생아나 새로운 대화처럼 기존의 것과는 다른 새로운 것들이 꾸준히 생겨나도 이들을 '현대적'이라고 부르지는 않는다. 이러한 맥락에서 에드워드 사이드를 비롯해 미뇰로와 모레이라스 등 많은 학자들은 학문적 지식 자체가 어떻게 척도와 목적론들을 만들고, 어떻게 '유럽'과 '라틴아메리카' 등의 범주들을 구성하며, 어떻게 이 실체들을 권력과 앎의 특정한 관계에 자리매김하는지를 보여 주는 중요한 사례라고 지적하였다 (Castro-Gómez, 1998 ; Mignolo, 2000 ; Moreiras, 2001).

목적론과 척도의 잔존

라틴아메리카의 근대성과 관련하여 지속적으로 부각되는 시간적 목적론과 공간적 척도화라는 주제에 접근하기 위해, 네스토르 가르시아 칸클리니의 저서 『혼종문화 : 근대성 넘나들기 전략』에 대한 두 편의 서평을 살펴보자. 이 서평들은 가르시아 칸클리니가 근대화론자들의 목적론을 거부하고 있다는 점에는 동의하지만 철저함의 정도에 대해서는 의혹을 제기한다. 존 비벌리에 의하면 장 프랑수아 리오타르와 마찬가지로 가르시아 칸클리니에게도 "세계화의 '외부'는 존재하지 않으며, 따라서 이에 대한 대립항을 구축할 수 없다. 즉, '전통'도 '제3세계'도 '자연'도 존재하지 않고, 대중문화의 자율적 영역이나 모더니즘의 심오한 해석학 역시 존재하지 않는다"(Beverley, 1999 : 127). 비벌리의 평가는 뚜렷한 목표물을 향하고 있다. 비벌리는 저항을 구축하기 위한 토대가 될 전 지구적 자본주의의 외부 또는 그 아래의 진정한 현장이란 존재하지 않는다고 생각한다. 전 지구적 자본주의가 모든 것에 침투해 있어서 저항은 내부에서 만들어 낼 수밖에 없다고 생각하고 있는 것이다. 하지만 비벌리의 비판은 사회변화는 비척도적이고 비목적론적인 방식으로 이해되어야 하고, 세계는 전 지구와 지역으로 분리되는 것이 아니며, 전통(그리고 근대성)은 저기 어딘가에 존재하는 무엇에 불과한 것이 아니라 변화의 과정을 이해하고 해석하기 위한 방법들이라는 필자의 주장과 적절하게 조화를 이룬다('모더니즘의 심오한 해석학'이란 사고는 척도라는 사고와 유사하다고 볼 수 있다). 레나토 로살도는 『혼종문화』의 서문을 통해서 근대성에 대한 가르시아 칸클리니의 접근 방식에 대한 비판적인 시각을 제시한다.

> 라틴아메리카에 관한 연구 가운데 상당수는 연구의 주제로서보다는 연구를 조직화하기 위한 가정으로서 근대와 전통의 구분을 받아들인다. 이러한 구분은 가르시아 칸클리니에게는 명확하지만, 내게는 난감한 것이다. 전 지구적/국가적 또는 근대적/탈근대적인 것에 대한 관념과 마찬가지로, 근대와 전통의 두 사회적인 힘들은 현재에서 작동하며 양자는 경험적으로 분리하기 힘들다. …… 가르시아 칸클리니는 생산-소비의 과정 때문에 어떠한 문화생산 영역도 시장과 독립해서 존재할 수 없다고(그리고 그 역도 성립한다는 사실을) 주장하고 있다. 가르시아 칸클리니의 말대로라면, 근대성에 출입하기 위해서는 바로 그가 그토록 완고하게 고수하는 전통과 근대성 간의 구분 그 자체가 해체되어야만 한다. 즉, 전통과 근대성이 진정한 혼종성으로 융해되어야만 한다(Rosaldo, in García Canclini, 1995 : xv).

로살도는 가르시아 칸클리니가 라틴아메리카의 맥락에서 어떻게 근대와 전통이 혼종되는지 매우 훌륭하게 추적하고 있지만, 근대성과 전통의 개념은 고수하고 있다고 보는 것이다. 이와 관련하여 『혼종문화』에 대한 필자의 평가는 다소 불분명하다. 분명히, 『혼종문화』에서 전통과 근대성의 개념은 이들이 무엇을 의미하며 무엇을 포괄하는지가 당연히 주어져 있는 것처럼 사용되고 있다. 하지만 반면에 민속연구에서 이루어지는 '전통'에 대한 비판에서처럼 가르시아 칸클리니의 분석 가운데 일부는 전통과 근대성의 개념을 불안정한 것으로 만드는 결과를 가져오기도 한다(García Canclini, 1995 : 147~170).

비벌리는 이와는 다소 다른 비판을 하는데 이는 앞서 인용한 그의 비판과 모순된다고 볼 수 있는 비판이다. 비벌리는 『혼종문화』에서 "탈국가적 목적론"의 작동을 감지하는데, 이것은 혼혈 이데올로기*의 국가주의적 목적론과 크게 다르지 않다(Beverley, 1999 : 127). 그는 "혼종화는 변증법적 지양(dialectical sublation)으로 기능하거나 예전의 인지부조화(dissonance) 상태를 초월하는 기능을 한다. 혹은 주체, 사회 그룹이나 계급, 국가적 정체성이나 지역적 정체성 등을 구축할 때 모순으로 작동한다. 이런 의미에서 가르시아 칸클리니의 주장은 겉보기와는 달리 반근대적이거나 탈근대적이라고 볼 수 없으며, 오히려 본질적으로 근대적이다"라고 말한다(Beverley, 1999 : 127). 그러나 비벌리의 이러한 비판 역시 전적으로 타당한 것 같지는 않다. 오히려 가르시아 칸클리니는 혼종화 과정이 기존의 권력 불평등을 더욱 심하게 만드는지 혹은 완화시키는지에 관련하여 애매한 태도를 견지하고 있

---

* 혼혈(mestizaje)을 국가 정체성으로 규정한 이데올로기. 1920년대 멕시코를 필두로 메스티소와 원주민이 많은 국가의 지배적 담론으로 부상하였다. 이는 크리오요 중심의 지배체제가 아래로부터 심각한 도전을 받게 되면서 유화책이 필요했고, 또 한편으로는 근대적 국가형태인 국민국가의 강화를 위해 메스티소와 원주민을 국가에 통합시킬 필요성이 대두된 데 따른 것이다. 원주민들의 통합도 가능하도록 인종적 혼혈보다 문화적 혼혈을 강조했다. 혼혈 이데올로기는 결국은 엘리트 지배체제의 지속을 위한 도구로 작용한 측면이 크다.—옮긴이

으며(García Canclini, 1995 : 227~228, 239, 241), 그가 반드시 초월이나 지양을 염두에 두고 있다고 볼 수는 없다.

비벌리와 로살도의 비판이 일부만 타당할지라도, 그들의 비판을 통해서 근대성에 대한 최근의 인류학적 접근에 이원론, 목적론, 척도의 효과가 잔재할 수 있음을, 또는 적어도 그렇게 간주될 여지가 있다는 것을 알 수 있다. 근대성과 전통의 복합적 혼종으로 라틴아메리카 문화를 이해한다는 것은 결국 혼종의 가능성에 대해 사고할 수 있기 위해 우리는 이미 전통과 근대성을 구성하는 것이 무엇인지 알고 있다고 가정하는 것과 같은 의미일 수도 있다. 전통은 결국 근대성이 도달하기 '이전'에 존재했던 지역으로, 근대성은 무대에 등장하고 있는 전 지구적 세계의 '외부에' 존재하는 무언가로 해석되는 것이다. 하지만 만일 '전통' 그 자체가 매우 긴 시기에 걸쳐 작동해 왔던 전 지구적 네트워크로 인해 생겨난 산물이라면? 그리고 만일 '근대' 그 자체가 이와 동일한 네트워크를 통해 형성되었으며, 따라서 시공간적으로 전통과 쉽게 구분될 수 없다면? 이러한 의혹이 사실이라면, 이제 우리는 학문적 사고뿐만 아니라 비학문적 사고에서도 근대성과 전통의 개념이 어떻게 그리고 어떤 이유로 구성되고 사용되어 왔는지 관심을 기울이게 된다. 가르시아 칸클리니의 말처럼, "모든 문화는 그 근원적 요소들 가운데 일부가 선택되고 결합됨에 따라 발생하는 결과물이며, 선택과 결합은 지속적이고 새로운 방식으로 이루어진다. 다시 말해서 문화는 특정 국면에 따른 생산물이다"(García Canclini, 1995 : 141).

해리 잉글런드와 제임스 리치는 '근대성의 거대서사들'이 '다양한 근대성'에 잔존해 있다는 사실을 보여 주는 또 다른 예들을 제시한다. 이들의 연구에서 경험적 대상은 아프리카와 멜라네시아이지만, 이들의 주장은 여타 지역에도 적용될 수 있다. 잉글런드와 리치에 따르면, 다양한 근대성에 관한 연구에는 세 가지 가정이 내재되어 있다.

첫번째 가정은 완숙하고 인식 가능한 근대성은 어디에든 존재한다는 것이다. 이 가정은 목적론을 배제하며, 세계의 일부 지역들이 다른 지역에 비해서 다소 덜 근대적인 것은 아니라는 입장을 담고 있다. 두번째 가정은 근대성의 제도적 형태는 미리 정의될 수 없다는 것이다. 분석가는 어떤 상황에서는 주술을 강조하고, 다른 상황에서는 미학을 강조하며, 또 다른 상황에서는 정치경제학을 강조할 수도 있다. ……세번째 가정은 다양한 문화들이 지속적으로 유지되어, 일부 관점에 따른다면, '세계화'에 대해 '지역적'으로 반응한다는 것이다.

하지만 잉글런드와 리치는 이러한 접근만으로 "**변이가 없는 대상에 대항하여 변이를 재현하고자 하는 논리적 요구를 제거할 수는 없다**"고 주장한다(Englund and Leach, 2000 : 228. 강조는 원저자).

이는 필연적으로 단절의 거대 서사로 귀결되며, 이에 의하면 자본주의의 '보다 광범위한 맥락'은 지역인들에게 작용하고 그들로부터 특정한 반응을 유도하며, 이 반응들은 그러한 자본주의 맥락의 특권적 관점, 특히 분석가의 입장에서 본다면 인지가 가능한 것이다. 이런 점에서 멜라네시아 주민들의 화폐, 장기 절도, 죽음, 백인에 대한 우려 등은 지역의 문화적 렌즈를 통해 자본주의의 침입에 대응하는 지역의 반응으로 볼 수 있으며, 이러한 사례는 악마와 상품물신주의에 관한 마이클 타우시그의 연구와 분명 유사하다(Taussig, 1980). 리치는 멜라네시아인들의 우려는 생산성, 관계, 몸에 관한 이들의 문화적 사고와 연관될 때보다 올바로 이해될 수 있다고 주장하는데, 이는 전 지구적 자본주의가 언제나 '보다 광범위한 맥락'은 아니라는 점을 의미하는 것이다.

'전통' 과 '근대성' 의 구성성(constructedness)

인류학은 대상이 구성되는 이러한 과정들의 중요성을 보여 주는 다양한 사례를 제공한다. 아담 쿠퍼의 저서 『원시적 사회의 발명 : 환영의 변환』(Kuper, 1988)은 어떻게 인류학이 지적 작업의 토대로서 '원시적 사회' 라는 개념을 지속적으로 재발명해 왔는지를 추적한다. '원시적 사회' 라는 개념은 사회의 원상태가 있었다는 사고를 필요로 했다. 이러한 사고는 사회진화론적 패러다임이 인류학 학문 분과 내부에서 신뢰를 잃었을 때에도 잔존했다. 요하네스 파비안은 『시간과 타자 : 인류학은 어떻게 자신의 대상을 만드는가』(Fabian, 1983)를 통해, 인류학의 역사 기저에 오랫동안 깔려 있는 오리엔탈리즘 기획에 더욱 극단적인 비판을 가한다. 이 기획은 원시, 전통, 타자를 과거에 위치시킨다는 것이——설사 연구 시점이 현재일지라도——파비안의 비판이다.

이와 관련하여 수렵-채집인에 대한 논쟁을 예로 들 수 있다. 이 논쟁은 라틴아메리카를 대상으로도 할 수 있었지만(Pagden, 1982), 그렇게 하지는 않았다. 하지만 다른 지역에 대한 논쟁을 통해 라틴아메리카를 살펴보는 것도 의미 있을 것이다. 학문적인 논쟁은 아프리카 남부 칼라하리 사막의 '부시맨' 으로 알려진 산(San) 족에 집중되었다. 마르크스주의적 성향의 '수정주의자' 에 속하는 인류학자들은 '전통주의자' 에 속하는 일련의 인류학자들이 수렵-채집 부족이라는 표상을 만들어 냈다고 비난했다. 이들 전통주의자들은 수렵-채집 부족은 여전히 칼라하리 사막 일부 지역에 생존해 있으며, 이들에 대한 연구를 통해 인류의 진화론적 역사의 상당 부분을 형성한 생태적응으로서의 수렵-채집에 의한 삶의 방식이라는 주제에 대한 합리적인 추정을 이끌어 낼 수 있다고 주장한다. 물론, 전통주의자들은 비교적 고립되어 있던 이들 부족의 삶에 지난 수십 년간 근대성이 막대한 희생을 초래했다는 점을 인정한다. 이에 대해 수정주의자들은 수렵-채집인들은 겉보기와 달리 수세기에 걸쳐 이미 자본주의를 포함한 지역적·전 지구적 변화의 과정에 통합되어 있었으며, 고립되고 '전통'적으로 보이는 그들의 현재 삶의 조건은 사실상 이들 부족을 파괴하고 방기하고 또 그들의 사막에서 유용한 자원을 고갈시킨 그러한 통합의 결과물이라고 주장한다(Kuper, 1993 ; Solway and Lee, 1990 ; Wilmsen and Denbow, 1990).

　　논쟁은 신랄하고 극단적이었다. 하지만 이 논쟁은 수렵-채집인의 표상이 어떻게 학문적인 구성물로 기능하게 되었고, 이러한 구성물을 통하여 어떻게 근대성의 권력들에 대한 주장이 제기될 수 있었는지를 보여 준다. 자본주의의 형태로서 근대성이 칼라하리 사막의 견고함이나 산 족의 확고한 자치권 때문에 제한적으로 권력을 행사하게 되었다는 입장과, 근대성은 모든 곳에 편재했으며 모든 것을 통합하고 결국 산 족을 사막의 무산계급으로 전락시켰다는 입장의 상반된 주장들이 제기되지만 말이다. 논쟁에 대한 검토를 통해, 대니얼 스타일스는 전 세계의 수렵-채집인들은 대략 2,000년간에 걸쳐 교환, 생산, 소비의 보다 거대한 회로에 불균등한 방식으로 통합되어 있었으리라는 결론을 제시한다(Stiles, 1992). 로살도는 소위 원시적 인종은 인류, 특히

'근대적' 인간을 사고하기 위한 표상으로 이용되었으리라고 주장한다(Rosaldo, 1982). 폭력과 평화, 영토성과 공유, 가부장제와 성 평등 등의 "인간 본성"과 관련된 문제들은 "원시적인 수렵-채집인"의 표상을 통해 자주 논쟁되어 왔으며, 이러한 표상은 일체의 자연적인 것을 대변한다고 가정되었다. 정상적인 상황이란 장구한 기간에 걸쳐 형성된 상호의존 관계이며, 전 지구적 회로에의 (불균등한) 통합을 의미하는 것이라고 보는 스타일스의 공평한 접근법(even-handed approach)은 필자에게는 수렵-채집인을 고립된 존재로 간주하거나 아니면 교활하게 모습을 바꾸어 가며 편재하는 자본주의를 전제하는 일반적인 가정들에 대한 신선한 도전으로 다가온다.

라틴아메리카와 관련해 타우시그는 원시인이나 야생적인 아마존 원주민의 표상은 다른 형태의 원주민성(가령, 안데스 산지인의 원주민성) 및 '문명화'의 식민적·포스트식민적 형태들에 대해 사고하기 위한 대응적인 존재로서 창조되고 조작되어 왔다고 주장하며, 이 과정에는 일부 아마존 주민들도 합류했다고 본다(Taussig, 1987). 이러한 그의 주장은 아마존 사회가 장기간의 상호작용과 통합을 통하여 어떻게 형성되어 왔는가의 문제보다는, 아마존 원주민성이라는 이미지가 어떻게 담론적으로 구성되어 왔는가의 문제와 더 밀접한 관련을 갖는다. 비록 아마존 사회 형성에 대한 타우시그의 견해는 주술과 치유의 영역에서 장기간 이루어진 무역에 대한 그의 논의에서 엿볼 수 있지만 말이다. 이와 관련하여, 머피(Robert F. Murphy)는 브라질 아마존 계곡 하부에 거주하는 문두루쿠(Mundurucú) 원주민에 관한 연구를 통하여 1950년대 인류학자들에게 명백한 것으로 여겨졌던 이들 부족의 사회조직은 사실상 18세기부터 진행된 변화의 산물이며, 이 과정에는 스페인 식민주의자들과의 상호작용이 개입되었다고 본다는 점에서 보다 명확한 관점을 제시한다(Wolf, 1982). 지역의 전통으로 보이는 것이 사실상 전 지구적 네트워크로의 통합의 결과물이었던 것이다.

    20세기 콜롬비아 대중음악의 역사를 연구하는 과정에서 필자는 작곡가, 연주가, DJ, 음악산업 관계자, 학자, 청취자, 댄서 등등 음악 관계자들이 한결같이 '전통'을 아주 중요하게 생각하고 있는 데에 강렬한 인상을 받은 경험이 있다. 다양한 시기에 걸쳐 나타난 대중음악의 양식들이 아프리카, 원주민, 유럽적 기원을 지닌 '전통'들의 혼합, 특히 '전통'과 '근대'의 혼합이라고 단정하는 것은 일반적인 일이었다. 예를 들어, 청취자들에게 특정 음악을 들려주었을 때, 이들은 이 음악양식이 19세기 중반 콜롬비아의 카리브 해 연안과 관련된 '전통적' 음악양식이라고 해석했다. 이들 음악양식이 전통적인 것으로 해석이 될 때, 이는 더 근대적인 혼종 음악양식들을 창출할 수 있는 진정한 토대로 기능하며, 이 혼종 음악들은 또다시 이후 20세기의 더 많은 혼종들을 창출하기 위한 토대로 기능하게 된다. 전형적인 원주민 지역전통으로 간주되는 포로(porro)는 19세기 중후반 브라스밴드 양식으로 혼종화되었고, 이후 20세기 중반 재즈밴드 양식으로 혼종화되었으며, 그 후에는 지역의 민속전통 부흥 단계에 이르러 재전통화되게 된다. 포로의 내력은 어떻게 전통이 혼종의 토대로 기능하는지를 보여주는 예이다. 이와 관련해서 예전에 필자는 19세기 중반의 음악형태들은 이미 카리브 해와 유럽의 음악이 복합적으로 상호작용하는 과정에서 형성된 것이라고 지적한 바 있다(Wade, 2000). 이처럼 '전통'은 '근대성'만큼이나 이미 근대적이었다. 각각의 혼종은 상황에 따라 임의적으로 전통이라고 간주되었던 것이다.

전경화와 후경화

사회인류학자들에게는 이미 너무도 진부해진 이러한 구성주의적 (constructionist) 접근을 통해 전통과 근대성이 '단지' 담론적 구성물에 지나지 않는다, 라는 식의 주장을 전개하려는 의도는 아니다. 자본주의, 과학, 세속 비판 등은 역사와 지리를 지니는 실체적 사회과정들이다. 이 과정이 라틴아메리카에서 어떻게 진행되었는가의 질문을 던지는 것은 타당한 문제제기이다. 하지만 여기에서 논할 부분은 문제설정의 과정에서 개념화가 이루어지는 특정 방식이며, 어떻게 미묘한 이원론이 재생산되고, 목적론과 척도화의 은닉된 효과가 지속되며, '전통'과 '근대성'이 특정 사물들의 전경(前景)과 후경(後景)을 이루는 분석적·대중적 구성물로 되어 가는 과정이 어떻게 은폐되는가의 문제이다.

이러한 논쟁에 대한 인류학적 접근을 통해 전통과 근대성을 담론 분석의 대구(對句)로 간주하게 된다면, 우리의 분석에서 어떤 차이가 생길 수 있는지를 살펴볼 수 있다. 이러한 대구가 다른 방식으로 구성된다면 무엇이 은폐되고 무엇이 가시화되는가? 목적론과 척도화의 효과를 피하려 한다면, 우리의 분석은 어떤 차이를 갖게 되는가?

라틴아메리카의 인종 개념을 예로 들어 보자. 일반적으로 라틴아메리카의 인종 개념은 19세기에서 20세기에 걸쳐 유럽과 미국에서 발생한 인종 이데올로기와 과학적 지식들이 어떤 과정을 통해 라틴아메리카 지식인들에게 도입되고 이들의 사고를 형성하게 되었는가(아마도 이러한 과정에서 지역이나 특정 국가의 특수한 맥락에 따라 변화의 과정을 겪게 되었겠지만)와 관련하여 분석되었다(Graham, 1990; Stepan,

1991). 또한, 미국 인종 관계의 개선이 어떻게 브라질의 인종에 관한 사고 형성에 영향을 미쳤는지를 통해 인종 개념을 분석하는 것도 일반적인 접근 방식이다. 우리 브라질인은 미국인들처럼 인종차별주의자가 아니다, 라는 식의 대조 비교나 또는 우리 브라질 흑인도 미국 흑인처럼 인종적 자의식을 가질 필요가 있다, 라는 식의 영향 연구를 통해서든 말이다(Fontaine, 1981 ; Winant, 1992).

 이러한 분석 방식들은 모두 나름대로의 유용성을 지닌다. 하지만 미국과 유럽의 인종학 형성에 라틴아메리카 상황이 어떻게 영향을 미쳤는지도 생각해 볼 수 있다. 분명 유럽의 사상가들은 세계 '인종들'에 관한 전 지구적 관점을 통해 자신들의 사고를 형성해 왔다. 하지만 이 장에서는 라틴아메리카의 인종적 사고들이 어떻게 유럽인들의 사고 형성에 자양분으로 작용하였으며——라틴아메리카와 유럽을 연구하는 학자들이 근대성과 진보가 어디에 놓여 있는가에 대한 명확한 견해를 고수하고 있었음에도——, 어떻게 상이한 사고방식들이 초국가적 대화를 통해서 서로를 형성하게 되고 이를 통해 어떻게 근대와 비근대 또는 지역과 전 지구라는 단순한 이원론이 모호해지게 되었는가에 초점을 맞출 것이다. 지극히 다원적이며, 연대기에 대한 도전을 담고 있는 던컬리의 『아메리카나』는 이러한 접근 방식을 취하고 있다(Dunkerley, 2000). 데버러 풀 역시 근대성의 관례적 목적론에 대항하는 인종과 시각에 관한 역사 서술을 통하여, "무엇이 '근대성'인가를 규정하는 흐름들은 일방적인 방향으로만 흐르지 않았다. 오히려 유럽의 근대성으로 알려진 정서, 실천, 담론들은 유럽과 비유럽(이 경우, 안데스) 간에 사고, 이미지, 사람들이 지속적으로 교류되는 과정에서 형성되었다"라고 말한다(Poole, 1997 : 21). 특히 인종과 관련하여 풀은 인종적 차이라는 사고가 식민시대에 발생하여(그녀가 받아들인 푸코의 시간구분에 따르면 18세기 후반에 시작되는) 근대까지 그대로 유지된 것이 아니라고 주장한다. 근대성의 다각적 구성 과정을 통해 인종이 가시화되고, 새로운 방식으로 실체화되었다는 것이다. 이 과정에서 안데스 지역과 주민의 이미지는 중요한 기능을 담당하였고, 이들 이미지는 뷔퐁(Georges-Louis de Buffon), 훔볼트(Alexander von Humboldt)를 비롯한 주류 사상가들에게 영향을 미쳤으며, 유럽과 라틴아메리카의 사진가들이 찍어서 유럽과 미주 대륙 전역에 배포한 수백 장의 안데스 '인종 유형' 이미지들은 인종적 차이에 대한 유럽인과 라틴아메리카인의 사고에 자양분으로 작용하였다(Poole, 1997 : 3, 5장).

상호적이고 초국가적인 방식을 통해 어떻게 20세기 브라질과 미국의 인종에 관한 사고가 형성되었는가에 관한 미콜 시겔의 연구는 또 다른 탁월한 예로 제시될 수 있다(Siegel, 2001). 그녀는 미국의 인종적 사고가 브라질과의 관계를 통해 어떻게 형성되었는가를 보여 주며, 이 관계는 미국 흑인의 브라질 여행에 대한 암묵적 제한에도 불구하고 이루어진 미국의 흑인 및 백인 지식인들의 브라질 방문 등을 통한 교류를 포함한다. 이와 동시에 그 반대의 과정도 진행되고 있었다. 때때로 미국의 흑인 지식인들은 미국의 인종 정책을 비판하려고 (자신들의 브라질 방문을 통해 더욱 확고하게 만들었다고 생각했던) 브라질의 인종 민주주의라는 이미지를 이용하기도 했다. 브라질 흑인 지식인들은 인종에 관한 단언적인 입장을 회피하는 경향이 있었으며, 오히려 평등과 자유에 관한 자유주의적 이상으로 강화되는 민주주의에 대한 국가적 이데올로기들을 수용하는 경향이 있었다.

이러한 접근 방식은 폴 길로이의 유명한 명제인, 흑인의 정체성은

150년 이상 대서양을 무대로 존재한 이산적 교환 회로를 통해 구성되었다는 명제와 상당 부분 유사하다.* 더 나아가, 길로이는 연구를 통해 근대성의 일부는 이러한 대서양의 흑인들 간 교환을 통해 형성되었다고 주장하며, 이러한 교환의 사례로 노예제와 인종차별주의에 의거한 서구적 근대성에 대한 흑인 지식인들의 비판 등을 제시한다. 미국과 카리브 해 연안의 흑인 공동체처럼 '전통적'이고 '지역적'이라고 간주되는 사회적 위치들은 사실상 '이중 의식'처럼 근대성의 과정들을 구성한다. 길로이에 의하면, "강렬한 노예 경험은 흑인들을 최초의 진정한 근대적 존재로 구분 짓는 것으로서, 이들이 한 세기 후에는 유럽의 일상을 구성하게 될 딜레마와 난관을 극복하게 해주었다"(Gilroy, 1993 : 220~221).

로랜드 마토리는 아프리카적 측면을 간과하고 있다는 이유로 길로이를 비판한다(Matory, 1999). 마토리는 보통 "순수하게 아프리카적"인 것으로 간주되는 브라질 칸돔블레(Candomblé) 종교센터들이 아프리카에 가서, 영어를 사용하는 장로교 학교에서 교육받고, 때로는 스스로 프리메이슨(Freemason) 단이 되고, 영국을 방문하곤 했던 브라질 흑인들에 의해 어떻게 형성되었는지를 보여 준다. 이들은 영국과의 교류에 자부심을 가지고 있었고, 때로는 영국식 이름을 짓기도 했다. 이들은 나이지리아에서 요루바 족의 문화와 종교를 수용하게 되었고, 이에 대한 관심과 지식을 브라질 바이아(Bahia) 주의 칸돔블레 종교 의식에 전파했다. 그런가 하면, 19세기 중반 나이지리아 라고스의 요루바(Yoruba) 문화와 종교는 브라질에서 온 귀환 이주민들(일부는

---

*던컬리는 필립 커틴과 페르낭 브로델이 경제적·지적 교환으로서의 대서양 체제라는 관념을 수용했다는 점에 주목한다(Dunkerley, 2000 : 53).

브라질에서 반역자라는 이유로 추방당하기도 했던)에 의해서 전면적으로 형성되었다. 이들은 영국 보호령 라고스에서 일종의 안식처를 발견했고, 이곳에 시에라리온·미국·자메이카 출신의 자유 흑인들이 합류했다. 이 이주민들은 지역의 아프리카 지식인들과 문화 활동가들이 자의식적 실체로서의 요루바 민족을 창조할 수 있도록 지원했다. 흑인 대서양 문화(black Atlantic culture)가 근대성을 구성하는 요소였다면, 이 역시 아프리카의 행위자를 포함하는 복합적 교환 과정을 통해 형성되었던 것이다. 그 과정에서 "아프리카의 이산은 아프리카의 '토대'라고 지칭되는 것들을 형성하는 데 결정적 역할을 담당하곤 했다"(Matory, 1999:74). 이러한 마토리의 주장에서 근본이 되는 사고는 아프리카는 미국 문화(아프리카 문화는 미국 문화의 전통적 토대라고들 말하지만)와 사실상 "역사적으로 동시대에 속한다"는 것이다(Matory, 1999:74). 이에 덧붙여, 아프리카는 그보다 더욱 현대적이라고 하는 유럽의 문화와 동시대에 속한다고도 말할 수 있다.

또 다른 예로 20세기 초반 라틴아메리카의 음악산업을 들 수 있다. 이 경우에도 전통과 근대성에 대한 일부 표준적 가정들은 유럽과 미국에서 등장하는 근대적 녹음 기술 및 관련 산업에 대한 서사를 담고 있다. 이러한 서사에 의하면 이 기술들 및 관련 산업은 카리브 해와 라틴아메리카를 포함한 여타 지역으로 확산되고, 그 결과 지역적 변형과 혼종들을 만들어 낸다. 이는 설득력 있는 서사이며, 어떤 점에서는, 특히 기술 혁신과 관련해서는 반박할 수 없는 서사일 것이다. 하지만 이러한 서사 역시, 음악산업은 아주 초기부터 전 지구적 차원에서 움직였으며, 스스로 적극적으로 산업화의 길을 걸었다는 사실을 축소 또는 왜곡한다. 음악산업은 라틴아메리카 및 전 세계 다른 지역에 사람을 보내 음악을 녹음하기도 하고, 미국에 위치한 본사와 판매·홍보·음악인 발굴 등 다양한 역할을 겸하는 지역 에이전트들이 상호관계를 맺기도 하고, 라틴아메리카에 녹음 및 생산 시설을 직접 만들기도 했다.

실제로 다국적 녹음 산업은 1901년의 빅터 토킹 머신사와 1903년 컬럼비아 그래머폰사가 설립되며 시작되었다. 1900년대 초반부터 이 회사들은 기능은 단출해도 휴대가 제법 간편한 녹음기와 다량의 미취입 레코드 판을 든 팀을 외국에 보내 '해외 녹음'을 수행했다. 이들은 호텔방에서 지역 음악인들을 녹음하고, 이렇게 녹음한 판을 가지고 미국으로 돌아가 음반을 찍어 냈다. 이러한 방식으로 빅터사는 1905년부터 멕시코와 쿠바에서 녹음 작업을 수행했다. 1920년대와 1930년대, 빅터사는 요코하마는 물론이고 산티아고, 부에노스아이레스 등에 공장과 스튜디오를 세웠다(Fagan and Moran, 1986 : 521). 또한 이 회사들은 라틴아메리카와 카리브 해 전역에 걸쳐 음반 판매, 녹음, 재능 있는 지역 음악가 발굴을 담당하던 영업 관리자들로 구성된 네트워크를 보유하고 있었다. 이렇게 발굴된 지역의 예술가들은 녹음을 위하여 뉴욕이나 캠던, 뉴저지를 비롯해 부에노스아이레스와 산티아고까지 여행을 했을 것이다.

당시 콜롬비아 음악가들의 초기 뉴욕 녹음 작업을 통해 사람과 음악의 다각적 이동에 대해 생각해 볼 수 있다(Wade, 2000). 1910년과 1917년, 에밀리오 무리요(Emillio Murillo)는 컬럼비아 그래머폰사와 빅터 토킹 머신사와 파시요(pasillos), 투스텝, 원스텝, 가보트, 폴카, 왈츠 등 다양한 음악 양식을 포괄하는 녹음 작업을 위해 보고타에서 뉴욕으로 왔다. 또한 그는 콜롬비아 국가를 연주하는 콜롬비아 앙상블을 지휘하기도 했다. 콜롬비아의 윌스(Alejandro Wills)와 에스코바르

(Alberto Escobar)의 이중주는 1914년 빅터사에 의해 보고타에서 처음으로 녹음되었다. 그 해 이후, 이들은 콜롬비아와 카리브 해를 거쳐 미국으로 가서 멕시코로 떠나기 전인 1919년 몇 곡의 콜롬비아 노래를 녹음했다. 1929년 무리요, 윌스, 에스코바르는 세비야 박람회 콜롬비아 대표로 선발되기도 했다. 그런데 이들에게 '콜롬비아' 음악은 레퍼토리의 일부였을 뿐이다. 콜롬비아 가수 호르헤 아녜스(Jorge Añes)의 1920년대 녹음 곡들에는 쿠바의 볼레로와 멕시코의 란체라가 포함되어 있었으며, 그의 파트너인 파나마 출신 알시데스 브리세뇨(Alcides Briceño)는 폭스트롯, 행진곡, 탱고, 쿠바의 아바네라 등을 녹음했다.

이런 사실은 녹음 회사들의 녹음과 마케팅 전략에 '국가적'인 것과 '국제적'인 것이 상황에 따라 적절히 배합되어 있었음을 의미한다. 한편으로 국가 이미지는 중요했다. 노래 제목으로는 국가가 확연히 연상이 되는 제목을 붙였다. 탱고는 아르헨티나 것이고, 룸바와 과라차는 쿠바, 란체라는 멕시코, 볼레로는 쿠바 것——비록 멕시코의 가수, 작곡가들이 이내 주도적 자리를 차지했다지만——으로 간주되었으며, 반면 밤부코(bambucos), 포로(porros), 쿰비아(cumbias)는 콜롬비아 것으로 간주되었다. 이러한 점에서 본다면, 무리요가 콜롬비아 국가를 녹음하게 된 것도 우연의 일치로 볼 수는 없다. 하지만 또 한편으로는, 시장 및 녹음 기술은 매우 초국가적인 성격을 지니고 있었다. 비단 라틴아메리카뿐만 아니라 스페인과 카나리아 제도 등 수많은 스페인어권 국가 출신의 음악가들은 공동 연주를 했으며, 종종 라틴아메리카 여러 국가에서 보내 준 악보 하나에 의지해 함께 하우스 오케스트라를 연주하기도 했다. 이 음악가들은 출신국의 '국가적' 음악양식 이외에도 라틴아메리카 전역의 시장에 보급되어 있던 다양한 음악양식들을 연주했다. 일부 음악적 용어들은 국가적이지 않았다. 예를 들어 노래 대신 '칸시온'*이라는 명칭이 종종 사용되었다. 이 당시 빅터사에서 칸시온을 많이 취입한 가수로 후안 풀리도(Juan Pulido)가 있었다. 그는 카나리아 제도 출신으로 뉴욕과 쿠바 및 기타 라틴아메리카 여러 나라에 거주했다. 그의 사례는 칸시온이라는 포괄적 양식의 초국가적 속성을 보여 주는 전형적인 예이다.

이는 개념상 '국가적'인 것으로 간주되는 레퍼토리들이 실제로는 음악적 아이디어나 녹음 과정이 매우 초국가적인 성격을 지니는 생산과 교환의 회로 내에서 만들어진 것이라는 점을 의미한다. 존 스톰 로버츠가 주장하듯이, 이처럼 '근대적' 음악은 국가 간의 경계와 범주뿐만 아니라 전통과 근대성의 개념적 구분에 속박되지 않는 다각적 교환의 과정을 통해 형성되었다(Roberts, 1979). 비록 늘 그렇듯이, 사람들은 국가 구분이나 근대성/전통의 범주적 구분을 고수했지만 말이다.

결론

언제부터 라틴아메리카가 근대적이었는가? 라는 질문은 이 책이 탄생한 동기를 제공했다. 이 질문에 대한 필자의 답변은, 라틴아메리카는 언제나 근대적이었으며 다른 어떤 곳만큼이나 근대적(그리고 전통적)이었다는 것이다. 필자가 이러한 답변을 내리는 의도는 세계의 다양한 지역 간에 존재하는 차이를 부정하기 위해서가 아니며, 권력 차이와 경제적 불평등을 부정하기 위해서는 더더욱 아니다. 오히려 필자는 이

---

* 칸시온(canción). 스페인어로 '노래'라는 뜻임.—옮긴이

러한 답변을 통하여 암묵적인 목적론과 척도화의 효과들, 라틴아메리카를 근대성 '이후'에 배치하고, 라틴아메리카가 아닌 곳에 중심을 두는 세계화 과정에서의 '지역적' 예로 만들어 버리는 이러한 효과들에 문제를 제기하려는 것이다. 이는 근대성의 구성 요소로서의 라틴아메리카의 역할을 인정하는 것이며, 따라서 라틴아메리카가 근대성과 시공간적으로 어깨를 함께하고 있다는 것을 인정한 것이다. 과학기술, 문화 관례, 사회구조 등의 공간적인 차이를 인정하고 이 차이가 생겨나고 분배되는 과정을 탐구하는——한마디로 사회변화에 대해 연구하는——것과, 원래 의도는 아니었다 할지라도 결국에는 목적론과 척도화의 미묘한 효과를 초래하는 근대성과 전통, 또는 중심과 주변부 등의 범주들처럼 미리 결정되어 있는 시공간적 범주로 연구를 환원시키는 것은 별개의 문제이다.

내가 보기에 다양한 근대성이라는 개념만으로는 이러한 문제를 극복할 수 없다. 인류학자들은 전형적으로 다양한 근대성의 견지에서 말한다. 다양한 근대성은, 세계화를 추동하는 문화적 형태들을 적응시키고, 종종 예측 불가능한 방식으로 동질화와 차별화의 동시적 역동성을 유지하는 혼종의 형태들을 만들어 내는 지역 주민에 의해 형성되는 것이다. 인류학자들 중에서도 리처드 윌크는 이러한 혼종들은 본질적으로 유사한 방식을 통해 서로 간의 차이를 형성해 낸다고 주장하며, 세계화를 추동하는 힘들은 공통된 차이들 간의 기본적인 구조를 만들어 내며, 이러한 구조 안에서 지역성이 변화해 간다고 주장한다(Wilk, 1995). 이러한 견해는 전 지구와 지역을 위계적 관계로 다시 되돌리는 것을 의미하며, 이들 위계관계에서 전자는 우위를 점유한다. 하지만 다양한 근대성이라는 기본적 개념에 이러한 특정한 관점이 내포되어 있다는 것은 아니다. 다만 우려스러운 점은 근대성들에 대한 이러한 사고방식에 어떻게 목적론과 척도화의 숨겨진 효과가 잠재하게 되는가의 문제이다.

이러한 우려가 있다고 해서, 근대성/근대성들의 개념이 폐기되어야 한다는 의미는 아니다. 사람들은 일상생활에서 언제나 근대성이라는 개념을 사용할 뿐만 아니라, 이 개념에 의거하는 기획들을 실행하며, 이 기획들은 대개의 인간 활동과 마찬가지로 목표 지향적이고, 이러한 목표를 통해 사회적 행동의 본보기를 제시하려고 한다는 점에서 목적론적 시도를 담고 있다. 하지만 그렇다고 해서 근대성이라는 개념이 반드시 분석적 개념으로 사용되어야 한다는 의미는 아니다. 어떠한 분석 개념이라도 특정한 방향으로만 관심을 몰고 가는 속성을 지니고 있지만 '근대성'이라는 개념은 특히 그렇기 때문에 각별히 주의해서 사용할 필요가 있다. 근대성이라는 개념은 너무나 수월하게 근대성과 전통, 전 지구와 지역이라는 이원론과 대립을 강화해 버리지만, 이러한 이원론과 대립은 이제는 해부되고 논란의 대상이 되어야 한다. 잉글랜드와 리치의 다양한 근대성에 대한 비판은 이러한 근대성의 작동 과정을 매우 잘 보여 준다(Englund and Leach, 2000).

칠레의 광산 도시 안토파가스타에서의 근대성 개념 연구를 통해 코르신 히메네스는 "'근대성'을 찾을 수 있는 장소는 어디에도 없으며, 이런 의미에서 근대성이라는 개념을 사용하지 않는 편이 더 현명한 선택일 것이다"라고 결론 내린다(Corsín Jiménez, 2005 : 171). 히메네스에 의하면, 사람들은 수많은 상이한 차원의 변화, 예를 들어 정치적·경제적 변화, 도시 디자인, 정체성의 정치, 지역 정체성에서 역사의 위치, 국가적 차원의 정치에서 중앙집권주의와 지역주의, 가족의 가치와 소비 형태에 대한 프로그램 등의 변화를 지칭하기 위해 근대성이라는 개념을 사용한다. 즉, "우리는 이러한 효과적인 변화들에 대해 '근대성의 발현'이라고 평할 수도 있겠지만, 이는 결국 근대성의 개념이 우리에게 제공할 수 있는 해석적 가치에 불과하다.…… 근대성이라는 개념을 통해 우리는 변화에 대한 사람들의 열망과 태도를 엿볼 수 있을 것이다. 하지만 근대성이라는 개념은 단지 해석적인 목적을 위해서만 유용하며, 복합성에 대해서는 이를 알려 주기는 하지만 명쾌하게 설명하지는 못한다"는 것이다(Corsín Jiménez, 2005 : 172~173). 어떤 의미에서 보면, 코르신 히메네스는 분석적인 목적으로 사용하기에 근대성은 너무나 많은 사람에게 너무나도 상이한 것들을 지칭하게 된 개념이라고 말하고 있는 것이다. 필자는 그의 의견에 동의한다. 하지만, 이와 관련하여 숨겨진 의미들 역시 분석의 과정에 침투하여, 분석 대상인 상황의 일부 측면들은 전면에 부각되고, 반대로 다른 측면들은 이면에 남거나 비가시화될 수 있다는 점을 덧붙이고자 한다. 근대성이라는 개념의 해석적 유용성, 바로 거기에 위험의 여지가 있으며, 그토록 수월하게 모든 것을 담아내는 개념이기 때문에, 그 안에서 생성되는 다양한 개념적 도구들을 분해하기가 어려워지는 것이다.

3장_19세기 중엽 히스패닉 세계의 근대성들

기 톰슨*

라틴아메리카 역사가들은 꽤 최근까지도 '근대성'이나 '근대화'라는 용어 사용을 꺼렸다.** 1920년대에 '근대화'라는 말이 미국의 사회과학자들 사이에서 널리 통용되기 시작했고, 19세기 말에서 20세기 전환기에 이미 '모더니즘'(모데르니스모)이라는 말이 히스패닉 세계의 저술가들이나 철학자들에게 차용되었음에도 불구하고 말이다. 정복 초기의 유럽인들과 원주민들 간 만남의 특유하고 특별한 경험과 조숙

---

* 기 톰슨(Guy Thomson)은 영국 워릭 대학 비교 미주연구학부의 역사학 부교수로 재직 중이다. 저서로 『푸에블라 데 로스앙헬레스. 멕시코시티의 산업과 사회, 1700~1850』(1989), 『멕시코의 정치, 애국심, 대중적 자유주의: 후안 프란시스코 루카스와 푸에블라 시에라, 1854~1917』(1999), 『아메리카의 1848년 유럽혁명』(2001) 등이 있다.

** 문학 전공자들은 더 확고한 확실성과 연대기적인 정확성으로 근대성과 근대화 문제에 접근한다. 제럴드 마틴은 다음과 같이 서술하고 있다. "근대세계는 1870년경에 시작되었으며 라틴아메리카의 시인들은 하나가 되어 그것을 준비하기 시작했다. 근대성 자체는 라틴아메리카의 근대화와 마찬가지로 1917년 이후에 도래했으며, 서유럽 전역에서 시가 산문을 만나고 문학이 비평을 만난 것처럼, 라틴아메리카 소설가들은 이 시기에 그것을 다루기 시작했다. 라틴아메리카가 근대세계로 완전히 들어간 것은, 근본적으로 불평등한 관계에 서이기는 했지만 1945년 이후에 분명해졌다. 옥타비오 파스는 그것을 1950년에 축하했다."(Martin, 1989: 365) 멕시코혁명 이후 멕시코 사회사에 근대화 모델이 명백하게 적용된 예를 보려면 본(Vaughan, 1997)을 보라.

한 포스트식민적 역사*들을 정의하는 것과 관련하여, '근대화'와 '근대성'이라는 용어가 너무 애매모호할 뿐만 아니라 고전적인 유럽식 혹은 앵글로아메리카식 발전모델들을 너무 따르고 있어서, 라틴아메리카 역사의 복잡성을 이해하는 데 유용하지 않다고 생각되었던 모양이다. 그 대신, 라틴아메리카 역사가들은 아메리카 세계에 특수한 것으로 보이는 여러 과정들과 이분법들을 서술하기 위해서 좀더 선택적이고 경험적인 어휘를 선호해 왔다. '히스패닉화', '루소-트로피칼리즘', '혼혈'(mestizaje), '카우디이스모', '문명과 야만', '발전과 종속', '카시키스모', '민중주의의 개시'(apertura populista), '권위주의'가 그것이다.** 하지만, 스페인령 아메리카의 엘리트들이 정치적으로 독립하기 오래전부터 계속 추구했던 것이 특히 미국을 모방한 '근대적'인 것과 '근대적'으로 보이는 것들이었음을 보여 주는 많은 증거를 무시하기는 힘들다. 그래서 이 장은 라틴아메리카 예외주의의 지배적인 전제들에 도전장을 내밀면서, 어떻게 비교사의 방법론이 근대성이라는 용어에 의미 있는 내용을 부여할 수 있는지를 보여 주고자 한다. 그렇다고 해서 그것이 반드시 이 책의 몇몇 다른 필자들(특히 피터 웨이드)이 비판하는 규범성이나 목적론을 의미하지는 않는다. 주로 두 개의 지역별 사례 연구를 통해서 이 장의 목적을 이루고자 할 것이다. 하나는 멕시코의 경우이고 하나는 대서양 반대편에 있는 스페인의 경우

---

* 라틴아메리카 국가들은 대체로 19세기 초에 독립하였다.─옮긴이
** 루소-트로피칼리즘(luso-tropicalism)은 질베르투 프레이리(Gilberto Freyre)가 포르투갈의 확장된 영토인 열대지방에서의 문화적 단일성을 주장하며 만들어 낸 개념으로 나중에는 '열대학'(Tropicologia)으로 발전했다. 카우디이스모(caudillismo)는 정치군사적인 지도자인 카우디요(caudillo)가 지배하는 권위주의적인 지배형태를, 카시키스모(caciquismo)는 지방의 우두머리들인 카시케(cacique)들이 권력을 행사하는 체제를 말한다.─옮긴이

이다. 외부의 근대화 영향에 빠른 속도로 노출되었던 시기인 19세기 중반의 수십 년 동안(1850~1870년대) 히스패닉 세계의 이 지역들이 '근대화' 되었다고 주장하는 것이 타당함을 논증하고자 한다 (Dunkerley, 2000). 하지만, 우선 이 책에 채택된 접근 방식을 구체화하는 데 도움이 된 다양한 텍스트 중에 몇 개를 좀더 자세하게 검토해 봄으로써, 이와 같이 일찍 꽃폈던 근대성의 지역사들(regional histories)의 좀더 광범위한 맥락을 짚어 보도록 하자.

선구적인 인류학에서 새로운 세계사(global history)까지

라틴아메리카 국가들을 근대화 이론의 배양 실험실로 여기는 것에 대해 역사가들이 조심스럽게 여기는 것을 다른 분과학문 학자들이 항상 공유한 것은 아니다. 멕시코는 실험실로 취급된 첫번째 나라였다. 1920년대와 1930년대 초에 그곳에서 농촌 공동체들을 연구한 미국의 인류학자들이 문화변동 모델들을 만들어 냈는데, 그 모델들은 아직까지도 라틴아메리카 역사를 연구하는 방법에 영향을 미치고 있다 (Parsons, 1930 ; Redfield, 1930 ; 1934 ; 1941 ; 1950 ; Hewitt de Alcantara, 1984 ; Tenorio Trillo, 1999 ; Godoy, 1977 ; Levy Zumwalt, 1992 ; Deacon, 1997). 처음에 로버트 레드필드와 파슨스는 이론, 특히 19세기의 생물학 이론을 멀리하고 대신에 소규모 공동체들의 문화적인 특징들과 복잡성을 조사하겠다는 보아스[***]적인 결의를 다지면서 테포

[***] 프란츠 보아스(Franz Boas, 1858~1942). 미국 인류학의 아버지로 진화론에 반대하면서 인간의 문화와 사회에 대한 연구에 과학적인 방법을 적용했다. 그리하여 그는 한 사회의 '문화'가 '선천적' 요인이 아니라 '환경적' 요인에 의해서 결정되는 것이라고 주장했다. ―옮긴이

스틀란(Tepoztlán)과 미틀라(Mitla)에 대한 현지 조사 작업에 들어갔다. 하지만 (처음 프란체스코파 신부들이 들어간 이후로 민족지적으로 전혀 알려지지 않은) 멕시코 농촌에 그들이 들어가 있다는 것 자체가 근대적인 열망의 명확한 증거였다. 임박하고 불가피한 것으로 보이는 경제적·사회적 변화의 결과들을 기록하고 이해하고 계획하고 심지어는 선도하기까지 할 필요가 있었던 것이다.

    미틀라에서 파슨스는 16세기 동안 스페인인들과 사포테카(zapoteca) 족 간에 벌어진 격렬한 문화흡수(acculturation) 초기에 생성된 민속문화가 얼마나 남아 있는지를 관찰하는 데 관심을 기울이고 있었다. 하지만 600페이지에 달하는 그녀의 민족지는 또한 동시대적인 근대화의 영향에 관한 자료를 풍부하게 담고 있다. 예를 들면, 19세기에 형성된 브라스밴드와 경쟁하는 새로운 브라스밴드의 창설, 정부 관리들과 정당 후보들의 방문 빈도수 증가, 시의 첫 야구 시합, 처음으로 기계화된 옥수수 제분소, 동력화된 도로 운송, 라디오, 필름, 신문, 현대의약품, 심지어는 추잉 껌, 파슨스에게 정보를 제공해 준 사포테카인과 그의 연인의 의복 같은 것들이다. 파슨스는 독자가 이러한 민족지적인 단편 지식들로부터 미틀라 사람들이 어디로 향하고 있는지를 추론할 수 있도록 해준다. 파슨스와 마찬가지로 로버트 레드필드도 스페인 문화로부터 원주민 문화를 분리해 보려고 1927년에 테포스틀란에서 연구를 했다. 하지만 결국에는 전통의 담지자들인 "어리석은 사람들"(tontos)과 진보의 매개자들인 "옳은 사람들"(correctos) 사이에 그어진 경계선이 분석에 훨씬 더 유익한 구분선임을 알게 되었다. 로버트 팍*의 사위라면 의당 그럴 것이라고 예상되듯이, 레드필드는 곧 보아스의 반이론주의와 경험주의를 포기하고 점점 증가하는 공동체연구들의 등급을 매기는 데 도움이 될 문화변동 모델을 만들었다. 그 과정에서 그는 원시적인 공동체와 근대적인 공동체 사이에 있는 공동체들에 적용하기 위해 '민속사회'라는 개념을, 그리고 원시적인 사회에서 민속사회를 거쳐 근대사회로 가고 있는 공동체들과 개인들을 위치 짓기 위한 공간적인 모델인 '민속-도시 연속'이란 개념을 고안해 냈다(Redfield, 1940; 1947).**

이러한 모델들은 2장에서 웨이드가 대강 정리한 많은 비판의 공격을 쉽게 받는다. 하지만 이러한 민족지적인 연구들은 정보제공자들의 개인적인 증언들이 첨부된 부록들을 담고 있어서, 멕시코혁명*** 이후 멕시코의 도시와 촌락에서의 국민국가의 존재를 연구하는 역사가들을 위한 증거자료로서뿐만 아니라, 후속 세대 인류학자들을 위한 판단기준으로서도 특히 가치가 있음이 입증되었다.**** 그들의 접근 방식은 근대성에 대한 사고에 결정적이라고 할 수 있는 두 가지 요소를 강조함으로써 이 장을 쓰는 데 영감을 제공하기도 했다. 첫번째는 주관적인 경험의 중요성이고, 두번째는 지방 차원(local-level)의 전망에서 얻어질 수 있는 통찰력이다.

---

* 로버트 팍(Robert Park, 1864~1994). 시카고 사회학파 창립 멤버 중의 한 사람. 미국 이민자들에 관한 동화(assimilating) 이론을 발전시키는 데 영향을 미쳤다.―옮긴이
** 레드필드의 '민속사회' 개념과 테포스틀란에 대한 그의 연구에 대한 비판에 대해서는 루이스(Lewis, 1951 : 427~448)를 보라.
*** 1910년에 일어난 20세기 최초의 사회혁명으로, 37년간 유지되던 포르피리오 디아스(Porfirio Díaz)의 독재 정권이 무너지고, 혁명의 산물인 1917년 헌법에 기초한 광범위한 토지개혁, 국유화 등이 멕시코 사회에 상당한 변화를 가져왔다.―옮긴이
**** 오스카 루이스(Oscar Lewis)는 1940년대에 테포스틀란에서 연구했는데, 그때 레드필드는 찬 콤(Chan Kom)의 '진보'로의 여정을 조사하기 위해 유카탄으로 갔다(Redfield, 1950). 앨런 나이트(Alan Knight, 1994)와 메리 케이 본(Mary Kay Vaughan, 1997)은 둘 다 혁명 이후 지방적 차원에서 벌어진 정치적·문화적 변화의 깊이를 설명하기 위해서 공동체에 관한 연구들을 광범위하게 이용했다. 팔라우(Fallaw, 2002 : 645~684)도 보라.

근대적이 된다는 말이 무엇을 의미하는지에 관심을 가지고 있는 역사가들은 점점 더 다음과 같이 주장한다. 즉, 그들이 흔히 초점을 맞추는 경향이 있는 비교적 "측정 가능한" 요소들뿐 아니라, 주관적인 요소들까지도 그들의 분석에 통합하기 위한 방법들을 찾아야 할 필요가 있다는 것이다. 최근의 중요한 한 예가 C. A. 베일리인데,『근대세계의 탄생, 1780~1914』(Bayly, 2003)에서 '근대적'이라는 말에 대해 그가 내린 정의는 이 글을 구상하는 데 많은 도움이 되었다.

근대적인 것의 본질적인 부분은 당신이 근대적이라고 생각하는 것이다. 근대성은 '시대에 뒤떨어지지 않으려는' 열망이다. 그것은 대략 1780년과 1914년 사이에 벌어진 모방과 차용의 과정이다. 이 시기에 자신들이 근대적이라거나, 좋아하건 좋아하지 않건 간에 근대적인 세계에 살고 있다고 판단하는 사람들의 수가 늘어났다. …… 19세기는 사회질서를 지배하는 상당수의 사상가들과 정치가들과 과학자들이 그렇다고 믿었다는 바로 그 이유 때문에 근대성의 시대였다. 이 시기는 전 세계의 가난하고 종속적인 사람들이 그것이 시계이건 우산이건 새로운 종교적인 텍스트들이건 간에, 이러한 가공의 근대성의 징표들을 취함으로써 그들의 지위와 삶의 기회들을 개선할 수 있다고 생각했기 때문에 근대적인 시대이다(Bayly, 2003 : 10~11).

베일리가 주관적인 경험, 특히 '중간 부류' 사람들의 상상력을 강조하는 것은 나중에 여기에서 채택될 접근 방식과 딱 들어맞는다. 하지만, 그의 책은 덜 적극적인 방식이기는 하지만, 이 책과도 관련이 있는 좀더 많은 방법론적인 문제들을 제기한다.

베일리의 『근대세계의 탄생』에서 나타나는 '스페인들'*의 부재

비록 이 유명한 책이 장기 19세기의 세계사이기를 열망함에도 불구하고, 그것은 주로 유럽과 동양(중동, 인도, 중국, 동남아시아를 말하며, 아프리카와 호주는 잠시 언급함) 간의 ──정치적·경제적·문화적·이데올로기적── 상호연관성과 상호의존성의 패턴에 관한 연구에 불과하다. 아메리카(베일리는 주로 미국과 카리브 지역에 주목하며, 라틴아메리카는 아주 조금만 주목하고 있다)는 그가 "고대적(archaic) 세계화"라 부르는 시기(1600~1800) 유럽의 세계 경제지배와 식민주의의 토대들을 설명하기 위해 소개되고 있다. 하지만 그 책은 주로 19세기 동안 아프리카와 아시아에서 벌어진 유럽지배의 지속과 강화에 대한 것을 다루고 있다. 이미 1830년대 무렵에 대부분 독립을 쟁취하는 히스패닉 세계는 600페이지나 되는 이 책에서 거의 다뤄지지 않고 있다.**

세계사는 불가피하게 선택적일 수밖에 없다. 베일리가 히스패닉

---

* 1876년 새로운 헌법으로 부르봉 왕조가 복고되고 나서야 스페인은 공식적으로 단수로 언급되었다(Esteban, 1981 : 177).
** 스페인은 가톨릭적이고 광신적인 카를리스타 농민들에 대해서 얘기할 때만 언급되었다. 포르투갈은 전혀 언급되지 않았다. 멕시코는 간헐적으로 주목을 받고 있는데, 베일리는 멕시코를 북미보다는 중미에 위치시키고 있다. 안토니오 로페스 데 산타 안나의 다리 매장과 재매장은 두 번 언급되고 있는데, 그것은 카우디요들이 정당성을 찾기 위해서 가야 할 길이 절망적일 정도로 멀다는 것을 설명하기 위해서였다. 베일리는 또 1860년대에 루이 나폴레옹에 대항해서 농민의 지지를 받으면서 가리발디가 이끌었던 멕시코의 애국적인 투쟁과 1910년의 민족주의적이고 '메시아적인' 혁명 사이의 연속성에 대해서 언급한다. 하지만 그는 이러한 사건들과 인도와 동남아시아에서 있었던 초기 민족주의적이고 반식민주의적인 운동들 사이의 유사성을 설명할 기회는 놓치고 있다(Bayly, 2003 : 3~4, 141, 147, 161, 376). [카를리스타(carlista)는 부르봉 왕조의 복고를 지지한 스페인의 반자유주의적 정치 운동으로 19세기에 발생했다. 안토니오 로페스 데 산타 아나(Antonio López de Santa Ana)의 다리 사건이란 19세기 중엽 산타 안나가 프랑스와의 전쟁에서 절단되어 자신의 아시엔다(hacienda ; 대농장)에 묻은 다리를 다시 꺼내도록 명령하여 그것을 내각의 모든 관료와 의원들이 참석한 가운데 성대한 의식을 치르면서 산타 페(Santa Fe) 묘지에 재매장을 한 사건을 말한다.─옮긴이]

세계를 생략하게 된 것은 아마도 아시아와 아프리카의 새로운 식민지나 예속된 지역의 사람들이 어떻게 유럽으로부터의 영향들을 흡수하고 그것과 경쟁했는지(그러한 과정은 스페인령 아메리카와 포르투갈령 아메리카에서는 이미 16~17세기에 일어났다)를 연구하기 위해서 만들어진 틀에 옛 유럽 식민지들의 역사를 꿰맞추기가 어렵기 때문이었을 것이다.

1810년부터 스페인령 아메리카와 브라질은 유럽에서 해방되었지만 식민주의의 사회적·종족적 계서제는 계속 유지되고 있었다. 스페인 혹은 스페인령 아메리카가 언급되는 몇 안 되는 경우에서, 그 이미지는 고대적 세계화의 시기에 만들어진 구조들의 불변성이라는 이미지이다. 그러한 구조는 라티푼디움의 지배, 1차 산품 수출에 대한 의존, 부자와 빈자 및 권력 있는 자와 권력이 없는 자의 양극화, 가톨릭 종교의 통일성을 말하며, 하위주체(subaltern)의 이의제기를 거의 허용하지 않았고 근대성을 위한 여지도 거의 남겨 놓지 않았다. 베일리는 한 세기 전 아시아와 아프리카의 유럽 식민주의에 대한 일련의 저항에 비견될 만한 라틴아메리카 원주민들의 문화적·정치적 주장들을 단지 1980년대의 라틴아메리카에서만 확인하는 것 같다. 물론 그는 라틴아메리카의 권력구조에 대한 19세기 후반 하위주체의 유사한 저항에 관한 자료를 많이 발견할 수도 있었을 것이다. 하지만 그랬다면 그의 분석이 대단히 복잡해졌을 것이다. 유럽이 한 세기 동안 지배한 이후에도 아프리카와 아시아에서는 유럽인들과 비유럽인들 간의 사회적·종족적·문화적 경계들을 구분하기가 라틴아메리카보다 훨씬 더 쉽다. 라틴아메리카에서는 종족적·사회적 계서제가 더 복잡하며 저항을 찾아보기가 더 힘들고 정치적으로도 덜 결정적이다.*

따라서, 유럽과 아프리카와 아시아에서는 "자본의 시대"와 "제국의 시대"의 상호연관성이 전체적으로 긴밀하게 집중되고 강화되었던 반면, 히스패닉 세계에서는 그 반대였다. 예전의 영토적·정치적·종교적·경제적 통일성들이 해체되었던 것이다(Hobsbawm, 1988~1998). 물론 (러브맨이 주조한 개념인) "히스패닉 자본주의"(Loveman, 2001)**는 "스페인들"이 정치적으로 붕괴된 이후에도 살아남았으며, 계속해서 지방 차원의 근대화를 위한 공간을 많이 제공했다. 하지만, "히스패닉 자본주의"의 특징은 가부장적인 성격, 보호주의 선호, 압도적으로 농업적이고 불평등한 사회들의 상당히 낮은 소비 수준에의 순응, 사회관계들과 구조와 문화적 관행들과 종교적인 믿음들의 변화에 대한 저항을 들 수 있다.

어쩌면 베일리가 데이비드 랜디스(David Landes)의 예를 따르지 않기로 한 것이 다행인지도 모른다. 랜디스는 1998년에 쓴 세계경제사 책인 『국민국가들의 부와 빈곤』에서 히스패닉 세계에 대해 긴 장을 할애하고 있다. 최근의 역사서술을 거의 이용하고 있지 않아서 새로운 세계사에 오명을 씌우고 있는 이 책에서, 랜디스는 히스패닉 세계의 지적인 반계몽주의와 경제적 후진성을 조롱하면서 단지 라틴아메리카에 대한 검은 전설로부터 고취된 견해를 확인시켜 주려고 하는 것

---

* "유럽인들이 한 세기 동안이나 지배할 수 있었던 것은 바로 유럽의 회사들과 관료들과 지식인 활동가들이 그들의 뜻에 상업과 신앙과 권력의 세계적인 네트워크가 협력하고 따르도록 할 수 있었기 때문이었다. 이것은 협력의 이론이라기보다는 종속의 이론이다. 유럽인들의 지배가 식민지 세계의 많은 지역에서 쇠퇴하고 몰락하기 시작한 것은 이 책이 끝나는 시기(1914)를 몇 년 지나서였다. 인도와 중국에서는 1930년대, 아프리카에서는 1950년대와 1960년대, 소련과 원주민운동들이 출현하기 시작한 라틴아메리카에서는 1980년대였다."(Bayly, 2003 : 476)

** 브라이언 러브맨의 책 『칠레 : 히스패닉 자본주의의 유산』에서 처음 사용된 개념으로, 식민지시대 칠레의 경제체제를 설명한다.—옮긴이

같다.* 한 단락만 봐도 충분할 것이다.

…… 19세기 라틴아메리카의 역사는 음모, 파벌, 쿠데타, 반쿠데타들로 이루어진 3류 소설이다. 거기에는 불안정, 나쁜 정부, 타락, 경제적 지체에 수반되는 모든 것들이 함께 있다.
이러한 분위기에서 어떤 사회가 오래갈 수 있겠는가? 혹은 진지하고 지속적인 토대에서 뭔가 이루어질 수 있겠는가? 이에 대한 대답은 이들이 '근대적인' 정치단위들이 아니었다는 것이다. 그들은 방향도, 정체성도, 국민성의 상징적 표현도 없었다. 어떠한 행위의 척도도, 어떠한 기대에 대한 압력도 없었다는 것이다. 시민사회는 존재하지 않았다. 맨 위에서는 일찍이 그들의 식민지배자들로부터 교육을 잘 받은 소수의 악당들이 마음대로 약탈했다. 아래에서는 대중들이 웅크리고 있으면서 갈등을 일으켰다. 라틴아메리카의 새로운 '국가들'은 가끔 공화주의적인 장신구들로 치장하기는 했지만 아시아의 독재적인 전제주의와 별반 다르지 않았다(Landes, 1999 : 313).

베일리는 오리엔트를 완전한 전제주의로 제시하는 유럽의 전형적인 틀을 떨쳐 버림으로써 체면치레를 했다. 하지만 피터 베이크웰(Peter Bakewell)이 서술한 라틴아메리카의 일반적인 역사(『근대세계의 탄생』 같은 "블랙웰 세계사"의 일부임)로만 무장된 그는 히스패닉 세계에 대해서는 그와 똑같이 하지 못하고 있다.

『근대세계의 탄생』은 또한 어느 정도는, 베일리가 보기에 포스트

---

* 검은 전설(Black Legend). 16세기부터 반스페인적인 문헌들에서 스페인인들을 잔인하고 광신적인 존재로 묘사하는 경향을 설명하기 위해 20세기 초에 고안된 용어이다.—옮긴이

모던적이고 포스트식민주의적인 역사가들이 "위대한 이야기들"을 거부한다고 생각되는 것과, 그들이 "권력 없는 사람들의 '탈중심적인'" 이야기들을 복구하기 위해 지방적인 것에 쉽게 젖어 든다고 생각되는 것을 바로잡으려는 의도로 쓰여진 것이기도 하다(Bayly, 2003). 그러나 그는 "역사를 생산해 내는 주요 중심들로부터 동떨어진 개인이나 집단의 경험의 역사들"도 중요할 수 있다는 것을 인정한다.

지금까지 그 반대가 사실이었던 만큼이나, 주변인들은 항상 위대한 이야기를 구성하기 위해서 애써 왔다. 특히 19세기 중엽 이전에는 '주변부'에 있는 사람들이 역사적으로 중심이 되는 것이 일반적이었다. 유목민들과 부족 전사들은 제국의 장군들이 되었다. 이발사를 겸했던 외과 의사들은 과학자가 되었다. 무희들은 왕비가 되었다. 사람들은 종종 신분과 국적의 유동적인 경계선들을 쉽게 가로질렀다. 역사적인 결과들은 여전히 열려 있었다. …… 하지만 '장기' 19세기 내내 일관성을 지향하는 변화의 중압감이 컸음을 부인하기 어렵다. …… 포스트모던적인 저작물들은 보통 그것들 자체에 깔려 있는 '메타-서사'를 숨기고 있다. 이러한 '메타-서사'는 그것의 기원과 함의에 있어서 정치적이고 교훈적이다. 이러한 설명들 중 많은 수가 다음과 같은 사실을 전제로 하는 것 같다. 즉 단일한 국가, 가부장제, 혹은 서구의 계몽적인 합리주의 같은 역사적인 지배장치가 그렇게 강력하지 않았더라면, 더 나은 세계가 가능했을지도 모른다는 것이다. 모든 역사들은 …… 심지어는 단편적인 것들의 역사일지라도 분명히 보편적인 역사들이다(Bayly, 2003 : 9).

염치불구하고 이 다음에 이어지는 설명들을 "단편적인 것들의 역사"로, 심지어는 "권력 없는 사람들의 탈중심적인 이야기들"이라고 한다 할지라도, 의식적으로 교훈적 혹은 정치적 의제에서 선택된 것이 아니다. 그것들은 두 지역에서 근대성이라는 용어의 의미를 시험하는 데 바람직하고, 비교 가능한 토대를 제공하기 때문에 선택된 것이다. 이 두 지역이란, 앞서도 예시했듯이, 전통적으로 근대적인 이념과 실천에 유별나게 저항적이라고 간주되는 곳들이다.

검토 대상이 되고 있는 라틴아메리카의 지역은 1854년 아유틀라(Ayutla) 자유주의혁명 —— 클라라 리다는 멕시코의 1848혁명으로 간주함(Lida, 2002) —— 과 1890년대 초반 사이 멕시코 중동부의 푸에블라 시에라(Puebla Sierra) 지역이다. 1890년대 초반은 보수적 자유주의 정권(1876~1911)의 독재자 포르피리오 디아스가 과거의 동료였던 자유당애국무장동지회 인사들이 이끄는 지방의 봉기들을 탄압했던 시기이다. 이들은 19세기 중엽에 좀더 생산적인 국가의 건설을 도왔던 사람들이었다. 스페인에서 다루는 지역은 코르도바, 말라가, 그라나다 지방의 산악 접경지대로, 그 시기는 1854~1856년의 진보적인 자유주의혁명(스페인의 1848혁명으로 간주되는 '진보적인 2년' Bienio Progresista)과 1880년대 초, 다시 말해 보수적이며 자유주의적인 부르봉 왕정복고에 이르는 6년 사이의 시기이다. 1850년대와 1860년대의 민주주의적인 낙관론은 후자의 시기에 허무주의, 대규모 검거, 국외추방으로 퇴보했다. 따라서 두 지역을 비교할 수 있는 근거는 양쪽 지역 모두 같은 시기에(1850~1880년대) 있었다는 점이다. 기술과 자본주의의 영향을 받기 시작하는 초기 단계에 있었다는 점, 각 나라에서 정치권력의 중심들로부터 비교적 멀리 있었다는 점, 자유주의에서 권위주의로 정치적 변동을 겪고 있었다는 점, 중간계급과 노동계급의 등장을 경험하고 있었다는 점이 그것이다. 이 두 지역에 관한 사례연구 자료들은 중간계급 출신 사람들의 투쟁이 유사하다는 점을 드러낸다. 그들은 민주주의와 진보에 대한 일반 이념을 공유하고 동시대의 유명 민주 인사들을 존경하며, 반대파들이 지지를 이끌어 내기가 어렵다고 느낀 바로 그때에 대중을 불러 모으는 방법을 고안하는 데 성공했다. 19세기 중엽 히스패닉 세계에서 표명된 근대성들은 다음과 같은 제목으로 나중에 주제별로 연구될 것이다. (1) 민주주의적인 낙관론 (2) 소비문화 (3) 사회성의 새로운 형태 (4) 연대조직들의 정치화.*

곧 다가올 행복 : 19세기 중반의 민주주의적인 낙관론

"인간의 이성이 전진하는 과정에서 1~2년은 거의 눈에 보이지 않는 점들에 불과하며, 역사적으로 위대한 시기들조차도 과거와 현재와 미래를 포함하고 있는 거대한 공간에서는 거의 보이지 않는 작은 점들일 뿐이다.

하지만 우리가 지금 관통하고 있는 이 시대는, 검토와 비판의 분석적인 성격 면에서 볼 때, 눈에 띄게 개혁적인 정신이란 점에서 볼 때, 다양한 방식으로 해결해야 할 문제들의 심각성이라는 점에서 볼 때, 선과 악, 정신과 이념, 과거에 있었던 것들과 미래에 있어야 할 것들 사이의 투쟁의 세기를 다시금 전제로 하고 있다."—페레스 루사로(Pérez Luzaró, 1853 : 8)

---

* 푸에블라 시에라 지역 연구는 톰슨과 라프랑의 공동연구(Thomson with LaFrance, 1999)와 함께 톰슨(Thomson, 1994)에 토대를 두고 있다. 스페인 연구는 톰슨(Thomson, 2001)과 그의 거의 완성된 책『무정부주의 이전. 남부 스페인에서의 근대정치의 탄생, 1849~1879』(Before Anarchism. The Birth of Modern Politics in Southern Spain, 1849~1879)에 기초하고 있다.

1840년대부터 전 유럽과 아메리카의 사람들은 예전에 지나가 버린 것과는 다른, 기술적인 변화와 인간의 진보라는 새로운 시대에 돌입했다고 생각하기 시작했다. 특히 신흥 중간계급의 말 많은 분파들은 그들이 '세기의 이념'을 소유하고 있다고 믿었으며, 이러한 새로운 자유와 번영과 국제적인 우애의 시대의 시녀가 되기 위한 사회적·정치적 영향력을 획득하고 있었다. 결국에는, 중산층의 민주주의적인 낙관론과 그들이 사회적 해방의 선택받은 중개자라는 믿음이 환상이라는 것이 드러났다. 하지만 대략 30년 동안 스페인의 민주주의자들과 멕시코의 급진적인 자유주의자들은 자신들이 국가와 사회를 변화시킬 이념들의 자연스러운 관리자들이라고 생각했다(스페인의 온건 자유주의자들과 신 가톨릭교도들이나 멕시코의 보수주의자들 같은). 반대파가 적들의 유토피아적인 예언들이 조만간 실현되면 자신들의 이념이 일찍 퇴장할 수도 있음을 우려했듯이 말이다.*

    여러 가지 상황들이 이러한 민주주의적인 낙관론을 고무했다. 지속적인 인구성장, 가속화된 산업성장, 농업변화, 철도, 증기선, 전신이 가져온 혁명적인 거리단축이 결합되면서 소비문화와 물질적인 낙관론을 낳게 되었다. 우편 서비스의 팽창, 보다 용이해진 전국적 신문 배급, 지방 및 해외 사건 소식의 수집 속도 증가 등이 늘어난 독자 대중들 사이에서 국내외 사건들에 대한 최근 뉴스의 양이 급증하게 만들었

---

*스페인과 멕시코의 민주주의적인 이념에 대해서는 Demetrio Castro Alfin, in Negel Townson, 1994 ; Antonio Eiras Roel, 1961 ; José María Jover, "Conciencia burguesa y conciencia obrera en la España contemporánea", José María Jover, 1976 : 45~82 ; Jordi Maluquer de Motes, 1977 ; Clara E. Lida, 1973 ; Clara E. Lida, 1972 ; Gastón García Cantú, 1974 ; John Mason Hart, 1980 ; Alan Knight, 1985 : 59~91 ; Guy P. C. Thomson, 1991: 265~292 ; Clara E. Lida and Carlos Illades, 1999 등이 있다.

다. 뉴스 내용 또한 자유와 진보의 전진과 구체제의 허약함을 확인시켜 주었던 것 같다. 예를 들면, 유럽 왕실들의 약화(오스트리아와 이탈리아의 합스부르크 왕가와 시칠리아와 스페인의 부르봉 왕조), 미국 독립전쟁에서 연방군의 승리와 노예제의 폐지, 막시밀리안의 제2제정에 대한 멕시코 자유주의자들의 승리,** 이탈리아 통일, 이 사건이 교황 피우스 9세의 세속권력뿐 아니라 가톨릭을 국가와 거의 동의어로 간주하는 스페인 같은 나라들에게까지 던진 도전, 새로운 식민지 영토들에서 유럽권력에 대항하여 일어난 하위주체의 도전들(인도의 '반란'들과 중국의 태평천국의 난), 몇몇 새로운 식민사업의 실패(코카서스에서의 러시아와 멕시코에서의 프랑스)가 있다.***

왕실과 구체제의 임박한 몰락, 단기적인 경제 침체, (특히 스페인에서 가장 심각하게 느껴진) 반세기에 걸친 생계위기에 대한 이러한 인식은 종종 폭동과 노동계급 투쟁을 동반했으며, 전통적인 정치구조들의 허약함과 지배 엘리트의 타락, 무능함, 쇠락을 더욱더 두드러지게 했다. 마침내 좀더 중앙집권적이고 궁극적으로는 훨씬 더 강력한 근대국가가 같은 세대 동안에 형성되고 있었지만, 이러한 새로운 국가의 창시자들(멕시코의 보수주의자들과 스페인의 온건파)은 근대국가에 정

** 보수파의 지지 속에서 프랑스의 나폴레옹 3세가 임명한 멕시코의 황제 막시밀리안의 제정이 1867년에 멕시코 자유주의자들에 의해서 붕괴된 것을 말한다.─옮긴이
*** 조지 웨일은 이탈리아의 극적인 사건들과 독일연방의 위기 그리고 러시아의 농노제 폐지에 앞서 일어난 사건들을 인용하면서 1859~1861년에 어떻게 "유럽대륙의 변화가 언론에 자유가 주어지기 전에 언론을 정치로 끌어들이게 되었는지"에 대해 말하고 있다. "……이 모든 사건들은 너무나 심각해서 대중에게 숨길 수 없었다. 신문들은 그것들을 드러내고 논평하기 시작했다.……"(Weil, 1962 : 162) 스페인에서는 크라우제주의자로 "자유교육"을 주창한 프란시스코 히네르 데 로스 리오스(Francisco Giner de los Ríos)가 나중에 "1860~1870의 10년(자의적인 제한을 둬야 한다면)을 과거의 수마(睡魔)에서 깨어나서 근대 유럽사상의 와글거리는 소리와 그것의 철학의 문제들과 새로운 원리들로 활기를 띠게 된 시대"로 다뤘다. 둘 다 호베르(Jover, 1976 : 340~341)의 책에 인용되었다.

당성을 부여하거나 혹은 복종을 명하는 데 필요한 정치적 힘을 갖추는 데 실패했다.* 멕시코와 스페인의 가톨릭교회는 한사상속(限嗣相續) 폐지로 인한 재정과 인적자원의 고갈 때문에 이러한 버팀목을 제공해 줄 수 있는 상황이 아니었다. 양국에서 교회는 새로운 세속적인 정치환경과 사회변화와 근대적인 의사소통체제에 천천히 적응해 나가거나, 매력적인 민주적·세속적 예언들과 경쟁하는 방법을 찾아 나섰다.

교회의 쇠퇴로 생겨난 공백상태는 특히 1848년 이후에 수많은 세속적인 사회적·민주적 강령들로 채워졌는데, 이때 스페인에서는 민주당이 형성되었고 멕시코에서는 미국과의 전쟁(1846~1848)에 뒤이어 급진적인 자유주의가 출현했다. 1848년의 민족주의적 의제가 히스패닉 세계에서는 별로 중요성을 갖지는 않았지만, 1850~1860년대에 꽃피었던 국제주의적이고 이베리아반도적(스페인과 포르투갈의 통일)이고 범라틴적이며 민주적인 이념들은 스페인이 지적·정치적 고립으로부터 벗어날 수 있는 방법을 제공해 주었다. 한동안 외국에 추방되어 있었거나 해외 감옥에 수감되어 있던 스페인인들이 돌아왔는데, 그들은 오언, 푸리에, 기독교사회주의, 마치니의 신념에 심취되어 있었다. 그리고 교육, 저축, 단체협상, 선거 참여, 종교적 실천을 위해 시민, 노동자, 여성의 자유로운 결사에 토대를 둔 새로운 질서를 창출해야겠다고 결심한 상태였다. 1867년에 멕시코를 유럽 최악의 전제군주로부터 해방시킨 베니토 후아레스**도 링컨, 코슈트, 가리발디, 마치니와 함께 그들의 주요 영웅이었다. 유럽인 망명객들이 비슷한 이념과 경험을 멕시코에 가지고 왔다(Lida, 2002 ; García Cantú, 1974). 1865

---

* 멕시코에서 보수주의자들에 의한 초기 국가건설에 관해서는 파울러(Fowler, 2000)를, 스페인에서의 국가건설에 관해서는 산체스(Sánchez, 1985)와 두란(Durán, 1979)을 보라.

년 12월에는 마치니조차도 후아레스를 설득하여, 1860~1861년에 가리발디 군의 지휘관이었던 로베르토 아르멘토(Roberto Armento)가 멕시코의 자유주의적인 반란군에 가담하는 것을 허락 받았다.***

그리하여, 1840년대부터 히스패닉 세계는 민주주의적인 이념들의 부활을 경험하기 시작했다. 하지만 19세기 초의 입헌적 자유주의보다는 더 광범위한 분야의 사람들을 지향점으로 삼았다. 민주주의적인 이념들은 애국심을 불러 일으켰지만 국제적인 우애도 강조했으며, 계급특권과 정치적인 배타성을 비난했지만 계급조화를 촉구하기도 했고, 종교적인 관용과 가톨릭의 반동을 질타했지만 덕, 공동체, 형제애, 자기희생이라는 기독교의 이념들을 받아들이기도 했다. 한편, 경제적 자유와 사적인 소유를 장려했지만 금주, 절약, 협동, 저리 대출을 설교하기도 했다. 무엇보다도 그리고 예전의 자유주의적인 입헌주의 이념들과는 대조적으로, 민주주의적인 이념들을 광범위하게 호소했다. 민주주의적인 문답집들은 실천해야 할 합리적인 것들을 적어 놓은 명부처럼 쓰여 있었다.**** 이미 신뢰를 잃은 구체제 엘리트들과 정치 제도들의 이기주의만이 그것을 실행하는 데 방해가 되었다. 보수주의자들이 '민주주의'에 대해서 그렇게 두려워하게 된 것은 바로 이념들의 온건하고 상식적인 특징과 주창자들의 중간계급적인 고결한 인품 때문이었다.

** 베니토 후아레스(Benito Juárez, 1806~1872). 1858~1872년에 멕시코의 대통령을 지낸 인물로 자유주의자와 공화주의자들을 이끌었다.—옮긴이
*** 하지만 후아레스의 대변인이었던 마티아스 로메로(Matías Romero)가 망설이는 바람에 아르멘토가 멕시코로 가지 못했다(Appendini, 1998).
**** 민주주의적인 교리문답집들에 대해서는 톰슨(Thomson, 2002a : 190~201)과 모랄레스 무뇨스(Morales Muñoz, 1990)를 보라.

1850년대와 1860년대 초기, 멕시코 보수주의자들과 스페인 온건 자유주의자들은, 민주주의적인 미래가 자신들의 것인 양 행동하던 시끄럽고 턱수염이 난 어중이떠중이들로 가득 차 있는 나락으로 떨어지기 시작했다. 1864년 3월, 보수주의 신문인 『공공정신』(*El Espíritu Público*)은 그라나다 통신원이 보낸 다음과 같은 소식을 실었다.

　　그들은 그라나다에서 우리에게 다음과 같이 말하고 있다. 우리는 설명이 되지 않는 시대에 살고 있으며, 이 시대는 모든 계층의 사람들이 우리 시대의 역사가 피의 문자로 쓰여지는 데 기여하게끔 운명지어진 것처럼 보인다. 다른 모든 지역과 마찬가지로 여기에서도 끔찍한 방식으로 혁명이 무르익어 가고 있는 것처럼 보이며, 우리는 분명 로하* 봉기(1861)가 일어나기 직전의 며칠과 똑같은 상황에 있다. 어디에서나 모임이 이루어지고, 거리에서 많은 사람들이 민주주의 신문과 사회주의 신문을 읽으며, 이 이념들을 믿는다고 공언하는 사람들은 수염을 상징으로 이용하고 스스로를 목사나 혁명가라고 생각한다. 제발 이 여름을 평화롭게 견뎌 낼 수 있도록 도와주소서! 스페인은 분명 고대 로마제국이 멸망한 세기, 결코 다시는 상상하지도 못할 것들이 야망과 사치와 쾌락으로 모조리 파괴되어 버린 시기와 아주 비슷한 시기에 놓여 있다.**

　　자, 이제 이러한 민주주의적인 낙관론이 어떻게 위력을 갖게 되었는지 지역적·지방적 차원에서 좀더 면밀히 검토해 보도록 하자.

---

* 로하(Loja). 그라나다 시 서쪽에 위치한 소도시. ─옮긴이

소비문화

두 지역은 1850년대에서 1880년대까지(그리고 그 이후까지) 급속한 경제성장과 인구증가를 경험했다. 이러한 성장은 나귀, 마차, 등짐용 멜빵 덕분에 운송수단의 의미 있는 개선 없이도 가능했다(푸에블라 시에라는 1910년의 멕시코혁명 직전까지도 철도가 들어오지 않았고, 그라나다는 1880년대가 되어서야 말라가와 직통으로 연결되는 철도가 부설되었다). 법인소유 토지와 공유지의 사유화가 이러한 성장을 부채질했다. 멕시코에서는 커피와 술(aguardiente)이 아열대 저지대와 추운 고원지대 기업가들의 관심을 푸에블라 시에라 지역에 미치게 만들면서 중요한 돈줄이 되었다. 그라나다-말라가 고지대에서는 올리브, 포도주, 밀, 옛 왕실 토지와 영주지와 시 공유지에서 사육되는 양과 말뿐만 아니라, 양모의 상업화와 제지산업(로하와 안테케라의 경우)이 경제성장을 낳았다. 이런 성장은 프랑스, 카탈루냐, 발렌시아 (민주주의적인 이념을 신봉하는) 기술자들의 관심을 끌었다.

경제발전이 이루어지고 새로운 토지들이 상업농에 개방되는 기회들이 생기게 되자, 기존 엘리트의 부가 증가하고, 중간계급의 팽창이 용이해지고, (이들 중간계급과 경쟁하고 이 계급에 끼기를 바라는) 신

** 보수주의자들 모두가 가톨릭 신문 『공공정신』의 이 칼럼니스트만큼 놀랐던 것은 아니다 (*La Democracia* I, 52, March 2, 1864). 보수적 자유주의 장군, 페르난도 페르난데스 데 코르도바는 1849년 마치니의 로마 공화국에 대항해서 스페인 군대를 지휘했던 인물('스페인의 1848' 동안에 민주주의자들의 해결사였던 라몬 마리아 나르바에스 장군의 심복들과 친한 동료)인데, 회고록에서 그는 다음과 같은 사실을 시인했다. 즉 1860년대에 "…… 유럽, 특히 이탈리아에서 전개된 중대한 사건들 앞에서, 나는 이념들의 전진과 여론과 다양한 자유주의학파들의 영향력이 정부의 저항으로 방해받을 수 없으며, 그 원리들이 좀더 정확한 정의와 법 개념을 담고 있고 사람들의 양심을 차지해 버렸기 때문에, 이러한 흐름에 반대하는 것은 파멸과 혼란을 야기하는 것과 마찬가지라는 것을 확신하게 되었다"(Fernández de Córdova, *Mis Memorias* III, p.452[Jover, 1971 : 341에서 재인용]).

홍 농민 재산가들이 부쩍 늘고, 토지 없는 일용 노동자들의 소득과 협상능력이 증가했다. 모든 계급이 더 많이 소비하기 시작했다. 이러한 경향은 주택 신축, 기와지붕의 초가지붕 대체, 중간계급과 중농 사이에 전반적으로 검은 색조의 근대적인(부의 차이를 구별하는 데 효과적인) 의복의 표준화, 중산모와 가죽 신발의 착용으로 나타났다. 대부분의 사람들에게 소비혁명은 대단한 일이 아닌 반면, 토지 소출과 농업의 상업화로 주로 소득을 올리던 사람들 사이에서는 이채로운 사치품을 즐기는 것이 이제는 가능한 일이 되었다.

　소도시에서는 특히 전통적으로 눈에 띄게 부유한 이들이 자선을 베풀고 의례를 주도하는 데 적극적으로 나서 주기를 기대했다. 하지만 자유주의적인 스페인에서는 많은 부유한 가문이 고향에서 멀리 떨어져 지방의 주요 도시나 마드리드에서 일 년 내내 살다시피 했다. 그들은 귀향을 했을 경우에도 종종, 싸움이 잦고 무법천지인 농업 소도시에서 떨어져서 그들의 토지에서 살려고 했다.* 또 다른 신흥 토지 엘리트들은 부를 위장하는 것을 선호했으며, 낮은 과세표준을 유지하는 데 관심을 기울였다(투표에 요구되는 높은 수준의 조건들이 제시하는 온갖 감언이설도 종종 부자이기에 겪을 수 있는 재정적 위험을 보상해 주기에는 충분치 않았다). 남부 스페인의 농업 소도시에서는 엘리트의 부재지주제도와 나란히 이러한 관습이 결합되어서 취향에 대한 민주적인 동질화와 절제가 조성되었다. 새로운 지주 엘리트의 사적인 영역으로의 퇴각은 급속한 물질적 진보와 계급형성의 시대가 가져온 역설적인 결과로서, 전문적인 신흥 중간계급 성원들의 영향력을 증대시키기도 했

---

*로하에 있는 온건파 수장인 라몬 마리아 나르바에스 가문의 촌스러운 장원(cortijo)들은 1850년대에 프랑스 풍 정원이 딸린 '전원주택'(casa del campo)으로 바뀌었다.

다. 그들의 생활은 (종종 시에 고용된 사람들로서) 도시에 적극적으로 참여할 것을 요구받았다. 그들은 의사, 약사, 수의사, 법률가들로서 민주적인 사회성의 핵심을 이루는 사람들이었다.

멕시코의 경우 푸에블라 시에라 지역으로 부의 유입은 완전히 새로운 일이었다. 신흥 부자들은 부재지주가 아니라 거주민이었다. 지나친 부는 흔히 위장되거나, 아니면 자유주의자들의 경우에는 도시 운송 수단 개선, 밴드와 학교 시설 확충, 정치 후원과 전쟁에 이용되거나, 나중에 교회와 국가 간에 협상이 이루어진 후에는 교회 건축 및 커피 부르주아지와 종속적인 원주민 공동체들을 묶어 주는 종교적인 축제들을 추진하는 데 쓰여지곤 했다.

사회성의 새로운 형태

1850년에는 양국 모두 초등학교 의무교육이 도입되고, 가톨릭교회가 의례생활의 중심에서 밀려났다. 또한 카페, 선술집, 독서실, 카지노, 일요국민군(Sunday National Militia, 스페인)과 국민방위군(National Guard, 멕시코) 소집을 중심으로 세속적인 사교생활이 발달하게 되었다. 교회의 지속적인 재정적·제도적 취약함과, 교회의 한사상속 폐지와 자유주의자들의 반교권주의의 유산이 남겨 놓은 공백상태에서 세속적인 민주주의 이념들과 사교 형태들은 거의 아무런 저항을 받지 않았다. 멕시코에서는 개혁법으로 공공영역에서 교회가 배제되었으며, 스페인에서는 농촌 지역, 특히 남부에서 성직자의 대표성이 유난히 약했다(Callahan, 1984).[**]

[**] 멕시코와 스페인을 좀더 자세하게 비교한 것을 보려면 톰슨(Thomson, 2002a : 189~211)을 보라.

양국에서는 세속화된 사교생활과 공적영역이 음악단체와 관악대의 증가로 극적으로 되었다. 이들의 레퍼토리는 이탈리아 오페라, 오스트리아 왈츠, 스코틀랜드 춤에 대한 세계적인 취향을 반영했다. 물론 이 악단들은 종교음악에서 쉽게 양성되어서 종교적인 축제에 배치될 수 있었으며, 실제로 종종 그렇게 되었다. 하지만, 이 악단들은 흔히 시가 창설했고, 악단 단장은 군에서 차출되었으며, 스페인의 리에고 행진곡*이나 멕시코의 프랑스인들과 보수주의자들을 비난하는 멜로디와 서정시들처럼, 그들은 군사적이고 애국적인 레퍼토리를 도입했다. 도시의 외적인 공간이 브라스밴드의 소리에 점령되었다면, 카페와 선술집의 내적인 공간에서는 전투적인 노래들이 불려졌다. 이 노래들은 스페인에서는 가리발디와 링컨과 후아레스의 업적을, 멕시코에서는 자유주의적이고 애국적인 승리들을 찬양하는 노래들이었다.

민주주의의 영웅들에 대한 세속적인 숭배가 가톨릭의 쇠퇴로 야기된 빈 공간을 채우는 것을 도왔다면, 이 시기 동안 프로테스탄트 선교사들은 여러 계층 사람들의 정신적인 목마름과 사회적인 갈망을 겨냥해서 설교했다. 멕시코에서는 감리교 선교사들이 후아레스 정부에 의해서 장려되었으며, 스페인에서는 프로테스탄트들과 성경협회 구성원들이 발레아레스 제도와 지브롤터 해협을 통해 말라가와 그라나다로 비밀리에 들어갔다. 말라가와 그라나다는, 규모는 작아도 영향력 있는 프로테스탄트 모임들이 주목할 만한 성장을 맛본 지역들이다. 막 생겨난 이러한 모임들의 성원들은 급진자유주의 및 민주주의와 정치

---

* 리에고 행진곡(Himno de Riego). 1820~1823년에 일어난 스페인 내전에 기원을 두고 있으며 라파엘 리에고 대령에게 바쳐진 노래로 스페인 공화정 시기(1931~1939) 스페인의 국가였다.—옮긴이

적으로 밀접한 상관관계가 있거나, 열렬한 지지자들이었다(Bastian, 1989 ; Vilar, 1984).** 1869년 3월, 내륙의 직물도시 안테케라를 방문한 말라가 출신 장로교 목사는 스페인어판 신약성서를 요구하는 군중 사이에서 구출되어야 했다. 그가 말라가 인쇄업자로부터 300권의 복사본을 가지고 철도역에 도착하자마자 군중들이 앞 다퉈 성경을 빼앗은 것이다.***

전체적으로 공공영역이 세속화되고 신문들(1858년에서 1865년까지 이탈리아의 리소르지멘토에 대한 기사들로 꽉 차 있었다. 스페인의 민주주의자들은 이를 스페인이 오랫동안 기다려 온 재건의 징후로 해석했다)이 동시에 어디에나 깔릴 수 있게 되자, 보수주의자들과 사적 영역으로 물러난 성직자들의 기는 꺾인 반면, 급진자유주의자들과 민주주의자들은 이에 고무되어 종종 미래가 자기들 것이라고 느끼게 되었다.

전통적인 연대조직들의 정치화

보통 중간계급이나 신흥 중간계급 출신이었던 '이념의 사람들'이 민주주의 이념이나 근대적인 사회성을 정치적인 영향력과 대중적인 지지로 변환시키지 못했다면, 이러한 모든 민주주의의 고양을 통해 거의 아무런 결과도 얻지 못했을 것이다. 멕시코에서는 푸에블라 시에라 출신 자유주의 지도자들이 1857~1861년 사이의 보수주의자들에 대한 자유주의자들의 승리와 1862~1867년 사이 유럽인들에 대한 멕시코인들의 승리, 그리고 1868~1876년 사이 온건 자유주의자들에 대한

** 이 주제에 대한 스페인과 멕시코에서의 좀더 충분한 설명을 보려면 톰슨(Thomson, 1998)을 보라.
*** 안테케라 시립역사문서고(Archivo Municipal Histórico de Antequera, Orden Público 162, May 5, 1869, Alcalde, Antequera, to Civil Governor, Málaga).

급진주의자들의 승리에 크게 공헌했다. 프리메이슨적인 메스티소 촌락의 교사들은 푸에블라 시에라라는 아담하고 눈에 띄지 않는 곳에서 나와 디아스의 첫 행정부 하에서 푸에블라 주지사들이 되었다.

스페인의 말라가-그라나다 접경지역에서는 전국적인 지위를 지닌 공화주의 지도자가 한 명도 나오지 않았다(사실 로하는 보수주의자 라몬 마리아 나르바에스의 고향이었다. 그는 1849년에는 로마 공화국에 대항한 교황의 구원자였으며, 1848년부터 1868년 사망할 때까지는 민주주의자들에게 고통을 준 사람이었다). 그러나 로하와 더불어 지역의 주요 도시인 안테케라 출신 유지들의 마드리드 거주지에서 민주당이 '젊은 스페인'(Young Spain)과 나란히 창당되었다. 농업중심지이자 상업중심지이기도 했던 로하와 안테케라의 노동자들과 일용노동자들은 민주당 지도부의 목표물이 되어서, 처음에는 1857년 여름에, 나중에는 1869년 가을에 일련의 봉기에 동원되었다. 이 봉기들의 지도자들 중에는 수의사 겸 대장장이, 신문팔이, 서점주인, 소농 및 심지어 몇몇 대지주, 약사, 의사, 법률가, 개신교 목사, 아메리카에서 잠시 돌아온 사제, 장인직공, 토지 감독관, 옛 장교, 국민군 하사관, 집시 우두머리들까지 있었다. 이러한 민주주의 봉기들은 비록 실패했지만 결사와 기억과 신화의 유산을 남겼다. 그리고 이 신화는 19세기의 남은 기간 동안 공화주의적 사교모임과 무정부주의적인 사교모임들을 번성하게 했으며, 1920년대와 1930년대에는 공화주의의 부활에 대한 열망을, 1975년 프랑코가 죽은 이후에는 그 지역에 좌파의 부활에 대한 열망을 불러일으키는 역할을 했다.

멕시코에서 푸에블라 시에라 지역의 자유주의자들이 정치적으로 성공할 수 있었던 이유는 원주민이 압도적으로 많은 농민들을 지방 차원에서 통제하고 재정적 지원을 받는 일단의 국민방위군으로 조직할 수 있었던 그들의 능력에 있었다. 이는 글을 깨친 나와 족*과 문맹자 나와 족 모두를 군 장교와 시 관료로 승진시켜 줌으로써 이루어졌다 (나와 족의 주요 군 지휘자인 후안 프란시스코 루카스의 경우 연방정부직까지 승진하였는데, 자유주의자 '푸에블라 시에라의 족장'이자 원주민 지도자로서의 탁월한 그의 영향력은 1917년에 죽을 때까지 계속되었다). 푸에블라 시에라 지역의 자유주의자들이 정치적으로 계속 성공을 거두자, 소치아풀코 같은 도시에서는 종족적으로 혼혈인 근대적인 사회성의 출현이 고무되었다. 이 도시에서는 프로테스탄트 모임이 가톨릭의 성인 숭배와 공존하고, 소년 소녀들이 비원주민적인 성을 획득하고, 일찍부터 스페인어로 읽고 쓸 줄 알게 되고, 세계적인 공화주의적 정치문화의 영향을 받았다. 이 문화는 쿠아우테목, 이달고, 모렐로스**와 후아레스뿐 아니라 워싱턴, 링컨, 가리발디도 숭배했다(하지만 1927년까지도 여전히 서로 간에 그리고 가족 간에는 원주민어인 나와어로 의사소통을 했다).***

따라서, 국민방위군은 푸에블라 시에라의 자유주의자 엘리트들에게 주의 정치와 전국적 차원의 정치에서 그들의 주장을 펼 수 있게 해주었다. 그것은 또한 원주민 농민 공동체들에게 지방의 엘리트들과 협상하여 그들의 자율성을 보호할 수 있도록 하는 수단을 제공하기도 했

---

* 나와 족(los nahuas). 멕시코 최대 원주민 종족으로 특히 푸에블라 주에 많이 거주한다.—옮긴이
** 쿠아우테목(Cuauhtémoc)은 테노치티틀란-틀랄텔롤코의 마지막 통치자로 스페인 정복자들에게 대항한 아스테카 최후의 저항을 이끌었던 인물이며, 이달고(Miguel Hidalgo)와 모렐로스(José M. Morelos)는 둘 다 신부로서 멕시코 독립운동 지도자들이었다.—옮긴이
*** 소치아풀코에 대한 좀더 충분한 설명을 위해서는 톰슨(Thomson, 1998)을 보라.

다. 말라가와 그라나다 사이에 있는 산악지대에서는 처음에 민주주의자들이 국민군(스페인에서 멕시코의 국민방위군에 해당하는 것)을 비슷한 목적에 이용하려고 했다. 하지만 국민군의 전성기는 (1810년대에서 1820년대 초까지, 그리고 1837년에서 1843년 사이에 절대주의가 종식되고 난 후 프랑스에 대항하여 벌인 투쟁으로) 이미 지나가 버렸다. 국민군은 1854~1856년 '진보적인 2년' 이후에 잠시 재결성되다가, 1868~1974년의 '혁명적인 6년' 동안 자유자원대(Volunteers of Liberty)로 다시 출현하였다. 이 군대들은 수공업자, 노동자, 농민으로 구성되었고 민주주의자들이 지휘했다. 하지만 시 단위로 무장되고 통제되는 이런 군대들은 중앙집권적이고 억압적인 정권들에 의해 종종 폭력적으로 해체되었다. 그러면서 진보적인 자유주의자, 민주주의자, 공화주의자들은 점차 국민군을 그들의 정치적 목적을 이룩하기 위한 수단보다는 부담으로 여기게 되었다.

어쨌든 스페인의 민주주의자들은 자유주의적인 정치를 애국적인 국민군 같은 귀족적인 형태에서 모든 스페인인을 대표하는 정치로 바꾸고 싶어 했다. 그들이 좀더 광범위한 사람들로부터 굳건한 지지를 얻기 위해서 채택한 수단은 1820년대에 절대주의에 대항해서 싸운 이탈리아에서 수입된 비밀결사 기술이었다. 1855년부터 1870년대 후반까지 말라가-그라나다 접경지역의 민주주의자 지도부는 농업 일용노동자와 공장 노동자들 사이에서 카르보나리당의 회원 수를 늘렸다. 동시에 프로테스탄트 복음주의자들이 채택한 것과 같은 소단위 조직 구조(decurial structure)를 이용하여 괄목할 만한 성과를 거뒀다. 수만의 산업 농업노동자, 광범위한 하층 중간계급, 중간계급이 각각의 소조직에 충성을 맹세했다. 그러나 그들은 카르보나리당의 회원 대중을 움직여서 성공적인 봉기나 혹은 일시적인 선거의 승리 이상으로 이끄는 데는 실패했다.

푸에블라 시에라의 자유주의자들이 정치적 지원의 대가로 그들의 군사조직을 원주민 공동체들에게 꼭 필요한 것으로 만들 수 있었듯이, 스페인의 민주주의자들은 안달루시아의 일용 노동자들과 공장노동자들의 기존 연대조직들을 어떻게 이용해야 할지를 알았다. 특히 그들은 일용노동자들이 같은 노동자 신분의 지도자들 밑에서 한 패거리로 노동하는 것을 선호한다는 사실을 이용할 수 있었다. 민주주의자들도 '노조' 전통 덕분에 이득을 보았다. 좀더 나은 임금과 노동조건을 요구하는 태업이나 파업 관행, 이탈한 동료 노동자들을 냉대하는 전통이 그것이다.*

민주주의자들이 노동자들을 카르보나리당으로 끌어들이는 데 성공할 수 있었던 것은 일용노동자들이 하루를 시작하면서 주요 광장이나 도시 외곽에 모이는 관습 덕분이기도 했다. 전통적으로, 일용노동자들은 여기에서 고용주들을 만났는데, 이 고용주들은 불경기나 특히 가뭄, 흉년, 실업 사태 때 (시당국에게 약간의 부추김을 받아) 노동자들을 나누어서 그들의 소유지로 데리고 가서 담을 수리하거나 길을 닦는 일을 시키고 대신에 생계지원을 해주었다. 알로하미엔토(alojamiento)라고 알려져 있는 이러한 관행은 1850~1860년대에 걸쳐 점차 사라졌다. 그래서 이 시기에 생계위기는 점점 심각해지고 자주 일어났으며, 지주들은 사회비용을 부담하지 않으려고 했다. 민주주의자들은 신용협동조합, 불법 획득된 시유지 분배, 자파 지방정부의 민주적 통치

---

* 1860년대의 이런 노동관행들에 대해서는 마르티네스 알리에(Martínez Alier, 1971)를 보라.

를 고용과 사회 안전의 원천으로 이용하겠다고 약속하면서 여기에 개입했다.

민주주의 세력의 지도부는 성장하고 있던 선술집 문화를 이용하기도 했다. 이 문화는 생활수준이 나아지고 알코올 소비가 늘었음을 반영하는 것이었다. 여기에서 그들은 범죄를 저지르는 하층계급의 민중 지도자들을 만날 수 있었다. 민주주의 세력의 지도부는 이들을 동원해서 협박편지, 납치, 방화 같은 전술에 썼다. 몇몇 민주주의자들은 이러한 전술을 정적의 탄압전술에 대한 정당방위로, 혹은 시유지를 불법으로 전유한 신흥부자들을 처벌하는 방법으로 간주했다. 민주주의자들은 또한 영주재판권에서 해방되어 시의 지위로 승격되려던 농촌의 모든 작은 촌락이 카르보나리당에 가입하겠다는 맹세를 하도록 하는 데 성공하기도 했다(멕시코에서 원주민 공동체들에게 국민방위군에 가담하도록 했던 일반적인 유인책은 억압적인 중심도시로부터 거기에 종속된 촌락들이 독립하도록 해주는 것이었다).

마지막으로, 민주주의자들은 카르보나리당 소조직 우두머리들에게 민주 신문을 사서 쉬는 시간에 큰 소리로 읽도록 한 것에서도 득을 보았다. 아마도 카르보나리당의 회원 수가 최고에 이른 시기가 이탈리아의 리소르지멘토(Risorgimento, 1858~1865)와 일치한 것은 우연이 아닐 것이다. 지역의 민주주의자 조직가들과 노동자들은 리소르지멘토 관련 뉴스가 자신들의 상황과 특별히 관련이 있다고 생각했다. 한편, 1870년대에서부터 1880년대까지 푸에블라 시에라의 교사들은 대프랑스 투쟁에서 자신들이 겪은 경험으로부터 영웅적, 애국적, 근위병적인 이야기를 꾸며 내었으며, 정복자들에 대한 투쟁의 영웅들인 쿠아우테목과 히코텐카틀*에 대한 회고로 그 이야기들을 미화시켰다.**

결론

19세기 말까지 보수주의자들과 가톨릭교회가 냉담한 반응을 얻고 있었던 멕시코에서조차도 1867년 공화국의 복고 이후부터는 급진적인 자유주의 낙관론과, 경제적 진보와 민주화가 서로 손잡고 계속 전진할 것이라는 믿음이 약화되기 시작했다. 포르피리오 디아스 대통령의 제2차 집권기*** 동안에는 보수적인 자유주의자들이 급진주의자들보다 우세했다(Hale, 1989). 국가의 힘이 증대되고, 국가가 어떤 희생을 치르면서라도 경제적 진보에 헌신하게 되자 하위주체의 주장에 대한 태도들이 바뀌었다. 국민방위군은 1888년에 해산되었다. 1860~1870년대에 형성된 비순응적인 사교모임과 급진적 자유주의자의 아성들은 단지 '아성'인 채로 남아 있을 뿐이었다. 남동부 멕시코의 푸에블라 시에라 지역의 이미지는 보수주의자들과 유럽인들에 대항한 자유주의-애국주의적 저항과 자유의 본거지라는 이미지에서 카시키스모, 즉 원주민 공동체 토지의 약탈과 원주민 전반의 비참함이라는 이미지로 바뀌었다. 1890년대에 이르면, 푸에블라 고원지대에서는 화려하고 절충주의적인 유럽 양식으로 새 단장된 호화스러운 아시엔다 건물들이, 푸에블라 시에라의 부유한 커피 도시들에서는 신축된 고딕양식의 교회들이 농촌의 새로운 문화적 상징들이 되었다.

스페인에서는, 민주주의자들(지금은 공화주의자들)이 '혁명적인 6년'(1868~1874)과 제1공화국(1873~1874)에 완전히 환멸을 느꼈다.

---

* 히코텐카틀(Xicotencatl). 스페인 정복 이전 시대 나와 족 티사틀란의 통치자.—옮긴이
** 지방의 친원주민적이고 애국적인 역사들에 대해서는 톰슨(Thomson, 2002b)을 보라.
*** 1차 집권기는 1876~1880년이고 2차 집권기는 1884~1911년이다.—옮긴이

그들의 절망적인 분위기는 파리코뮌에 대한 소식이 들려오면서 더 심각해졌다. 사실, 민주주의자들의 낙관론은 이미 1868년 9월의 "명예혁명"(glorioso)* 훨씬 이전에 이미 약화되었다. 1864년 9월에 런던에서 국제노동자협회가 창설되고 스페인에서 이에 대한 지지가 급속도로 커지자, 인류의 진보와 국제적인 우애의 새로운 시대를 향한 길을 제시해 줄 수 있는 유일한 정당으로서 스페인의 민주주의자들이 그동안 누려 왔던 독점권도 종말을 고하게 되었다.

1860년대 후반 스페인의 민주주의자들이 우려한 것은 보수적인 자유주의의 출현이었다. 이는 한사상속 폐지로 수혜를 입어 새로 형성된 토지 엘리트의 이데올로기였다. '혁명적인 6년'이라는 입헌적 혼란기에, 젊고 보수적인 자유주의자들은 '패거리 정당'(partido de la Porra)의 가치를 재빨리 알아챘다. 투표자들을 위협하여 선거에서 성공을 거두는 데 낮은 수준의 정치적인 폭력이 이용될 수 있다는 것이었다. 파리코뮌은 모든 정당에게 공화주의자들을 비하하고, 그들의 모임을 방해하고, 선거 참여를 금지하는 구실을 제공했다. 이러한 정치적 배제에 직면한 공화주의자들은 1869년 10월에 별 성과 없는 최후의 무장봉기를 일으켰다. 그들은 40,000명의 젊은 공화주의자들을 전장에 끌어내는 인상적인 활동을 펼쳤지만 이후에 도전적인 실패만을 기억하게 만들었을 뿐이었다. 1874년 부르봉 왕조의 복고로 (라틴 아메리카 식 호칭을 택하면 '카시키스모'인) 중앙이 명하는 선거폭력과 배제 시스템이 확실하게 지속되고 완성되었다. 왕정복고는 또한 가톨릭의 부활에 알맞은 조건을 제공하기도 했다.

---

* 1868년 별다른 무력 사용 없이 왕정에서 제1공화정으로 바뀐 '혁명'을 말한다.—옮긴이

베일리는 1870년대 이후 유럽과 좀더 광범위한 세계의 변화된 젠트리(gentries), 부활한 귀족, 복고되거나 다시 만들어진 군주정들의 패턴을 추적하여, 폭력적인 20세기에 이들이 남긴 치명적인 유산을 지적하고 있다(Bayly, 2003 : 395~431). 물론, '사회적 계서제의 재구성' 과 '젠트리의 변화' 가 근대성의 종말을 의미하지는 않았다. 그러기는커녕 오히려 전 세계에서 훨씬 더 많은 사람들이 점점 더 스스로 근대적이라고 생각하게 되고, "시대에 뒤떨어지지 않기"를 열망하게 되고, 일반적으로 유럽에 기원을 둔 이념과 취향들을 모방하고 차용하게 되었다. 하지만, 한 시대가 정말로 종말을 고한 것은 19세기 중엽이었다. 그때 이미 사람들은 계급조화, 국제적인 민주 연대와 우애의 이념, 사회적 계서제의 점진적인 타파, 중간계급의 팽창, 신분제와 계급특권의 폐지, 노예제의 종말, 공화국의 군주정 대체가 자명한 진실이고 선전되어야 할 미덕이며 근대성의 징표들이라고 믿었다.

4장_언제부터 라틴아메리카가 근대적이었는가?: 어떤 역사가의 답변

앨런 나이트*

자신이 가르치는 똑똑한 학생들 가운데 누가 가장 똑똑한지, 그리고 누가 다음 세대에 훌륭한 철학 교수가 되어야 마땅한지 알아보고 싶은 옥스퍼드 대학교의 명민한 철학 교수들은 "이것이 올바른 질문인가?"와 같은 시험문제를 출제하곤 했다.** 그에 대한 답안들은 대개 만족스럽지 못했다. 내가 아는 한 그 답안들은 결코 『이것은 올바른 책인가?』라는 제목의 계몽적인 단행본으로 묶여진 바 없다. 그러나 그 답안들은 철학적이지 못한 염소에서 철학적인 양을 가려내는 당장의 목적을 만족시켰다. 우리가 생각하려는 질문도 그와 동일한 도구적 특성을 지닌다. 그 질문은 수차례 활발한 토론을 이끌어 내고 (앞의 사례와

---

* 앨런 나이트(Alan Knight)는 영국 옥스퍼드 대학 세인트 안토니 칼리지의 라틴아메리카 역사학 교수로 재직 중이다. 그는 멕시코 역사에 관해 다수의 저작을 펴냈다. 대표적인 저서로 『멕시코혁명』(1986)과 『미국과 멕시코 관계, 1910~1940』(1987). 그리고 멕시코 역사 전반에 관한 3권의 전집 가운데 2권에 해당하는 『멕시코 : 기원에서 정복까지』와 『멕시코 : 식민시대』(2002)가 있다.
** 이런 일은 족히 30년이 넘은 옛날 얘기이기 때문에 과거시제를 사용한다. 나는 오늘날 철학 시험문제가 어떤 식인지에 대해 말할 수도 없거니와 요즘 옥스퍼드의 역사학자들이 학생들의 불평과 이의 제기나 그저 그런 2-2등급[B 정도의 학점]에 대한 두려움 탓에 그런 별난 문제를 출제하는 경우를 볼 수도 없다.

달리) 다양하고 흥미로운 책으로 출판되기도 했다.*** 그러므로 실용적인 차원에서 보자면 그 질문은 도움이 된다. 그러나 라틴아메리카를 이해하려는 '발견적 장치'로서 그것은 그다지 도움이 되지 않는다. "이것이 올바른 질문인가?"처럼 우리가 생각하려는 질문은 개념적인 난제를 짊어지고 있으며 우리가 그런 어려움을 넘어 특수한 경험적 정황 속에서 그 질문이 '작동하도록' 모색한다면, 앞으로 나아가기란 쉽지 않다. 이런 점에서 그 질문은 우리가 꾸며 낼지도 모르는 여러 다른 개념에 관한 질문, 예컨대 언제부터 라틴아메리카가 행복했는가, 언제부터 라틴아메리카가 좋았는가, 그리고 가장 명확한 동류의 질문이라 할 수 있는 언제부터 라틴아메리카가 전통적이었는가 같은 것과 유사하다. 다른 한편 그 질문은 비슷하게 들리지만 실제로는 꽤 차이가 나는 다른 질문과 구분된다. 예컨대 언제부터 라틴아메리카가 문자해독 능력을 갖게 되었는가, 언제부터 라틴아메리카가 도시적 특성을 뚜렷이 지니게 되었는가, 언제부터 라틴아메리카가 산업화 단계에 들어섰는가와 같은 질문들은 개념적으로 더 명확하고 어느 정도 경험적으로 작동하도록 할 수 있기 때문이다.

    이렇게 근거가 분명하고 쓸모 있는 질문조차도 그런 모든 포괄적인 의문들에 부착되어 있는 몇 가지 종류의 문제점을 지니고 있다. 일부 문제들은 신속히 처리될 수 있다. 먼저, '라틴아메리카'의 정의(定義)와 유래 때문에 우리가 지나치게 숙고할 필요는 없다. 공통적 특성

*** 나는 어떤 학술회의에 종일 참석해서 논문 발표를 들었다(몇몇 경우엔 발표문을 읽기도 했다). 그렇지만 지금 쓰고 있는 소론(小論)은 포괄적인 개관이라기보다는 차라리 그 질문에 대한 개인적인 답변이며 그 질문이 유도해 낸 다양한 답변 가운데 그저 일부라고 할 수 있다.

을 지니고 그것을 하나의 효과적인 분석 단위(예컨대 문명이라는 헌팅턴의 집짓기 나무토막과 같은 것)로 만드는 실체로서 '라틴아메리카' 라는 게 있는지 여부는 중요한 논란거리가 아니다. 언제부터 라틴아메리카였는지 또는 라틴아메리카는 무엇이었는지 같은 질문은 아마도 책 한 권이 따로 필요할 만한 별개의 문제이다. 우리는 그저 있는 그대로를 충분히 알고 있으며 관습적으로 라틴아메리카라고 규정되는 스무 개의 공화국 ─ 스페인 제국으로부터 독립한 신세계의 18개 국가에 브라질과 아이티를 더해 ─ 을 언급하기 위해 '라틴아메리카' 란 명칭을 택할 수 있다.* 만일 예를 들어 우리가 브라질은 나머지 국가들과 꽤 달랐다(아마 브라질이 스페인령 아메리카보다 더 일찍 또는 더 늦게 '근대화' 했는가와 관련된 문제일 듯하다)고 확인했다면 그 결과는 흥미로울 것이며 우리는 그 점을 결론에 포함시켰을 것이다. 그러나 내 견해로는 그렇지 않았으므로 그런 의문이 생기지 않는다. 동시에 우리는 '라틴아메리카' 가 무엇인지 안절부절못할 필요가 없다. 우리는 라틴아메리카가 무엇인지에 대해 매우 분명하고 실제로 활용할 수 있는 정의를 가지고 있다. 실로 그것은 전체 논의 과정에서 유일하게 명확하고 활용할 수 있는 정의에 관한 것이다.

둘째, 그런 질문 ─ 언제부터 라틴아메리카가 근대적이었는가, 문자해독 능력을 갖추게 되었는가, 도시화했는가, 또는 산업화 단계에 들어섰는가 ─ 은 무엇이든 간에 장소에 따라 여러 구성요소로 나뉠

---

* 아이티는 과거 프랑스의 식민지였으며 프랑스의 문화적 영향력이 남아 있다는 점에서 분명히 '라틴' 의 선도자이다. 미국의 일부 지역 또한 자격을 얻을 만하다. 가장 뚜렷한 사례는 푸에르토리코이고, 한때 멕시코의 영토였으며 지난 60년간 다시금 인종과 문화적 측면에서 멕시코적인 색채를 강하게 띠게 된 미국의 서남부뿐만 아니라, 아마 마이애미 지역도 '라틴' 이라 불릴 만하다.

필요가 있다. 사회문화적 변화는 마치 덧댄 헝겊 조각처럼 고르지 못한 경향이 있고, 해일처럼 광활한 지역을 다 휩쓸어 버리는 것은 아니다. 여러 국가 사이에, 그리고 심지어 같은 국가 내에서도 중요한 차이점들이 존재한다. 치와와는 치아파스가 아니고, 키르치네르 대통령에게 적절한 경의를 표한다면 산타크루스는 부에노스아이레스 주가 아니다.** 그리하여 언제부터 라틴아메리카가 문자해독 능력을 갖게 되었는가***와 같이 그 질문이 의미심장하지만 다루기 쉽다고 할지라도, 그에 대한 답변이 유익하고 설득력이 있으려면 아마 우리는 국가, 지역, 부문(예컨대 도시와 농촌), 성별과 연령 집단 또는 세대별로 나누어 파악해야만 한다고 결론 내릴 것이다. 그리고 우리는 (갑작스런 해일이 아니라) 오랜 세월에 걸쳐 누적된 사회문화적 과정을 다루기 때문에 멕시코는 1940년대에 문자해독 능력을 갖추게 되었고 1950년대에 도시화를 이루었다는 식의 시계열(時系列)에서 파생된 연대기적 결론에 의존해야만 할 것이다.

더욱이 단위가 클수록 답변은 더욱 대략적일 수밖에 없다. 물론 더 엄밀하게 말할 수 있으며, 나는 어떤 국가 전체가 도시화하거나 문자해독 능력을 갖추게 될 때보다는 한 지역이 그렇게 될 때가 더욱 유용할 수 있다고 생각한다. 만일 멕시코가 (평균적으로) 1940년대에 문자해독 능력을 갖추게 되었다면, 누에보레온(Nuevo León)은 이미

** 치와와(Chihuahua)와 치아파스(Chiapas)는 각각 멕시코 북부와 남부의 주 이름. 키르치네르(Néstor Carlos Kirchner, 1950~)는 2003~7년 아르헨티나 대통령을 역임했다. 산타크루스(Santa Cruz)는 아르헨티나 남부의 주 이름이며, 부에노스아이레스 주(Provincia de Buenos Aires)는 연방수도인 부에노스아이레스 시를 둘러싼 주의 이름이다.—옮긴이
*** 물론 문자해독 능력은 복잡한 문제인데, 그것을 그저 무미건조한 숫자로만 표시한다면 흔히 읽기와 쓰기 사이의 차이, 다양한 수준 차, 그리고 그 능력의 활용도를 구분하지 못하게 될 것이다.

1920년대에 그 문턱을 넘게 된 반면 치아파스는 1960년대까지 그렇지 못했을 것이다(Wilkie, 1970 : 208~209). 어떤 대륙의 국가들이나 세계 속의 대륙 역시 사정은 마찬가지이다. 모든 양적 증대는 반드시 가치의 분산과 확산을 가져오고, 그리하여 우리가 언제부터 라틴아메리카 전체가 평균적으로 근대에 접어들었는지 말할 수 있다고 하더라도, 그것이 라틴아메리카의 여러 국가나 지역에 대해 많은 사실을 알려 준다고 말할 순 없을 듯하다. 만일 전반적인 추세가 결국 중요한 차이를 은폐했음이 드러났다면, 그리고 예컨대 라틴아메리카 대부분의 지역이 도시화하는 동안 일부 지역에선 더욱더 농촌적 특성이 강화되었다는 점을 고려하고 좀더 그럴듯한 시나리오를 가정한다면, 또 (몬테레이 같은) 한 지역의 산업화가 (바히오 같은) 다른 지역의 탈산업화로 상쇄되었다는 점을 감안한다면,* 위와 같은 연대기적 결론은 실상을 전적으로 오도하는 것일지 모른다. 근대성 역시 그렇다. 아마 라틴아메리카의 다른 부분들——그것이 국가이거나 지역, 부문, 하위문화(subculture)일 수도 있다——은 서로 다른 방향으로 움직이고 있을지 모른다. 어떤 부분은 좀더 '근대적'이고 다른 부분은 더 '전통적'(또는 '반근대적'이거나 '탈근대적')인 색채를 띨 것이다. 그러므로 공통적인

---

* 이런 변화는 포르피리오 디아스의 통치기(1876~1911)에 발생했다. 이때 예컨대 바히오(Bajío)의 피혁제조업은 정체되었지만 반면에, 몬테레이(Monterrey)의 중공업은 성장했다. 최근에는 마킬라도라 덕분에 북부 국경 지대 여러 곳에서 제조업 생산이 증가한 데 비해 멕시코시티의 제조업 생산은 하락했다. [마킬라도라(maquiladora) 또는 마킬라(maquila)는 미국과 국경을 접하고 있는 멕시코의 여러 지역에 설치된 보세 또는 면세 가공무역 지대를 일컫는 말이다. 1960년대 말 설치된 뒤 제조업 조립 부문이 꾸준히 성장해 1980년대 중엽에는 석유에 이어 멕시코 제2의 수출 소득원이 되었다. 1980년대 이른바 '잃어버린 10년' 이후 더욱 빠르게 성장했지만, 2000년대에 접어들어 다른 저임금 지역의 급속한 부상 탓에 쇠퇴의 기미를 보인 바 있다. 또한 마킬라도라에서 산출되는 수익의 대부분이 해외 투자자들에게 귀속되는 편이므로 멕시코 내에서 직접적인 경제발전을 진작시키는 데에는 한계를 보이고 있다.—옮긴이]

경향을 가정하는 것은 모든 사회가 근대성, 산업, 민주주의라는 불가피한 행선지로 향하는 컨베이어 벨트를 따라 움직이고 있다는 꽤 조잡한 목적론적 관념에 의존하고 있으며 그것을 강화시킨다.

세번째로는 기준에 관한 문제를 염두에 두어야 한다. 인류학은 언어학에서 내부적 관점과 외부적 관점의 구분을 차용했다.** 이 구분은 인류학적 또는 역사적 행위자들이 호의를 갖고 받아들이는 개념과 그들을 이해하기 위해 사회과학자(인류학자나 역사학자)들이 전개하는 개념을 대비시킨다(Harris, 1976). 두 개념 사이에 엄격히 선을 긋기란 때때로 어렵다. 그러나 그것은 흔히 중대하고도 분명하다. 우리는 더이상 신의 형벌이란 관점에서 질병을 이해하거나 정신질환을 악마에게 사로잡힌 증거라고 설명하지 않는다. (이 책에서 일부 기고자들이 그리하듯) '근대성'에 관해서도 우리는 행위자의 인식과 역사가를 포함한 사회과학자들의 분석을 구별해야만 한다. 그러므로 질문은 두 갈래로 나뉜다. 첫째, 라틴아메리카인들은 (주관적으로, 내부적 관점에서) 언제부터 자신들과(이나) 그 사회가 근대적이라고 생각했는가?*** 둘째, 우리는 사회과학자로서 (객관적으로, 외부적 관점에서) 언제부터 라틴아메리카가 '근대적'이 되었다고 간주하는가? 때로는, 특히 주관적인 정체성 문제가 걸려 있을 때, 둘 사이의 구분은 매우 까다롭다. 만일 질문이 "언제부터 라틴아메리카가 메스티소(혼혈) 사회가 되었는가?"

** 나이트는 여기서 '근대성'에 대한 두 가지 관점을 정밀하게 구분하고자 인류학에서 통용되는 개념을 소개하고 있다. 내부적 관점(emic)은 주관적이고 심리적인 소리를 뜻하는 언어학의 음운(音韻, phonemic)에서, 그리고 외부적 관점(etic)은 구체적이고 물리적인 소리를 의미하는 음성(音聲, phonetic)에서 파생된 것이다.—옮긴이

*** 나는 이와 연관되어 있지만 훨씬 더 까다로운 문제—라틴아메리카인들은 언제 처음으로 근대적이길 **원했는가**, 달리 말해 근대성을 성취하려는 열망을 갖게 되었는가?—를 염두에 두고 이런 내부적 관점에 따른 질문을 제기한다.

라면, 우리는 아마 외부적 관점에 따른 결론의 기초로서 내부적 관점의 답변을 취해야만 할 것이다. 왜냐하면 '메스티소'인지 아닌지는 기본적으로 주관적인 정체성의 문제이며 어떤 사람이 스스로 메스티소라고 생각한다면 그렇게 말하는 충분한 까닭이 있기 때문이다.* 예를 들어 "문자해독 능력을 갖춘"의 경우에는 똑같지 않을 수 있다. 문자해독 능력을 측정하는 데 활용할 수 있는 어느 정도 객관적인 기준이 있기 때문이다.** 내가 보기에 '근대적'이란 용어는 개인과 사회에 대한 외부적 관점의 서술로 늘 활용되곤 한다는 점에서, 그리고 그 용어를 사용하는 학자들이 스스로 객관적인 정보를 전달하고 있으며 행위자들의 주관적인(내부적 관점의) 견해를 단순히 중개하지 않는다고 믿는다는 점에서 "문자해독 능력을 갖춘"의 경우와 더욱 비슷하다.***

'근대적'이란 용어의 '내부적 관점'의 지위를 확증하기란 훨씬 더 어렵다. 이 책에서 기 톰슨[3장]이 지적하듯이 그것은 19세기 중반 멕시코에서 흔히 쓰이는 관용어가 아니었다. 대신 '진보'와 '문명'이

---

* 종족이라는 표식은 자기규정(내가 지금 강조하고 있는 기준)과 이웃이나 정부 당국 등 다른 이들의 견해 또는 언어, 의복, 관습 같은 몇 가지 객관적 기준의 토대로서 간주될 수 있다. 나는 이 속성 — 주로 원주민 정체성에 관한 — 의 문제를 1990년에 출판한 「인종, 인종주의, 원주민주의 : 멕시코 1910~1940」(Knight, 1990 : 74~75)에서 다룬 바 있다. 그러나 이 글의 질문에서는 '원주민' 대신 '메스티소'를 사용한다. 왜냐하면 "언제부터 라틴아메리카가 원주민의 속성을 지녔는가?"라는 질문은 "1500년경 이전"이라는 단순하고 경멸적인 답변을 이끌어 낼 수 있기 때문이다.
** 133쪽에 있는 세번째 주에서 이미 언급한 경고에 주목하라. 흥미롭게도 잉켈리스와 스미스(Inkeles and Smith, 1974 : 252)는 주관적인 답변(즉 문자해독 능력에 관한 개인들의 주장)이 나중에 치른 시험을 통해 실제로 확인되었다고 보고한다.
*** 이 책에 실린 기 톰슨의 견해[3장]를 참조하라. 에스칼란테 곤살보는 19세기 멕시코의 정치문화를 다루면서 "근대정신", (농민에 대한) "근대성"의 "위협", "스페인 국가를 근대화하려는 노력", "근대국가의 건설"에 대해 언급한다(Escalante Gonzalbo, 1992 : 17, 63, 98~99). 그렇지만 당시 행위자들은 '근대적'이나 그와 유사한 용어를 쓰지 않았던 것처럼 보인다. 대신 우리는 '문명'(14, 268), '야만'(57, 92), '공화주의'(201) 등의 통용을 확인할 수 있다.

더 선호되었다. 같은 시기에 사르미엔토는 '문명' 대 '야만'이라는 유명한 이분법을 선보였다.**** 그가 드물게 '근대적'이라고 쓴 경우에 그것은 '동시대'와 같은 의미로 서술된 것처럼 보였다(그런 의미에서 야만은 '근대세계'의 일부로 간주된다. Sarmiento, 1961 : 38). 학자들은 사르미엔토가 품은 "국가 형성과 근대성에 관한 생각"과 그의 (아마도) "태동하는 근대성의 전망"에 대해 언급했다(Viñas, 1994 : 214~215)***** 그러나 이는 명확하고 박식한 지식인 사르미엔토가 분명하고도 규칙적으로 사용하지 않은 개념을 마치 그의 표현인 양 떠넘기는 것이기 때문에 좀 위험한 시도라고 할 수 있다. 그러므로 우리는 두 가지 측정할 수 없는 중요한 사항을 신뢰해야만 한다. '근대성'에 대한 학자 자신의 이해나 정의, 그리고 사르미엔토가 대체로 암시적으로 그런 이해나 정의를 공유했다는 가정이 바로 그것이다. 이는 크나큰 신뢰를 요구하는 일이다.

내가 아는 한 멕시코혁명(1910~1940)에 관한 논의에서 '근대성'은 널리 통용되지 않았다. 멕시코인들은 자본주의, 사회주의, 자유주의, 진보, 문명, 민주주의에 대해 논란을 벌였지만 '근대성'은 거의 논의하지 않았다. 지방 차원에서 추측건대 여러 공동체들은 때때로 '진보'에 적극적인 부류(correctos ; 옳은 사람들)와 그것에 저항한 부류(tontos ; 어리석은 사람들)로 나뉘었다(Redfield, 1930). 좀더 최근에는

**** 도밍고 파우스티노 사르미엔토(Domingo Faustino Sarmiento, 1811~1888). 아르헨티나의 언론인, 문필가이자 자유주의 정치가로서 1845년 유명한 『문명과 야만. 후안 파쿤도 키로가의 생애』(Civilización y Barbarie. Vida de Juan Facundo Quiroga)를 저술했으며 훗날 대통령을 역임(1868~1874)한 바 있다.—옮긴이
***** "아마도"를 끼워 넣은 이유는 두번째 인용문이 다소 애매하게 "태동하는 근대성의 전망"에 동조"하는 "사르미엔토의 기획"을 언급하기 때문이다.

이 낡은 이분법이 '근대성'을 포함하는 방식으로 재조정되는 것처럼 보인다. 요즘 푸스투니치(Pustunich)라는 유카탄의 한 지역에서 주민들은 '전통적'인 상태와 대조를 이루는 '근대적'인 면모에 대해 이야기한다. 이때 '전통적'인 면모는 "가난하고" "보잘것없으며" "농민"이나 마야와 관련되어 있다는 함의를 지닌다(Greene, 2001 : 418). 그럼으로써 주민들은 다음과 같은 사회과학적 선례를 확인하는 듯 보인다. 1960년 제임스 윌키가 고안한 뒤 널리 알려졌지만 아직도 논란이 분분한 '빈곤 지수'(poverty index)는 빈곤과 동의어라고 할 만한 "근대적이지 않은 생활수준"의 일곱 가지 지표를 제시했다. 그 지표에는 문자해독 능력의 결여, 원주민의 언어로만 의사소통하는 것, 맨발로 생활하거나 샌들(huaraches)을 신으며 토르티야를 먹는 것 등이 포함된다(Wilkie, 1970 : 205). 이것은 1920년대 테포스틀란의 '어리석은 사람들'과 1990년대 푸스투니치의 '전통을 고수하는 이'가 지니는 특색과 대체로 일치한다.

나는 근대성과 전통에 대해 어떤 대중문화적 관념이 현재 멕시코에서 유행하고 있는지 체계적으로 연구한 사례를 잘 알지 못한다. 물론 라틴아메리카 전체를 대상으로 한 연구에 관해선 더더욱 알지 못한다. 그렇지만 (고위 정치인들이 더 많이 언급하고 출판하기 때문에 한층 더 쉽게 포착할 수 있다는 현실적인 이유로) 우리가 엘리트층의 정치적 관념에 국한시켜 말한다면 시론적인 가설이 제시될 수 있을지도 모른다. 주로 멕시코의 사례에 근거해 나 자신의 느낌을 말하자면 '근대성'은 근래에 일종의 외부적 관점을 지닌 침입자로서 살금살금 레이더망 속으로 스며들어 왔다. 이 침입은 20세기 후반에 사회과학자들이 주조해 내고 현재 주로 신자유주의적 전문 관료나 정치가, 그리고 그들과 가까운 학계 인사와 언론계 종사자들이 신봉하는 '근대', '근대성', '근대화' 같이 추측건대 외부적 관점의 개념이 점차 일상적 또는 내부적 관점의 사고와 어법 속으로 확대되었다는 것을 의미한다. 내가 보기에 이 침입이 거둔 성공은 매우 제한적이었다. '근대성'은 최근에도 (예컨대 '민주주의'와 '민주화'가 그랬던 방식으로) 라틴아메리카의 정치학이라는 무기고에서 기본적인 개념적 무기가 되지 못했다. 물론 근대성의 표준적인 반명제(反命題)라 할 수 있는 전통은 그것보다 훨씬 미약한 역할을 담당했을 뿐이다. 나는 지난 100년 동안 공식 명칭으로 '근대'나 '전통'을 자랑 삼아 내건 라틴아메리카 정당을 단 하나도 떠올리지 못한다.* '근대'와 '근대성'이 눈에 띄는 곳은 최근의 정치적 — 그리고 푸스투니치의 경우에는 문화적 — 담론이다.

이런 점에 비추어 볼 때 '포퓰리즘'과 비교할 수 있을 것이다. '포퓰리즘'이란 개념은 20세기 중반에 등장한 특정 체제와 운동을 설명하려는 학술적, 특히 정치학적 도구로 출현했다. 내가 아는 한 그 체제와 운동이 스스로 '포퓰리즘'이라는 명칭을 쓴 바는 없다. 모두에게 그 용어는 낯설 뿐 아니라 사실 전혀 알려지지도 않았을 것이다.** 포

---

* 버나드(Bernard, 1973)는 이를 확인해 준다. 내가 이베로아메리카를 통틀어 떠올릴 수 있는 유일한 사례는 '스페인의 전통주의와 전국 노동조합운동의 팔랑헤당'이다. 발음하기도 어렵고 꽤 긴 이 정당의 명칭에서 '전통'이란 돌출부는 카를로스 파에서 파생되었다(이로써 '전통'은 정당 명칭의 나머지 절반에 해당하는 훨씬 '근대적' 경향과 다소 어색한 동거를 시작하게 되었다). 물론 라틴아메리카에서는 카를로스 파처럼 오랫동안 지속된 대중적 차원의 군주정 옹호운동이 발생하지 않았다. [카를로스 파(Carlismo). 부르봉 왕가와 구별되는 혈통 출신의 인물을 스페인 왕위에 옹립하려는 의도에서 발생한 전통적이고 복고적인 성향의 정치운동.—옮긴이]

** 확실히 1930년대 멕시코에서 카르데나스(Lázaro Cárdenas) 대통령은 '포퓰리즘'이란 용어를 사용하지 않았으며 이 표현이 그의 체제를 지칭하는 데 사용된 바도 없다. 전공 영역은 아니지만 내가 아는 한 당대인들이 아르헨티나의 페론(Juan Domingo Perón)이나 브라질의 바르가스(Getúlio Vargas)의 체제를 서술하는 데에도 이 표현을 쓰진 않았다.

퓰리즘은 학술적·외부적 관점의 개념으로 등장했다. 훨씬 나중에, 고전적인 포퓰리즘 운동과 체제가 사라진 뒤에야 그 용어는 널리 통용되기 시작했는데, 아마도 그렇게 된 까닭은 당리당략을 앞세운 정치적 환경 속에서 그것이 지닌 유용성을 발견한 후속 세대 지식인, 정치인, 여론 장사꾼들의 주관적 담론 때문일 것이다. 예컨대 멕시코에서는 살리나스 대통령과 신자유주의적 성향을 지닌 그의 측근이 주범들이다.* 또 1980년대와 1990년대에 '근대'라는 개념이 긍정적인 (내부적) 통용어가 되었을 때, 정치적·경제적 '포퓰리즘'에 대한 즉흥적인 비난을 듣는 일은 매우 흔했다(Knight, 1998 : 226, 241, 243~244). 두 가지 사례에서 보듯 나는 사회과학자들을 위시한 몇몇 지식인들이 만들어 낸, 추측건대, '외부적' 용어가 '내부적' 용어로 변환되었다고 생각한다. 특정 용어가 당파적 성격을 띤 용어로서 정치적 논쟁 속으로 진입한 것이다. 물론 이런 담론의 추세는 흥미롭고 어떤 경우에는 매우 중요하다. 그렇지만 '근대'와 '포퓰리스트'는 일종의 개념적 일방통행로이며 ─ 오늘날 정치 용어 사전에서 가장 큰 일방통행로는 물론 '테러리스트'이다 ─ 그런 점에서 이론이 분분한 내부적 용어가 되었다. 어떤 시대 할 것 없이 '포퓰리스트'는 자신을 '포퓰리스트'라고 보지 않는다. 그 낱말은 사회과학자들이 고안해 냈지만 후속 세대 정치인들에 의해 정치적 비방으로 바뀌어 버렸다. '근대' 또한 사회과학적 지위에 대한 '외부적' 요구가 있었으나 그것이 지니는 '내부적' 지위는 앞의 경우처럼 확실하지 않다. 이미 언급했듯이 19세기와 20세기

---

* 카를로스 살리나스 데 고르타리(Carlos Salinas de Gortari, 1948~). 1988~1994년 사이에 멕시코 대통령을 역임했다. 신자유주의 정책을 적극적으로 추진하고, 멕시코를 미국과 캐나다와 한데 묶는 자유무역공동체 창설을 위해 노력했다. 1992년 8월 체결되어 1994년 1월 1일 발효된 북미자유무역협정(NAFTA)이 그 결과물이다.─옮긴이

초에 근대라는 용어는 거의 사용되지 않았다. 그 용어는 최근에 유행하게 되면서 역시 당파적 용어로 변했다. 물론 이 경우엔 포퓰리즘과 달리 긍정적 의미를 지니고 있긴 하다. "네 발은 선하고 두 발은 악하다"고 『동물농장』의 짐승들이 노래했듯이 오늘날 공식적인 합창에 따르면 "근대성은 좋고 포퓰리즘은 나쁘다". 다른 비유를 쓴다면, 이는 일방통행로이다. 내가 아는 한 어떤 정치가도 자신을 포퓰리스트나 근대성의 적이라고 자랑스럽게 선언한 바가 없기 때문이다. 내부적 관점의 정치 담론에서 포퓰리즘은 막연한 모욕이다. 반면 근대성은 평화, 번영, 모성애, 그리고 사과파이같이 찬양받는 막연한 보편적 미덕이다. 그리하여 말하자면 '마르크스-레닌주의'의 내부적·외부적 수용을 고려하는 일은 꽤 이치에 맞는 것처럼 보이는 반면(답하기는 어렵지만 "카스트로는 진정한 마르크스-레닌주의자인가? 그렇다면 그는 언제 그렇게 되었는가?"라고 질문하는 것은 의미 있는 일이다), '근대'에 대해 같은 방식으로 말하긴 어렵다. 그것은 매우 유용한 주관적(내부적) 개념이 아니다.

　그러나 그것은 유용한 외부적 개념인가? 즉, 과거와 현재를 대변하는 여러 행위자들의 견해와 상관없이 라틴아메리카를 이해하려는 사회과학자들에게 유용한가? 여기서 두 가지 기본적인 질문이 등장한다. '근대'가 무엇을 뜻하는지에 관한 **개념적** 질문과 어떻게 그것이 '작동화되는지'(전문용어의 사용을 용서하기 바란다)에 대한 **경험적** 질문이다. '작동화'란 다음과 같은 것을 의미한다. 어떻게 그 개념이 복잡하고 어지러운 현실에 적용되며 그런 방식으로 유용하고 납득할 만한 결론이 도출되는가? 이런 정식화는 어떤 개념의 가치가 플라톤적 본질이라는 특권적인 신전에 대한 가입 여부에서 비롯되는 것이 아니라 그와는 대조적으로 유용성으로부터 나온다는 실용적인 착상에 근거한다. 우리가 거창한 개념들에 대해 꼭 물어야 하는 것은 그 개념들이 어떤 동료와 사귀거나 어떤 천재가 그것들을 만들어 냈는지가 아니라 가수 재닛 잭슨의 노래 제목처럼 "요즘 넌 날 위해 뭘 했지?"이다. '작동화'(operationalization; 난 이 여덟 음절의 괴물에 대해 사과한다)에 대해 얘기하자면, 그것은 일단 꽤 분명한 '조직화 개념'이 작동하면 우리는 그것이 쓸모 있게 정리하는 신뢰할 만하고 관련 있는 경험적 자료를 찾을 수 있다고 전제한다. 모든 경험적 연구의 영향을 받지 않는 무결점의 개념을 갖는 것은 무의미하다.*

    정의와 관련해 '근대'가 너무 많은 다양한 함의를 지닌다는 점은 우려할 만하다. 이는 '전체주의' 개념에 대한 바버의 능숙한 요약 —— "어느 누구에게도 속해 있지 않으나 모든 이를 위해 봉사하는 불확실한 가문 태생의 개념적 매춘부" —— 을 떠올리게 한다(B. R. Barber, in Giddens, 1987 : 296에서 재인용). 이미 언급했듯이 훌륭한 (외부적) 정의나 개념의 한 가지 기준은 그것이 명확해야 한다는 것이기 때문이다. 그러나 '근대'는 다양한 의미를 지니고 있다. 어떤 이 —— 사르미엔토를 포함해 —— 에게 그것은 단순히 '최근'을 뜻한다. 증기선이 자리잡기 전까지 쾌주 범선은 '근대적'이었다(Inkeles and Smith, 1974: 292). 이는 해롭지 않지만 —— 그리고 신중하게 말한다면 유용하다 ——

---

* 이는 때때로 계량경제학에 의존한 계량경제사와 관련된 문제이기도 하다. 계량경제사가는 적절한 질문을 제기하고 정교한 기법을 전개할 수 있지만 역사적 자료나 그 대용물이 마땅치 않을 때 그들이 내린 결론은 의문시된다. 다음과 같은 두 가지 결과가 뒤따른다. 계량경제사가는 자료가 적절한, 흔히 아주 작은 영역에 자신을 국한시키거나 덜 신용할 만하게는 자신의 정교한 이론과 방법론을 맹목적으로 숭배한다. 이는 역사적 설명으로서 성과가 크진 않겠지만 적어도 구경하는 경제학자들에게 감명을 줄 수는 있을 것이다.

우리의 논의와는 무관하다. 관례적인 역사적 용법에 따르면 유럽 '근대사'는 1500년경 (또는 중세가 끝나고 중세풍이 근대적인 것에게 자리를 내주었을 때는 언제든지) 시작된다. 그리고 그것은 관례적으로 근대 '초기'(1500년경에서 1789년)와 근대의 후반부(1789년 이후)로 나뉜다.** 『멕시코 근대사』(Cosío Villegas, 1955~1965)같이 기념비적인 역사 저술도 이런 관례적인 용법을 채택한다. 이는 결코 틀리진 않지만 숫자를 사용하지 않고 단순히 어떤 시대를 포장하는 방식이다. 같은 방식으로 우리는 반드시 특징적인 '고전적' 색채를 수반하지 않고 100년경부터 800년경까지 메소아메리카의 역사를 지칭할 때 '고전기'라는 표현을 쓴다(Knight, 2002: 26). 물론 시간이 흐르면서 그런 용법은 시대에 뒤진 것이 되기도 한다. (다른 무엇보다) 예술, 건축, 기술에서 근대적인 것은 곧 그렇지 않은 전통적이고 고색이 창연하며 또한 시대에 뒤떨어지고 찰스 황태자가 경탄해 마지않는 것이 되어 버린다. 쾌주 범선은 더 이상 '근대적'이지 않다. 역사 서술은 흔히 훨씬 더디게 움직이지만 먼 미래의 역사가들은 언젠가 진부한 학술 용어를 수정하고 길게 늘어지는 '근대'(1500년경 이후)를 재고하거나 심지어 개명할지도 모른다. 관습이 지배하는 동안에는 질문은 쉽게 할 수 있지만 유익하지 않은 답변을 얻을 뿐이다. 라틴아메리카는 다른 곳과 마찬가지로 1500년경(우리는 1492년이라고도 얘기할 수 있다) 근대에

** 심지어 이런 관례적인 가정조차도 비판의 대상이 된다. 레빈은 "근대세계의 뿌리"와 11세기의 "초기 근대화의 첫 국면"을 구분한다. 후자는 "고대와의 단절"을 겪었다(Levine, 2001: 1, 2, 5). 후속 국면은 16세기 유럽 국가들과 자본주의의 팽창, 그리고 19~20세기 "산업화와 대대적인 근대화"의 단계를 포함했다. 또 다른 극단에서 그랜은 "자본주의적 국민국가 체제 속에 구체적으로 표현된 근대성은 1860~1880년대에 시작되었다"(Gran, 1996: 337)고 주장한다. 근대성 또는 근대화만큼 그런 엄청난 불일치를 초래할 수 있는 역사적 또는 사회과학적 개념은 거의 없을 듯하다.

접어들었다. 그러므로 라틴아메리카는 근대 태생이다. 그것은 그 밖에 다른 어떤 것도 아니었다.* 수많은 학자들이 이 견해를 따른다. 일부는 심지어 그에 대한 충분한 이유와 근거가 있다고 믿는다. 그들은 '근대성'은 아무래도 유럽과 '신세계'의 조우에서 비롯되었다고 주장한다. "아메리카는 근대 유럽의 첫번째 주변부였다."** 이 주장은 사실과 다를 뿐 아니라(십자군 원정과 게르만 기사단의 사례에서 잘 드러나듯 일찍이 몇 군데의 주변부가 존재했다) 개념적으로도 혼란스럽다. 그것이 오랜 역사를 지닌 영토 팽창을 '근대성'의 특징으로 진단하는 것처럼 보이기 때문이다.

물론 학자들은 예컨대 '근대' 같은 연대기적 범주가 본질적인 의미를 지니며 단지 (1492년이나 1500년 같은) 숫자를 말로 대체하는 것이 아니라고 생각하길 원한다. 그러므로 대다수는 '근대'가 중립적인 연대기적 표식 이상이며 '근대성'의 특질이라고 할 만한 어떤 독특성을 지닌다고 추정한다. 이런 특성을 받아들이고 선호했다는 바로 그 까닭 때문에 근대는 근대적이다. 그러나 이 특성은 무엇인가? (이 책에서) 로렌스 화이트헤드는 '근대성'의 외래적 특성을 매우 강조한다. 이제 '근대성' ─ 그렇지만 우리는 그것이 무엇인지 규정하길 원하는데 ─ 이 외부로부터 라틴아메리카에 유입되었는지 아니면 내부에서 자생했는지 여부는 경험적인 질문이며 아마도 대단한 흥밋거리 가운

---

* 물론 나는 이 도식에 따르면 라틴아메리카의 탄생이 근대성의 개시와 우연히 일치했다고 생각한다. 1500년경 전에 존재한 것은 '라틴'이 아니었고 또 '근대적'이지도 않았다.
** 이 구절은 라라인이 엔리케 두셀(Enrique Dussel)의 책에서 인용한 대목이다(Larraín, 2000 : 14). 두셀은 아메리카의 정복을 종교개혁과 비슷한 시기에 일어난 사건일 뿐만 아니라 근대성의 개시와 밀접한 관련을 맺고 있는 것으로 파악한다. 하지만 나는 곧이어 대안적인 견해를 제시하고자 한다.

데 하나일 것이다. 그러나 내가 보기엔 (달리 말해 우리가 영어 사전을 다시 쓰고자 원하지 않는 한) 그 질문은 근대성의 **정의와**는 아무런 관련이 없다. 근대성은 소, 커피, 강철이나 천연두처럼 유럽에서 아메리카로 건너왔을 수 있지만 그렇다고 영원히 '유럽산' 이라는 표지를 지닌다고 보증할 순 없다. 트렌토 공의회에서 정리된 가톨릭신앙은 유럽에서 아메리카로 건너왔다. 그러나 그것이 근대적이었는가? 당시 그것은 트렌토 공의회 직후 대서양을 건너는 데 거의 시간이 걸리지 않았기 때문에 연대기상으로는 근대적이라 할 수 있다. 그러나 그 믿음과 관행은 가장 사회과학적인 '근대성'의 기준과 일치하지 않았고 실제 근대성과 정반대라고 할 수 있었다.*** 더욱 최근에 라틴아메리카는 대단히 많은 미국의 사상, 정책, 상품을 '수입'했다. 어떤 것은 기준에 따라 '근대적' 이라고 규정할 만하지만 그것이 단지 수입품이라는 사실 외에는 우리에게 아무것도 얘기해 주지 않는다. 복음주의적 개신교는 여러 가지 기준에 따르면 명백히 '근대적' 이지 않다. 더욱이 그런 관점은 라틴아메리카의 만성적인 근대성의 수입을 강조하면서(중심에서 주변으로, 즉 한 방향으로만 움직이는 근대성과 아울러) 문화적 변화의 기묘한 전파설을 조장한다. 전파설은 다양한 창안과 발견을 등한시한다(아메리카 원주민들은 외부의 가르침 없이도 예술, 천문학, 농업, 종교, 도시화, 국가 형성을 생각해 냈다). 그리고 전파설은 라틴아메리카

*** 라라인(Larraín, 2000 : 48~69)은 이 점에 동의한다. 그렇지만 그는 근대적으로 변모하는 유럽, 즉 1500년경 "유럽적 근대성의 시작"에 가담한 지역(4)에서 "반(半)봉건적인" 스페인(48)을 제외함으로써 그와 같은 결론을 내린다. 그러나 1500년경 스페인뿐만 아니라 유럽 대부분의 지역은 여전히 강력한 지식인(주로 성직자)들과 연합한 가톨릭 군주국들이 지배하고 있었다. "이성, 진보, 정치적 민주주의와 과학"을 포함해(67) 라라인이 진단한 근대성의 몇 가지 특징들은 분명히 결여되어 있었다.

가 독자적으로 '근대성'을 만들어 낼 수 있는 자율적 능력을 지니고 있음을 부인하는 듯 보인다. 또 유럽이나 미국의 '근대성'을 올바른 것인 양 가정한다. 그것은 어디서 유래했는가? 근대성의 형성에 관해 말하자면 왜 중심이 독점적 지위를 누리는 것처럼 보이는가? 실제 중심이 영원히 무역 균형을 이루며 각 화물이 동쪽에서 서쪽으로 대서양을 가로지르는 것처럼 그 수를 기록하고 직인을 찍는 이런 중상주의적 방식으로 우리는 문화적 흐름조차 추적할 수 있는가?

앞서 언급했듯이 '근대성'이란 개념을 적절하게 포착하기가 어렵다는 점에서 심각한 문제가 파생한다면 일부 사회과학자들이 그 개념을 명료하게 전개하고자 심각한 노력을 기울여 왔다는 사실을 인식할 필요가 있다. 실제 한동안 '근대화론'은 라틴아메리카 연구 분야를 주름잡은 강력한 패러다임이었다. 그리하여 하나의 '조직화 개념'으로서 '근대성'은 예컨대 '자본주의'나 '민주주의'와 같은 지적 계보나 관련 정전(正典)이 부족한 반면, 그것을 다룬 고전적인 텍스트와 사상가와 기본 원리를 지니고 있다. 그것을 요약하는 일은 굉장히 난해할 뿐만 아니라 솔직히 말해 아주 지루하고 시시한 작업일 것이다. 나는 단지 '근대성'과 '근대화' 과정의 특질이라고 인정된 몇 가지 개념과 기본 원리를 열거할 수 있다. 근대성이란 합리성과 합리화, 세속주의, '각성', 문자해독, 도시화, (귀속에 반대되는) '성취 지향'과 관료제를 의미한다.* 근대성은 제도적으로 대중교육, 산업화, 신속한 교통과 통신수단의 활용을 포함한다.** 근대성은 심리적으로 정보의 입수, 새로

---

* 이것은 나름대로 이리저리 수선해서 만들어 본 점검표이다. 근대화론과 그 기원, 유입 문제를 다룬 가장 훌륭하고 간결하며 (비판적인) 개요 가운데 하나는 울프의 책 『유럽과 역사 없는 민중』이 제공한다(Wolf, 1982 : 1~13).

운 사상에 대한 개방성, 시간 인식, 장기적 계획에 대한 책임, 그리고 기술 관련 지식의 존중을 동반한다.*** 그것은 정치적으론 교양 있는 시민의 참여, 개인적 유효성의 인식, 전통적 속박으로부터의 자유, 융통성 있는 인식과 연관되어 있다(Inkeles and Smith, 1974 : 290~294). 근대성은 또한 자본주의, 컴퓨터, 팩시밀리 송수신기를 가져온다(Renegger, 1995 : 42). 목록은 계속 늘어날 수 있다. 책임 없는 난잡함은 어떤 시대이든 "매춘부 같은 개념들"의 특권이라고 말할 수 있을지 모른다.

우리는 의심할 바 없이 핵심적 기준과 부차적 기준이 무엇인지 유념하면서 그 개념을 다소 가지런히 다듬을 수도 있다.**** 그러나 과다한 기준과 그것이 만들어 내는 끝없는 상호교환은 심각한 문제를 자아낸다. 왜냐하면 물론 다른 기준들이 우리가 경험적인 '작동화'를 계속할 때 다른 결론들을 초래할 것이기 때문이다. 모든 거창한 생각들이 꼭 그런 것은 아니다. 민주주의 —자유 민주주의, 대의제 민주주의, '다두제'(多頭制, polyarchic) 민주주의 — 는 사리에 맞게 잘 규정되어 그 원인, 한계, 사회적 상호관련, 추정상의 '강화'를 둘러싼 토론의 여지가 있다. 자본주의의 정의는 논란을 피할 수 없으나 그 논란은 두 가지 기본적인 접근, 즉 '유통주의론'과 '생산주의론'을 중심으로 전

** 잉켈리스와 스미스(Inkeles and Smith, 1974 : 15)의 여섯 가지 유익한 다이어그램 못지 않게 다른 형태의 "근대성의 제도적 규칙"에 관해선 기든스(Giddens, 1987 : 141~146, 310~324)의 글을 참고하라. 라라인(Larraín, 2000 : 15)은 약간 다른 기든스 식 근대성 메뉴를 보여 주며 레니거(Renegger, 1995 : 1장)는 더 다양한 정의와 사례를 제공한다.
*** 잉켈리스와 스미스(Inkeles and Smith, 1974 : 19~25)를 참조하고 칼(Kahl, 1974 : 18~21)과 비교하라.
**** 우리는 더 나아가 '근대성'이나 '근대화'를 '방사상'(放射狀, radial) 개념으로 다룰 수 있을 것이다. 그 개념은 공통적인 핵심적 특성을 요구하지 않으나 여전히 (얼마간) 인식할 수는 있다(Collier and Mahon, 1993).

개된다. 후자는 좀더 인색하며 엄밀한 측면이 있다. 논쟁의 상대적 단순성을 감안하면 (내가 옹호해 온 실용주의적 방식으로 특정 사례를 다룰 때) 만일 원한다면 두 가지 접근을 모두 사용하기란 어렵지 않다. 그렇지만 '근대'와 '근대성'에 관한 한 다양한 기준의 가능성은 반반씩 공평하게 나누는 솔로몬 식 해법을 아예 불가능하게 만든다. 민주주의에 관한 토론을 촉진시키는 것과 같은 정의(定義)에 관련된 합의는 눈에 띄게 부족하다. 대신에 여러 변수들은 액체 수은으로 만든 염주같이 근처 사방에 온통 어지럽게 흩어져 버린다.

그런 과다한 기준을 감안하면 그 기준들이 연관되어 있거나 적어도 서로 '선택적 친화성'을 띠고 있는지, 그리고 '근대'라는 다목적용 상표를 마땅히 공유할 만한지 묻는 것은 타당한 일이다. 도시화, 산업화, 관료화, 세속화, 그리고 수많은 다른 '-화'(化)를 언급하는 것은 꽤 상식적인 일일 것이다. 그러나 그 기준들이 역사적으로 그리고/또는 논리적으로 일관된 행동 양식 속에서 밀착한다고 추정할 만한 그럴 듯한 근거가 있는가? 근대화론의 주창자들은 반드시 그래야만 하는 것처럼 그런 행동 양식(또는 '에토스' ethos나 '심성')이 존재한다고 믿는다(Inkeles and Smith, 1974 : 16, 291). 왜냐하면 다양한(그리고 논쟁의 여지가 있는) 근대화의 특성 사이에 얼마간 참되고 의미 있는 관계가 없다면 이 특성들은 되는 대로 조합해서 어떤 조직적인 결속이 부족한 그저 개별적인 속성에 지나지 않을 것이다. 그렇게 되면 '근대성'은 비록 우리가 그것의 구성요소(산업화, 관료화, 세속화 등)라고 가정하는 여러 가지 특성을 통해 계속 많은 성과를 낼 수 있다고 하더라도 더 고차원적인 분석 범주로서 쓸모없게 될 것이다. 과연 그런 '근대성'의 행동 양식은 존재하는가? 나는 그런 행동 양식은 식별이 가능하므로 그 관념은 전적으로 근거 없는 망상은 아니지만, 그렇다고 그것이 국가 또는 시간을 횡단하는 웅장한 설명 모델로 전개될 수는 없다고 주장할 것이다. 신중하게 그리고 역사적으로 면밀하게 '근대성'을 논하는 일은 가능하지만, 이 작업과 근대화론의 거대한 환상을 믿는 것은 크게 다르다.

일종의 증후군으로서, 달리 말해 진정으로 연관되어 있고 '선택적 친화성'을 지닌 수많은 특성으로서 근대성에 대한 가장 설득력 있는 서술은 유럽의 계몽사상과 그것이 소개한 '새로운 철학'을 다룬 역사가들의 몫이었다. 이들은 특정 시간과 공간(1650년경부터 1800년까지 유럽)에 관해 연구하면서 논리적으로뿐만 아니라 역사적으로도 밀접하고(즉 같은 사람들에게 지지받고 다른 집단의 사람들에게 거부당하는 경향이 있다), 결정적인 영향력(그리하여 우리는 계몽사상 '이전'과 '이후' 사이에 존재하는 뚜렷한 대비를 알고 있다)을 지닌 어떤 부류의 사상을 가려낸다. 이 사상의 주춧돌은 합리주의였다. 막스 베버 식의 목적-수단의 합리성이 아니라 차라리 모든 앎과 실천을 이성이라는 밝은 빛에 종속시키는 원칙으로서의 합리주의였다.* 그리하여 계시종교, 신앙, 주술, 미신, 신앙고백의 정치, 신권(神權)은 모두 의심의 대상이 되었다. 폭넓게 규정된 구체제의 사상적 지주는 조직적으로 침식되었고 교회, 왕정, 이단 심문, 귀족 같은 옛 제도는 정당성을 잃었다.

---

* 이 점에 관해선 이스라엘(Israel, 2001:3~4)을 참조하라. 나는 목적과 수단의 측면에서 규정되는 합리성을 일종의 예외로 취급한다. 왜냐하면 그것은 '구속된 합리성'의 형태로 곳곳에 스며들지만 계몽주의적 근대성의 특징을 거의 드러내지 않기 때문이다. 예컨대 자기 자신을 채찍질하는 중세의 고행 수도자는 영적인 안녕과 복지, 그리고 신앙적 교리에 순응해(즉 계시종교와 조화를 이루어) 천국의 한 자리를 추구한다는 의미에서 '합리적'이었다. 그러나 그들은 더욱 뚜렷한 근대, 즉 계몽주의적 의미에서 합리적이지 않았다. 프로인트(Freund, 1968: 140~143)를 참조하라.

일부 철학자들이 합의하고 심지어 애석하게 여긴 대로 이것은 중대한 지적 변화였으며 만일 유물론적이고 인문주의적 우주가 신 중심의 우주를 대체했을 때와 비교해 말할 수 있다면 그야말로 코페르니쿠스적 '혁명'이었다.* 그것은 꽤 신속하게 일어났고 유럽 전체에 영향을 미쳤다(Israel, 2001 : v~vi, 24, 그 밖의 여러 곳). 자연스럽게 그것은 논쟁과 억압 모두를 포함하는 '반계몽주의'(Counter-Enlightenment)라는 강력한 반발을 불러일으켰다.

이 이야기는 경험적 증거가 확실하고 이야기 속에 어느 정도의 내적인 일관성과 타당성을 지니고 있기 때문에 이치에 닿는다(우리는 왜 이성에 의해 정당화되는 계시종교에 대한 공격이 교회와 왕권, 그리고 잠재적으로 모든 신성시되고 규범적인 권위에 대한 비판에 이르게 되는지 알 수 있다). 물론 그 이야기는 틀릴 수도 있다(나는 이 시기나 문제에 대해 전문가적 식견을 가지고 있지 않다). 그리고 그것은 분명히 이런 사상들의 사회적 충격을 과장할 것이다(사상의 영향력에 관한 케인스의 유명한 견해는 그의 여러 진술 가운데 가장 어리석은 것이라는 인상을 준다).** 그럼에도 우리의 분석을 당시 유럽 엘리트층의 사고 영역에 국한시킨다면 지적인 변혁이라는 사실은 분명해 보이며 이 변혁은 근대성의 탄생으로 요약될 수 있을 것이다.*** 다목적용 표지의 선택은 부

---

* 이스라엘(Israel, 2001 : 11, 14)과 레니거(Renegger, 1995 : 45~52)를 참조하라. 매킨타이어(McIntyre, 1985 : 61)는 '계몽주의 기획'에 비판적이지만 '근대성으로의 이행'을 "이론과 실천 양쪽 모두에서 이루어진 이행, 그리고 더구나 단 하나의 이행"으로 파악한다. 볼테르 같은 당시 사람들은 그들이 지적 혁명에서 살아남았다고 믿었다. 존스(Jones, 2002 : 187)를 참조하라.
** "스스로가 어떤 지적인 영향으로부터 면제된다고 믿는 실용적인 인간들은 대개 효력을 상실한 일부 경제학자들의 노예이다. 허공에 떠도는 소리를 듣는 권좌의 광인(狂人)들은 몇 년 전의 일부 학구적인 악필가를 증류해서 격분을 만들어 내고 있다."(Keynes, 1936 : 383)

분적으로는 '옛것'에 맞서 '근대적인 것'의 대의를 옹호하는 사람들로부터 비롯된다(그리하여 그것은 다소, 아마도 보잘것없는 '내부적' 유효성을 지닌다. Jones, 2002 : 188~189). 그러나 더욱 중요하게도 그것은 뭔가 새롭고 과거와 결정적인 단절을 이루며 전통(즉, 구체제로부터 물려받은 사상과 제도)을 거부하는 사상을 획득하기 때문에, 사용하기에 역사적으로 합당한 표지이다. 그러므로 계몽주의적 '근대성'은 어떤 '풍조'에 부합하고, 비판적·이성적·과학적이며 '환상에서 깨어난' 심성에 공헌한다.**** 근대성은 일정한 제도와 '사회적 유대'의 형태(카페, 살롱, 프리메이슨 지부, 통신 협회)에 좌우되고 물론 문화적 영향뿐만 아니라 광범위한 사회적·정치적 영향을 지니고 있는 반면, 그것은 사회적 조직의 측면에서 규정되거나 설명될 수 없다.***** 대도시와 (상인) 자본주의는 계몽주의 사상을 시기적으로 앞선다. 산업화와 대중교육은 훨씬 나중에 도래했다. 그러므로 '근대성'이란 철학적

*** 이스라엘(Israel, 2001)은 '근대성'에 대해 장황하게 논하지 않는다('근대성'은 책의 색인에 나타나 있지 않다). 하지만 그 용어는 그의 권위 있는 분석에서 핵심적인 것이며(예를 들면 Israel, 2001 : 24, 45, 124), 책의 부제인 '근대성의 형성' 속에서 펄럭이고 있다.
**** 대조적인 정의들을 유용하게 재검토하면서 레니거(Renegger, 1995 : 41~42)는 '풍조' 로서의 근대성(예컨대 윌리엄 코널리의 개념)과 새로운 형태의 사회조직과 연결된 '사회문화적 형태' 로서의 근대성(예컨대 기든스의 개념) 사이의 명확한 구분을 시도한다. 여기서 제시된 분석은 첫번째 개념을 암시한다. 그렇지만 레니거는 전자의 견해가 '철학적'인 반면, 후자는 '역사적'이라고 단언한다. 나는 이를 잘못된 이분법이라고 본다. 근대성의 '풍조'는 정확하게 역사적이고 심지어 날짜를 측정할 수도 있기 때문이다.
***** 이스라엘(Israel, 2001)은 계몽주의의 공간적 범위("스페인의 오지부터 러시아까지, 그리고 스칸디나비아에서 시칠리아까지", 7)와 그 사회적 침투(계몽주의는 "보통 사람들, 심지어 학교 교육을 받지 못하고 문자해독 능력을 갖추지 못한 이들에게도 폭넓게 영향을 미쳤다", 5) 양쪽 모두를 강조한다. 그의 주요 관심사는 계몽주의 사상의 내용과 이미지이지만 이스라엘은 "신문, 잡지, 그리고 살롱에서부터 커피숍뿐만 아니라 깊이 있는 정기간행물과 '만능의' 도서관이 특히 중요한 역할을 담당하는 다양한 문화적 장치까지를 아우르는 새로운 의사소통의 경로"(v)의 역할을 인정한다. 이와 유사한 흥미롭고도 매우 독창적인 라틴아메리카의 사례에 관해선 19세기 시민적 결사와 공화제적 시민권의 확산을 도표로 정리한 포르멘트(Forment, 2003)의 연구서를 참조하라.

이거나 지적인 산물이지만 그 탄생은 시간과 공간을 지닌 역사적 사실이다.

그러므로 유럽의 계몽주의는 일회적인 현상이었다. 그것은 더욱 광범위한 영향을 끼쳤다. 실상 라틴아메리카는 계몽주의 사상의 적극적인 수용자였다(여기서 화이트헤드의 전파설에 입각한 모델이 어느 정도 작동한다).* 그러나 유럽에서 이 사상의 영향이 (얼마나 광범위하고 심층적이며 지속적이었는지) 논의될 수 있는 것처럼,** 전 세계에 대한 그것의 반향은 시간이 흐르면서 점점 더 혼란스럽고 무질서해진 듯하다. 우주를 생겨나게 한 빅뱅처럼 유럽의 계몽주의는 그 뒤에 복잡한 세계를 남겨 둔다. 그 우주는 여러 개의 파편들로 나뉘고 광활한 공간 곳곳에 큼직한 은하계가 흩어져 있으며, 배경음악처럼 깔려 있는 알 수 없는 소리는 우리로 하여금 머나먼 발생 지점을 떠올리게 한다. 그리하여 우리는 근대성의 특징이라고 추정되는 것 가운데 일부를 그 발생 지점까지 더듬어 올라갈 수 있는 동시에 그때부터 그것의 분산과 다채로운 변화가 신속하게 진행되었다. 더욱이 케인스에게는 실례지만 실상 주요한 사회적·정치적 변화——도시화, 산업화, 국가 형성, 관료화——들이 종종 사후에 이루어지는 이지적인 설명이나 정당화와 정치적·경제적 이해관계(또는 계급)의 상호작용(또는 변증법)으로부

---

* 꽤 오래 전에 출판되었지만 여전히 유익한 지침서로는 휘태커(Whitaker, 1961)의 책을 참조하라.
** (전문가가 아닌) 내게는 이스라엘의 저서 『급진적 계몽주의』(Israel, 2001)가 지니는 약점은 지성사적 주장이라기보다는 사회사적 주장인 듯 보인다(151쪽에 있는 다섯번째 주 참조). 물론 대륙 전체에 걸쳐 사상의 영향이 어떠했는지 측정하기가 어렵다는 것은 주지의 사실이다. 그러나 나는 사상이 끼친 공간적·사회적 영향력의 확산보다는 다양한 사상가와 문필가의 저술에 나타났듯이 계몽주의적 근대성이 지니는 독창성을 더 납득할 만한 설명으로 받아들인다.

터 추론될 가능성이 더 높을 때, 우리는 그 변화들이 이지적인 명령을 준수한다는 생각에 저항해야만 한다. 그러므로 계몽주의 사상의 후속편은 선별적인 전유, 왜곡, 거부에 관한 이야기이다.*** 일부 사상들은 살아남아 번성했다(예컨대 제임스 스콧의 '무르익은 모더니즘 이데올로기'를 참조하라[Scott, 1998 : 4]). 어떤 사상(인문주의와 세속화)은 크게 진보하지 않았고 또 어떤 것(시민권과 법치)은 투쟁을 거듭하고 있다. 그것은 단선적인 진보나 후퇴가 아니라 시간과 장소에 따라 부침을 거듭하는 이야기이다. 응용과학과 기술(그것은 최소한 몇몇 사람들에게는 뚜렷한 혜택을 가져왔다)은 융성했다. 그러나 계시종교는 결국 계몽주의의 본거지인 유럽에서 쇠퇴하지만 (다른 어떤 국가보다도 계몽주의의 자식이라 할 수 있는) 미국을 비롯한 다른 곳에서는 번성했다. 반면 세속주의는 부침(浮沈)을 경험했다. 라틴아메리카는 종교적으로 좀더 다양해졌으나 세속주의의 승리는 이루어지지 않았다. 사실 최근에 신앙부흥운동을 주도하는 오순절파****는 좀더 관료적이고 차분하며 아마도 '합리적인' 가톨릭 세계 위에 근거를 마련했다.***** 최근까지 국

*** 나는 뒤에서 기독교와 마르크스주의의 우연한 유사성을 언급할 것이다. 기독교와 마르크스주의 역시 시간이 흐르면서 특정 이해관계, 동기, 환경에 대응하며 선별적으로 활용되거나 매도되었다.

**** 오순절파(Pentecostalism). 19세기 말 미국에서 시작된 성결운동이나 20세기 초의 성령은사와 부흥운동에 뿌리를 두고 있으며 대표적인 사례로는 지난 한 세대 동안 급속도로 팽창한 한국의 순복음교회(교단으로는 '하나님의 성회')를 들 수 있다.―옮긴이

***** 앞에서 언급했듯이 '합리적인 것'과 '합리화하는 것'은 다른 것을 의미할 수 있다. 여러 가지 기준에 따르면 가톨릭은 오순절파 부흥운동 교단보다 더 합리적이지도, 그렇다고 덜 비이성적이지도 않다. 여기서 난 '합리적'이란 용어를 (잠정적으로) 클리퍼드 기어츠가 언급한 바와 같은 의미로 사용한다(Geertz, 1993 : 171~172). 기어츠는 막스 베버의 예를 따라 "더 추상적이고 논리적으로 더 일관되며 더 총체적으로 표현되는" 그런 종교들을 "합리화하는 것"이라고 지칭한다. 나는 그런 종교들은 더 조직적이고 '전문적이며' 엄격한 위계조직에 속한 지식인(달리 말해 성직자)들에 의해 운영된다는 점을 덧붙이고 싶다.

가가 팽창하면서 사회조직의 영역에서 관료제도 팽창했다. 하지만 라틴아메리카나 다른 곳에서 관료제가 과연 합리적이고 능력 위주이거나 베버 식 원칙을 따르는지 아니면 오히려 두목과 부하(보호와 충성) 관계에 근거한 사회조직, 족벌주의, 공직(公職)을 차지하려는 강박관념(empleomanía)을 드러내는지는 꼼꼼히 살펴볼 필요가 있다. 오늘날 산업화는 제3세계(특히 중국)의 현상이다. 상파울루 대도시권은 시카고보다 공업화 수준이 더 높다(그렇다고 더 '근대적'일까?). 지속적인 불평등은 사회적 유동성의 정도에 의심을 품게 만든다. 어떤 이들은 최근 정책 입안자가 합리적이라고 추정하며 옹호하는 자유 시장 자본주의는 본질적으로 비합리적인 사이비 주술적 신념에 불과하다고 주장하기까지 한다. 또는 더욱 그럴듯하게 말한다면 그것은 회귀적이고 자본친화적인 정책을 정당화하는 수사(修辭)에 불과하다(미안하오, 케인스! 또 틀렸소).

    이런 사례 하나하나 속에서 우리는 사상을 구체화하는 쪽을 택할 수도 있고 합리성과 세속주의라는 계몽적인 '근대적' 원리들이 예컨대 관료제나 대중교육, 산업화의 토대를 보강하는 것을 볼 수도 있다.* 그러나 이런 원리들이 지지하는 사회적 동향은 사상이라기보다는 정치적·경제적 이해관계의 산물이긴 하지만 실제로 그것들은 보통 훼손되고 저지당하며 왜곡된다. 권력과 부는 '근대성'의 강제나 명령보다 훨씬 더 중요하다. 아마 가장 분명한 사례들은 예를 들어 1930년대 멕시코의 '사회주의적 교육'(과 관련 세속화 정책)과 아울러 '계몽주

---

* 이 점에 관해선 잉켈리스와 스미스(Inkeles and Smith, 1974 : 229~230)를 참조하라. 내가 보기에 그들은 단정과 순환 논법으로 '산업적' 또는 '관료제적' 특성을 '근대적' 특성과 융합시키고자 한다.

의' 기획이 계획적으로 심각하게 도전받았을 당시 여러 일화 속에 잘 드러난다. 당시 국가는 간곡하게 권고하거나 학교를 세우고 반대자들을 억누를 수 있었지만 계몽주의적 가치를 체화한 '새로운 남성'(과 '새로운 여성', 그리고 '새로운 어린이')을 창조하기란 보통 어려운 일이 아니었다(Knight, 1994). 이는 라틴아메리카에만 국한된 현상은 아니다. 1925년 스콥스 재판에서 현재의 창조론에 이르기까지 미국은 흔히 합리적인 계몽주의의 유산을 거부하기로 작정한 듯 보였다.** 중국에서는 매우 권위주의적인 마르크스주의가 50년 동안 전통적인 종교, 민간 의술, 주술을 근절시키지 못했다. 그리고 말할 나위 없이 1930~1940년대 유럽의 역사는 '계몽사상'의 탄생지에서 계몽주의적 가치가 결코 지속되고 있지 않다는 통고였다.***

이런 사실은 유럽 계몽주의와 관련된 '근대성의 여명'을 식별할 수 있다고 할지라도 그 뒤에 발생한 '근대' 사상의 성취는 (유럽에서조차) 고르지 못하고 부분적이었다는 점을 우리에게 일깨워 준다. 그것은 단선적인 전진이 아니라 오히려 전진과 중단, 그리고 후퇴로 이루어진 과정, 비유컨대 게처럼 옆으로 움직이는 변증법적 과정이었으며 최종 목적지는 사상이라기보다는 이해 당사자들의 세력관계에 의해

** 셔머(Shermer, 1997) 참고. 바이즈(Vyse, 1997 : 17~18, 213~214)는 1994년 당시 미국인 가운데 79%가 기적을, 72%가 천사를, 그리고 65%가 악마(특히 현실 세계를 감안하면 왜 악마가 천사보다 덜 신뢰할 만한지 의문이 들긴 하지만)의 존재를 믿는다고 밝혔다. 그리고 이 연구에 따르면 코네티컷 대학에서 바이즈가 가르치는 학생 중에 69%는 꿈이 미래를 예언한다고 믿으며, 66%는 어떤 사람들이 행운을 타고난다고 생각하며, 43%는 영의 투사(投射 : 몸과 무관하게 정신과 영혼이 떠도는 현상)가 발생한다고 믿었다.

*** 탈몬의 책(Talmon, 1985)을 참고하라. 1952년 처음 출간된 이 책은 훨씬 나중에 유행하게 되는 푸코 식 사고를 예고하면서 나치즘을 예컨대 (유럽) 계몽주의에 대한 배신이라기보다는 그것의 절정으로 파악한다. 극단적인 예로는 "철학자 히틀러"나 "계몽주의적 가치의 대중화에 앞장선 히틀러" 같은 표현을 꼽을 수 있다(Hollinger, 2001 : 18).

결정되곤 했다. 일부 계몽주의적 관념——예컨대 응용과학——은 성공적이었는데, 그 까닭은 특히 그 관념이 (권력과 생산성을 위해) 필요하다고 인식된 것에 부응하기 때문이다. 세속주의와 같은 다른 개념들은 다채로운 부침을 겪었다. 이 혼란스런 이야기 속에 함축된 것은 근대적 가치들이 일관된 전체를 형성하지 않는다는 교훈이다. 그 개념들은 선택적인 친화성이라는 깨지지 않는 결속으로 묶여 있지 않거니와 하물며 그 사이에 본질적인 친화성은 더더욱 약하다. 기능적으로 정교한 관료체제(예컨대 나치와 스탈린 체제)는 이성과 자유라는 '근대적' 관념과 어울리지 않는다. 현재 미국은 일부 측면에서는 매우 '근대적'이지만 다른 부문(신앙의 영향력과 종교, 점성술, 창조론, 뉴에이지 숭배 등)에선 매우 완강하게 반근대적(또는 전통적)이다. 때때로 이렇게 뚜렷이 대비되는 특성들은 다른 부문과 장소(미국의 '붉은' 내륙 지역과 '푸른' 해안 지대)에서 확인된다.* 그러나 흔히 그 특성들은 개인 사이에서도 우위를 차지하기 위해 경쟁한다.

그리하여 근대적 또는 계몽주의적 증후군이 1750년경 한때 일관된 지적 양식과 논리적이고 역사적으로 연관된 일련의 신념을 구성했다고 할지라도 그것은 시간이 흐르면서 일관성을 상실해 갔다. 빅뱅은 두툴두툴하고 매우 이질적이며 계속 팽창하는 우주에게 밀려났다. 우리는 더욱 구체적인 역사 속에서 유사한 사례를 관찰할 수 있다. 1066년 노르만의 잉글랜드 정복과 16세기 초 스페인의 멕시코와 페루 정복은 역사——잉글랜드, 멕시코, 페루의 역사——에 결정적이고 영속적인 변화를 야기한 극적인 순간을 의미했다. 정복 당시에 정복자들이

---

* '붉은' 지역은 공화당의 텃밭이라고 할 수 있는 미국의 중남부, '푸른' 지역은 전통적으로 민주당의 지지세가 강한 지역을 뜻한다.—옮긴이

'기여'한 바가 무엇인지 규정하는 것은 가능했다. 첫번째 경우에 '기여'란 노르만 프랑스어, 봉건제, 목탑을 세워 놓은 제방과 외벽으로 둘러싸인 안뜰을 포함하는 성(motte-and-bailey castle), 두번째 경우엔 (여러 가지 다른 것 가운데) 가톨릭, 화폐, 강철, 천연두, 양을 꼽을 수 있다. 우리는 이를 노르만과 스페인 정복자의 합성물이라고 부를 수 있을 것이다. 그렇지만 머지않아 이 새로운 요소들은 '토착민'의 신앙이나 관습과 융합되었다. 노르만 프랑스어는 앵글로 색슨의 언어와 섞여 초서(Geoffrey Chaucer)의 영어를 만들어 냈다. 멕시코 원주민들은 양치기가 되었고 그들의 종교는 옛 신앙과 새로운 믿음의 혼합을 통해 발전되었다.** 수세기 뒤에 학자들이 정복자와 피정복민의 문화를 구분하고자 했을 때, 그들은 그런 구분이 어렵다는 것을 깨달았다(Clews Parsons, 1936). 그리하여 1520년대에 스페인(카스티야, 안달루시아, 엑스트레마두라)이나 메소아메리카(나와, 마야, 토토낙)의 문화를 언급하는 것은 의미 있을 수 있지만, 400년 뒤에는 타당성이 훨씬 떨어질 수밖에 없었다.

　　마찬가지로 우리가 1750년경 유럽에서 계몽주의적 근대성의 형태를 식별할 수 있다는 사실은 이 역사적으로 구체적인 증후군이 모든 후속 사회에게 일종의 표준으로 유용하거나 꼭 그래야 하는 것을 뜻하진 않는다. 그것은 곧 라틴아메리카를 포함해 세계 곳곳으로 퍼져 나가게 될 새로운 사고방식을 예고했다. 그러나 차츰 확산되면서 그것은 (무시되고 거부당할 뿐만 아니라) 선택적으로 전유되고 활용되었으며

** 16세기 중엽 이래 원주민들의 종교 관행에서 드러난 가장 두드러진 특징은 전통 종교와 가톨릭의 싱크레티즘(syncretism; 혼합주의)이었다. 일례로 갈색 피부를 지닌 과달루페 성모(Virgen de Guadalupe) 숭배를 들 수 있다.

개조되었다. 결국 남은 것은 더 이상 일관된 증후군이 아니라 오히려 흔히 '선택적 친화성'이 상실된, 변모하기 쉬운 여러 가지 특성들이었다. 바티칸, 예수회, 오푸스데이* 같은 종교 단체는 흔쾌히 기술과 대중매체와 관료화를 지지했다. 세속 당국은 비합리성, 개인 통치와 폭정의 희생제물이 되었다. '근대'의 대도시들은 사회적 유동성과 만족스런 교역이 존재하는 안식처가 아니었다. 한때 '유럽적' 근대성과 발전에 자부심을 느끼고 있던 국가들 — 아르헨티나, 칠레, 우루과이 — 은 20세기 후반에 들어 야만적인 정치적 권위주의의 개척자가 되었다.**

요약해서 말하자면 근대화론이 띠우는 확실성은 실망스러운 것으로 판명되었다. 일부 비판자들에 따르면 그 확실성이란 미국 사회과학계의 자민족중심주의적 추정에 지나지 않았다. 또는 더 심하게 말하자면 미국 정부와 대기업의 교활한 선전에 불과했다. 이는 다소 불공평했다. 근대화론은 역사와 정치에 대해선 보잘것없는 길잡이이긴 하지만 존경할 만한 몇몇 선조(베버, 퇴니스, 메인)를 지녔으며 통찰력을 완전히 상실하진 않았다. 그러나 그것이 얼마간 유익했다면 그 포장을 걷어 낸 뒤 비판적이고 선별적으로 활용되어야만 했다. 역사적 이해나

---

* 오푸스데이(Opus Dei). 라틴어로 '신의 사역'이란 뜻을 지닌 이 단체의 정식 명칭은 오푸스데이의 성 십자가 성직(Sacerdotal de la Santa Cruz del Opus Dei)이다. 1928년 스페인의 한 사제에 의해 창설된 이 단체의 구성원은 주로 평신도였으며 그동안 엘리트주의, 비밀주의, 정치적 극우 성향 때문에 논란을 일으키곤 했다. —옮긴이
** 1973년 무렵 잉켈리스와 스미스(Inkeles and Smith, 1974 : 301)는 아르헨티나와 칠레에 관해 기술하면서 "증거에 따르면 근대적 인간은 개인 간의 관계와 사회적 관습에서 근본적인 변화를 선호하는 만큼이나 정치적·경제적 제도에서 필수적인 변화를 찬성하는 것 같다"고 결론짓는다. 칠레는 바로 그 해 쿠데타를 겪었고 아르헨티나에서도 3년 뒤에 비슷한 사례가 발생했다. 그렇지만 그것은 결코 근대적 인간이 선호하지 않으면 안 되는 "정치적·경제적 제도의 근본적인 변화"와는 거리가 멀었다.

정치적 활동을 위한 만능열쇠로서 그것은 지나치게 과대평가되었다. 1980년경 — 비록 그 이전은 아닐지라도 — 이런 진지한 결론은 대체로 합의를 이루는 듯 보였다.***

그러나 최근에 근대화론 — 또는 다른 이름으로 '근대성'을 핵심적인 '조직화 개념'으로 사용하려고 고집하는 접근법 — 은 신비롭게도 되살아났다. 부분적으로 이 부활은 채무위기라는 잿더미로부터 떠올라 미국이라고 상상된 이미지 속에 '근대적' 자유시장체제를 지닌 라틴아메리카를 건설하는 일에 매진해 온 신자유주의적 기획을 반영한다. '근대화'에 대한 이런 — '남(南)의' — 전념은 정치적·경제적 목적에 순응하는 것이었으며 그 목적 가운데 일부는 여전히 고상한 수사(修辭)가 역설하는 것보다 오히려 더욱 자기의 이해관계에 충실한 것이었다. 다시금 ('근대성'이라는) 사상은 (계급과 부문별) 이해관계를 감추었다. 살리나스의 정책과 같은 신자유주의적 기획은 떠들썩하게 자신의 근대성을 과시했으며 앞서 언급한 대로 반대파의 우둔한 '포퓰리즘'을 혹평했다. 그러나 남(南)의 신자유주의는 또한 '근대성'을 핵심적인 설명 개념으로 재확인하는 '북'의 지식인과 학계의 동향과 일치했다.

이 점에서 나는 두 가지 매우 다른 사상 조류가 교차된다고 생각한다. 첫째, 미국의 정치학은 부분적으로 '문화적 전환'을 겪었다. 일부 정치학자들은 합리적 선택 이론과 숫자 계산에 반발했다. 어떤 이

*** 그린(Greene, 2001 : 418)은 "근대와 전통의 이분법이 비판적 지식인 집단 내에서 얼마나 철저하게 불신의 대상이 되었는지 여부와는 상관없이" '근대'와 '전통'이 통용되고 있음을 언급한다. 납득할 만한 불신의 사례로는 울프(Wolf, 1982: 12~13, 23)와 팁스(Tipps, 1973)를 참조하라.

들은 미국과 다른 지역의 '문화 전쟁'에 영향을 받았다. 그런가 하면 일부 노장 세대는 오랫동안 퍼뜨려 온 근대화론을 곁들인 문화주의 이론을 다시 다듬을 뿐이었다. 그리하여 꽤 길게 지속된다면, 유행이 완전히 한 바퀴를 돌아 제자리에 오고 낡은 것이 새로운 물결이 되기도 한다는 점을 입증했다.*

둘째, 사회과학이라기보다는 문학과 문화연구를 전공하거나 그 영향을 받은 (보통) 더 젊고 급진적인 학자들 역시 '근대성'을 자신들의 혼란스런 '분석'의 중심에 놓았다(근대성을 그들의 '조직화 개념'으로 지칭하는 것은 오해를 불러일으킬 수 있다. 개념적 조직화가 그들의 뿌리 깊은 습성은 아니기 때문이다. 실제 그들은 종종 부정확성과 지적인 변덕을 미덕으로 삼곤 한다). 이 학자들은 아마도 근대화론에 대해 거의 모를 뿐 아니라 파슨스와 로스토 같은 이들과 연결되는 것을 분명히 섬뜩해할 것이다. 파슨스나 로스토와는 대조적으로 그들은 흔히 근대성과 근대화를 모호하고, 심지어 철저하게 나쁜 것으로 간주했다. 푸코와 같은 이들의 저작을 읽으면서 많은 이들은 계몽주의를 매우 나쁜 것으로 이해했다.** 그러나 규범적인 가정이 매우 다르다고 할지라도 그들은 여전히 자신들의 저작에 근대성에 관련된 참고문헌을 자신만만하게 첨가했다. 더욱이 더 연로한 사회과학 전공 세대가 적어도 근대성/근대화에 대해 정의를 내리고자 시도한 반면 젊은 세대는 그것을 이미 주어진 것으로 받아들이는 경향을 보였다. 실제로 그들은

---

* 마지막 현상을 다룬 한 가지 사례에 대해서는 위아르다(Wiarda, 2001)를 참조하라. 문화주의적 전환 문제는 잉글하트(Inglehart, 1988 : 1203~1230)를 검토하라.
** 홀링거(Hollinger, 2001)는 몇 가지 좋은 사례를 제공하는데 그런 목록은 쉽사리 늘릴 수 있을 것이다.

'근대성'을 흔히 어떤 무언극의 악역——무대 위 배우의 오른쪽에서 검은색으로 감싼 채 관객의 야유와 비난에 시달리는——처럼 등장시 킨다.

최근 저작 속에서 근대성은 종종 옛 분신인 '전통'(이제 더 크고 정당하다고 인정할 수 있는 회의론을 이끌어 내는 개념)이 아니라 오히 려 '탈근대성'과 대조를 이룬다. 이 새로운 이분법은 큰 문제를 일으 킨다. 첫째, '근대성'과 '탈근대성'의 대조적인 기준이 무엇인지 애매 모호하다. 둘째, 기준은 제쳐 두고라도 역사적 계보를 둘러싸고 심각 한 의견 차이가 존재한다. 만일 근대성이 계몽주의적 기획과 연결된다 면(이는 내가 조심스레 승인한 명제이다) 계몽주의에 대한 19세기의 반 발(낭만주의와 그 후 등장한 모더니즘)은 탈근대적이거나 반근대적인 가? 또는 포스트모더니즘은 20세기의 산물, 즉 모더니즘의 계승자이 자 그것에 대한 반발인가?(Hollinger, 2001 : 10~14)

나는 표지와 범주가 학문 분야를 넘나들며 임의로 바뀌었기 때문 에 혼란이 발생한다고 생각한다. 모더니즘과 포스트모더니즘은 원래 예술, 건축, 문학의 동향을 표현하기 위해 사용된 용어였다. 의심할 바 없이 그 용어들은 사리에 맞았다. 최소한 수많은 이지적 인간들이 모 더니즘과 포스트모더니즘이라는 용어를 사용하며 그 용어들은 불가 피하게 토론을 촉진시키는 것처럼 보인다(Nicholls, 1995 ; Fascina and Harrison, 1982). 그러나 예술, 건축, 문학의 범주를 정치적·역사 적·사회경제적 분석에 옮겨 놓는 것은 위험한 일이거나 좀더 강하게 말한다면 형편없는 지적(知的) 제국주의이다. 보들레르가 아무리 훌 륭한 시인이었다고 하더라도 그의 작품에서 기초적인 역사 또는 사회 정치적 개념을 찾고자 하는 것은 이치에 맞지 않는다.* 우리는 그런

'문화적' 표지를 모든 시대와 사회에 부여해서는 안 된다. 예컨대 라틴아메리카를 본질적으로 '바로크적'이라고 부르는 것은 기본적 범주의 오류와 크게 잘못된 구체화를 결합하는 일이다.** '바로크' — '모더니스트' 처럼 — 는 예컨대 건축 양식을 간략히 지칭할 때 유용할 수 있지만 '바로크적 정치'나 '바로크적 경제'는 전혀 그렇지 않다. 우리는 매너리즘의 중상주의라고 말할 수 있을까? 부왕*** 레비야히헤도는 로코코 식 정치를 펼쳤는가? 건축과 정치 사이에 명백한 연계가 존재한다는 점을 부인하려는 것이 아니다. 그러나 이 연계는 건축—또는 예술이나 문학—의 범주를 모든 시대나 광범위한 사회정치적 추세에 적용하려는 시도를 정당화하지 않는다. 우리는 이런 기괴한 접근을 해리 라임(Harry Lime) 식 역사이론이라고 지칭할 수 있을 것이다. 물론 해리 라임은 이탈리아 르네상스의 문화적 창조성과 그 시대의 살인과 파괴는 떼려야 뗄 수 없을 정도로 밀접한 관련을 맺고 있다고 믿었다. 대조적으로 스위스는 "500년 동안 민주주의와 평화를 유지했지

---

* 파시나와 해리슨(Fascina and Harrison, 1982 : 23~27)의 책에서 샤를 보들레르의 『현대적 삶의 화가』나 라라인(Larraín, 2000 : 16)을 참조하라. 특히 시인들에 대한 즉흥적인 인용의 위험성은 매우 뚜렷하다. 라라인은 근대성의 '기원'을 1863년 보들레르가 쓴 수필까지 거슬러 올라간다. 그 수필에서 근대성은 '덧없고 일시적이며 우연한 반면 다른 반쪽은 영원하고 변하지 않는 예술의 절반'으로 규정된 바 있다. 그렇지만 보들레르는 멈추지 않는다. "모든 옛 주인은 자신만의 근대성을 지녔다. 앞선 세대로부터 우리에게 전달된 대다수 훌륭한 초상화들은 자기 시대의 옷차림 속에 싸여 있다." 같은 시대에 활동한 사르미엔토처럼 보들레르는 "근대성"을 "동시대"와 동등하게 파악한 듯하다. 근대성은 최근에 발생한 일회적인 혁신이 아니라 순환하는 특성이다. 그리고 그것은 정교하고 복잡한 사회적 개념의 기초를 거의 제공하지 않는다.
** 코우시뇨(Carlos Cousiño), 모란데(Pedro Morandé), 벨리스(Claudio Véliz)나 다른 이들의 오류에 대한 라라인의 비판(Larraín, 2000 : 66~68, 149~150, 176~179)을 참조하라. 라라인이 옳게 지적하듯이 '계몽주의적 근대성'에 반대해 '근대성'을 '바로크'와 결부시킬 때, '바로크'의 활용은 너무나 기괴하다(66~67).
*** 부왕(副王, virrey). 스페인 국왕의 대리자로서 유럽 내의 다른 지역이나 아메리카 식민지를 통치한 최고 행정관을 일컫는다.—옮긴이

만, 무엇을 만들어 냈는가? 뻐꾸기시계이다".**** 달리 말해 모든 시대는 솔기가 없는 통일성이나 본질을 지닌다. 예술, 정치, 경제학은 단일한 논리에 따르며 획일적인 방식으로 전개된다. 그러므로 예술의 표지를 떼어 내고 그것을 모든 시대와 사회에 부여하는 것은 문제가 없어 보인다. 그리하여 우리는 문학의 표지가 아니라 역사적이거나 사회적인 표지로서 포스트모더니즘을 얻게 된다. 그러나 해리 라임에게는 실례지만 역사란 그런 게 아니다. 확실히 (예술, 건축, 정부, 시장 사이에) 연계가 존재하긴 하지만 그 편차 역시 크다. 그리고 인간의 활동 가운데 일부는 단순히 같은 기준으로 측정할 수 없다. 만일 '문화에 관한' 용어가 역사, 정치, 경제학을 일종의 식민지로 만들 수 있다면 왜 그 역(逆)은 성립하지 않는가? '자본주의적' 예술은 이제 공허하기 짝이 없는 진부한 표현이다. 그러나 앞서 언급했듯이 왜 매너리즘의 경제학이나 로코코 식 정치는 말이 안 되는가? 우리가 만일 농담 삼아 계속한다면 그런 개념적인 잡종을 수없이 만들어 낼 수 있을 것이다. 리카도 식 소설, 신(新)케인스 풍 유화, 한계(限界) 뮤지컬 희극. 그러나 이 모든 개념은 성미 까다로운 노새와 같을 것이며 함께 일하기가 어려울 뿐 아니라 유익한 자손을 생산할 수도 없을 것이다.

    결론을 내리자면 20세기 말 근대화론 속에서 구체적으로 드러난 '근대성'의 개념은 최소한 가끔씩 뚜렷하더라도 역사적으로 별로 쓸모가 있진 않다. 왜냐하면 그것은 실제로 (심지어 미국에서조차) 흔히 여러 갈래로 나뉘거나 '선택적 친화성'이 부족한 사상과 관습의 '증후군'을 드러내면서 일률적으로 다루고 추상적인 것을 과도하게 구체화

**** 캐럴 리드(Carol Reed) 감독의 1949년 영화 「제3의 남자」(The Third Man) 중에서 인용.

하기 때문이다. 더욱이 근대화론의 특수한 변형은 분명할 수 있지만 그 양식은 대체로 너무 다양하고 절충적이다. 여러 가지 가변적 요소들이 무분별하게 생겨나고 그 다음에는 마치 부적응 청소년들처럼 상처 입기 쉬운 대중에게 무책임하게 덤벼든다. 더욱 터무니없는 방식으로 근대화론은 또한 미국 사회, 정부, 외교 정책을 위한 변명이 되었다. 그리하여 그것이 지닌 자민족중심주의, 목적론, 지적 제국주의 경향은 정당한 비난의 대상이 되었다. 터놓고 비판하는 행위는 학술적 호소를 무디게 할지 모르지만 '현실 세계', 특히 미국 정책의 현실에서 자민족중심의, 목적론적이고 지적으로 제국주의적 경향을 띤 유사한 사상들은 여전히 큰 영향력을 행사한다.* 그러므로 전반적인 역사 이해에 관해 말하자면 근대화론은 별로 쓸모가 없다. 이론으로서는 너무 모호하고 불안정하다. 그리고 현실 사회는 근대화론이 우리에게 믿으라고 요구하는 방식대로 움직이는 듯 보이진 않는다. 서술 개념으로서 근대화론은, 적어도 사리에 맞게 정확하고 합의에 따라 규정된 '민주주의'보다 열등하며, 설명을 위한 개념으로서 근대화론은 예컨대 '자본주의'(기계적인 '운동법칙'을 내포하지 않을 수 있는 반면 적어도 특정 경제체제의 몇 가지 기본적 특징을 포착한다)보다 못하다.

최근 학계에서 조직화 개념으로 유용하리라는 추정 때문에 '근대성'이 부활하고 있지만 이것 역시 실제로는 거의 도움이 되지 않는다.

---

* '영향력이 크긴 하지만' 결정적이지는 않다. 앞서 케인스의 이상주의에 대해 비판한 것과 일관되게, 그리고 미국의 정책에 대해 신(新)현실주의적이며 정치경제학적인 견해를 취하면서 나는 그런 정책의 주된 추진 동력을 ('구성주의자'들이 강조하는) 사상과 이데올로기라기보다 물질적인 이해관계(예를 들어 석유와 기업 이윤)라든가 그와 관련된 지정학적 관심사 속에 찾을 것이다. 물론 사상과 이데올로기는 중요하며 특히 잘 속아 넘어가는 대중에게 정책을 선전할 때에는 정당화의 장치로서 꽤 쓸모가 있을 것이다.

'문화가 중요하다'는 발견은 바퀴, 흔히 꽝 소리 나는 비효율적인 바퀴의 재발명일 뿐이다. 말하자면 시간과 노력을 불필요한 일에 허비하는 셈이다(Harrison and Huntington, 2000). 더욱 분명하게 '근대성'(과 최근 유행하는 동족어, 즉 모더니즘, 포스트모더니즘, 그리고 심지어 포스트-포스트모더니즘)은 진지한 역사 대신에 자산(資産)을 탈취하는 문학 평론과 문화연구가 시도한 적대적 인수합병을 상징한다. 어떤 학문 분야 내부에서는 유용할 수 있을 개념이 상당히 다른 환경으로 옮겨질 때 이는, 마치 멕시코에 유입된 뒤 증식해서 그곳의 생태계를 엉망으로 만들어 버린 카스티야의 양떼처럼, 해로운 존재가 될 수 있다(Melville, 1994).

이런 까닭에 "언제부터 라틴아메리카가 근대적이었는가?"라는 질문에 답하기란(심지어 답변을 꺼내기조차) 매우 어렵다. (이 점에 관해 나는 이 책에 실린 피터 웨이드의 견해[2장]에 전반적으로 동의한다) 우리는 틀림없이 '근대성'이나 '근대화'라는 엄청나게 광범위한 용어를 여러 구성 요소들로 분해하고 개별적인 변수를 추적할 수 있다. 우리에게 시간이 넉넉한 대신 차라리 상상력이 부족하다면 우리는 모더니즘에 대한 칼(Joseph A. Kahl)의 일곱 가지 등급이나 잉켈리스와 스미스가 제시한 스물네 가지 변수를 택해 이들의 공시적인 분석을 이리저리 여러 시대에 확대 적용하고자 시도할 것이다. 그러나 그런 작동화를 시도한다면 우리는 곧 처음에 언급한 문제에 봉착하게 될 것이다. 대개 과거를 이해하는 데 필요한 자료를 구할 수 없거나, 분석 단위(대륙, 국가, 지역, 도시, 지방, 부문, 연령 집단, 성별, 계급, 종족 집단)에 따라 답변이 달라질 수 있으며, 결론은 (예컨대 "대다수 멕시코인들은 1940년대에 문자해독 능력을 갖게 되었다"는 식으로) 불가피하게 모호할 것이다. 문자해독이 무엇을 뜻했는지, 그것이 어떻게 활용되었는지, 그리고 그것이 어떤 문화적·정치적 영향을 지녔는지는 모두 논란거리가 될 것이다. 즉 수많은 흥미로운 질문들이 해결되지 않고 그대로 남아 있게 될 것이다. 나는 이 과정이 끝난 뒤에도 우리가 일관성 있는 '근대' 증후군의 정체를 파악할 수 있으리라고 믿지 않는다. 우리는 단지 관계 자체가 매우 가변적이며 '전통적', '비근대적', '전근대적' 정체성이나 심지어 '탈근대적' 정체성과 유용하게 대조를 이룰 수 있는 독특한 '근대적' 정체성의 요소라고 하기 힘든 몇 가지 상이한 변수(문자해독 능력, 도시화, 산업화)를 구상할 뿐이다.

나는 독특하고 판별할 수 있으며 역사적으로 실재한 단지 하나의 '근대성'이 있을 뿐이며 그것은 계몽주의와 관련된 사상적 증후군 — 합리주의, 세속주의, 인문주의, 유물론 — 이라는 꽤 소심한 결론 — 훨씬 더 까다로운 일부 역사가들이 의문을 품을지도 모르는 결론이지만 — 에 이르렀다. 이 증후군은 실제로 새롭거나 새롭다고 여겨졌으며 '선택적 친화성'이라는 논리를 공유했다. 가장 명확한 것은 과학, '자연철학', 역사의 영역에서 감지되었다. 그것을 예컨대 음악이나 시로 치환하는 것은 위험하며 심지어 그릇된 것이기도 하다. 이 증후군은 유럽에서 유래되었지만 곧 그것을 열정적으로 수용한 라틴아메리카를 비롯해 곳곳으로 확산되었다. 그러므로 다소 거칠게 말하자면 우리는 근대성이 앞에서 묘사된 방식으로 18세기에 라틴아메리카에 도달했으며, 그 전령(傳令)은 대체로 훔볼트 같은 국외자였지만 곧 라틴아메리카에서도 열렬한 지지자들을 얻었다고 말할 수 있다(Whitaker, 1961 ; MacLachlan and Rodríguez O., 1980 : 288~291).

그러나 유럽과 마찬가지로 아메리카에서 이 새로운 사상의 범위와 영향력은 시간과 장소에 따라 매우 가변적이었다. 넓디넓은 여러 지역들은 그런 영향을 받지 않았거나 계몽사상에 반대하는 반근대적인 권력 당국에 의해 통제되고 있었다. 유럽에 신성동맹이 있었다면 라틴아메리카에는 교황지상권을 옹호하는 주교들과 무지한 카우디요들이 존재했다. 그리하여 새로운 사상의 성과는 고르지 못했다. 18세기 부르봉 스페인의 개혁가들은 경제 발전을 열망했다.* 그들은 광업과 군사 기술을 향상시키고 과학적 탐험을 후원하며 민중 종교가 지닌 과도한 '미신적' 요소에 눈살을 찌푸렸다. 그리고 그들은 다루기 힘든 아메리카 신민들을 계수(計數)하고 통제하고자 했다. 논란의 여지가 있긴 하지만 이런 방침 가운데 일부는 '근대적'이었다. 그러나 명백하게도 그들은 개인적 자유, 자결과 평등 같은 '근대적' 관념들을 지지하지 않았다. 그러므로 독립전쟁은 단순히 전통과 근대성 사이의 대결이 아니라 오히려 각기 '근대적'이고 '전통적'인 집단들을 포함한 이질적인 경쟁 세력 간의 갈등이었다.** 최근의 연구 성과가 강조하는 바대로 독립 이후 시민권, 대의제 민주주의, 선거, 시민적 결사, 공적 토

---

* 부르봉 스페인 개혁. 주로 영국과 프랑스 간에 벌어진 스페인 왕위계승 전쟁(1700~1713)이 영국의 승리로 끝난 뒤 프랑스의 부르봉 왕가는 여러 가지 경제적 이권을 넘겨준 대신 스페인과 프랑스의 통합을 금지하는 조건으로 스페인 왕위의 계승을 승인받았다. 이렇게 탄생한 부르봉 스페인은 아메리카 식민지와의 상업망을 확대하고, 밀무역을 차단함으로써 세금 수입을 증대시키고자 했다. 이에 따라 '부르봉 개혁'으로 알려진 일련의 개혁 조치가 시행되었다.—옮긴이

** 예컨대 밴 영(Van Young, 2001)은 (메시아사상에 입각한 운동이나 "순진한 왕정복고주의" 운동 같은 사례에서 드러났듯이) 대중 반란이 지닌 전통적이고 공동체주의적인 동기와 지방적 특성을 강조한다. 반면 과르디노(Guardino, 1996)는 반란에 가담한 자들에게 공화주의적 대의제와 시민권이라는 새로운 관념을 불러일으킨 정치적 자각을 식별한다. 그렇지만 역사가들은 가톨릭교회가 심각하게 분열되어 있었다는 데 대체로 동의한다. 고위 성직자들은 국왕과 "식민지 협정"에 변함없이 충성을 바쳤던 반면 꽤 많은 교구 사제들은(그들이 보기에 점점 세속화하고 프랑스 풍을 띤 체제에 맞서) 대중 반란을 지지했다.

론, 인쇄 매체, 법 앞의 평등과 같은 '근대적' 관념이 뿌리를 내리게 되었고 라틴아메리카의 일부 지역에서는 번성했다(Forment, 2003 ; Annino, 1995 ; Guerra, Lempérière, et al., 1998 ; Guardino, 2005). 그러나 사르미엔토와 다른 이들이 안타깝게 여겼듯이 야만과 구체제의 반계몽주의는 강인하게 남아 있었다. 근대성의 몇 가지 측면이 존재했다는 점은 분명하다. 그러나 라틴아메리카가 '근대적'이라고 지칭될 정도로 근대성이 임계점에 도달했는가? 또 다시 그 질문에 대해 답하기가 어렵다. 평가 기준이 너무 모호하고 정보가 충분하지 않기 때문이다.

더욱 현실적으로 우리는 빅뱅에서 분출된 문제처럼 본래의 계몽주의가 곧 분해되고 흩어지며 애당초 지니고 있던 일관성을 상실하기 시작했다고 말할 수 있다. 혼란과 무질서는 가중되었고 상황은 점점 더 복잡해졌다. 시간이 흐르면서 '근대적' 사상의 성공은 대부분 그것의 진실을 논증할 수 있는지와 더욱 중요하게는 그 유용성을 파악할 수 있는지의 여부에 좌우되었다. '진실'은 응용과학과 의학의 관점에서 가치가 있었으며 그리하여 이런 분야들이 발전했다(실제 라틴아메리카는 이 분야에 독창적으로 기여하게 되었고 더 이상 '제1세계' 전문 지식의 단순한 소비자가 아니었다. 예를 들어 Coutinho, 2003 : 76~100). 그러나 근대적 의학과 더불어 돌팔이 의사나 마법사, 무속인 또한 융성했다. 정부와 군대는 주민들을 더 잘 통제하고 감시하며 과세하고 억압하기 위해 응용과학과 기술의 혜택(철도, 전신, 라디오, 기관총, 중무장 헬리콥터)을 적극적으로 활용했다. 이런 측면에서 대의제와 교양이라는 계몽주의적 관념을 일축한 정권들은 신기술을 이용해 '안보국가'의 무기고를 확충하는 데 여념이 없었다. '문명'의 장치가 '야만'의 이익에 기여하게 된 셈이었다(이런 사실이 사르미엔토에겐 큰 충격일 수 있겠지만 1918년 이후 유럽인이라면 아무도 이를 놀랍게 여기지 않았을 것이다). 도시와 공업은 성장했으나 이 추세는 더 좋든 나쁘든 간에 세속적이고 인문주의적이며 관용이 중시되고 이성적인 사회를 예고하지 않았다.

 간단히 말해 역사적으로 확인할 수 있는 계몽주의의 '근대적' 증후군은 영속성의 견지에서 볼 때 극히 단명하고 말았다. 계몽사상가의 꿈만 아니라 계몽사상에 반대하는 이들과 반동적인 세력이 지닌 각성에 대한 두려움은 결코 완전히 실현되지 않았다. '근대적' 증후군은 분해되었으며 특정한 이해관계의 희생양이 되었다(기독교로부터 마르크스주의에 이르기까지 대부분의 위대한 관념체계가 지닌 운명일지 모른다). 근대성의 일부는 우주 공간의 은하계나 근대 영어의 기본 어휘 속에 침전된 노르만의 프랑스어(예컨대 beef〔쇠고기〕, castle〔성〕, uncle〔삼촌〕)처럼 살아남았다. 계몽주의적 근대성의 원형 가운데 단지 일부만 기껏해야 부분적으로 실현되었지만, 그것이 지닌 호소력과 가치는 오래 유지되었다. 1840년 칠레로 망명하기 전 사르미엔토가 아르헨티나 멘도사의 어느 벽에 도전적으로 갈겨쓴 대로 "사상은 죽일 수 없었다"(Sarmiento, 1961 : 9). 계몽사상에서 비롯된 시민권, 법 앞의 평등, 표현의 자유는 대개 침해당하고 거부되었지만 오늘날까지 지워지지 않은 채 라틴아메리카의 일부가 되었다. 이런 까닭에 라틴아메리카는 말하자면 1600년이나 1700년에 그랬던 것보다 현재 더욱 근대적이다. 그러나 언제부터 라틴아메리카가 근대적으로 변모했는지를 엄밀하게 따지는 것은 사실 불가능한 질문에 달려드는 격이다. 왜냐하면 그것은 성운(星雲)과 같이 흐릿한 근대성의 개념을 통제하거나 입수하기가 매우 어려운 자료들과 결합시키는 과제이기 때문이다. 그래서 똑똑한 철학자 이야기로 되돌아간다면, 우리는 "잘 알지 못해 말할 수 없는 것에 대해선 침묵해야만 한다"(비트겐슈타인의 『논리-철학 논고』의 마지막 구절)는 가장 똑똑한 철학자 가운데 한 사람의 충고를 기억해도 좋을 것이다.

02

문학비평과 문화연구의 관점들

LATINAMERICA

5장_언제부터 페루가 근대적이었는가?: 페루 내 근대성 선언들에 대하여

윌리엄 로우*

"마침내 열어젖히려면 시간의 벽을 허물어라."—E. A. 웨스트팔렌**
"지식은 역사만큼이나 불완전하다."—조르주 바타유

나는 이 글에서 페루 근대기로 받아들여지는 시기의 시간적 연속선 중 몇몇 '컷'(cut)을 만들었으며, 자료의 배치와 제시와 관련해서는 비선형성의 구체화에 초점을 두었다. 페루 근대성에 대한 쟁점을 이해하려면 비선형성이 필요하다는 것이 내 논지이기 때문이다. 그 컷들을 역사라는 연속선 내의 컷으로 생각하는 것은 오류다. 사실상 그 컷들은 기존 연속선 내의 컷이 아니다. 각각의 컷이 스스로 개별적인 시간성을 구성하도록, 다시 말해 각각이 시간성을 구성하는 작업을 해내도록 제시되었다. 그 컷들이 낳는 효과 유형을 요약하기 위해 필요한 전제

---

* 윌리엄 로우(William Rowe)는 런던 대학교 버크벡 칼리지의 인문대학 스페인어학과에서 시학 기념교수로 재직 중이다. 라틴아메리카 문학과 문화에 관한 그의 다수의 저작 가운데 대표적인 저서로는 비비안 셸링과 함께 쓴 『기억과 근대성: 라틴아메리카의 대중문화』(1991)와 『현대 라틴아메리카의 시인들: 역사와 내면의 삶』(2000)이 있다.
** 에밀리오 웨스트팔렌(Emilio A. Westphalen, 1911~2001). 페루의 전위주의 시인.—옮긴이

는 페루의 경우 단일한 시간적 지속성이나 몇 가닥 시간으로 이루어진 단일한 지속성이 존재하는 것이 아니라 근대라는 시기가 구성되는 다양한 컷이나 순간들이 존재한다는 것이다. 구성된다는 말의 의미는 그 요소 및 그것들 간의 관계가 인식 가능해지거나 읽힐 수 있게 된다는 것이다. 그러한 몇몇 순간들이 확인 가능하다——그리고 내가 제시하는 일련의 컷에는 의문의 여지가 없다——는 사실은 페루 근대에 대한 부분적이고 논쟁적인 본질을 부각시켜 준다.

이 글은 몇 부분으로 나누어져 있다. 각 부분은 시간성이 생겨나는 장면(scene)을 다루고 있다. 그 의도는 바로 각 부분을 아무 순서로나 읽어도 되도록 하자는 것인데, 각 부분이 선적인 연속을 이루는 것도 아니요, 축적적인 것도 아닌 까닭이다. 각 장면들이 서로 교차되는 모빌 조각들처럼 읽히도록 되어야 한다는 것이다. 동시에 이들 장면 각각은 과거와 현재의 관계를 특별한 방식으로 읽을 수 있게 만들어 준다. 여기서 나는 『아케이드 프로젝트』에 나오는 발터 벤야민의 언급을 염두에 두고 있다.

> 현상학의 '본질'로부터 이미지를 구분해 주는 것은 이미지의 역사적 색인이다. …… 이미지의 역사적 색인은 이미지들이 특정 시간에 속할 뿐만 아니라, 오직 특정 시간에만 가독성을 획득한다는 사실을 말한다. 그리고 사실 이 '가독성'에의 접근은 그 접근이란 움직임 속에서 이미지 내부에 특정의 비판점을 구성한다. 현재의 하루하루는 그와 공시적 관계에 있는 이미지들에 의해 결정된다. 각각의 '지금'은 어떤 특정한 인식 가능성과 관계된 '지금'이다(Benjamin, 2002 : 462~463).

마누엘 곤살레스 프라다와 근대성 선언

페루의 근대성은 보통 이런저런 선언 형식으로 주장되었다. 태평양전쟁* 패배 이후 곤살레스 프라다의 유명한 선언 "늙은이들은 무덤으로 젊은이들은 현장으로"(González Prada, 1966 : 64)**나 "나라 만들기"(hacer país)라는 마리아테기의 슬로건,*** 원주민의 디자인 모티브가 가미된 석조 및 스투코(stucco) 위주의 공공 토목공사로 레기아 대통령이 20세기를 환영한 일, 2차 세계대전 이후 자본주의 생산양식의 확산을 환영한 오드리아 정권과 벨라운데 정권 시절의 구체적인 선언들 같은 것들이 있었다. 이 모든 순간들은 담론적·공간적인 청산 활동(clearing action)이었으며, 언제나 이에 대한 반론과 맞대응 시나리오를 유발했다. 1888년 곤살레스 프라다의 폴리테아마 극장 연설은 식민 유산으로 보일 만한 언어와 그 발화 장면들을 청산했다. 그 연설은 과학의 이름으로 스콜라 사상의 난맥상을 파기시켰다.**** 또한 격정적으로 도덕적 위기를 선언함으로써 전쟁의 패배와 국가적 실패를 야기한 기존 논의들을 잠재우고 그 논의 참여자들을 폄훼했다. 곤살레스 프라다의 말에 따르면, 페루의 과거는 "신학과 형이상학"에 의거했고,

---

* 초석 산지인 아타카마 사막을 두고 1879~1883년 페루-볼리비아 연합군과 칠레 사이에 벌어졌던 전쟁. 페루는 수도 리마까지 점령당하는 수모를 겪었다.—옮긴이
** 페루의 모데르니스모 문인이자 실증주의자인 마누엘 곤살레스 프라다(Manuel González Prada, 1848~1918)가 1888년 폴리테아마(Politeama) 극장에서 대독시킨 연설문에서 한 말이다.—옮긴이
*** 호세 카를로스 마리아테기(José Carlos Mariátegui, 1894~1930). 페루의 정치가, 사상가, 문필가. 라틴아메리카의 초기 마르크스주의자로 페루 현실에 맞는 마르크스주의를 주장하였다. 1928년 페루사회당을 창당하였다(그의 사후 페루공산당으로 이름을 바꿈).—옮긴이
**** 스콜라 사상은 식민 유산을 빗댄 말이다.—옮긴이

미래는 "실증 과학"에 달렸다(González Prada, 1966 : 63).

이렇게 폄훼된 논의를 들추어 보는 한 방법은 리카르도 팔마의 『페루의 전통』(Palma, 2000)*을 읽고 리마 거리의 목소리들을 들어 보는 것이다. 그 목소리들은 식민사회의 도덕적 모호성과 기만, 즉 실생활에서 지켜지기도 하지만 또 회피되기도 하는 담론의 위계적인 관습에 대한 표면적인 순응을 여전히 담고 있다. 팔마는 16세기 리마의 유명한 흑인 성자 마르틴 데 포레스(Martín de Porres) 신부를 내세워 식민시대 권위의 이중적 속박을 그 자체를 향해 되돌려 놓음으로써 그 속박에서 벗어난다. 팔마의 말대로 마르틴 신부는 "다른 사람들이 시 짓는 것만큼이나 손쉽게 기적을 행하던" 그런 사람이었기에 그의 윗사람들이 더 이상의 기적을 행하는 것을 금지했다("그가 계속 기적질하는 ─ 이 동사의 사용에 이해를 구한다 ─ 것을 금지시켜야 했다"). 이어 팔마는 성자 마르틴 데 포레스의 전기 작가 한 명을 인용하는데, 땅으로부터 8~10미터 높이의 비계에서 추락하던 한 작업자에게 "잠시만 기다리게, 친구"라는 마르틴 신부의 말을 대신시키기 위함이다. 그리고 팔마가 서술하듯, "그 미장이는 마르틴 신부가 윗사람의 허락을 얻어 되돌아올 때까지 허공에 멈추어 있었다"(Palma, 2000 : 566). 말의 권위에 대한 이 별난 믿음은 권위라는 말을 우스꽝스럽게 만들어 버리려고 배치한 것이다. 그러므로 곤살레스 프라다의 밑바닥 쓸기라는 수사적 청산(ground-clearing rhetorical sweep)은 식민 과거가 여전히 언어에 나타나고 있는 팔마의 그 장면에 의해서 반박되고 있다. 보다 옳게는 팔마의 서사에 나타나는 아이러니의 바다를 항해할 줄 아는 독

---

* 『페루의 전통』(Tradiciones Peruanas). 페루 작가인 리카르도 팔마(Ricardo Palma, 1833~1919)가 쓴 책으로 주로 페루 야사를 다루고 있는 방대한 저술이다. ─ 옮긴이

자들이 느끼는 즐거움에 의해 반박되었다. 사실, 곤살레스 프라다의 말이나 그 이후에 나타나는 그의 어조 차용——가령, 문인 세바스티안 살라사르 본디(Sebastián Salazar Bondy)의 『리마 끔찍한 도시』(Lima la horrible, 1964)——에는 논박의 여지가 있다. 담론의 식민주의적 관습을 그 자신을 향해 돌릴 수 있는 능력이 실제적으로 페루 근대성의 초기 징후라고도 할 수 있는 것이다.

  내가 앞서 언급한 근대성 선언들의 청산 행위는, 이미 지적한 바와 같이, 공간적인 동시에 수사적이었다. 레기아 정권기의 대로나 교외 주거지 건설은 슬럼가 청산——19세기 오스망의 파리나 20세기 모지스의 뉴욕이 그랬던 것처럼——과 연관되어 있었다. 리마 도시 경관의 이러한 근대화를 반박한 또 다른 시각적 경험으로 리마의 도시 경관에 대한 근대성을 논했던 방식들은, 내가 아는 한 그 당시에는 기록되지 않았다. 다만 「깃털 없는 수리들」(Los gallinazos sin plumas, 1955) 같은 홀리오 라몬 리베이로(Julio Ramón Ribeyro)의 초기 단편소설들을 통해 헤아려 볼 수 있다. 이 단편은 1950년대 중반부터 1960년대 초반에 식민지적 비루함이 자유 기업 정신과 나란히 진행형으로 존재하고 있다는 시나리오를 제시했다. 예기치 못한 것은 아니었겠지만, 슬럼으로서의 식민지 리마의 마지막 청산은 대학공원(Parque Universitario)이라 불리는 지역에 있는 산 마르코스 대학교**의 본관(Casona)과 같은 고상한 식민시대 건물의 복원이나 리마 중앙광장(Plaza de Armas) 일대의 정비와 시기상 일치했다. 즉 식민시대는 그 시대가 남긴 사회적 상처가 줄어들수록 보다 가시적이 될 수 있었던

** 산 마르코스 대학은 남미 최초의 대학으로 1551년 건립되었다.—옮긴이

것이다. 곤살레스 프라다 사이클의 완성으로 향수는 유산이 된다.

　　마리아테기의 진정한 국가 창건 요구에 대해서는 어떻게 말할 수 있을까? 이에 대해서는 아마도 호세 데 라 리바 아구에로*가 가장 명백한 반론을 펼쳤을 텐데, 애국순교자들의 피로 성화(聖化)된 국가가 이미 존재했다는 천명 형식이었다. 리바 아구에로의 견해는 물론 예수님의 성심(聖心) 앞에 페루를 봉헌한 것에 대한 반론이지만, 대부분의 역사가들이 대중의 정치 입성이라는 20세기 페루 역사의 핵심 서사를 견인한 이정표와 같은 인물로 받아들이는 빅토르 라울 아야 데 라 토레**가 1923년에 주도한 시위의 빌미를 제공하기도 했다. 시대의 상징화에 대한 이런 즉각적인 지적이 표현할 수 있는 것보다 상황은 사실 훨씬 더 복잡했다. 예를 들어, 아야 데 라 토레는 근대국가의 창설이라는 마리아테기의 관심사를 공유했지만, 페루가 유럽의 역사단계(봉건주의에서 자본주의로, 또 사회주의로)를 하나하나 거쳐 갈 필요는 없다는 믿음에는 동의하지 않았다. 페루 시간성들의 특징 그리고 그 시간성들 간의 관계가 다르다는 이유였다. 알베르토 플로레스 갈린도가 언급했듯이, 페루 역사에 대한 마리아테기의 관점은 "세계사 발전에 대한 거부(recusación)와 직선적이고 유럽중심적인 세계사 이미지에 대한 사절"로 특징 지어졌다(Flores Galindo, 1994 : 434). '거부하다'라는 말은 정당한 거절 행위를 의미한다.

---

* 호세 데 라 리바 아구에로(José de la Riva Agüero, 1885~1944). 역사가, 문학비평가, 수필가로 페루의 대표적인 보수주의자이다.―옮긴이
** 빅토르 라울 아야 데 라 토레(Víctor Raúl Haya de la Torre, 1895~1979). 중도 좌파 정당인 아메리카민중혁명연합(APRA : Alianza Popular Revolucionaria Americana)을 창당했다. 반제국주의자이자 민족주의자라는 찬사와 포퓰리스트에 불과하다는 비판을 동시에 받았다.―옮긴이

마리아테기의 생각은 페루의 역사가 더 이상 결핍으로 인식되지 말아야 한다는 가능성을 창출한다. 즉, 페루가 고유의 부르주아나 진보(아니 사실상 발전?)의 요인들 중 무엇인가가 있었다면 …… 어떻게 되었을까 하는 연대성부재(uchrony)의 이야기로(Chocano, 1987 : 43~60) 점철된 페루 식 결핍의 역사를 더 이상 생각할 필요가 없을 수도 있다는 가능성을 낳은 것이다. 하지만 플로레스 갈린도가 "유럽인들이 모든 후진국에 강제한 세계사 이미지 나부랭이와의 단절"이라고 부른 것을 인정하는 데에는 몇 가지 함의가 필요하다. 그 중 하나는 학술적인 역사 기술과의 관계를 끊는 것만이 아니라, 엥겔스와 그 이후에 스탈린이 표명했듯이, "원시공동체 사회에서 노예제로 이어졌다가 다시 봉건제로 그리고 자본주의에 이른다는 고전적 도식"을 내세우는 마르크스주의 주류 해석과의 관계 역시 끊어야 한다는 것이었다.

페루 역사를 결핍, 즉 일어날 수도 있었던 무엇으로 규정하는 것을 극복하기 위한 또 다른 조건은 진보라는 시간성과의 관계를 끊어내고 대신 또 다른 시간성을 구성할 수 있는 정치적 움직임의 존재였다. 페루의 가장 중요한 역사가인 호르헤 바사드레는 비행기로 안데스를 횡단한 후 페루를 단일체로 상상했다. 근대 기술에 의한 페루의 공간 변화는 그 이전인 19세기의 철도 건설로도 있었던 일이고, 1920~1930년대 레기아의 도로 건설 프로그램을 통해서 한층 더 진전된 일이었다. 하지만 그 자체만으로는 페루를 결핍 상태에 위치시킨 직선적 근대화 프로그램의 매력과 동력으로부터 시간에 대한 상상력을 지켜내기에 충분하지 않았다. 바사드레는 1931년 자신의 책 『페루 : 문제점과 가능성』(Basadre, 1992)에서 안데스 상공 비행을 서술하고 있는데, 그 책에서도 "페루에는 지방의 삶(vida local) 이외에는 없었다. 국가의 삶은 결코 존재하지 않았다. 해결책은 …… 지방주의를 통해 국가에 대한 자의식을 벼리어 내는 데 있는데, 현재로서는 존재하지 않는다"라고 적었다(Basadre, 1992 : 139). 동사들의 시제 호응이 흥미로운데, "없었다, 존재하지 않았다"(no había, no existía)를 "있다"(está)와 "존재하지 않는다"(no existe)가 뒤따르고 있다. 시작과 끝이 정해지지 않은 불완료과거("없었다", "존재하지 않았다")가 나오고는 어색하게도 현재 시제로 전환되고 있다. 왜 어색하냐 하면 일반적인 문장의 경우 거기서 현재 시제로 전환되기 위해서는 뭔가 (불완료) 과거에 대한 완료 같은 것이 필요하기 때문이다. 일반적인 문장 행보라면, 불완료과거에서 부정과거("없었다no había …… 해결책이었다la solución fue ……")로 연결되었을 것이다.* 그런데 과거는 계속 진행하되, 완료되지는 않은 채, 현재까지는 존재하지 않는 것을 그 내용으로 하는 미래로 서술이 전환되고 있다. 바꿔 말하자면, 이루어져야 할 이 미래가 과거를 완결시키지 않는다**는 것이다. 과거는 정해진 시작과 끝이 없는 상태로 지방에서 계속 이어지고 있는데, 이는 전형적인 지방주의 단편소설인 발델로마르의 「신사 카르멜로」(1918)의 경우와 완전히 똑같다.***

---

* 스페인어에는 영어의 과거 시제에 해당하는 시제가 둘 있다. 하나는 부정과거로 과거의 어느 시점에서 이루어진 동작이나 상태를 나타내며, 또 하나는 불완료과거로 과거 일정 기간의 계속적인 동작이나 반복적이고 습관적인 행위를 표현한다.—옮긴이

** "시급한 일은 페루인이 자신들의 걱정에 사로잡혀야 한다는 것, 그리고 그 다음에는 적절한 메커니즘을 통해 보다 폭넓은 열정 속에서 다른 페루인들과 어쩔 수 없이 서로 얽히고, 투쟁하고, 흥분하고, 사업을 벌이고, 더 많이 요구하고, 책임감 있는 존재가 되어야 한다는 것이다."(Basadre : 139) "그리고 그 다음에는 적절한 메커니즘을 통해"라는 생경한 구절은 과거와 미래 사이에 결핍되어 있는 연결고리를 제공해 주지만, 그것이 무엇인지 우리에게 알려 주지는 않는다. 개념의 결핍은 상식으로 하여금, 진보 개념을 통해, 그 공백을 채울 수 있도록 해준다.

이 시제상의 공백(혹은 아포리아)은 역사 기술과 관련된 것이기도 하다. 바사드레 문장에서 시제 처리 문법은 그들의 주제에 대한 징후로, 지리적 연결의 결핍이 시제상의 단절로 전이된 것이다. 주제는 바로 지방 대 수도라는 것이고, 그 지방들이란 1920년대에 페루를 새롭게 상상했던 지식인들의 출신 지방인데, "지방은 아득한 곳에 있는 막연한 의회를 위해 투표나 하고, 정치권력을 감내하고, 보잘것없는 생활을 이어가기 위해 살았을 뿐이었다. 나라의 나머지 모든 삶은, 헌법에 정해진 대로, 국가의 삶, 즉 수도의 삶이었다". 이 구절에서는 서사상 단일한 시제만 나타난다. 동질화를 시도하는 리마의 관점으로부터 들려오는 시제이며, 리마의 시간성 속에 지방까지 포섭되어 있다. 즉 부정과거가 리마와 지방을 모두 포괄하고 있는 것이다(지방은 …… 살았을 뿐이었다. 나라의 나머지 모든 삶은 …… 이었다). 여기서는 시제 추론상의 공백 — 물론 아이러니하게도, 우리가 아는 한, 각 지방은 완전히 다른 삶을 이어가고 있었다는 사실을 헌법의 논리가 무시하고 있다는 한 가지 사실은 제외하고 — 이 보이지 않는데, "우리"는 여기서 바사드레의 내포 독자, 즉 그와 동일한 지방 출신 이주자가 된다. 또한 그 부분은 인용 구절의 어색함에 대한 또 다른 이야기 방법을 암시한다. 그것은 바사드레가 어떤 다른 사람의 말을 간접 화법으로 서술한 다음 직접 화법으로 넘어가고 있는 것처럼, "그런 것은 없었고, 다른 것도 존재하지 않지만, 해결책은 지금 내가 여러분들에게 말하려고 하는 것 속에 있다"라고 되어 있다. 그렇지만 문제는 인용 구절 속

*** 아브라암 발델로마르(Abraham Valdelomar, 1888~1919). 페루의 소설가. 단편소설로 특히 유명하다. 「신사 카르멜로」(El caballero carmelo)는 그의 대표작이고 카르멜로는 싸움닭의 이름이다.—옮긴이

의 어떤 다른 사람이 바로 본인일 수 있다는 데 있다. 달리 말해, 내가 의미하려는 바는 리마, 즉 헌법과 의회 그리고 다른 논증 권력이 존재하는 곳에 이제 막 정착한 역사학자로서 자기 자신의 소리를 듣고 있는 지방 출신 이주자 바사드레를 우리가 여기서 대하고 있다는 점이다. 바사드레의 글쓰기는 역사학자의 권위에 대한 장면을 그대로 노출하고 있으며, 무언가 어색하고 불편한 점을 지적하고 있다.

바사드레는 페루에서 역사 기술을 생산하기 어렵다는 사실에 대해 1장에서 다음과 같이 언급했다. "다시 한번 반복하는데, 페루 사회의 통합은 아직 이루어지지 않았다. 페루의 과거는 전성기 같은 것도 혹은 찬란한 것도 아니었고, 페루는 여전히 단절된 채 서로 철저히 차단된 구획들, 겹치거나 병치되어 있는 층위들의 연속이다."(Basadre, 1992 : 12) 방금 언급한 구절이 들어 있는 단락은 「페루 역사의 미래주의」라는 제목을 달고 있다. 그렇다면 역사 기술이 자신을 낳기 위해 필요한 연속성은 어디서 찾아야 하는가? 책 말미의 「최종 고찰」이라는 제목을 붙인 부분에 이르러, 유일한 실증적 연속성은 페루라는 실현되지 않은 그 무엇에 의해 제공된다고 한다. "그래서 페루는, 이 모든 악과 그 대응으로서의 위협을 간직한 채, 그 메시지가 아직도 전달 직전에 놓여 있는 듯, 그 운명이 여전히 결산되지 않은 듯, 스스로 무슨 엄청난 숙명을 안고 있는 듯 살아 왔다."(Basadre, 1992 : 152) 바로 이 지점, 즉 상상된 미래에 의해 제공된 연속성의 등불 아래에서, 그는 문장 스스로가 자신에 대해 또 하나의 평을 형성한다는 사실에 의해 극적으로 강조되는 한 문장을 덧붙인다. "사회적 층위들 간의 통합은 존재하지 않았지만, 그런 통합을 향한 전진은 있었다." 그래서 이런 초월적 숙명의 등불 아래에서, 마침내, 앞을 향한 움직임이 계속 있었다고,

즉 진보가 있었다고 쓸 수 있었던 것이다.

바사드레는 역시 자신의 책 말미에서 사회주의를 통해 실현될 "사회 정의"로서의 미래라는 자신의 전망 외에도 "의심하는 이성"이라고 칭하는 것을 나란히 위치시킨다. "약점과 잘못, 실수는 분열 요소를 가중시킨다. …… 우리에게는 승리와 위대한 인간이 필요하다. 최고의 조각상은 섬세한 끌로 건장한 흉상을 조각하는 것에서 시작되었다가 그 다음에는 낫으로 손질한 듯 투박하게 마감된다."(Basadre, 1992:151)* 그는 이런 연대성부재의 수사(rhetoric of uchrony)에다 곤살레스 프라다 식 어조를 빌려 "진정한 국가를 이루는 대중들의 이익 속에서" 페루의 문제를 해결하는 것은 "새로운 세대"의 몫이라고 덧붙인다(Basadre, 1992: 156). 따라서 발생했을 수도 있는 것에 대한 언어는 미래 속으로 투사된다.

발화에 숨은 장면과, 결정적으로는, 그 장면 내에서 드러나는 지방의 시간성과 수도의 시간성 간의 분열이란 관점에서 보면, 바사드레의 『페루: 문제점과 가능성』은 근대성 담론의 맥락을 드러내는 여타 상당수의 장면과 비교될 수 있다. 그런 맥락들은, 비트겐슈타인의 용어를 사용하자면 특별한 언어 게임(language game)에 의해 구성되며, 롤랑 바르트의 용어로는 상이한 지시 코드들에 의해 통치된다. 이 글의 나머지 부분들은 이런 장면들을 몇 가지 다루게 될 것이다. 나머지 부분들이 제시된 순서는 여러 가능한 읽기 순서 중 하나에 불과하다. 내가 의도하는 바는 각각의 장면들을 연속선상의 한 단계가 아닌 모빌 조각들처럼 읽을 수 있다는 것이다.

---

* 안토니오 시스네로스의 공화파 동상에 관한 아이러니한 시 「청동으로 만든 광장과 기념비와 알레고리에 대한 묘사」를 보라(Cisneros, 1989: 54).

에구렌의 자동차

이 부분은 다양한 장면들 중에서 가장 모순적인 장면이다. 호세 마리아 에구렌(1874~1942)은 리마 외곽의 한 농장에서 태어났다. 태평양 전쟁 이후 집이 바랑코(Barranco)로 이사했는데, 당시 그곳은 리마 바로 근교의 조그만 해안 마을이었다. 1911년에 발표된 「가장행렬」(La comparsa)이라는 시에서 에구렌은 이렇게 적고 있다.

저기 얼음 위로 행렬패들이 지나간다
바다안개 속에 자신들의 설산을 매장하면서,
자동차는 멋진 고무통으로 구르고,
눈〔目〕들은 배신의 바람을 맞는다.

"가장행렬"은 가면 쓴 인물들의 행진이고, "행렬패들"은 그런 인물들이 내는 연극적인 효과에 대한 언급을 내포하고 있다. "설산"(paranieve)은 에구렌의 유명한 시집에서 "(파라솔처럼) 눈을 피하기 위한 가리개"라고 설명되어 있다(Eguren, 1961 : 65). 눈을 대비한 우산은 말할 것도 없고 얼음과 눈은 이 리마 시인의 시에서 무엇을 하고 있단 말인가?* 이는 고딕 양식에 대한 현대적 취향으로 보들레르를 거쳐 에드거 앨런 포로 이어진 것으로 보인다. 또 다른 리마 시인 마르틴 아단**은 그 부적절성에 대해 "내가 아는 한, 스페인어로 된 어떤 시에서

---

* 리마는 기후 때문에 눈이 내리지도 얼음이 얼지도 않는다.—옮긴이
** 마르틴 아단(Martín Adán, 1908~1985). 페루의 소설가이자 비평가. 라파엘 데 라 푸엔테 베나비데스(Rafael de la Fuente Benavides)의 필명이다.—옮긴이

도 행복한 북반구에 대비되는 진정한 결핍이, 외연 면에서나 내연 면에서나 이보다 더 느껴지지는 않는데, 북반구에서는 고딕 양식이 자연스런 경로를 이었다"라며 강력하게 지적한다(De la Fuente Benavides, 1968 : 352). 마르틴 아단은 고딕식 시나리오가 북쪽에서만 적절하게 작동한다는 것을 지적한 것이다. 그러나 얼음과 눈이 페루에 실제로 존재하지 않는다는 사실을 말해 주는 것 외에는 우리를 답에 조금도 근접시켜 주지 못한다.

"멋진 고무통"(finas llantas)을 가진 자동차의 경우는 어떤가? 이것이 자동차 타이어를 말하는 일반적인 단어가 아니라(스페인에서는 "neumático"라고 한다)는 점에서 '고무통'은 라틴아메리카에서는 근대 기술 관련 용어가 보다 신속하고 다르게 만들어진다는 사실, 즉 기술적 근대성을 언어에 빨리 수용한다는 사례가 된다.*** 자동차의 속도는 가장행렬의 행진 속도로 떨어져 있지만, 아무런 수식어 없이 거기 있고, 그래서 근대성에 대한 분명한 표식이 된다. 하지만 실제로 눈 위를 다니는 것은 아니다. 사실 노면은 등장하지 않는다. 에구렌 역시 여러 조건을 통해 청산 행위, 즉 시대에 대한 시각적 선언을 해내고 있는데, 이러한 노면에 대한 '눈 가리고 넘어가기'(covering over)는 그 조건 중 하나로 읽힌다. 고딕풍이란 바로 가면, 즉 반투명한 베일로 안개, 그것도 리마의 하얀 안개를 닮았다. 리마에는 연중 육 개월 동안 그런 안개가 끼고, 북반구 안개와는 달리, 열대성 빛을 머금어 분명한

*** 팔마가 페루 어휘 사전을 편찬했지만, 그가 사전을 스페인에 가져갔을 때 스페인 한림원이 받아들이기를 거부했다. 그러나 언어를 근대화할 필요가 있다는 팔마의 이런 의식은 안드레스 베요(Andrés Bello)의 새로운 표기 체계를 수용했던 곤살레스 프라다도 공유하고 있었다.

윤곽 없이 광채를 발산한다. 에구렌은 자신의 시각 체계에 이 효과를 이용—그는 사진작가이자 수채화가였다—하는데, 베일을 씌우거나 벗기는 것을 통해 그 효과가 작용한다. 그러므로 자동차는 미묘한 가시성 변화, 즉 일렁이는 빛에 종속된다. 이런 맥락에서 눈은, "서쪽으로 무채색 빛이 가물거리고/사구들을 흐릿한 눈〔雪〕이 감싼다"라는 시구에서 보듯이 일종의 베일이다. 그리고 이 시구에서 "사구"(mégano)는 일반인들이 모래언덕을 칭하는 데 사용하는 언어가 아니며, 에구렌의 언어유희에 따르면, 남쪽과 동쪽과 북쪽에서 리마를 에워싸고 있는 모래언덕이다.* 모래언덕들은 '푸에블로 호벤'(Pueblo Joven)이라 불리는 빈민가의 터전이 되기 전이었던 에구렌의 시대에는 그 정도가 훨씬 심했다.

　에구렌의 시에 나타난 시각은 대체로 정적이다. 그가 선호하는 형상 중 하나는 벽감에 놓인 고전적 조각상이다. 천천히 걷듯 나아가는 것—1896년부터 바랑코에서 리마까지 운행되던 전차 같은 기계화된 운송이 아니다—이 앞서 인용한 시에 움직임이라는 속도를 주고 있다. 근대는 시작되었지만 반쯤 정적인 형상을 보여 주고 있고 속도에 대한 신기술과 동떨어져 있다. 분위기상 여전히 식민지적인 그 무언가가 존재한다. 아단이 언급하듯, "에구렌 유년시절의 …… 리마는 훗날 사라져 간 식민잔재를 많이 간직하고 있었는데, …… 특유의 모습을 지닌 우울하고도 음울한 도시였다". 그리고 1930년대에 이 글을 쓴 마르틴 아단은 "우리 모두가 마치 의견이나 반론 없이, 곧 허물어져 내릴 듯 견고하고, 단일하고도 다양하고, 근대적이면서도 폐허 같고, 전통적이면서도 새로운 도시를 감내하고 있는 듯하다"라고 덧붙이고 있다(De la Fuente Benavides, 1968 : 349~350).**

마르틴 아단의 뮬[***]

각각의 발화 장면은 특정 유형의 가시성과 관계 있다. 역으로 가시적인 것들이 발화될 수 있는 것들과 서로 영향을 끼치는 것과 마찬가지다. 전체적으로 보아, 가시성 각각의 시나리오/각각의 발화 장면은 상이한 유형의 독서 가능성을 낳는 하나의 독서기계 유형으로 받아들여질 수 있다.

마르틴 아단의 소설 『마분지 집』(La casa de cartón, 1928)에서 도시에 대한 장면은 가시성의 측면에서 볼 때 영화적이다.

이들 자동차는 조급함과 자만심과 진흙탕으로 지저분하고 …… 무화과나무들은 진흙과 이끼 덮인 잎의 신기루 속에서 집을 확대시키고, 거의 물, 거의 물, 아래위로 물 …… 참새, 메뚜기. 한 대가 동그랗고 물고기 같은 눈을 연다. 물에서, 물속에서는 선이 이지러지고 수면은 형상들을 마음대로 바꾼다. 아니, 수면을 움직이는 힘이 마음대로 바꾼다. 하지만 그러건 저러건 마찬가지다. 아스팔트 포장도로, 얇고 여

---

[*] 리마의 서쪽은 태평양이고, 나머지 방향으로는 사막임.—옮긴이
[**] "곧 허물어져 내릴 듯"이라는 말은 또 다른 리마 시인 웨스트팔렌이 리마를 상기시키는 형용사이다. 그럼에도 불구하고 웨스트팔렌의 시에 나타나는 시각 논리는 또 달라서(차라리 20세기적이다), 꿈의 논리와 연관된 초현실주의 유형을 따르고 있다. 루이스 레바사는 다음과 같이 지적한다. "유년기의 회상에 나타나는 분위기, 즉 에구렌의 시에 나오는 쇠락과 분열상은 군대의 파괴와 기술적 진보에 대한 약속이라는 근대화 과정의 두 얼굴을 수반하는 표현이다. …… 바랑코와 …… 초리요스 인근 해안 리조트는 (태평양전쟁 때 칠레) 점령군이 약탈하고 방화한 주택가였다."(Rebaza, 1997 : 285~286)
[***] 뮬(Mule)은 원래 노새, 즉 잡종이란 뜻인데, 1779년 영국의 크럼프턴이 발명한 방적기계를 이렇게 칭한다. 그 기계가 하그리브스와 아크라이트의 방적기계의 장점을 각각 취했다고 해서 그런 이름이 붙었다.—옮긴이

린 돌비늘 판 …… 좁아터진 길이 넓어져, 두 차량——한 차량과 또 다른 차량——이 나란히 마주쳐도 서로 반대 방향으로 지나갈 수 있게 된다. 모든 것이 이렇게 영화 스크린처럼 흔들거리고 어두컴컴하다(Adán, 1971 : 22~23).

여기에는 사물의 가시성이 영화 스크린이 만들어 내는 가시성과 유사해지는 몇 가지 방식들이 등장한다. 에구렌의 경우와는 달리, 자동차와 짐수레 같은 아단의 차량들은 어느 정도의 속도로 움직인다. 프레임 속으로 들어오고 나갈 수 있을 정도로 충분히 빠른 것이다. 사실 눈은 정적인 상태로 있지 않고 차량들과 함께 움직인다. 바로 영화적인 눈이다. 동시에 매개체, 즉 사물들이 가시성 속으로 들고나게 해주는 매개체는 물로 형상화되어 있다. 무화과나무 잎과 집, 그 다음에는 참새와 메뚜기라는 몽타주와 함께 우리는 출발한다. 크게 그리고 작게 또 아주 작게 변하는 추이는 물이라는 매개체를 통해 이루어진다. 물고기 눈은 사물을 원근법적으로 보지 않아, 기하학적 선들이 굴절되어 (카메라의 어안魚眼 렌즈처럼?) 모든 것이 클로즈업된다. 고풍스런 데카르트적 관객을 프레임 외부에 위치시키는 원근법적인 선들의 굴절과 함께, 물은 시각 매체의 촉각적인 효과를 전달한다. 이는 빌 비올라(Bill Viola)가 그의 설치예술에서 스크린을 물속에 위치시키거나 물속을 유영하는 자신의 이미지를 보여 주는 것으로 비디오 매체를 형상화하는 방식과 마찬가지다. 하지만 아단에게는 이미지가 나타나는 지점이나 스크린 역시 중요한데, 수면이 바로 영화 스크린과 같은 것이기 때문이다.

무엇이 그 이미지들을 움직이게 하는가? 처음 주어진 대답은 수면이다. 하지만 곧 그것만으로는 부족해 보인다. 이미지들을 관통해 흐르는 힘, 즉 깊이를 생각하지 않았기 때문이다. 그래서 아단은 종합을 시도한다. 힘이나 수면이나 마찬가지라고 하는 것이다. 그렇게 해서 움직임의 역동성은 포장도로에도 존재하는데, 그 자체로 표면("돌비늘 판")이며 다른 표면들과 겹쳐져 있다.『마분지 집』전체로는 표면과 움직임, 정체와 지속, 자살과 시간 등에 관심을 두고 있다. 그 단락은 장면들 간의 몽타주보다는 한 장면 내의 몽타주를 통해 하나로 겹쳐진 두 차량이라는 고전적인 영상 효과로 끝을 맺고 있다. 마지막 단락에서 "모든 모퉁이에서 파노라마는 영화처럼 변한다"라고(Adán, 1971 : 59)* 말하고 있는 것과 한 치도 다름없이, 여기서는 거리와 도시 자체가 몽타주를 형성하고 있다. 아단의 소설에서 영화가 출현하기 이전의 가시성에 영향을 끼친 영상 충격은 도시에 미친 근대화의 충격에 상응한다.

 영화에서 관객의 상황 및 그 상황의 독서 방식으로의 전환은 사운드 트랙으로 완성된다.

---

* 이 문장은 글 조각(fragments)들로 이루어진(소설 속의 한 인물이 쓴『덤불 시』*Poemas underwood*라는) 시의 한 조각으로, 그 시에서 영화 몽타주는 정렬 기능을 통해 문장들을 단락으로 전환시켜 주는 기계인 타자기와 직접적 관계를 맺는다. 즉 단락은 영화의 프레임처럼 작문 단위가 된다. 여기서는 그 두 가지 근대적인 기술이 상승작용을 일으킨다(페이지 상의 간격 조정과 근대 기술들 간의 상호연결에 관해서는 말라르메의『주사위 던지기』를 참조하고, 감정의 단위이기도 한 단락을 작문 단위로 이용하는 것에 대해서는 거트루드 스타인의『어떻게 쓸 것인가』를 참조하라). 또한 다음도 주목하라. "마지막 입맞춤은 담뱃불들이 꽂힌 촛대들로 가득한 방안의 어둠 속으로 이미 울려 퍼지고 있다. 하지만 이것이 마지막 장면은 아니다. 하지만 이는 입맞춤이 울리도록 하려는 의도다."(Adán, 1971 : 59) 영화가 아직 끝나지 않았기 때문에 여러분들이 입맞춤 소리를 들을 수 있다는 생각은 무성영화의 미학과 자살을 통한 미학적 완성이라는 주제를 결합시킨다("내게 만족스러운 것은 아무것도 없다. 죽음마저도 만족스럽지 못하다. 나는 신중함, 완벽, 흐뭇한 만족을 원한다").

영화 필름만큼이나 긴 탱고가 흐르는 가운데 축음기가 수백만 개의 관점에서——톰 믹스(Tom Mix)의 기괴한 사진집에 등장하는 멕시코 시골집처럼 누렇고 황폐한——해수욕장을 천천히 필름에 담고 있었다. 모든 것의 배후에는 경주가 끝난 오후를 보낸 이튿날 아침의 간이매점처럼 쓸모없고 터무니없는 바다가 있었다.

전자화되기 이전의 축음기가 마을을 필름에 담고 있는데, 그 축음기 역시 초기 영화 카메라처럼 태엽을 감는 것이다. 음악 역시 시각 구성을 산출하고 있다. 그 특유의 속도감을 포함해서 말이다. 근대적 삶의 소리는 그 사운드 트랙이 된다. 그 기술의 표현 형식은 아이러니하게도 이국적인 것(탱고와 멕시코 목장)이지만, 콘텐츠 형식은 페루적인 것이다.

발터 벤야민은 그의 「사진의 작은 역사」에서 새로운 기술이 처음 등장할 때는 예전의 형식을 계속 취한다고 피력했다. 가령 연철의 경우가 그랬는데, 처음에는, 예전에는 불가능했던 새로운 유형의 건축 구조물을 만들어 내는 데 사용된 것이 아니라, 예전의 장식적 양식 역할을 했다. 보다 유명한 예를 들자면, 사진이 처음 등장했을 때는 회화의 특정 면모들을 모방했다.* 뮬 방적기는 영국 산업혁명에 기여한 초창기 기계에 붙인 명칭이었다. 그런데 마르틴 아단의 뮬은 바랑코 거리의 뮬, 즉 노새다.

---

* 벤야민이 지적하듯, 사진의 역사는 단순히 옛 사진과 요즘 사진을 나란히 전시함으로써 보여 줄 수 있는 것보다는 훨씬 복잡했다. 심지어 그 출발점에서도 사진 미래의 기술적/미학적 잠재력 징후를 읽어 낼 수도 있다(Benjamin, 1985).

오후는 보폭이 크고 느릿느릿한 잿빛의 이 노새에게서 비롯된다. 오후 세 시의 빛을 무색하게 만들어 버리고 대신 대기의 은막——한 폭의 영화 화면이지만 둥근 화면이고 어둠이 필요 없는——을 드러내는 광채를 뿜어내는 노새에게서 연유된다. 모든 것이 연유되는 것이다. 각 광선의 끝에 집, 나무, 등불, 그리고 나 자신이 있다(Adán, 1971: 86).

노새의 등 위로 현실의 영화적 실체가 투사되고 있다.** 즉 기술이 페루의 전근대적 잔여물(residue)인 노새의 등 위에서 다시 자리매김하고 있는 것이다. 발산, 한낮, 리마의 열대성 빛이라는 정황들은 어둡고 자욱한 영화와는*** 달리 투사된 빛의 광선을 보이지 않게 만들고, 그 스스로 시각적 표면 혹은 가시적 표면을 형성하여 그 색과 촉감을 "은막"에 형상화시킨다. 문장은 이렇게 이어진다. "이 노새가 우리를 상상할 때, 우리는 창조되고 있다. 살아 있는 것 그리고 살아 있지 않은 것과의 태초의 연대감을 그 노새 속에서 나는 느낀다."(Adán, 1971: 86~87) 글은 창조 서사의 패러디로 흘러간다. "노새의 걸음걸음——신적인 천재가 예정해 놓았으며 영원성의 변함없는 딸각거림을 가진 두 박자 걸음——마다 내 존재는 미지의 운명을 향해 흔들린다." 이 시나리오——현상이기도 한 동시에 근원이기도 하다——는 기술적인 면에서 근대적이지만, 그 프레임과 구성은 1920년대 페루를 특징짓는 근대적인 동시에 비근대적인 것들이다. 그 기술 매체들이 다른 곳에서 발명되고 처음 형상화되기는 했을지언정, 시각적·사변적 의미의 조

** 영화적 실체(cinematic substance)에 대해서는 들뢰즈를 참조(Deleuze, 1989: 2장).
*** "이 연기 자욱한 …… 영화." 아단(Adán, 1971: 53) 참조.

건은 폐루적인 것이다. 아단의 소설을 세계주의적(cosmopolitan) 소설이라고 부르는 것이 어울리지 않는 이유가 바로 리마로부터 이런 탈구를 드러내고 또 읽어 내고 있다는 사실에 있다. 아단의 노새는 근대적 기술전경(technoscape)에 대한 정보를 리마라는 사회 공간 내에 절합시키고 있다.

대화로서의 근대

만약 근대성을 찰나의 경험(experience of evanescence)으로 특징지을 수 있다면, 대안적 근대성들의 스펙트럼, 즉 각 지역별로 저마다의 근대성이 존재하는 상황을 생각해 볼 수 있다. 이는 딜립 가웅카가 1999년에 발간된 『변용/토착적 근대성』(*Alter/Native Modernities*)의 서문에서 주장한 사고 전략인데, 이 책은 『일반대중문화』(*Public Culture*)라는 잡지의 특별판이었다. 그의 관심사 중 한 부분은 근대성에 대한 "문화흡수"(accultural) 이론, 즉 "모든 전통문화가 겪을 수 있는"(Gaonkar, 1999 : 154)* 변화로서의 근대성 작동 이론들을 비판하는 것이었다. 단 한 가지 유형의 이성만이 존재한다는 믿음을 가진 그런 이론들에 숨어 있는 신자유주의적이고 지금은 신보수주의적인 사고방식을 주목하는 것이 중요하다. 그렇게 함으로써 모든 근대성이 전지구적인 지정학적 힘과 특별한 관계 속에 정립된다는 사실을 드러낼

---

* "가령, 모든 문화가 높아져 가는 과학적 의식의 충격을 받을 수 있고, 모든 종교가 세속화를 겪을 수 있으며, 모든 궁극적 목표 체계가 도구적 사고의 성장에 도전받을 수 있고, 모든 형이상학은 현실과 가치의 모순으로 혼란을 겪을 수 있다.…… 우리가 어떤 가치나 이해를 갖게 되면, 이러한 변화들이 한층 쉬워질 수 있는데, 그것은 다른 것들의 득세에 따른 방해를 받는 것이나 마찬가지다."(Gaonkar, 1999 : 154~155)

수 있기 때문이다. 가령 페루 근대성에 대한 곤살레스 프라다의 입장은 미국의 태평양 지배 시작과의 연관관계 속에서 읽혀질 필요가 있으며, 루이스 레바사의 지적처럼, 미국식 근대성 모델을 옹호하는 입장과의 관계도 고려해야 한다. 또한 그것은 신보수주의적 목소리의 본질을 간파해야 할 또 다른 이유를 드러내 준다. 만약 신보수주의적 사고가 주권국의 영토에 대한 군사적 침략을 정당화하기 위해 인권 —— 예컨대 콘돌리자 라이스(Condoleeza Rice) 박사가 취임사에서 말한 대로 하자면, "자유의 적자"(freedom deficit) —— 을 구실로 삼는다면, 그런 유형의 행위에 반대하는 정치적 사고는, 코스타스 두지나스(Costas Douzinas)가 주장한 대로, 주권 문제로 되돌아갈 필요가 있다. 다시 말해, "위로부터의 혁명"에 의해 부과된 근대성 역시 논의의 일부가 되어야만 한다는 것이다.

가옹카의 대안적 근대성 옹호는 근대를 "창조적 적응"(creative adaptation)이 일어나는 공간으로 보는 견해에 근거하고 있다. 그것은 "근대성의 충격을 완화시키기 위해 단순히 그 형식을 조절하고 실천 내용을 기록하는 문제가 아니라, 오히려 사람들이 현재를 문제 삼는 온갖 방식에 주목하는 것이다. 사람들이 외부의 비인간적인 힘에 의해 근대적으로 '만들어지는' 것에 맞서 스스로를 근대적으로 '만드는' 공간이 바로 그곳이다"(Gaonkar, 1999 : 16). 근대에 대한 이러한 입장은 근대적 시간성이 찰나에 지배된다는 특유의 입론에 근거하고 있다. 가옹카는 보들레르를 끌어들여 근대성을 "삶-세상의 허망한 물질성(fugitive materiality)이 현재에 대한 날카로워진 의식에 영향을 미치는 교차 지점에서" 찾아야 한다고 제안한다. 그리고 "보들레르의 파리와 같은 근대도시의 삶과 일보다 더 생생하고 극적인 교차 지점은 없다"고 덧붙인다. 가옹카가 염두에 두는 텍스트 중 하나는 보들레르의 「현대적 삶의 화가」인데, 그 텍스트에서 "근대성은 덧없는 것, 부유하는 것, 우발적인 것이다"라는 문장을 인용한다.

시각적 문화에서 담론적 형식으로 눈을 돌려 보면, 대화는 담론의 찰나적인 형태로 받아들일 수 있고, 대화는 외부의 현재 사건들을 향해 열려 있다. 가령, 곤살레스 프라다의 연설과는 달리 대화는 일상적 삶의 사건에 대해 열려 있는 것이다. 보들레르가 쓰고 있듯이, "우리의 독창성 거의 전부는 시간이 우리의 감수성 위에 찍은 인장으로부터 나온다". 대화가 진행되면, 대화는 자기 자신도 구성해 나간다. 현재라는 시간을 구축해 간다는 이유 때문에 대화는 TV뉴스의 지배적인 형식 (보다 구식이고 보다 선언적인 형태인 뉴스 영화와 대비된다)으로 군림해 왔다. 헤수스 마르틴-바르베로는 건망증을 불러온다는 의미에서 TV뉴스 시간을 "자폐적 현재"라고 부른다(Martín-Barbero, 2002 : 1).

하지만 『성당에서의 대화』(*Conversación en la Catedral*, 1969)에서 마리오 바르가스 요사의 대화는 찰나성에만 사로잡혀 있다 보니, 대화가 근대성 이론으로 사용되는 것의 한계 역시 부각시켜 준다. 이 소설에 등장하는 모든 대화는 예전 대화에 의해 이미 선재(先在)되어 있다. 즉, 대화를 구성하는 단어, 어조, 문장, 단락 등의 상당 부분이 이미 앞에서 말해지고 있는 것이다. 직접성이 오히려 스스로를 직접적이지 못하게 만들어 버리는 것이다. 발터 벤야민이 주장하듯이, 인간이 현재의 비판적 이해에 이르는 유일한 방법은 현재가 과거와 더불어 형성하는 성좌의 포착을 통해서이다(Benjamin, 2002 : 462). 다른 대화 속에 또 하나의 대화를 위치시키는 기술적 방안은 바르가스 요사의 두번째 소설인 『녹색의 집』(*La casa verde*, 1966)에 이미 그 기원이 있었다. 이후에 출간된 『판탈레온과 방문위안부들』(*Pantaleón y las visitadoras*, 1973)이 아마도 바르가스 요사의 소설 중 시각적인 면에서 가장 성공적으로 영화로 만들어진 경우이기는 하지만, 가장 영화적인 소설은 『녹색의 집』이다. 콘래드가 모네의 그림을 모델 삼아 전적으로 시각적인 체험으로서의 『나르키소스 호의 검둥이』(*The Nigger of the Narcissus*, 1897)를 구상했다면, 『녹색의 집』은 전적으로 영화적인 소설이다. 콘래드가 정통했던 (시각적이면서 동시에 청각적인) 의미 디테일의 선택 없이도, 『녹색의 집』의 각 장면은 툭탁거리는 소리를 불어넣어 즉시 생기를 띠게 만드는 사운드 트랙이 곁들여진 스크린 속 형상들의 맥박과 함께 움직인다. 비교를 위해 여기 두 소설의 첫 장을 여는 단락을 제시한다.

> 나르키소스 호의 수석 항해사 베이커 씨는 불이 밝혀진 그의 선실을 단걸음에 성큼성큼 벗어나 뒷갑판의 어둠 속으로 들어갔다. 그의 머리 위쪽, 선미 난간 위의 야간 파수꾼이 종을 '디리링' 대며 울리고 있었다. 아홉 시였다. 베이커 씨는 위쪽에 있는 사람을 향해 물었다.
> "일꾼들은 다들 승선했나, 놀레스?"
> 그 사람은 천천히 사다리를 내려와 반사적인 대답을 했다.
> "그럴 겁니다, 항해사님. 모든 친구들이 저기 있을 겁니다. 새 일꾼도 여럿 왔고……다들 저기 있는 게 틀림없습니다."(Conrad, 1929 : 3)[*]

---

[*] 콘래드는 그의 '서언'에서 "내가 이루고자 노력하는 바는 쓰여진 단어의 힘을 통해 여러분들이 듣게 만드는 것, 여러분들이 느끼게 만드는 것, 다시 말해, 가장 우선적으로는, 여러분들이 '보게' 만드는 것이다"(Conrad, 1929 : X)라고 적고 있다.

문소리에 원장 수녀는 책상으로부터 고개를 들었다. 앙헬리카 수녀가 회오리바람처럼 방안으로 뛰어들더니 그 창백한 손을 의자 등받이 위로 떨어뜨렸다.

"무슨 일이에요, 앙헬리카 수녀님? 왜 그렇게 요란하게 들어오죠?"

"다들 도망갔어요, 수녀님." 앙헬리카 수녀가 우물우물 말했다. "한 명도 안 남고. 맙소사."

"대체 무슨 말이에요, 앙헬리카 수녀님?" 벌떡 일어나 있던 원장 수녀가 문 쪽을 향해 다가갔다. "원생들이요?" (Vargas Llosa, 1966 : 23)

그렇지만 서사적 사건으로서의 시각이 갖는 강력한 힘과 플래시백 영화 기법의 이용에도 불구하고(말하자면 이야기가 논리적으로 연결되어 있는 것은 아니다),* 그에 못지않게 바르가스 요사의 소설이 긴 시간대(1920~1960년대)의 여러 순간들을 결합시키는 방식은 언어적 기억에도 근거하고 있다. 서사 편린들은 두 요소로 이루어지는 독자의 기억에 의해 서로 연결되어 있다. 두 요소란 매음굴인 '녹색의 집' 그 자체에 대한 반(半)-신화적인 기저 이야기와 40여 년 세월을 오르락내리락하면서 앞뒤로 잘라 들어가는 대화들이다. 바사드레 식 의미의 페루의 실패에 대한 대답으로 읽을 경우, 40년이 넘는 시간의 폭에 걸쳐 밀림으로부터 해안에 이르기까지 국가 영토 전부를 포괄하는 『녹색의 집』이란 통합적인 이야기로 묶어 가는 것은 바사드레가 말하는 "단절된 채 서로 철저히 차단된 구획들"을 서로 간에 의미를 갖는 관

---

* 바르가스 요사의 첫 장편소설 『도시와 개들』(*La ciudad y los perros*)이 이미 이동 촬영이나 파노라마 식 촬영 기법을 포함하고 있기는 하지만, 『녹색의 집』을 특징짓는 리드미컬한 컷의 사용은 아니었다.

계 속으로 끌어들이는 데 성공하고 있다. 그런데 진보의 서사나 대중의 역사 진입 서사 같은 단일한 주-서사를 이용하지 않고도 그렇게 해내고 있다. 해안 지방의 반-신화적 과거를 상업 자본의 폭력과 나란히, 또 사회적 통합은 이룩하지 못하고 영토적 통합만 수행한 국가 기구로서의 군경의 대두와 나란히 위치시키고 있는 것이다.

한편 바르가스 요사는 『성당에서의 대화』를 통해 영화의 컷팅과 보다 전통적인 언어적 서사의 결합보다는 영화 몽타주 기법의 가능성을 대화 자체의 소재로 완전히 전환시킨다. 소설은 시간과 장소를 지속적으로 전환시킴으로써, 매개되지 않은 컷들을 스쳐 가는 단일한 대화를 구성한다. 시나리오 속에 시나리오가 있고 대화자 속에 대화자가 있어서 시간상 "앞으로" 그리고 또 "뒤로" 이끌어 가고 있다. 그리고 지속적인 전환의 기저에는 주제뿐 아니라 그 각각의 순간들을 구성하는 언어 게임이 자리하고 있다. 즉 장소의 의미는 『녹색의 집』에서처럼 페루의 지리적 분산에 있지 않고, 대화가 사회적 권력의 엄청난 차별을 가로지르면서 권력관계들의 의미를 변화시키고 있다는 데 있다.**
『성당에서의 대화』는 페루 근대성을 가장 총체적으로 다루는 장면들 중 하나다. 대화는 1940년대 오드리아의 독재 기간에 이루어지지만, 모든 대화가 앞서 나온 다른 대화를 내포하고 있다는 사실을 알아차리는 데서 산출되는 효과는 매개되지 않은 현재성을 통해 시간을 비워낼 수 있는 해결책을 제시해 준다. 그 엄청난 모순은 과거와의 주된 관계가 잃어버린 순수성의 회상을 통해 솟아나는 비애감의 일종이라는

** 『녹색의 집』은 주로 북부 해안 사막지대에 위치한 도시 피우라와 페루 아마존 등의 오지를 배경으로 한 소설이고, 『성당에서의 대화』는 수도 리마에 거주하는 주인공이 술집 '성당'에서 벌이는 대화를 통해 페루 사회의 권력층을 해부하는 소설이다.—옮긴이

데 있다. 하지만 비애감이 과거와의 약한 연결고리라면, 즉 근대성의 불연속적인 시간을 포착하는 능력이 신통치 않다면, 형식상 과도하게 불연속적인 대화라는 장치는 비애감의 단성성이라는 함정을 상쇄시키는 역할을 한다. 비애감이 과거를 소진시키고 유폐시킨다면, 지속적으로 절단되고 전환되는 대화는 개방성이라는 정반대의 효과를 갖는다. 발델로마르의 20세기 초 고전적 단편인 「신사 카르멜로」가 현재와 단절된 우수 어린 과거를 제시하는 것은 페루 근대성 경험의 한 측면이었다. 『성당에서의 대화』는 바로 그런 이미지에 억압된 것들을 드러낸다. 즉 근대성의 현재가 발델로마르 식의 전근대적인 과거를 지속적으로 깨뜨리고 재배치하는 방법을 보여 주고 있는 것이다.

쿠스코의 담벼락 앞에서

호세 마리아 아르게다스*의 『깊은 강』의 어린 주인공이 불규칙하게 쌓은 석조 건축물을 지켜보는 그곳, 즉 쿠스코 잉카 담벼락 앞의 장면은 현대 페루 문학의 "토대를 이루는"(foundational) 시나리오 중 하나다. 그 시나리오에서는 토착적 과거, 즉 과거의 문화적·정치적 질서를 읽을 수 있다. 하지만 문제는 '어떻게 그리고 어느 정도까지 읽을 수 있는가?' 하는 것이다. 분명 이는 페루 역사 기술에서 피해 갈 수 없는 문제다.

아르게다스의 쿠스코는 잉카 가르실라소**의 쿠스코에 대한 다시 읽기다.*** 시몬 볼리바르****가 독립운동 중에 말안장 주머니에 넣고

---

* 호세 마리아 아르게다스(José María Arguedas, 1911~1969). 페루의 원주민주의자, 소설가, 인류학자로 『깊은 강』(Los ríos profundos, 1958)은 그의 대표작이다. ─옮긴이

다니던, 잉카 가르실라소의 『잉카 왕조사』는 그 자체가 페루 근대성에 대한 최초의 자료일 것이다. 아니발 키하노의 주장에 따르면, 비록 "범주로서의 근대성이 …… 유럽에서, 특히 18세기에 생겨났다고 하더라도, …… 근대성의 산출 과정은 라틴아메리카 역사 형성과 직접적이고도 아주 중요한 관계를 갖는다"(Quijano, 1988 : 10~11). 키하노의 이와 같은 단언은 아메리카 발견이 "유럽인들의 상상력에 심오한 혁명"을 가져다준 이상, 시간적 범주로서의 근대성 상상의 토대에 자리하고 있다는 것이다.

과거, 즉 영원히 잃어버린 황금시대의 거점으로부터 정복과 건설을 지향하는 황금시대인 미래로의 이전이 일어난다.
아메리카를 빼고서 16~17세기 유럽의 독특한 유토피아, 새로운 합리성의 첫 징후들을 …… 포착할 수 있는 그 유토피아의 도래를 어찌 상상할 수 있겠는가?
그 독특한 유토피아의 등장은 근대성 형성 과정의 첫 순간으로 인식될 수 있다. 인류의 상상력 속에 미래를 위한 새로운 자리가 없었더라면, 근대성에 대한 생각 자체도 하지 못했을 것이다(Quijano, 1988: 12).

** 잉카 가르실라소 데 라 베가(Inca Garcilaso de la Vega, 1539~1616). 아메리카 정복 직후 잉카의 수도 쿠스코(Cusco)에서 잉카 왕녀와 스페인 정복자 사이에서 태어난 혼혈, 즉 메스티소로 잉카 시대에 대한 귀중한 자료인『잉카 왕조사』(Comentarios reales de los incas, 1609) 등 여러 기록을 남겼다.—옮긴이
*** 쿠스코에 대한 아르게다스의 1941년 에세이「쿠스코의 새로운 역사적 의미」("El nuevo sentido histórico del Cusco", in Arguedas, 1985 : 131~138)는 『잉카 왕조사』와 『깊은 강』의 매개가 되는 텍스트로 볼 수 있다
**** 시몬 볼리바르(Simón Bolívar, 1783~1830). 베네수엘라인으로 라틴아메리카의 3대 독립 영웅.—옮긴이

이런 맥락에서 보면, 잉카 가르실라소의 『잉카 왕조사』는 잉카 사회를 유토피아적 상상력으로 읽어 내려는 최초의 결정적인 시도였다. 그리고 잉카 가르실라소의 책을 그렇게 결정적으로 만든 상당 부분은 토머스 모어의 『유토피아』보다 훨씬 나아간 것들이다. 단순히 아메리카 사회의 사회적 합리성뿐만 아니라 문법, 어휘, 신화, 신학, 그리고 그 땅을 상징들의 네트워크로 변화시킨 것 등 그 사회를 이루었던 기호들의 우주 역시 이용할 수 있도록 해주었기 때문이다.

마지막 사안에 대한 최고의 예는 '와카'*에 대한 장이다. 잉카 가르실라소는 와카가 신이 아니라고 애써 강변하면서, 초기 스페인인 연대기 작가들이 잉카 언어를 몰라서 와카를 신으로 칭하는 오류를 범했다고 한다. 그래서 잉카 가르실라소는 그런 기호 읽기, 더 정확히 말해 그런 기호를 읽을 수 있게 만들기를 역설하는 것이다. 바위와 돌은 '와카'가 취하는 주된 형태이다. '와카'인 바위와 돌 둘 다 원래 모양 그대로, 다듬어진 모양으로 혹은 표면에 무엇인가 새겨진 상태로 땅을 가로질러 옮겨 갈 수 있다(물론 신화 속에서). 그래서 『깊은 강』의 주인공 소년 에르네스토는 잉카의 담벼락을 보며, 스페인인들이 "정으로 두들겨서 돌들의 '영험'을 없애 버렸을 것"이라는 생각에 잠겨 버리는 것이다(Arguedas, 1983 : 17). 어떤 의미로 아르게다스는 페루에서 잉카 역사가 멈춘 지점을 읽어 낸 것이다. 하지만 단지 어떤 의미로 그렇다는 것이다. 담벼락 앞의 장면은, 가능한 여러 가지 읽기 방식 중의

---

*잉카 가르실라소에 따르면, 안데스 원주민들이 신령스럽게 생각한 모든 대상을 '와카'(huaca)라고 했지만, 그렇다고 그것이 신은 아니었다. 그 중에는 바위, 나무, 산, 돌 같은 자연물도 있고 그렇지 않은 것도 있다고 한다. 한 마디로 말해 와카는, 긍정적인 경우든 부정적인 경우든, 다른 것들과 차별되어 특별 취급을 받던 모든 '희귀한 것'들을 칭하는 말이다.—옮긴이

하나로 보자면, 과연 원래의 '영험'이 20세기 페루에서도 실제 경험 가능한지에 대해 근본적인 의문을 제기하고 있기 때문이다.

『깊은 강』속 장면의 시간적 함의는 복합적이고 모순적이다. 키하노의 주장처럼 근대성의 지배적인 형태가 19세기와 20세기에는 도구적 이성으로 변질되었다고 한다면, 르네상스 식 격자 공간과 대립하는 잉카 석조물의 완전한 불규칙성은 무엇을 의미할까? 토착문화를 서구적 근대성 내부로 끌어들여 서구적 근대성에 맞세울 수밖에 없다고 보는 경우에는, 도구적 이성으로서의 합리성이 아닌 대안적 합리성에 간절히 호소하고 있다는 의미다. 그 같은 합리성은 아마도 아르게다스의 시「몇몇 박사들에게 고함」(Llamado a algunos doctores)에서 가장 강력하게 구현되고 있을 것이다. 이 시는 기술에 대한 정의의 폭을 넓히자는 제안을 통해 기술적 근대성이라는 서구식 모델을 반박한다. 키하노는 "피지배 언어의 모든 표현 가능성"을 번역하자는 아르게다스의 주장을 "언어적 전복 프로그램"과 동일시하며, 그 최고의 의미는 "대안적 합리성의 제안"이라는 의미일 수 있다고 본다(Quijano, 1988: 64). 하지만 담벼락 앞의 장면은 번역이란 문제에 있어 잉카 가르실라소의 책보다 미덥지 않다. 상대적으로 번역 불가능한 잔여물일 가능성이 더 크기 때문이다. 공공건물 디자인의 잉카 모티브 도입에도 불구하고 당시 페루에 존재하던 근대성 ─특히『깊은 강』의 시간적 배경인 레기아 통치 시기의 근대화─은 실패했다. 그렇다면『깊은 강』의 그 장면이 무엇보다도 잉카 가르실라소의 유토피아를 구현한 것일까? 바르가스 요사의 대화처럼 잉카의 돌에 대한 관조도 과도하다.

소설의 핵심 부분은 다음과 같다.

잉카 담벼락의 돌들은 생각했던 것보다 훨씬 거대하고 놀라웠다. 좁은 골목 쪽으로는 막혀 있는 데다 회가 입혀진 2층 밑에 깔려 꿈틀거리고 있었다. 그때 피의 강 *"yawar mayu"*, 피비린내 나는 물 *"yawar unu"*, 끓는 피의 호수 *"puk'tik' yawar k'ocha"*, 피눈물 *"yawar wek'e"*처럼 한결같이 처절한 구절을 반복하는 케추아 노래들이 생각났다.* 혹시 *"yawar rumi"* 즉 피의 돌이나 *"puk'tik' yawar rumi"* 즉 끓는 피의 돌이라고 할 수는 없을까? 담벼락은 가만히 있었지만, 모든 선들이 넘실거리고 표면이 변화무쌍했다. 마치 가장 강력하고 무시무시한 급류 한가운데를 향해 물살이 넘실대는 여름철 강의 수면 같았다. 원주민들은 그런 흙탕물의 강을 *"yawar mayu"*라고 불렀는데, 햇살을 받아 요동치는 모양이 피가 고동치는 모양과 닮아 보이기 때문이었다. 그들은 전사의 춤에서 가장 과격한 순간, 그러니까 춤꾼들이 싸움을 연출하는 순간도 *"yawar mayu"*라고 했다. "Puk'tik' yawar rumi!" 그 담 앞에서 나는 크게 소리를 질렀다. 그런데도 거리는 여전히 조용했기에, 그 구절을 몇 번이고 반복해 외쳤다(Arguedas, 1983 : 14).**

세월이 흐르면서 이 부분을 읽는 세 가지 방식이 생겨났다. 첫번째는 안토니오 코르네호 폴라르가 주장해서 다른 읽기의 근본이 된 방식으로, 번역의 역할을 강조한다. 즉 케추아 노래 구절의 번역을 통해

---

* 케추아(quechua). 잉카인들의 언어이자 현재 안데스에서 가장 널리 사용되는 원주민 언어.—옮긴이
** 케추아어 구절을 이탤릭체로 썼는데, 이 작품의 초판본에 준한 것이다(Bunos Aires: Losada, 1958)

담벼락의 의미가 다른 문화 속으로 가로질러 든다는 것이다. 즉 살아 있는 구전 전통이 소설이란 장르 속으로 들어와 이 장르를 변화시켜 나가는 과정에서,*** 토착문화가 다른 문화에 수용될 수 있도록 해주고 있다. 코르네호 폴라르에게 이 과정은 유토피아적일 수밖에 없다. 생생한 목소리를 글쓰기로 끌어들이는 데에는 피할 수 없는 손실이 있다. 소리가 글쓰기를 완전히 가로질러 든다는 것은 "불가능한 유토피아"이다. 그래서 코르네호 폴라르는 "안데스 노래"에 대해 서술하고 있다. 화자이자 주인공인 에르네스토가 어린 시절에 알던 (케추아어만 아는) 원주민 소녀들, 즉 편지를 쓸 대상으로는 "불가능한 모델"에게 편지를 쓰는 자신을 상상하는 장면에서이다. 코르네호 폴라르는 에르네스토가 크게 소리 내어 말하는 순간이 지닌 극적인 의미를 부각시킨다. "케추아어를 이탤릭체로 따옴표 안에 표시하는 형식의 번역은 에르네스토의 환희에 찬 외침이 그 낯설음을 지워 버리는 순간 사라지고 만다"는 것이다(Cornejo Polar, 1994 : 214).**** 이렇게 코르네호 폴라르의 읽기 방식에는 번역과 그 한계, 유토피아와 손실 사이의 긴장이 존재한다. 코르네호 폴라르는 이 손실 때문에 비애를 느끼는 태도, 어

*** "소설처럼 완전히 근대적이고 도시적인 문화 도구와 여타의 사회-문화적 규범들을 따르는 지시적인(지시적이기만 한 것은 아닌……) 순간의 관계를 발생시키는 첨예한 긴장 (Cornejo Polar, 1994 : 211)."
**** 이 대목은 에르네스토가 사랑에 빠진 친구의 부탁으로 알지도 못하는 소녀에게 편지를 쓰는 대목이다. 에르네스토는 자신이 모르는 소녀, 그것도 원주민 세계에 동화된 자신과는 다른 낯선 세계에 속하는 소녀에게 아름다운 연애편지를 쓰는 것이 아주 힘들다는 사실을 깨닫게 된다. 그래서 어릴 때 알던 원주민 소녀들을 대신 생각하며 편지를 써 보려 한다. 하지만 이 역시 허사로 돌아간다. 스페인어도 또 글도 모르는 원주민 소녀들을 대상으로 편지를 쓴다는 사실이 영 낯설기 때문이다. 그러다가 원주민 소녀들에게 케추아어로 아름다운 노래를 불러 주는 자신의 모습을 상상하는 순간 편지가 술술 써지는 경험을 하게 되고, 이에 감격의 눈물을 흘린다.—옮긴이

쩌면 우수에 찬 태도를 취한다.

이 장면을 읽는 두번째 방식은 빅토르 비츠가 제시했다. 비츠는 토착적 요소들의 "일종의 번역 불가능성"에 관심을 두고 있다.

> 나에게 담벼락은, 에르네스토가 해독해 내려고 애쓰지만 결코 완전히 파악할 수 없는 무정형의 의미 더미로 느껴진다. …… 사실 에르네스토가 벽을 만지는 것이지만 그는 벽이 자신을 만지는 느낌도 받는다. 에르네스토와 담벼락 사이에 우리로서는 절대로 속속들이 알 수 없는 의미들의 교환이 이루어진다. 에르네스토를 불러들이는 동시에 배척하는 극단적인 낯설음의 순간을 다루고 있다. 담벼락은 에르네스토를 호출하고, 그 호출은 페루 역사의 고뇌의 밀도를 그에게 보여 주는 것을 목표로 하고 있다(Vich, 2005 : 368).

비츠가 지적하듯, 이 독서법은 번역 불가능성을 인정함으로써 이론적 패러다임의 변화, 즉 문화횡단(transculturation) 패러다임에서 이질성* 패러다임으로의 변화를 불러올 수 있다. 문화의 이전 가능성을 주장하는 한, 문화횡단 개념은 근대라는 시간성이 문화적·시간적 타자를 읽어 내 포용할 수 있다고 믿는 견해에 자연스럽게 연결될 수 있다.** 비츠는 "문화횡단이 스스로를 구성하기 위해서 배제시키는 것

---

* 이질성(heterogeneity). 여러 사회-문화적 규범이 융화되지 않고 갈등을 일으키면서 혼재하는 상태. 이런 사회에서는 통일적이고 자율적인 근대적 주체 대신 복합적이고 분산적이며 다원적인 주체가 등장한다는 것이 이질성 이론의 주장이다.—옮긴이
** 근대성의 시간에 대한 피터 오스본의 이론화 작업을 참고하라. 그는 시간이 제공하는 선험적인 개념적 기반을 강조한다. 그 기반 없이는 다른 시간들을 끌어와 비교하는 것이 불가능하다고 보기 때문이다(Osborne, 1995 : 29).

은 무엇인가?" 하고 묻는다. 이는 "아르게다스의 그 장면이 확연히 드러내는 이질성을 그 옛날 잉카 가르실라소는 억압한 것일까?"라는 질문을 불러온다. 비츠는 또한 "동질화 작업을 행하지 않는 국가를 상상하는 것이 가능한가?"라고 물으면서 다른 문화에 대한 지식과 권력 간의 불가피한 관계를 지적한다. 비츠는 "'다른' 문화의 텍스트화는 그 문화를 보다 생산적으로 지배하는 데 이용되어 왔다"고 말한다.

세번째 읽기 방식은 『깊은 강』 해석 방법의 하나로 구전문화 대 문자문화라는 이원론의 사용을 비판하려고 나의 에세이에서 주장한 것이다. 나는 이런 대립이, 안데스의 매듭문자 키푸스에서 풍경을 보는 방식에 이르기까지, 안데스 텍스트의 모든 관례를 보이지 않게 만들어 버린다고 본다.*** 안데스 텍스트는 확장된 데리다 식 정의에 따른 쓰기 형식을 구성하고 또한 토착 문화의 재생산에 필요불가결한 문화 관례의 스펙트럼도 구성한다. 『깊은 강』에서 새겨 넣기 관례의 그 형식들은 숨바이유****라는 장치로 집약되는데, 이 장치는 서구식 학교 교육 영역 내에 토착적인 텍스트 관례, 즉 토착적인 읽기와 쓰기 방식을 도입시켜 준다.***** 이런 연결 속에서 잉카의 과거, 가령 담벼락

*** 이 지점에서 나는 아널드와 야피타의 『머리의 구석』(Arnold and Yapita, 1998)을 이용하겠는데, 그 책은 신자유주의적 이중 언어 교육에 맞서서 안데스 텍스트의 권리를 주장하고 있다. 두 저자는 신자유주의적 이중 언어 교육이 알파벳에 의거한 글쓰기와 읽기라는 편협한 방식을 이용함으로써, 마치 백미러를 통해 볼리비아의 토착 안데스 문화를 정의하는 형국임을 보여 준다. 그런 교육 과정 속에서는 쓰기에 대한 토착적 이론은 억압되고 말 뿐이다.

**** 숨바이유(zumbayllu). 팽이를 뜻하는 말로, 『깊은 강』에 따르면 '-이유'는 윙윙거리는 소리를 내는 사람 혹은 생물체에 붙는 접미어이다. 이 작품에서 주인공 에르네스토는 윙윙거리는 소리를 내는 숨바이유를 일종의 와카로 여긴다.—옮긴이

***** 나는 『깊은 강』에서 그런 방식들이 문자에 대한 식민주의적(아우구스티누스적) 관념과 대립되는 전위주의적·표의적 문자 개념을 통해 알파벳에 의거한 글쓰기 속으로 침투했다고 주장한 바 있다(Rowe, 2003).

에 스며들어 있는 잉카 로카*를 읽어 낼 수 있도록 해주는 것은 안데스의 현재에 대한 지식이다. 그 지식은 민속학과 민족지적 관례를 통해서, 특히 전통 민요에 대한 제의적·역사적 맥락 연구를 통해서 얻어진다. 이는 아르게다스가 1930년대 중반부터 지속적으로 수행하고 제자들에게도 권한 작업이었다. 그러므로 확장된 읽기 이론의 맥락 속에서 숨바이유와 함께 위치할 경우 잉카 담벼락 앞의 장면은 페루 문학에서 가장 복잡다단한 장면을 구성한다. 그 장면은 일목요연한 구분선을 긋는 것을 불가능하게 만드는 문화적 "타자"가 의미하는 것을 극화한 것이다. 그 장면에 국가가 생산하고 해석한 근대성과 대립되는 대중적 근대성(popular modernity)을 위치시킴으로써, 국가가 행한 시기구분을 애매하게 만들고——아마도 거부하는 것이고——, 시기구분의 근거가 되는 시간적 상상력을 비판한다.

    이 세번째 읽기 방식은 타자를 단일한 시간선이나 발전이라는 개념 속에 자리매김하는 것을 불가능하게 만든다. 그것은 바로 비츠가 주장한 잃어버린 타자성의 잠정적 소기를 위한 조건이다. 하지만 지배자로 군림해 온 권력 형태라는 의미에서의 실제 역사는 반대로 흘러왔다. 즉, 발전이라고 부르는 선형성을 강요했던 것이다. 따라서 세번째 읽기 방식에 대한 주장, 또 그 주장이 사실성을 획득할 수 있을 가능성은 사회변화에 대한 희망에 달려 있었다. 그런 희망은 『피의 축제』에

---

* 잉카 로카(Inca Roca). 제6대 잉카 군주로 앞에서 언급된 『깊은 강』의 담벼락 일화는 그의 왕궁 외벽에서 일어난 사건이다. 좀더 정확히 말하자면 외벽 기단만 남아 있고 그 위에는 스페인 식 건물이 들어서 있는 담벼락으로, 쿠스코에서는 흔히 볼 수 있는 풍경이다. 담벼락 일화에서 에르네스토는 기단을 이루고 있는 잉카의 돌들이 말을 하고 움직일 것만 같이 느낀다. 심지어 그 돌들의 옛 주인인 잉카 로카가 기단 위의 스페인 식 건물에 살고 있는 이들을 벌할 것이라고 말하기도 한다.—옮긴이

서는 마리아테기의 이름에, 『깊은 강』에서는 원주민 노예농들의 의기양양한 아방카이 시 입성에 암호처럼 담겨 있다.** 읽기 방식은 정치 투쟁 혹은 알베르토 플로레스 갈린도가 "역사 강행하기"(forcing history)라고 부르는 것과 관련된 문제가 된다.

알베르토 플로레스 갈린도의 역사와 메시아적 시간

마리아테기에 대해 쓴 플로레스 갈린도의 책 『마리아테기의 사투』(*La agonía de Mariátegui*, 1980) 역시 페루의 시간성에 대한 성찰이다. 마라아테기 읽기인 그 책의 핵심 주장 중 하나는 마리아테기의 작업이 페루 역사가 유럽 역사와 동일한 단계를 거쳐야 한다는 생각, 즉 사회주의가 하나의 가능성이 되려면 그전에 "아시아적" 생산양식에서 봉건주의, 봉건주의에서 다시 자본주의를 거쳐야 한다는 생각으로부터의 철저한 탈피를 추구한다는 것이다. 다시 말해, 마리아테기는 진보 이데올로기와 결별했다. 하지만 플로레스 갈린도 역시 성취하기 훨씬 더 어려운 생각을 주장하고 있다. 과거를 미래로 투사시킴으로써, 살아온 그 시간을 구원하자는 것이다. 세사르 바예호의 "삶 때문에 죽기,

---

** 『피의 축제』(*Yawar fiesta*)는 아르게다스의 1941년 작품이다. '피의 축제'란 황소 등에 콘도르를 묶어 놓고 거행하는 토착화된 안데스 투우 축제이다. 이 소설에서 아르게다스는 피의 축제라는 소재를 통해 원주민들의 저항의식을 부각시키고, 이 저항의식이 사회변화를 이끌어 내리라는 희망을 암시한다. 마리아테기의 이름을 작품 속에서 언급한 것도 그러한 희망의 표출이라는 것이 윌리엄 로우의 주장이다. 실제로 아르게다스는 원주민주의와 사회주의 필요성을 역설한 마리아테기를 정신적 스승으로 여겼다. 노예농(colono)의 아방카이 시 입성 이야기는 『깊은 강』의 결말 부분에 해당한다. 삶에 대한 희망조차 상실해 버린 듯했던 원주민 노예농들이 그들의 요구 조건을 관철시키기 위해 대농장에서 나와 무리지어 아방카이로 행군하는 것을 보고 아르게다스의 분신이나 마찬가지인 주인공 소년 에르네스토가 희망을 품게 되는 것으로 작품이 끝난다.—옮긴이

시간 때문이 아니라"(morir de vida y no de tiempo)라는 말이나 그 말에 담긴 열망은 그런 시간 개념을 드러내 준다.* 그것은 "시간은 균질한 추상적 조각들로 분할된다"는(Debord, 1995 : 107) 근대성의 표준적인 시간과 정반대로 대립되는 시간이기 때문에 이해하기가 쉽지 않다. 거기 담긴 미래성이란 개념은 연대성부재(uchrony) 개념과는 완전히 다른 것이다.

연대성부재 개념에서는 페루 역사를 "발전된" 사회의 역사와 비교하면서 일종의 결핍으로 파악한다(Chocano, 1987 : 50). 다시 말해, 연대성부재 개념은 이미-형성된 연속성 모델에 대한 종속이라는 의미를 깔고 있다. 반대로 플로레스 갈린도가 마리아테기에게서 발견한 것은 대안적인 의미에서의 역사가의 책무인데 그것은 바로, 1940년 발터 벤야민이 말한 대로, "역사의 연속성을 터뜨려 열어젖히는 것"이다(Benjamin, 1973 : 264).** 메시아적 시간에 대한 벤야민 식 개념에서는 현재가 "메시아적 시간 칩(즉 파편)을 완성하는 하나의 숏(shot)으로서의 '이 순간의 시간'"이 되는데(Benjamin, 1973 : 265), 이는 플로레스의 마리아테기 읽기에 대한 이해를 도와준다. 이런 의미의 시간은 전적으로 비-희생적이다. 그것은 미래의 초월적인 무엇을 위해 현재에서는 참아 내는 그런 것과는 전혀 다르다. 또한 그것은 현존하는 사회적 관계 속에서 권력을 축적하는 것과도 전혀 다르다. 벤야민은 이를 다음과 같이 적고 있다.

---

* 세사르 바예호(César Vallejo, 1892~1938). 페루를 대표하는 전위주의 시인.—옮긴이
** 전체 문장은 "역사의 연속성을 터뜨려 열어젖힐 수 있는 사람"이다. 그 앞 문장은 "사적 유물론자들은 역사를 다른 사람들에게 떠넘겨서 역사주의라는 갈보집의 '옛날 언젠가'라는 갈보년으로 하여금 배출하도록 만든다"이다.

혁명계급들은 혁명을 수행하려는 순간 자신들이 이제 곧 역사의 연속성을 파괴하려고 한다고 지각하는 특징을 보여 준다. 대혁명(프랑스혁명 같은 경우)은 새로운 달력을 도입한다. 그 달력의 첫날은 역사적인 저속 촬영 카메라 역할을 한다. 그리고 근본적으로 축제일, 즉 기념일의 가면 속에서 되풀이하며 간직하는 날과 동일한 날이다. 그러므로 그 달력은 시계가 측정하는 방식으로 시간을 측정하지는 않는다. 그 달력은 역사의식의 기념물인데, 지난 백 년간 유럽에서는 그런 의식의 조그마한 흔적마저도 나타나지 않았다(Benjamin, 1973: 263~264)

플로레스는 자기 책 제목의 의미를 드러내 주는 단락에서 "혁명은 사상이라기보다는 감정이다. 개념이라기보다는 열정이다"라는 마리아테기의 말을 인용하고는, "다른 말로 하자면, 혁명은 '대문자로 쓴' 유토피아요, 신화요, 어떤 면에서는 우리 시대의 종교이며 지상의 천년왕국을 갈구하는 투쟁에의 초대, 즉 사투다"라고 언급한다(Flores Galindo, 1994 : 438~439).

내가 제안하는 바는 『마리아테기의 사투』가, 죽은 지 50년이나 되는, 마리아테기를 읽는 방법에 대한 논의로만이 아니라 20세기 말을 사는 역사학자의 작업 무대배경(mise en scène)으로도 읽힐 수 있다는 사실이다. 마리아테기에 대한 글을 쓰면서 플로레스 갈린도는 자신의 시도를 역사학자로서의 일로 자리매김하고 있다. 예를 들어 『귀족공화국의 절정과 위기』(*Apogeo y crisis de la república aristocrática*)와 『안데스 유토피아』(*La utopía andina*)의 저자로서 말이다. 1895년에서 1930년 사이 페루의 근대화 과정을 추적한 『귀족공화국의 절정과 위기』 서문에서, 플로레스는 국내 시장의 성장을 통해 상이한 부분들이 절합되어 가는 과정에 있는 "다양한 나라"(un país múltiple)가 바로 페루라고 규정한다.

그렇지만, 모든 변화와 혁신에도 불구하고, 국내 시장의 발전은 미약하고 전(前)자본주의적인 면모들은 이 시대의 인간관계와 노동관계, 인간의 정신 상태와 존재 양태를 와해시킨다. 이질성에 대해서는 사탕수수 대농장(hacienda), 안데스의 라티푼디움, 리마의 공장을 다루면서 이미 살펴보았고, 통합의 메커니즘은 남부 안데스의 상업자본 양태를 출발점으로 검토해 봤다. 그러므로 이제는 '귀족공화국'이 어째서 옛것과 새것 간의 불균형과 갈등의 시대인가를 살펴보겠다(Burga and Flores Galindo, 1994 : 26).

다시 말해, 실제의 다양성을 전혀 숨기지 않고, 이질성과 통합을 나란히 보여 주는 것이 플로레스 갈린도의 방법이다. 페루를 전체로 인식하는 것은 1910년대에 지방에서 리마로 이주해 온 지식인 세대에게만 가능한 일이었음을 그는 보여 준다. 오직 그때부터 "공통적인 하나의 역사"(Burga and Flores Galindo, 1994 : 269)를 상상하는 것이 가능해지기 시작했다. "거의 모든 사람들에게 페루는 현실이라기보다는 희망이나 유토피아인 채로 끝나 버렸다. 다들 이 나라를 국가가 아니라 국가가 될 수 있을 가능성으로, 마리아테기가 1927년에 말한 대로, '창조해야 할 하나의 관념'이라고 결론 내렸다."(Burga and Flores Galindo, 1994 : 266) 연대성부재의 결핍은 갈린도의 작업에서 상이한 시간들을 동시에 생각할 수 있는 능력에 의해 극복되었다.

하지만 그것은 상이한 시간들의 수렴 문제가 아니다. 수렴이라는 말은 너무 소극적이고 자연스럽다는 이미지를 풍긴다. 시간적 이질성을 생각하는 데에는 의지가 요청된다. 마리아테기 식 의미에서의 페루 시간은 다양한 자료를 한군데로 모으는 적극성을 요구한다. 즉 잉카 문명에 대한 고고학적 연구, 현대 원주민 공동체에 대한 사회학적 연구, 농민봉기와 농민회의(원주민 회의Congreso de la Raza Indígena) 가입에 대한 연구, 레기아의 과학기술적 근대화 등의 자료이다(Flores Galindo, 1994 : 432~433). 직선적이고 유럽적인 역사 이미지에 대한 마리아테기의 거부는 이 자료들의 종합에서 비롯되었다. 그것은 그가 러시아혁명이 이탈리아 정치에 미친 영향을 경험하고 유럽에서 귀환한 이후의 일이었다.* 그 이전의 태도는 보다 아이러니했다. "우리는 잉카 예술을 가졌다. 잉카 연극도 잉카 음악도. 아무런 부족함이 없게도 마침 잉카혁명도 이어져 오고 있다"고 말했다(Flores Galindo, 1994: 537). 페루 역사에 대한 그의 생각은 그를 코민테른의 직선적 역사관과는 사뭇 다른 자리에 위치시킨다. 코민테른에서는 페루를 반(半)식민지적이고 봉건적인 사회며, 부르주아-민주주의 혁명이 이어질 사회로 규정했다. 하지만 마리아테기가 만든 사회당 입장에 의하면 "목표는 명명백백하게 사회주의 혁명이었다"(Flores Galindo, 1994 : 412). 이는 곧 직선적인 연쇄의 구성 요소로서 이미 주어진 생산양식들, 모든 국가가 이행하게 될 (토착적·봉건적·자본주의적) 생산양식들

---

* 마리아테기는 레기아 대통령을 비판하다가 정부 지원으로 1919년 외유를 떠났다. 사실상 추방된 것이지만, 1923년까지 유럽, 특히 이탈리아에 머물면서 자신의 사상을 성숙시키는 계기로 삼았다. 그람시처럼 마리아테기도 자국 실정에 맞는 사회주의를 주장하게 된 것은 흥미로운 대목이 아닐 수 없다.―옮긴이

에 대한 고려를 그만두는 것, 그리고 그 모두를 그 자체로 정치적 실천, 즉 단순한 서술적 용어보다는 그것들을 변화시킬 투쟁의 한 부분이 되는 동시대의 다양한 시간성(multi-temporality) 속으로 끌어들여야 함을 의미했다. 플로레스 갈린도는 "모든 혁명가는 전통에 자리매김할 방법을 모색하고, 집단적 기획을 실행하기 위해 역사의 일부분이 되고자 한다. 나아가 그 역사를 **강행하고**, 일어난 사건 위에서 활동하고, 가능성들을 극한까지 밀어붙이는 것들이 필요하다는 것을 안다"고 언급한다(Flores Galindo, 1994 : 511). 그러면서 그는, 비록 마리아테기와 자신의 시간 간의 연결이 필요하다는 사실을 보여 주기는 하지만, 그것만으로는 충분하지 않다는 점, 즉 "역사적 방법론은 총체성에 대한 갈망에도 불구하고" 그 자체만으로는 불충분하다고 언급한다.

그와 같은 불충분함이란 이미지는 어디에서 찾을 수 있을까? 플로레스 갈린도에게 그 이미지는 "사투"라는 개념 속에 있다. 플로레스 갈린도는 『마리아테기의 사투』 제사(題詞)에서 이를 드러내고 있는데, 마리아테기가 1924년에 탈고·발간한 『아침의 영혼』(*El alma matinal*)에 들어 있는 다음과 같은 언급을 통해서다. "사투는 죽음의 서곡이 아니고 생의 마감이 아니다. 사투는 …… 투쟁을 의미한다. 투쟁하며 사는 사람은 사투한다. 삶 자체에 맞서 투쟁하면서. 그리고 죽음과 맞서면서."

에필로그 : 메시아적 시간의 장면

시간적 연속성이 파괴되면서 현재와 미래가 하나이자 동일한 것이 되고 마는 제로 타임이라는 개념은, 벤야민이 주목했듯, 현실의 역사적 경험 속에서는 좀처럼 구현되지 않는다. 스페인 내전을 다룬 세사르 바예호의 시집 『스페인이여, 내게 이 성배를 거두어 주오』(*España, aparta de mí este cáliz*)는 아마도 근대 페루가 그런 유형의 사건에 가장 근접한 모습을 보여 주지 않나 싶다. 제로 타임(혹은 마리아테기가 『아침의 영혼』에 실린 한 에세이 제목으로 삼으면서, "최후의 투쟁"이라고 불렀던 것)에 대한 염원은 '토대를 이루는 허구들'(foundational fictions)이라는 개념과는 거의 관계가 없고 오히려 아무런 일도 일어나지 않는 상태와 훨씬 더 관계가 깊다. 굳이 인용할 필요도 없을 만큼 너무나 유명한 「대중」(Masa)이라는 시가 아마도 그에 대한 가장 확실한 구현이 될 것이다. 바예호가 메시아적 시간의 이미지를 스페인 내전에서 발견했다고 해서, 그의 책이 의도하는 바로 그 시간성이 결코 덜 페루적이지는 않다. 1937년의 에세이 「스페인 내전의 민중 선언들」(Los enunciados populares de la guerra española)에서 바예호는 "처음으로 전쟁이 국가적 필요성과 무관했다. 대신 민중의 이익과 역사적 본능의 직접적이고도 즉각적인 표현이 되었다"고 적었다(Vallejo, 1997:122) 그것은 "역사상 어떤 민중에게도 거의 주어지지 않은, 이를테면 은혜로운 나라"(Vallejo, 1997:124)를 구성한다고 그는 언급한다. 이 "거대한 민중의 소용돌이"는 아테네 민주주의와 그 이후의 국가 형태에서는 정치영역으로부터 노골적으로 배제당한 "디오니소스적인 것"과 관계 있다. 이는 바로 "새로운 정치적 원자재"*의 문제다. 그래서 새로운 형태의 주권을 비롯한 변화의 폭이 검토되었다. "스페

---

* "새로운 정치적 원자재"(una nueva materia prima política)란 표현은 바예호(Vallejo, 2002:517)의 「정치 앞의 예술가들」(Los artistas ante la política)이라는 에세이에서 나온 말이다.

인 민중 서사시는 …… 민중의 능력이 얼마나 대단한지 보여 준다. …… 그리고 거듭 말하건대 주권을 가진 대중, 자족적이고 그들만의 미래에 만족할 대중이 스스로의 노력으로 이 모든 기적을 완수한다." (Vallejo, 1997 : 125) 이는 민중을 대신한다고 자처하는 정당을 통해서 표현되는 "민중적 요소"를 지닌 주권이 아니라 대중의 지성 속에서 표현되는 전혀 다른 유형의 주권, 즉 대안적 근대성이다.

6장_비판적 기획으로서 뒤늦음: 마샤두 지 아시스와 표절자로서 작가

주앙 세자르 데 카스트로 호샤[*]

라틴아메리카의 예술과 사회 : 교차로

조지프 브로드스키는 망명 지식인의 역할에 대한 워크숍 토론 자료로 배포된 논쟁적인 글에서 악역을 자청하고 나섰다. 그의 작품에서 두드러지는 재치를 발휘해서 현재 상황에 안주하지 않는 치열함을 드러낸 것이다.

이 추운 12월 저녁, 우리는 망명 작가의 곤경을 논하기 위해 밝고 깨끗한 이곳에 모였습니다. 하지만 잠시만이라도 이 자리에 참석하고 싶어도 참석하지 못한 사람들을 생각해 봅시다. …… 이 현상에 대한 적절한 명칭이 무엇이든 간에, 망명 동기와 출신지와 목적지가 무엇

---

[*] 주앙 세자르 데 카스트로 호샤(João Cezar de Castro Rocha)는 영국 맨체스터 대학 대서양비교연구학 교수로 재직 중이다. 리우데자네이루 대학에서 비교문학 교수를 역임한 바 있으며, 비교연구의 맥락에서 브라질의 문학과 문화에 대한 광범위한 저작을 펴내고 있다. 저서로 『표절자로서 작가 : 마샤두 지 아시스』(2006)가 있다.

이든 간에, 그들이 떠나온 사회나 가려고 하는 사회에 미칠 충격이 무엇이든 간에, 다음 한 가지 사실만은 아주 명확합니다. 망명 작가의 곤경을 솔직하게 털어놓기가 무척이나 어렵다는 것입니다(Brodsky, 1994 : 22~23).*

근대성의 개념과 라틴아메리카의 복잡다단한 관계에 대한 물음은 브로드스키의 신랄한 견해와 일맥상통한다. 요컨대, 우리는 이 문제를 논할 때 자연스럽게 문제를 바깥에서 보게 되는데, 이는 라틴아메리카의 근대성 추구에 대한 통찰력 있는 해석을 가로막는 맹점으로 작용하는 경향이 있다. 우리의 이해가 근대성에 의해 결정되었음에도 불구하고, 마치 외부의 유리한 고지에서 이 문제를 조망할 수 있다고 생각하는 것과 같다. 우리는 단순히 근대성을 논하는 것이 아니라 미완의 기획 안에서 근대성을 논하고 있다. 이러한 사전 인식 없이, 라틴아메리카 근대성의 '난점'과 '실패'를 논해서는 안 된다. 이런 자각이 특정한 분석적 시각을 요구하는지는 모르겠다.

이런 맥락에서, 나의 논점은 마샤두 지 아시스가 '주변부' 국가라는 브라질의 상황에 순응했을 때 서구 문학 사상 혁신적인 작품을 창작할 수 있었다는 것이다.** 호베르투 슈와르츠가 적절하게 정의했듯이, 마샤두는 "자본주의 주변부의 대가"였다(Schwarz, 2001). 이러한 특수한 위치 때문에 마샤두는 내가 사용한 용어로 말하자면 '비판적

---

* 헤닝 리터(Henning Ritter)의 책에서 재인용.
** 여기서 말하는 '주변적'이라는 개념은 특정 장소에 대한 객관적 기술이 아니라 정치·경제·문화적 관계가 불균형하게 얽혀 있다는 의미이다. '주변적'이라는 것은 두번째 지위에 위치한다는 것이다.

기획으로서 뒤늦음'을 발전시켰다. 그러나 분명히 말하지만, 여기서 뒤늦음이란 '주변부' 작가는 이른바 강대국들이 정의한 예상 시간보다 항상 늦게 출현하거나 존재한다는 뜻은 아니다. 그보다는 호르헤 루이스 보르헤스가 말한 "고의적인 시대착오와 저자 설정 오류의 기법"을 차용하여 마샤두 지 아시스의 작품을 읽으려는 것이다.[***] 그러므로 '비판적 기획으로서 뒤늦음'은 일반적으로 전통에 부여하는 권위를 회의적으로 바라보려는 것이며, 현재 마샤두 지 아시스의 작품에 부여된 상품적 가치를 아이러니한 시각으로 조망하려는 것이다. 이에 덧붙여, 나는 "우리의 후진성에 대한 당당한 해석"에 내포된 함정을 의식하고 있다(Schwarz, 1992:7).[****] 이러한 후진성으로 인한 불평등의 구체적인 결과를 간과하면 안 되겠지만, 그렇다고 그러한 결과 때문에 문학비평이 제약받아서도 안 된다.

사실, 뒤늦은 근대성이란 문제는 라틴아메리카 작가와 사회학자들을 줄곧 괴롭혀 왔다. 브라질 문화사에서 가장 중요한 문제는 근대성에 대한 물음과 추구였다. 즉, 경제발전, 사회정의, 그리고 무엇보다도 이른바 강대국의 최신 경향을 따라잡으려는 열망이었다. 브라질 문

[***] 보르헤스의 유명한 구절은 다음과 같다. "메나르는(아마 의도한 것은 아니겠지만) 새로운 기법을 통해 초보적이고 불완전한 독서술을 풍요롭게 만들었다. 고의적인 시대착오와 저자 설정 오류의 기법을 통해서 말이다. …… 이러한 기법은 가장 무난한 작품들조차 모험들로 가득 차도록 만든다.『그리스도를 본받아』라는 책을 루이 페르디낭 셀린이나 제임스 조이스의 작품으로 보는 것은 이러한 터무니없는 정신이 이룩한 훌륭한 혁신이 아닐까?"(Borges, 1989:450).

[****] 이보다 몇 문단 앞에서 슈와르츠는 푸코와 데리다의 책을 언급하면서 훨씬 분명한 논지를 전개하고 있다. "이것이 어떻게, 중심세계에 종속된 것으로 보이는 저발전세계의 불안을 완화시키고, 자기를 존중하는 감정을 고양시켰는지 누구나 쉽게 감지할 수 있을 것이다. 우리는 후진국에서 선진국으로, 일탈로부터 모범으로, 열등한 지역에서 우월한 지역으로(비록 그 분석은 그러한 우월성을 능가한다는 것을 분명히 하고 있지만) 나아갈 수 있었다."(Schwarz, 1992:6)

화사는 환영을 쫓는 경주처럼 보인다. 목표도 명확하지 않고, 그래서 목표 달성도 여의치 않은 경주 같다. 게다가 이런 경주에서는 제아무리 빨리 달린다고 할지라도 앞선 주자를 결코 따라잡을 수 없다. 쉼 없이 달린다고 할지라도 언제나 한발 늦게 도착한다. 예를 들어, 찰스 웨글리의 결론도 이와 유사하다.

> 브라질에 관한 책은 '루스리프'(loose leaf) 형태로 출판해야 한다. 그래야 몇 개월마다 몇 페이지씩 빼내서 다시 쓸 수 있기 때문이다. 브라질은 빠르게 변하고 있으며, 사건은 예기치 못한 방향으로 흘러가기 일쑤이다. 그리고 매년 브라질의 과거 사회와 현재 사회를 다룬 논문과 서적이 출판되고 있다(Wagley, 1971 : vii).

브라질 사회는 겉으로 보기에 그 어떤 해석도 잘 들어맞지 않는 것 같다. 항상 급속도로 변화하고 있어서 최소한의 안정성조차 결여되어 있기 때문이다. 만약 이런 견해가 정확하다면, 작가를 당혹스럽게 만드는 질문이 있다. 즉, 책 쓰는 것은 어렵지는 않죠? 당연하지만, 전대미문의 변화 속도에 대한 견해는 수용하기 어려운 상투어에 불과하다. 특히 인류학자가 이런 견해를 밝힐 때는 그러하다. 그러나 1960년대 후반과 1970년대 초반에는 브라질에 대한 이러한 인식이 환영받을 만했다. 합당한 이유는 없었다. 1964년 쿠데타로 권력을 잡은 군부는 이른바 '브라질의 기적'이라고 부르던 시대에 미증유의 경제성장률이라는 이미지를 만들어 내고 또 강제했던 것이다. '브라질의 기적'이란 부의 재분배뿐만 아니라 국가의 근대화를 상정했다. 그러나 이러한 정책의 완전한 실패는 너무나 잘 알려진 사실이므로, 이 자리에서는 더 이상 논의하지 않겠다. 이보다는 차라리 브라질의 구조 변화에 대한 마셜 에킨의 또 다른 해석을 언급하려고 한다.

모든 국가는 과거의 상흔(傷痕)을 간직하고 있다. 하지만 브라질은 그 어떤 나라보다 눈에 띄는 '역사의 짐'을 안고 있다. 브라질 어디를 둘러보나 과거가 현재를 짓누르고 있다. 급속하게 변하는 '미래의 나라', 즉 현대 브라질은 시간 속에 동결된 듯한 전통적이고 불변하는 브라질에서 벗어날 수 없는 것 같다(Eakin 1998 : 7).*

에킨의 말에는 뉘앙스가 있다. 이 뉘앙스가 마샤두 지 아시스를 읽는 데 도움이 된다. 에킨은 브라질을 미래의 국가로 정의하거나 아니면 이와 정반대로 미래가 이미 항상 저기에 있는 것처럼 정의하는 대신에, 라틴아메리카 문화사가 직면한 도전을 강조한다. 다시 말해서, 상이한 역사적 시간의 동시성과 그 충돌에 대처할 필요성을 강조한다. 앞으로 얘기하겠지만, 마샤두 지 아시스와 같은 작가들은 이러한 복잡성을 근대에 발전된 전통적인 소설 형식에 대한 도전으로 변형시킬 줄 알았다.

에우클리지스 다 쿠냐는 역사적 시간에 대한 모순된 인식 사이의 충돌을 걸작 『오지(奧地) 사람들』(Os Sertões)에 생생하게 기록해 놓았다. 오늘날에도 쿠냐의 작품은 이처럼 복잡한 상황, 특히 대안적인 관점을 무시하고 오로지 하나의 관점만을 강요할 때 발생하는 결과에 대

---

* 에킨의 책 제목 『브라질 : 과거 그리고 미래의 국가』(*Brazil: The Once and Future Country*, 1998)는 슈테판 츠바이크(Stefan Zweig)의 책 제목 『브라질 : 미래의 땅』(*Brazil : Land of the Future*, 1941)을 조롱하고 있다.

한 생생한 교훈으로 남아 있다. 아래에 『오지 사람들』의 서문을 인용하겠지만, "위대한" 인종이라든가 "후진" 인종이라는 말은 쿠냐의 문맥에서 이해해야 한다는 점을 잊어서는 안 된다. 쿠냐가 다루는 중요한 문제에 초점을 맞추려면 이러한 해석학적 절차는 필수적이다. 『오지 사람들』은 궁극적으로 시간에 대한 상반된 인식이 중첩된 결과에 대한 뼈아픈 반성이다.

> 여러 종족의 혼혈로 생긴 첫번째 결과는 위대한 인종의 형성에 적합하다. 그러나 휴식과 균형 상태가 결여되었다. 이 나라 사람들이 습득한 전진 속도는 더 이상 휴식과 균형 상태를 용납하지 않는다. 오늘날 후진 인종은 미래에 완전히 전멸할 것이다(Cunha, 1944 : xxxi).

의심할 여지없이, 쿠냐는 당대의 편견에 물들어 있다. 그럼에도 불구하고 쿠냐는 브라질 사회의 핵심 딜레마에 대한 날카로운 인식을 보여 준다. 시간에 대한 상이한 인식이 공존할 뿐만 아니라 역사적으로 이를 화해시키기도 불가능하다는 딜레마이다. 1896년 11월에서 1897년 10월까지 진행된 '카누두스 전쟁'은 근대화 과정에서 브라질의 상위성을 인식하지 못했다는 것을 보여 준 명백한 징후였다. 그로부터 1세기가 지난 지금, 리우데자네이루의 판자촌(파벨라)에도 유사한 문제가 있다고 하면 틀린 말일까? '파벨라'(favelas)라는 단어가 쿠냐가 『오지 사람들』에 생생하게 기록한 내전의 결과로 브라질의 어휘에 포함되었다고 하면 더욱 어리둥절해질 것이다.* 다시 한번 우리는

---

* 이 문제에 대해서는 카스트로 호샤(Castro Rocha, 2005) 참고.

놀라운 속도의 부단한 변화 속에서도 불변하는 것처럼 보이는 구조의 변증법과 마주친다.

따라서 다음과 같은 질문이 자연스럽게 떠오른다. 이 딜레마는 라틴아메리카에서 사회와 예술의 관계에 어느 정도 관련이 있는가? 이 딜레마는 두 측면으로 나눌 수 있다.

첫째, 역사적 시간의 동시성은 사회적으로 항상 적대적인 결과를 초래한다. 왜냐하면 널리 유포된 것을 이해하려고 노력하는 대신에 하나의 견해를 다른 견해에 억지로 덧씌우기 때문이다. 이는, 웅변적이지만 위협적인 사르미엔토의 명제에서 아주 명백하게 드러난다. 사르미엔토는 단호한 어조로 "문명과 야만"이라고 했는데,** 흔히 '문명이냐, 아니면 야만이냐'로 이해되었다. 문명과 야만은 엄격한 이원론을 함축하고 있어서 차이를 용인할 여지가 없었으며, 근대성은 비가역적인 변화가 수반됨에도 불구하고 완벽하게 수용해야 하는 가치가 되었다. 쿠냐는 존경의 뜻을 담아 사르미엔토의 저서를 인용하면서 『문명과 야만』이라고 언급하고 있으나, 사실은 부제를 제목으로 만들어 버린 것이다.*** 이 경우, 프로이트가 분석한 말실수가 아니다. 쿠냐의 잘못된 인용은 사르미엔토의 저서를 종합하고 있음을 드러낸다. 사실,

---

** 당연하지만, 여기서 언급하는 책은 도밍고 파우스티노 사르미엔토의 『후안 파쿤도 키로가의 생애. 문명과 야만』(*Vida de Juan Facundo Quiroga. Civilización y barbarie*, 1845)이다.

*** 쿠냐의 잘못된 인용에 대해서는 질리(Zilly, 2001 : 104) 참고. [사실은 쿠냐의 오류가 아니라 이 글 필자의 오류이다. 원래 사르미엔토가 붙인 제목은 『문명과 야만. 후안 파쿤도 키로가의 생애. 아르헨티나 공화국의 외관, 풍습, 기질』(*Civilización y barbarie. Vida de Juan Facundo Quiroga. Y aspecto físico, costumbres y hábitos de la República Arjentina*)이었다. 제목이 너무 길어서 후대에 '키로가'와 '문명과 야만'을 적당히 조합한 여러 제목이 파생되었다. 키로가는 아르헨티나 독립 후의 대표적인 카우디요였고, '문명과 야만'은 사르미엔토를 비롯한 크리오요들의 이분법적이고 서구지향적인 시각을 대변하는 표현이다.—옮긴이]

쿠냐는 『오지 사람들』에서 사르미엔토의 문장을 원용하고 있다. 차이가 있다면 사르미엔토의 명제에 극적인 요소를 부여하고, 운명적인 어조를 덧붙였다는 것이다. "우리는 문명화를 숙명적으로 받아들여야 한다. 우리가 발전하느냐 아니면 몰락하느냐의 문제이다. 너무나 분명한 문제이므로 우리의 선택은 명확하다."(Da Cuaha, 1944 : 54)[*] 따라서 시간의 기묘한 중첩으로 야기된 난삽한 성격의 딜레마가 전면에 부상한다. 사실 이러한 중첩, 그리고 이로 인한 불안한 결과가 대다수 라틴아메리카 사회구조의 특징이다.

한편, 이 문제는 예술적으로 전혀 상이한 결과를 초래할 수도 있다. 이런 가정에 기초하여 마샤두 지 아시스와 같은 작가들의 작품을 읽을 것이다. 예술작품에서 역사적 시간의 중첩은, 내가 '비판적 기획으로서 뒤늦음'이라고 부른 것을 발전시키는 데 적합하지 않을지도 모르겠으나 어떤 특별한 영감으로 작용할 수도 있다.

뒤늦은 작가—시대를 앞선 작가

여기서는 마샤두 지 아시스의 작품을 분석하여 앞서 말한 가정을 증명할 것이다. 마샤두의 최초 소설이자 혁신적인 작품 『브라스 쿠바스의 사후 회상』은 1880년 『브라질 잡지』에 연재되었고, 그 이듬해 책으로 출판됐다. 이 획기적인 작품은 브라질 독자들은 물론이고, 카를로스 푸엔테스,[**] 수전 손택, 존 바스, 해럴드 블룸과 같은 작가와 비평가로

---

[*] 결정적인 언급은 여기서 인용한 문장 다음 구절을 보면 된다. "우리 선조를 형성한 이질성은 이 점에 대해 시사하는 바가 거의 없었다. 그러나 동등한 무게를 지닌 다른 요소로 강화되었다. 즉, 물리적 환경은 광대하고 다양하며, 이에 덧붙여 물리적 환경에서 유래한 대부분의 역사적 상황도 다양하다."

부터 걸작이라는 찬사를 받았다. 사실 마샤두는 동시대인들로부터 존경받는 저명 작가였으나 『브라스 쿠바스의 사후 회상』을 발표하기 전에는 찬탄할 만한 걸출한 작가는 아니었다. 그러므로 브라질 문학비평이 당면한 최대한 현안은, 1880년 이후 마샤두의 작품에서 볼 수 있는 질적 도약에 대해 납득할 만한 설명을 제시해야 한다.*** 물론 이 글에서는 이 문제와 관련된 예술계의 상황은 언급하지 않겠다. 그 대신 『브라스 쿠바스의 사후 회상』의 첫 페이지로 독자를 안내하려고 한다. 첫 페이지는 '독자에게'라는 짧은 글이 실려 있다.

스탕달이 어떤 작품은 100명 남짓한 독자를 위해서 썼다고 고백할 수밖에 없었던 것은 호기심과 관심을 환기하려는 것이었다. 호기심을 야기하지 못하고 관심조차 받지 못하면 이 책은 스탕달이 말한 100명의 독자, 아니 50명, 20명, 10명의 독자가 있을지도 모른다. 10명? 어쩌면 5명에 불과할지도 모른다. 사실 문제는 흩어진 작품에 있다. 나, 브라스 쿠바스는 스턴(Laurence Sterne)이나 자비에르 드 메스트르(Xavier de Maistre)처럼 자유 형식을 채택했다. 확실하지는 않으나 작품에 염세적인 색채가 없지 않을 것이다. 죽은 사람의 작품이기 때문이다. 나는 유희적인 펜과 우울한 잉크로 작품을 썼다.……(Assis, 1997 : 5; 1997b : 97)

** 카를로스 푸엔테스(Carlos Fuentes, 1928~). 멕시코의 국제적인 소설가.—옮긴이
*** 호베르투 슈와르츠는 이 문제를 다음과 같이 잘 정리하고 있다. "문학비평의 존재이유는 무엇보다도 작품의 질에 대한 평가인데, 이 점을 무시하지 않는다면 『브라스 쿠바스의 사후 회상』(Memórias póstumas de Brás Cubas)과 마샤두의 평범한 초기 작품 사이의 단절은 분명하다. 그러나 무엇이라고 꼬집어 말하기는 어렵지만 연속성 또한 존재한다." (Schwarz, 2001 : 149)

이 인용문은 핵심 구절이다. 마샤두 지 아시스에게는 통과의례와 같은 구절이기도 하다. 『브라스 쿠바스의 사후 회상』이 시작되자마자 화자는 자신이 독자라는 사실을 충분히 인지하고 있는 작가라고 소개하는데, 이는 낭만주의적 작가 개념을 무너뜨리는 언급이다.* 앞으로 살펴보겠지만, 이런 관점에서 보면 해럴드 블룸의 '영향에 대한 불안' 이론은 낭만주의의 '천재' 관념임이 드러나는데, 마샤두 지 아시스와 같은 작가들은 바로 이 '천재'라는 관념을 문제 삼는 것이다. 1880년에 쓰여진 마샤두의 작품은 문학사에 나타나는 수많은 작가, 주제, 수사법에 대한 언급으로 가득하다. 마샤두가 의식적으로 스턴의 여담 기법을 수용할 때는 몽테뉴 식으로, 다시 말해 여담의 시작이나 끝에 문학적 전거를 언급한다. 알프레드 맥아담이 지적하듯이, "브라스 쿠바스는 여기서 수필과 허구와 시의 경계가 모호한 스탕달의 『연애론』(*De l'amour*)을 언급하고, 조금 후에는 스턴과 사비에르 데 메스트리를 언급함으로써 문학적 전통이 전무한 『브라스 쿠바스의 사후 회상』의 선구자를 창조하고 있다"(Mac Adam, 2000 : 68, 97). 호르헤 루이스 보르헤스가 마샤두의 이 소설을 읽었더라면 '마샤두와 그의 선구자들'이라는 글을 썼을지도 모를 일이다. 그리고 브라스 쿠바스는 '망자 작가'이며, 그의 경력은 사후라는 특수한 상황에서 시작된다는 사실에 주목해야 한다.** 이처럼 "죽은 사람에게 글쓰기를 위임"하는 괴이한 상황

---

* 블루마 와딩톤 빌라르는 박사학위 논문에서 이 문제를 통찰하고 있다(Vilar, 2001). 특히, 논문 중 "Citação e autobiografia : *Memórias póstumas de Brás Cubas*," pp. 118~151을 참조. 빌라르는 이른바 "마샤두 지 아시스의 인용체계"에 대한 면밀한 연구를 통해서 전통적인 작가 개념의 붕괴를 논한다.
** 브라스 쿠바스가 독자에게 이렇게 설명한다. "나는 엄밀히 말해서 사망한 작가가 아니라 망자 작가이다. 그래서 무덤은 제2의 요람이었다."(Assis, 1997 : 7; 1997b : 99).

때문에 "소설에서 작가는 자신을 이야기함으로써 허구의 인위성을 드러내는 자유를 누린다"(Hansen, 1999 : 42). 따라서 독자는 갱신된 허구적 계약에 참여해야만 한다. 말을 바꾸면, 마샤두는 자신을 독자로 제시할 뿐만 아니라 독자가 소설적 유희에서 자신의 역할을 인식하도록 요구한다.

사실, 1872년에 발표한 첫 소설 『부활』 이후, 마샤두는 자신을 노동자라고 이야기한다. 새로운 장르의 기법을 익히기로 결심한 초보자라는 것이다.*** 『브라스 쿠바스의 사후 회상』에서, 특히 '독자에게' 라는 글에서 마샤두는 한 걸음 더 나아간다. 자기와 대화하는 작가들을 명확하게 밝힐 뿐만 아니라, 자기는 '자유 형식'에 관심이 있다고 함으로써, 대화에 개념적 틀을 제공하고 있다.**** 게다가 마샤두는 이 양식을 특별하게 뒤틀어 놓는다. 마샤두는 끝도 없는 여담을 늘어놓거나 재치 있는 유머를 안내자 삼아 방안을 여행하려고 시도하지는 않는다. '독자에게'에서 분명히 밝히고 있듯이, 그의 여정에는 부조종사가 필요하다. 다시 말해서, "유희적인 펜"에 "우수의 잉크"를 더하려고 한다. 그러므로 마샤두는 스턴, 자비에르 드 메스트르, 스탕달과 같은 인물을 통해서 18세기와 19세기를 결합시키고, 우수라는 우울한 분위기에 유머를 도입한다. 마샤두는 이러한 역사적 시간의 중첩과 문학적 장르의 중첩을 통해서 "고의적인 시대착오" 기법을 구상했던 것이다. 종결되지 않은 과정으로서 근대성은 곤경이 아니라 상이한 지평을 동

*** 『부활』(*Ressurreição*)의 첫 부분에 등장하는 '독자에게 드리는 말'에서 비평가들에게 자신을 노동자라고 소개한 이후, 마샤두는 모든 창조력을 '사색'과 '연구'로 돌리며, 끝내는 천재의 조건이나 법칙을 거부한다."(Santiago, 2001 : 65)

**** 세르지오 파울루 호네트(Rouanet, 2005)는 『브라스 쿠바스의 사후 회상』에 인용된 작가들과 마샤두 지 아시스와 관계에 대해서 중요한 이론을 전개하고 있다.

시적으로 포용하는 기회였던 것이다. 따라서 마샤두는 브라질의 역사를 이상적인 시각으로, 즉 근대화 과정에서 보존해야 할 무엇으로 그리워하지 않는다. 이와 동시에 근대성의 약속에도 열광하지 않는다. 다시 말해서, 작품의 '자유 형식'은 사고의 '자유 형식'에 상응한다.

이처럼 상이한 역사적 시간의 동시성에 대한 명확한 인식으로부터 마샤두의 업적을 특징짓는 자각이 유래했다. 주변부 작가는 이른바 '역사적 시간의 압축'이라는 현상과 직면해야 한다는 자각과도 같은 것이다. 즉, 상이한 역사적 시기로부터 동시다발적인 정보를 받아들이는 것이며, 합리적인 연대순이나 정형화된 해석틀을 '성실하게' 따라가지 않는 것이다. 브라질 문학에서 이 문제는 항상 존재했다. "브라질에는 소설가가 존재하기 전에도 소설이 있었다. 따라서 브라질 소설가가 출현했을 때 좋든 나쁘든 유럽의 모델을 따르는 것은 당연했다. 이미 **브라질 사람들의 독서 습관**은 유럽의 소설에 깊이 빠져 있었기 때문이다."* 흔히 말하기를, 이러한 상황 때문에 '최신 유행에 대한 불안'이 생겨났고, 작가는 불가능한 경주에 참여하게 되었다고 한다. 왜냐하면 적절한 출발점이 없었기 때문이다. 어디에서 출발하든 간에 이미 간극은 벌어져 있었다. 카를로스 푸엔테스는 이러한 불안을 재치 있게 표현했다. "독립 시기에 무조건적인 모방 풍조는 네스카페 문명을 신뢰했다. 우리는 전통을 부정하고 과거를 배제함으로써 인스턴트적인 현대인이 될 수 있었다."(Fuentes, 2001 : 10)

그럼에도 불구하고 대안은 있다. 바로 마샤두 지 아시스와 같은 작가들이 추구한 것이다.** 이들에게 역사 인식의 충돌은 독특한 힘을

---

* 호베르투 슈와르츠의 「브라질에서 소설의 수입과 알렌카 작품에 나타난 모순」에서 인용(Schwarz, 1992 : 41). 강조는 필자.

지닌 문학적 장치가 되었다. 이러한 장치는, 역사적으로 '쓰기' 보다는 '읽기' 가 먼저였다는 사실을 형식적인 측면에서 생산적으로 만들었다. 다시 말해서, 마샤두는 브라질뿐만 아니라 라틴아메리카에서도 "소설가가 있기 전에 소설이 있었다"는 사실을 작품 구조로 만든 것이다. 따라서 라틴아메리카 최초의 소설가들은 유럽의 소설을 주의 깊게 읽거나 때로는 비판적으로 읽은 독자들이었다. 그러나 이런 상황은, 정도의 차이는 있으나 모든 문학에 적용될 수 있는 게 사실이다—뒤늦음에 대한 순진한 찬양을 피하려면 이러한 인식은 불가피하다. 식민지에서 벗어난 지 얼마 안 되는 라틴아메리카의 경우에, 독서의 유행은 누구나 짐작하듯이 집단적인 '영향에 대한 불안' 을 야기했다. 반대로, 19세기 말엽 마샤두는 독창성의 결핍이라는 관념을 기꺼이 받아들일 수 있었으며, 이는 해방의 힘이 되었다. 만약 자신이 '독창적인' 작가가 될 가능성이 없다면 모든 문학적 전통을 자유롭게 전유할 수 있을 것이다. 따라서 마샤두는 수세기에 걸친 문학적 전통, 장르, 특히 보르헤스가 "고의적인 시대착오"라고 말한 읽기와 쓰기 행위를 융합시킬 수 있었다. 예리한 시각으로 마샤두의 작품을 읽은 카를로스 푸엔테스는 이렇게 말한다.

그렇지만, 라틴아메리카의 굶주림, 모든 것을 포괄하고, 모든 전통과 문화, 심지어는 일탈까지도 자기 것으로 만들고자 하는 열망, 모든 시

** 사실, 푸엔테스는 방금 인용한 구절에 이어서 이렇게 결론을 내린다. "마샤두의 천재성은 바로 정반대에 근거하고 있다. 마샤두의 작품에 스며든 신념은 전통 없는 창조는 없으며, 창조 없는 전통도 없다는 것이다. 전통은 창조를 살찌우며, 창조는 전통을 갱신하기 때문이다."(Fuentes, 2001 : 10)

공간이 동시적으로 존재하는 새로운 천국을 창조하고자 하는 유토피아적 열망이 『브라스 쿠바스의 사후 회상』에서는 저 유명한 보르헤스 작품의 첫번째 알레프에 비친 놀라운 광경으로 나타난다(Fuentes, 2001 : 24).

그러므로 마샤두는 주변부 근대화 과정에 수반되는 뒤늦음이라는 관념을 비판적 기획으로 변모시킬 수 있었다.* 그러면 프랑스의 비교문학론이 유행하던 시기, '주변부' 작가는 중심부 작가들의 영향을 받았다는 일반적인 해석은 사실이 아닐까? 만약 사실이라면, 마샤두는 이렇게 생각했을 것이다. 주변부 작가는 악의적인 독자, 상상력이 풍부한 작가가 될 수 있으며, 특히 문학적 영광과 위계질서에 관해 회의적인 비평가가 될 수 있다고 말이다. 이는 마치 마샤두가, 자기 작품이 국제적인 영향을 받았다는 문제는 불가피하게 제기되겠지만 이러한 문제제기는 부적절하다는 것을 알고 있었다는 듯한 말이기도 하다.** 한편, 이는 주변부 국가는 해외에서 유래한 정통성을 추구해야 한다는 뜻이기도 한데, 이런 사고는 매우 부적절하다. 왜냐하면 이러한 정통성이란 주변부 작가들이 자신들의 문화에 들씌워진 이국취향적인 기대를 충족시킨다는 의미이기 때문이다. 이 경우, 주변부 작가들은 유감스럽게도 조르지 아마두(Jorge Amado)의 후기 작품에서 볼 수 있는 '자신에 대한 이국취미'라는 현상에 빠질 수 있다.

---

* '주변부 근대성'에 대해서는 사를로(Sarlo, 1988) 참조.
** 이는 마샤두가 아이러니한 웃음을 띠고 다음 구절을 읽었으리라는 말과 흡사하다. "마샤두 지 아시스는 더 이상 미지의 작가가 아니다. 4권의 장편소설과 15권이 넘는 단편소설이 영어로 번역되어 출판됨으로써, 우리는 여태껏 마샤두 지 아시스가 1839년에 태어나 1908년에 죽었다는 사실조차 몰랐다는 것을 의아하게 여기게 되었다."(Caldwell, 1970: 3)

마샤두가 전통적인 작가 관념을 허물어뜨린 것 역시 당대의 정형화된 시각으로부터 일탈이다. 라틴아메리카의 문학적 근대성 문제에 대한 마샤두의 통찰력 있는 대답은, 비록 읽기와 쓰기의 행위에 대한 문제제기이지만, 1891년에 출판된 『킨카스 보르바』(Quincas Borba)에서 드러난다. 이 작품 113장에서 독자는 다음과 같은 상황과 맞닥뜨린다. 철학자 킨카스 보르바의 충실한 후계자이나 그다지 영특하지 못한 루비앙은 스승의 재산을 상속받아 무분별하게 탕진하기 시작한다. 루비앙의 사업 가운데는 정치신문 투자도 있었다. 이 신문의 주인 카마초는 부도덕한 변호사이자 언론인으로, 순진한 루비앙을 이용하여 자기 이익만을 챙기려고 한다. 어느 날 신문사를 찾아간 루비앙은 우연히 어떤 기사를 읽는다. 루비앙은 잘 알지도 못하면서 기사를 조금 바꾸는 게 좋겠다고 말한다. 카마초는 당연히 전주(錢主)의 뜻을 받들고, 루비앙은 기뻐한다. 이후 일련의 터무니없는 상상을 통해서 루비앙은 그 기사의 진정한 작성자는 자신이라고 생각하기에 이른다. 마샤두는 루비앙의 반응을 다음 장의 제목으로 삼았다. "그 기사의 수정에 흡족한 루비앙이 어떻게 하여 수많은 구절을 숙고하고 작성하였으며, 마침내 자기가 읽은 모든 책을 썼다고 생각하게 되었는가."(Assis, 1998, CXIII : 160 ; 1975 : 245) 물론 이처럼 느닷없이 독서에서 저술로 전환하는 데는 논리적인 문제가 있다. 마샤두는 이 문제를 다음과 같이 해결한다.

루비앙이 공저자라고 말한 처음 구절과 자기가 읽은 모든 책의 저자라는 구절 사이에는 간극이 있다. 난점은 첫 책에 관한 구절에서 번개처럼 다음 구절로 넘어갔다는 것이다. 그러나 이것은 그다지 중요하지 않다. 설령 중요하다고 하더라도 그 분석은 장황하고 지루할 것이다. 최선의 방법은 이런 식으로 생각하는 것이다. 루비앙은 잠시 자기가 다른 사람들이 쓴 책의 저자라고 느꼈다고 말이다(Assis, 1998, CXIII : 160 ; 1975 : 246).

이 구절은 호르헤 루이스 보르헤스의 유명한 단편소설들에 나타난 정신과 유사하다. 특히 독자와 작가의 문제를 다룬 작품들과 유사하다. 「피에르 메나르, 『돈키호테』의 저자」(Pierre Menard, autor de Quijote)를 새로운 시각에서 읽어 낸 실비아누 산티아구는 이렇게 평했다. "라틴아메리카 작가는 책벌레이다. 끊임없이 책을 읽고, 이따금씩 책을 펴낸다."(Santiago, 2001, 37) 루비앙에 비추어 볼 때 우리는 라틴아메리카 작가들이 자주 책을 출판하지 않는 이유를 이해할 수 있다. 책에 굶주린 그들의 시각으로 보면 쓰지 않았을 법한 책은 한 권도 없기 때문이다.

1899년에 발표한 마샤두의 장편소설인 『동 카스무루』(Don Casmurro)에서 작가의 문제는 다시 한번 매우 중요하게 다뤄진다. 이를테면, 1인칭 화자 벤투 산티아구는 이 소설에 이런 제목이 붙은 것은 불행한 사건 탓이라고 밝힌다. 어느 날, 기차를 타고 집으로 돌아가던 벤투 산티아구는 이웃에 사는 청년을 만난다. 그런데 이 청년은 '시인'으로, 자기가 쓴 작품 전부를 낭송해 주겠다고 한다. 당연히 화자는 잠이 들었고, 알려지지 않은 '천재'의 분노를 샀다.* 청년은 사려 깊지

---

* "그 여행은 짧았다. 그리고 시도 아주 형편없지는 않았을 것이다. 그러나 나는 피곤해서 서너 차례 눈을 감았는데, 그 청년이 시를 읽다 말고 호주머니에 집어넣을 만했다." (Assis, 1997: I - 3; 1977a: 67)

못한 이웃에게 복수를 하고자 '카스무루'라는 별명으로 화자를 부른다. 화자는 이 별명을 다음과 같이 설명한다. "일반인들이 부여한 의미는 남과 교제하지 않고 조용히 사는 사람이라는 뜻이다."(Assis, 1997: I-4; 1977a: 67)** 즉 듣기 싫은 시를 몇 분 동안 참고 들어줄 아량이 없는 사람이라는 뜻이다. 경칭 '동'은 조롱이다. 왜냐하면 벤투 산티아구는 귀족적인 생활을 한 적이 없기 때문이다. 이처럼 난감한 상황에도 불구하고 화자는 별명을 회고록의 제목으로 삼는다. 그리고 젊은 시인에게 뜻밖의 가능성을 부여한다.

아직까지 내 글에 붙일 더 좋은 제목을 찾지 못했다. 탈고하기 전까지 다른 제목을 찾지 못한다면 그냥 이 제목을 쓸 참이다. 기차에서 만난 시인은 내가 나쁜 의도로 그런 것은 아니었다고 생각할 것이다. 시인은 조금만 노력해도, 왜냐하면 제목은 그가 붙인 것이니까, 작품 전체가 어떤 것인지 알 수 있을 것이다. 저자에게 전적으로 신세를 진 책도 있고, 그다지 신세를 지지 않은 책도 있는 법이다(Assis, 1997: I-4; 1977a: 67).

독자로서의 마샤두 지 아시스, 마샤두 지 아시스의 독자들

그러므로 마샤두 지 아시스는 반성적 독자의 역할을 통해서 독특성을 드러낸다. 이때 반성적 독자는 때로 자기반영적인 저자가 되며, 텍스

** 화자의 설명을 믿지 않는 콜드웰(Caldwell, 1960:2)은 이렇게 날카로운 질문을 던진다. "이런 정의는 화자가 우리에게 '완고하고, 무뚝뚝하고 머리가 나쁜 사람'이라는 사실을 숨기고 싶기 때문이다. 아마도 우리는 이런 정의가 산티아구에게 더 잘 들어맞는다고 생각할 것이다."

트는 주로 개인 서재에 대한 기억을 글로 옮긴 것이다. 이제 독자와 작가들이 마샤두의 혁신적인 기법에 어떻게 반응했는지 살펴볼 때다. 독자로서의 마샤두로부터 마샤두의 독자들로 옮겨 간다.

만년에 왕성한 필력을 보여 준 해럴드 블룸은 마샤두 지 아시스를 서구 문학에서 "창조적 사고를 지닌 백 명 남짓한 작가 가운데 하나"라고 평했다. 그러나 가장 명확한 설명은 결론에 나타난다. 물론 해럴드 블룸이 『트리스트럼 샌디』의 저자와 『동 카스무루』의 저자 사이의 관계를 정확하게 이해했다고 보기는 어렵지만 말이다.

> 브라질 대가(마샤두 지 아시스)의 독창성과 창조적 풍미를 부정하려는 뜻은 결코 아니나 하나만 지적한다면, 마샤두는 스턴의 정신을 자양분으로 삼아 어쩌면 스스로 떠맡고 싶었는지도 모를 민족주의적 요청에서 탈피하고 있다. 마샤두 지 아시스는 기적과도 같다. 시간과 공간에 관한 문학적 천재의 자율성을 증명하는 또 하나의 증거다 (Bloom, 2002 : 675).

우선 지적할 사항은, 블룸은 셰익스피어의 작품을 다시 쓰고 있다는 마샤두의 끊임없는 암시를 주목하지 않고 있다는 점이다. 마샤두 지 아시스의 독자에게 셰익스피어보다 중요한 작가는 없다. 『동 카스무루』는 과감한 독서, 즉 『오셀로』의 다시쓰기이다. 헬렌 콜드웰은 『마샤두 지 아시스의 브라질적인 오셀로 : 『동 카스무루』 연구』에서 이 사실을 천착하고 있다. 사실 마샤두는 셰익스피어의 『오셀로』에 유난히 집착하고 있었다. "셰익스피어의 『오셀로』는 28편의 단편소설과 연극과 논문에 나타난다."(Caldwell, 1960 : 1) 마샤두의 다시 쓰기는 잠재적인 모순을 작품 전면에 드러낸다. 오셀로는 이아고의 악의적인 행동을 알고 있음에도 불구하고 지위가 불확실하기 때문에 음모에 말려든 것이 아닐까? 마샤두가 창조한 오셀로는 오셀로이면서 동시에 이아고이다. 따라서 오셀로의 비극은 재현되지만, 이는 이아고의 성격을 억압하기 때문이다. 이러한 기발한 장치 때문에 객관적인 증거에는 아랑곳하지 않고 갈수록 증폭되는 질투의 본성이 더욱 명확하게 드러날까?* 『동 카스무루』의 1인칭 화자 벤투 산티아구는 절친한 친구라고 부르는 에스코바르와 아내 카피투가 부정을 저질렀다는 사실을 독자(그리고 무엇보다도 자기 자신)에게 설득하기 위해 200페이지 이상을 할애한다. 그리고 배심원, 다시 말해서 독자 앞에서 이 사건을 설명하려고 애를 쓰면 쓸수록 설득력은 점점 더 미약해진다. 비난받을 이아고도 없는데, 누가 봐도 근거 없는 질투심을 어떻게 설명할 수 있단 말인가? 상대보다는 질투하는 사람을 의심하지 않을 수 없다. 명석한 비평가에 따르면, 『동 카스무루』는 "비극의 패러디이자 모든 증거의 조직적인 조작이며, 텍스트는 문학에 대한 문학, 픽션에 대한 픽션이다." (Hansen, 1999 : 43) 게다가 마샤두의 다시 쓰기는 독서행위와 쓰기행위가 얽혀 있음을 반영하고 있다.

마샤두는 셰익스피어에게 경의를 표하기 위해 아름다운 일화를 또 하나 만들어 내는데, 이 일화에서는 작가에 대한 전통적인 관념을

---

* 콜드웰(Caldwell, 1960 : 1)은 이 문제에 대해 통찰력 있는 견해를 밝히고 있다. "질투는 마샤두 지 아시스를 끊임없이 매료시킨 테마이다. …… 마샤두가 쓴 장편소설은 모두 9권인데, 이 중 7권이 질투를 다루고 있으며, 단편소설도 종종 이런 추한 감정을 다룬다. 물론 7편의 단편소설에서 질투는 아이러니 또는 조야한 희극으로 다뤄진다." 실비아누 산티아구도 마샤두 소설에서 질투를 강조한다. "마샤두의 작품 세계에서 질투의 문제는 ……사랑과 결혼의 본성에 대한 인물의 관념에서 비롯되며, 다른 한편으로는 남녀는 결국 한 몸이 된다는 사랑놀음에서 연유한다."(Santiago, 2001 : 66 ; Param, 1970 : 198~206).

붕괴시키려는 의도가 두드러진다. '오페라'라는 제목이 붙은 장(章)에
서 화자는 늙은 이탈리아 테너의 흥미진진한 이론을 기억해 낸다. 이
테너에 따르면, 세계는 꿈이나 무대가 아니라 오페라이다. 마르콜리노
라는 이 테너는 이렇게 설명한다. "하느님은 시인이다. 음악은 사탄이
만든 것이다."(Assis, 1997 : IX-18 ; 1977a : 78) 사탄은 하늘나라에서
쫓겨난 후에 하느님의 시 원고를 훔쳐서 곡을 붙였다. 하느님은 처음
에는 듣고 싶지 않았다. 사탄이 집요하게 권하자 사탄의 오페라를 무
대로 올리기로 결심하고, "특별 극장, 즉 이 세상을 창조하고, 모든 극
단을 창설했다"(Assis, 1997 : IX-19 ; 1977a : 78). 몇 문단 뒤에 독자는
마르콜리노 이론의 결론을 알게 된다.

예를 들어, 그로테스크한 요소는 시의 원고에서는 발견되지 않는다.
그것은 군살로, 『윈저의 즐거운 아낙네들』을 모방할 때 덧붙인 것이
다. 이 점에 대해 사탄의 무리는 논리적으로 조목조목 반박했다. 사탄
의 무리는 젊은 사탄이 오페라를 작곡할 때 셰익스피어의 소극(笑劇)
은 물론 셰익스피어라는 인물도 태어나지 않았다고 주장한다. 여기
서 더 나아가, 셰익스피어는 사탄이 만든 오페라의 가사를 아주 능숙
하고 충실하게 베꼈기 때문에 천재적인 저자처럼 보이게 된 것에 불
과하다고 말한다. 하지만 셰익스피어가 표절자라는 점은 두말할 나
위가 없다(Assis, 1997 : IX-19~20 ; 1977a : 79).

이런 우화는 기묘한 셰익스피어 칭송처럼 들릴지도 모르겠다. 아
무튼 작가는 첫 표절자가 될 때만이 탁월하다는 것을 어떻게 생각해야
할까? 역설은 피할 수 없는 것처럼 보인다. 그러나 역설이라고 생각하

는 것은, 오셀로나 벤투 산티아구의 질투에 감염되듯이, 작가에 대한 낭만적인 관념, 즉 '영향에 대한 불안'에 감염될 때만이 그렇다. 그러나 작가가 자신의 위치를 불안정하게 여긴다면 이전의 '영향'(해럴드 블룸의 이론과 대화하기 위해서 이 말을 사용한다)을 '불안'으로 체험하지는 않는다. 오히려 해방감을 느낀다. 영향을 받았다는 것은 문학적 전통 전체에 문을 활짝 열어 놓는 행위이기 때문이다. 콜드웰은 마샤두가 문학적 전통을 자기 것으로 만들었다는 것을 잘 이해하고 있다. "마샤두가 얘기했듯이, 인류의 보편적인 정신을 이해하는 최선의 방법은 전 세계의 위대한 작가들을 연구하는 것이며, 보편적인 정신을 묘사하는 최선의 방법은 위대한 작가들을 표절하는 것이다."(Caldwell, 1960 : 165)* 또 사 헤구는 마샤두가 광범위한 독서를 했다는 점을 지적하면서, 메니페아 풍자(Menippean Satire)와 연관성을 강조했다.** 마샤두는 창조적인 작가란 무엇보다도 전통을 악의적으로 읽는 독자라는 점을 분명하게 밝혔다. 이렇게 읽을 때만이 문학적 전통은 광범위하고 매력적인 메뉴가 되며, 그 목록은 고상한 풍미를 지니게 된다. 그리고 자기 나름대로 소화할 필요가 있을 때는, 즉 다음 작품을 저술할 때 몇 번이고 반추(마샤두가 유난히 좋아하는 단어이다)할 수 있게 된다. 이것은 다시 한번 뒤늦음을 비판적 기획으로 변모시키는 문학적

---

* 이어 콜드웰은 마샤두의 말을 인용한다. "프랑스혁명과 『오셀로』는 이미 씌어졌다. 그러나 여전히 이런저런 장면을 끌어내서 다른 희곡에 이용하는 것은 가능한데, 이는 문자 그대로 '표절' 행위이다."(Caldwell, 1960 : 165~166) 이 구절의 출전은 다음과 같다. "Crônicas", in *A Semana, Gazeta de Notícias*, 1895. 7. 28.
** "브라질 작가는 자기 작품이 브라질 작품인 동시에 보편적인 전통——문학——에 속한다는 것을 의식할 필요가 있다고 마샤두는 생각했다."(Sá Rego, 1989 : 5) 이런 맥락에서 주세 길레르미 메르키오르가 1972년 발표한 선구적인 평론은 중요하다. 그 글은 영어로 번역되었다(Merquior, 1975).

장치이다. 아무튼 마샤두는 "축어적인 인용(단순히 다른 사람의 권위를 환기시키는 인용)과 참다운 예술적 인용(인용한 작가를 창조적으로 다시 쓰는 인용)의 차이"를 설명했다(Sá Rego, 1997 : xvii). 따라서 한 작가를 셰익스피어 표절의 진정한 환유로 간주하는 것보다 더 훌륭한 칭찬은 없다.

블룸이 간과한 사항이 또 하나 있다. 시대와 장소를 고려한다 하더라도 마샤두는 작가로서 뛰어난 게 아니다. 그보다는 작가와 독자라는 관념에 접근하는 고도의 독창적인 방법을 발전시켰다. 우리가 지금까지 보아 왔듯이, 마샤두는 매우 혁신적인 독자 호베르투 슈와르츠의 날카로운 정의처럼 "자본주의 주변부의 대가"였기 때문이다. 존 글래드슨은 호베르투 슈와르츠의 이론을 잘 요약하고 있다.

> 내 생각에 (호베르트 슈와르츠의) 『자본주의 주변부의 대가』의 위대한 업적은 다음과 같은 명백한 역설을 설명하는 데 있다. 어떻게 당대에 깊이 뿌리박고 있던 작가가, 다시 말해서 시대역행적인 노예제를 고수하는 나라에서 저술활동을 하던 작가가 여러 가지 면에서 그처럼 진보적일 수 있을까? 슈와르츠의 획기적인 사고에 따르면, …… 역설적이지만 후진성에서 상당한 정도의 근대성이 나타났다는 것이다. 후진성에도 불구하고 나타난 현상은 아니라는 것이다(John Gledson, "Introduction," in Schwarz, 2001 : ix).

게다가 19세기 말엽, 마샤두는 고향인 리우데자네이루가 자본주의 세계의 중심에 위치한 것이 아닌데도 보편적이라는 허울을 쓴 관념들을 아주 예리한 비판적 시각으로 바라볼 수 있었다. 당대 과학이론——마샤두는 '휴머니티즘'(Humanitism)이라고 불렀다——의 패러디는 실증주의, 사회진화론, 행동주의 심리학, 심령술을 야릇하게 조롱하는 완벽한 실례다. 『브라스 쿠바스의 사후 회상』 117장에서는 콩트 철학을 공공연하게 패러디하고 있다. 콩트가 말한 인류역사의 3단계란 자의적인 설정이라고 말하면서 "인류에게는 3단계가 있다. 창조 이전의 '정태적 단계', 창조 직후의 '팽창단계', 인류가 탄생한 '확산단계'이다. 여기에 한 단계가 더 있을 것이다. 즉 '수축단계'로 인간과 사물이 흡수되는 단계이다"(Assis, 1997 : 162; 1977b: 260). 이처럼 3단계는 갑자기 4단계로 변한다. 그렇다면 2단계나 5단계도 가능하지 않겠는가? 논리로 위장한 과학담론은 마샤두의 조롱에 의해서 비논리성이 전면에 드러난다.*

존 바스는 마샤두가 인간본성에 대한 회의적 시각을 담아내는 재치를 지니고 있기 때문에 흥미를 느꼈다. 다음 인용문은 사실 마샤두의 업적에 대한 가장 적확한 정의이다.

나는 우연한 기회에 세기말의 브라질 작가 마샤두 지 아시스를 알게 되었다. 마샤두는 로렌스 스턴의 『트리스트럼 샌디』의 영향을 많이 받았다고 하는데, 내가 조이스의 『율리시스』에서 배우지 못한 것을 가르쳐 주었으며, 스턴에게 직접 배울 수 없는 것도 가르쳐 주었다. 이 가르침이란 상당한 정도의 리얼리즘과 진지한 감정을 경쾌한 형식과 결합시키는 방법이다. 스턴은 전기낭만주의에 속하며, 조이스는 후기낭만주의 또는 때늦은 낭만주의에 속한다. 마샤두는 낭만주

---

* 마샤두는 「정신의 精神醫」(O alienista)에서 과학담론에 대한 고도의 패러디를 전개하고 있다. 이 작품은 1963년에 영어로 번역되었다.

의에 속하며, 유희적이고 미지를 동경하고 염세적이고 박식하다는 점에서는 로맨틱하다. 마샤두 또한 나처럼 지방 출신이다(Barth, 1989 : vi~vii).

지방 출신은 문화적 위치 때문에 표절자이다. 다른 문화를 재생산 하려는 자세는 항상, 적어도 잠재적으로는, 비판적 거리나 조롱을 포함하기 마련이다. 게다가 바스는 마샤두의 작품에 두 가지 대립적인 역사인식을 섞어 놓았다. 즉 마샤두는 작품에 어떤 개념을 부여하든 간에 '전'(pre)일 뿐만 아니라 '후'(post)이기도 하다. 다시 한번 "유희적인 펜"과 "우울한 잉크"가 전면에 등장한다. 수전 손택 또한 모순적인 관점의 동시적 인식에서 파생되는 힘을 강조한다.

근대성의 표준은 우리 마음에 쏙 드는 환영체계이다. 이를 바탕으로 우리는 선택적으로 과거를 식민화하고, 어떤 것을 지방적(provincial) 이라고 생각한다. 또 세계의 몇 부분이 나머지 세계 전체를 얕잡아 보게 만든다. 죽은 사람은 지방적이라고 비난할 수 없는 관점을 대표한다. 『브라스 쿠바스의 사후 회상』은 지금까지 나온 책 중에서 가장 유쾌하게 비(非)지방적인 책이다. 이 책을 사랑하는 것은 문학에 대해서, 문학의 가능성에 대해서 그만큼 지방성을 떨쳐 내는 것이다 (Sontag, 2002 : 39~40).

'주변부의', '지방의'라는 단어는 표절자, 즉 창조적 독자인 마샤두의 참모습을 대변하는 다른 이름이다. 그러므로 나는 결론으로 표절자를 다시 정의하려고 한다. 마샤두는 "예술가의 완전한 자유를 부정했기 때문에 예술적 창조라는 전통적인 관념을 수용하지 않은" 작가이다(Santiago, 2001 : 37). 마샤두의 독창성은 어떤 작가도 "독창적"이기를 열망할 수 없다는 자각에 있다. 따라서 "독창적"인 작가란 결국 광범위한 독서를 하지 않았거나 보잘것없는 장서를 소유한 작가이다. 어떤 작가들은 저술한 것보다 더 많은 책을 출판한다면 역으로 표절자란 출판한 것보다 훨씬 더 많은 책을 읽은 작가이다. 독자는 이미 내가 어디서 제목을 따왔는지 알고 있을 것이다. 마샤두 지 아시스는 서구 문학 전통에서 자신이 무엇보다도 먼저 독자라는 사실을 철저하게 자각한 최초의 작가였다. 호르헤 루이스 보르헤스는 위대한 작가가 된 표절자에게 이름을 붙여 주었다. 그 이름은 피에르 메나르이다. 그러나 "라틴아메리카 대륙이 낳은 위대한 작가 보르헤스는 마샤두 지 아시스 작품을 읽은 적이 없는 듯하다"는 수전 손택의 추측에도 불구하고(Sontag, 2002: 39), 보르헤스 또한 표절자에게 다른 명칭을 붙인다면 동의하지 않을 것이다. 늙은 이탈리아 테너에 따르면 표절자란 셰익스피어이며, 『오셀로』의 열광적인 독자에 따르면 표절자란 마샤두 지 아시스이다.

7장_쿠바 영화: 빛을 향한 긴 여행

훌리오 가르시아 에스피노사[*]

무엇보다 이 글의 제목이 비유적으로 쓰인 것이 아니라는 점을 밝히고자 한다. 이것은 빛을 향한 영사기의 긴 여행을 말하는 것이다. 잘 알다시피 초기의 영화 카메라는 촬영도 하고 상영도 하는 이중 기능을 갖고 있었다. 라틴아메리카 국가에서와 마찬가지로 쿠바에서 촬영과 상영은 언제나 상이한 활동이었다. 두 활동은 상이한 팀에 의해 상이한 공간에서 상이한 목적 하에 진행되었다. 두 활동이 분리될 수 없는 하나로 인식되기 위해선 빛, 그러니까 발달된 영사기의 빛을 향한 긴 여행이 있어야 했다.

새로운 기술에 의해 만들어진 첫번째 이미지가 프랑스로부터 쿠바에 도착한 것은 지난 세기의 동이 틀 무렵이었다. 1895년 뤼미에르 형제가 그들의 첫번째 영화를 상영했을 때 쿠바는 스페인과 전쟁 중

---

[*] 훌리오 가르시아 에스피노사(Julio García Espinosa)는 쿠바 산안토니오 데 로스바뇨스의 국제영화TV학교의 교장으로 재직 중이다. 국제적 명성을 지닌 감독이자 시나리오 작가로서, 가장 갈채를 받은 영화로 「젊은 반역자」(1962), 「후안 킨킨의 모험」(1967), 「어떤 방법으로」(1977), 「왕비와 왕」(1994), 「그늘에 몰아넣다」(1998) 등이 있다. 스페인어로 쓰여진 원고를 스티븐 하트가 영어로 번역하고 주석을 달았다.

에 있었다.** 뤼미에르 형제의 발명품에 대한 소식은 예상할 수 있듯이 바로 이웃 미국 영화감독들의 관심을 끌었다. 그래서 쿠바의 이미지는 아주 이른 시기에 영화 필름에 담겨졌다. 그 후로 우리는 우리 자신의 이미지를 만드는 데 있어 주도적인 역할을 유지하기 위해 노력해 왔다.***

쿠바 영화제작의 첫번째 시도는 영화산업이 아직 걸음마 단계에 있던 1910년대에 있었다. 쿠바 영화의 위대한 선구자는 마법과 같은 영사기가 죽음도 물리칠 수 있을 것으로 보았고 이에 매료되었다. 그의 이름은 엔리케 디아스 케사다(Enrique Díaz Quesada)였다. 그가 사용할 수 있었던 장비는 조악하기 짝이 없었지만 그는 상당한 분량의 영화를 찍었다. 그러나 안타깝게도 그의 작품은 훗날 화재로 전소되었다. 남아 있는 것이라고는 놀이 공원에서 찍은 몇 분짜리 다큐멘터리 밖에 없다.****

라몬 페온(Ramón Peón)이 나타난 것은 1930~1940년대가 되어서였다. 그는 멕시코, 아르헨티나, 브라질에서 성공을 거둔 전례를 모

** 쿠바 민족주의자들이 그들의 지지자들을 결집하는 데 실패한 '10년 전쟁'(1868~1878) 이후, 1895년 호세 마르티(José Martí)는 스페인으로부터 쿠바의 자유를 요구하며 새로운 봉기를 주도했다. 한편 뤼미에르 형제(오귀스트와 루이)는 1895년 파리의 그랑 카페에서 세계 최초로 영화를 상영하였고 이는 급속히 전 세계로 전파되었다.

*** 쿠바 영화의 진화에 대한 자세한 논의는 채넌(Chanan, 2003)과 가르시아 오수나(García Osuna, 2003)를 참조할 것.

**** 엔리케 디아스 케사다는 첫번째 쿠바 영화「알멘다레스 강변에서의 결투」(Un duelo a orillas del Almendares, 1907)를 만들었다. 또한 스페인이 마지막 주요 해외 식민지였던 쿠바, 푸에르토리코, 필리핀을 상실하는 결과를 초래한 미국-스페인 전쟁을 촉발시키는 데 결정적인 촉매로 작용한, 1898년 4월 아바나 항구에서 있었던 미국 메인 호의 의문의 폭발을 다룬 다큐멘터리「메인 호의 서막」(El epílogo del Maine, 1912)을 제작했다. 그러나 두 작품 모두 남아 있지 않다. 디아스 케사다의 작품 중에서 남아 있는 것은 1분짜리 다큐멘터리「팔레티노 공원」(Parque de Paletino)이 유일하다. 가르시아 에스피노사(García Espinosa, 2002 : 261~262)를 참조할 것.

방하여 몇 작품을 만들었다. 멕시코, 아르헨티나, 브라질에서 성공을 거둔 작품은 대중음악과 대중연극이 결합된 것이었는데, 이것은 쿠바에서와 마찬가지로 이들 나라에서 긴 전통을 갖고 있는 것이었다. 그러나 라몬 페온의 작업은 전혀 광범위한 지지를 얻지 못했고 그의 노력은——다른 많은 사람들의 노력과 마찬가지로——성공의 왕관을 쓰지 못했다.*

이탈리아의 네오리얼리즘이 전성기를 누리던 1950년대, 나를 비롯해 많은 라틴아메리카 감독들이 로마에서 영화를 공부했다.** 아무런 치장이 없는 영화——스타배우나 비싼 세트를 쓰지 않는——를 선호했던 네오리얼리즘 유행에 도취된 채 우린 각자의 나라로 돌아갔다. 영화의 세계에서 빛을 향한 길고도 험한 여행이 모양새를 갖춰 감과 동시에 정치의 세계에서는 '냉전'의 길고도 험한 여행이 시작되었다.

1950년대 중반부터 베를린 장벽의 붕괴까지 냉전은 우리들 가운데서 10만 명 이상의 사망자를 야기했다. 라틴아메리카 감독들은 박해를 받았고 고문을 당했다. 몇 명은 피살되고 많은 사람이 망명을 떠났다.

구티에레스 알레아와 나는 이탈리아에서 공부를 끝내고 1950년대 중반 쿠바로 돌아왔는데,*** 이때는 유명한 독재자 바티스타가 권

---

* '쿠바의 그리피스'라고도 불리는 라몬 페온(1897~1971)은 자신의 조국인 쿠바에서 영화를 만들 수 없었고 할리우드에서 활동했으며, 그 이후에는 멕시코에서 활동했다. 그의 가장 중요한 작품은 리타 몬타네르(Rita Montaner)가 출연한 「야자나무 숲에서의 로망스」(Romance del Palmar, 1938)다.
** 로마의 실험영화센터(Centro Sperimentale di Cinematografia)에는 쿠바의 가르시아 에스피노사와 토마스 구티에레스 알레아(Tomás Gutiérrez Alea) 외에도 아르헨티나의 페르난도 비리(Fernando Birri)와 콜롬비아의 가브리엘 가르시아 마르케스(Gabriel García Márquez)가 유학하여 공부했다.

좌에 있을 때였다.**** 상황이 그랬지만 우리는 선배 감독들이 물려준 광기로 무장을 하고서 쿠바에 영화를 들여오기로 결심했다. 그렇게 해서 1955년 짧은 다큐멘터리인 「석탄화부」(El Megano)가 탄생했다. 그 결과 우리는 감옥에 가야 했다. 우리는 쿠바가 근본적으로 바뀌지 않으면 영화를 만들기 불가능하다는 것을 깨달았다. 그런데 1959년 우리나라는 정말 바뀌었다.

혁명의 승리와 함께 우리는 함께 영화를 만들고 그것을 대중에게 보여 주고자 하는 오랜 꿈을 펼쳐 보이고자 했다. 영화를 만든다는 것은 녹음테이프를 만들 수 있는 사운드 스튜디오와 필름을 현상할 수 있는 현상소를 갖춘다는 것을 의미했고 그것은 결국 이루어졌다. 그러나 영화감독들은 즉흥적인 과정을 통해 제작기술을 익힐 수밖에 없었다. 그들을 영화학교에서 교육시킬 수 있는 시간이 없었기 때문이다. 우리는 전무후무한 사건들에 직면했기 때문에 때로는 전문가 수준에 미치지 못하는 방법으로라도 그것들을 필름에 담아야 했다.

바로 이런 방식으로 최초의 다큐멘터리들이 만들어졌다. 쿠바 최초의 두 작품은 구티에레스 알레아와 내가 만들었다. 하지만 성공적이지 못했다. 그 작품들은 이미 유행이 지나 버린 네오리얼리즘에 충실한 것이었다. 네오리얼리즘의 거장인 체사레 자바티니가 1960년대 쿠바를 방문했을 때 우리는 이탈리아 영화가 다른 국면에 접어들었다는

*** 토마스 구티에레스 알레아(1928~1996)는 혁명 이후 쿠바 영화의 가장 중심적인 인물 중 한 명이다. 그는 홀리오 가르시아 에스피노사와 함께 쿠바영화기구(Instituto Cubano de Arte e Industria Cinematográficos : ICAIC)를 세웠고 「저개발의 기억」(Memorias del subdesarrollo, 1968), 「최후의 만찬」(La última cena, 1977) 그리고 「딸기와 초콜릿」(Fresa y chocolate, 1993) 같은 고전을 만들었다.
**** 풀헨시오 바티스타(Fulgencio Batista)는 피델 카스트로에 의해 축출되었다. 바티스타는 1958년 12월 31일 아바나에서 도주했고 카스트로는 그 다음날 정권을 잡았다.

것을 깨달았다.* 다른 영화운동, 즉 프리 시네마, 뉴 웨이브, 미국 독립 영화 등이 출현했고 우리에게 영향을 주기 시작했다.** 1960년대의 성공적인 10년 동안 세계 최고의 영화감독들이 우리를 방문했고 우리는 좀더 넓은 세계를 향해 우리를 공개할 수 있는 기회를 얻었다. 그 10년은 엄청난 혁신의 기간이었다. 우리 주위에서 식민주의는 산산이 박살나 버린 듯했다. 세계는 변하고 있었고 라틴아메리카 역시 마찬가지였다. 진정 확실한 해방을 위한 투쟁이 우리의 문을 두드리고 있는 것처럼 보였다. 라틴아메리카 신영화라고 알려진 움직임이 생겨나던 시기가 바로 이때였다. 이제는 고전이 되어 버린 쿠바 영화의 첫 작품들이 이 기간 동안 만들어졌다. 「저개발의 기억」, 「루시아」, 「낫의 첫번째 심판」, 「후안 킨킨의 모험」이 그런 작품들이다.*** 산티아고 알바레스가 주도한 다큐멘터리운동도 이 시기에 생겨났고 영화감독 후안 파드론이 중심이 된 만화영화의 전통이 태동한 것도 이 시기였다.****

지금까지 언급한 이러한 성과에도 불구하고 우리나라에서 우리의

---

* 체사레 자바티니(Cesare Zabattini, 1902~1989)는 이탈리아 네오리얼리즘을 대표하는 감독 중 한 명이다. 네오리얼리즘에 관한 논의는 마커스(Marcus, 1987)를 참조할 것.

** 프리 시네마(Free Cinema)는 새로운 다큐멘터리운동으로서 1950년대 영국에서 생겨났다. 프리 시네마라는 이름은 1956년 앤더슨(Lindsay Anderson)에 의해 붙여졌다. 뉴 웨이브(New Wave) 또는 누벨 바그(Nouvelle Vague)는 1950년대 후반에 생겨난 프랑스의 영화운동으로서 루이 말(Louis Malle), 클로드 샤브롤(Claude Chabrol), 프랑수아 트뤼포(François Truffaout), 알랭 르네(Alain Renais), 장 뤽 고다르(Jean Luc Godard) 등의 감독들이 이 운동을 주도했다. 자세한 논의는 마리(Marie et al., 2002)를 참조할 것.

*** 「루시아」(Lucía, 1968)는 움베르토 솔라스(Umberto Solás) 감독이, 「낫의 첫번째 심판」(La primera carga al machete, 1969)은 마누엘 옥타비오 고메스(Manuel Octavio Gómez) 감독이, 「후안 킨킨의 모험」(Las aventuras de Juan Quinquin, 1967)은 홀리오 가르시아 에스피노사 감독이 만들었다.

**** 산티아고 알바레스(Santiago Álvarez, 1919~1998)는 사회적 이슈에 초점을 맞춘 단편 다큐멘터리로 유명하다. 만화작가이자 시나리오 작가인 후안 파드론(Juan Padrón, 1947~)은 아마도 만화의 주인공 엘피디오 발데스(Elpidio Valdés)로 가장 잘 알려진 인물이다.

영화를 상영할 권리를 얻기 위해서는 아픈 경험이 필요했다. 배급업자와 상영업자들은 얄밉도록 잘 보호되는 자신들의 자유를 감독들과 나누려 하지 않았다. 이들은 미국의 거대회사들이 부과한 조건에 따라서만 극장 문을 개방함으로써 자신들의 사업이득을 챙기려 했다. 미국 회사들은 쿠바 업자들에게 일급 영화 한 편을 사기 전에 이급 영화 열 편을 사라고 요구했다. 이것은 국내 영화 상영을 위한 공간을 빼앗았을 뿐 아니라 세계 다른 지역의 영화도 볼 수 없도록 만들었다.***** 따라서 국내 영화의 존재와 외국 영화를 볼 수 있는 중요한 권리를 보장할 수 있는 길은 한 가지밖에 없었다. 그것은 극장을 국유화하는 것이었다. 그것이 현실화되자 모든 예상을 뒤엎고 이 기간에 영화 관객은 급격하게 증가했다. 그리하여 50년 이상 독자적인 영역으로 여겨졌던 영화 제작과 상영 부문이 드디어 통합되었다. 이 시기 쿠바 영화에서 과거와 현재는 구체적인 모습으로 구현되었는데 이것은 혁명체제를 무조건적으로 옹호하는 교조적 태도를 지양하는 동시에 혁명을 비판적으로만 보는 태도 역시 배제함으로써 얻어질 수 있었다.

    빛을 향한 긴 여행은 미래를 향해 곧게 일직선으로 펼쳐진 길이 아니었다. 초기에 우리는 한 아프리카 영화감독과 대화할 수 있는 기회가 있었다. 우리는 영화가 혁명을 위한 정치적 프로파간다로 쓰여야 한다는 점을 말했다. 그러자 그의 지혜로운 대답은 다음과 같았다. "아프리카에는 영화산업이 없고 따라서 상업영화도 없습니다. 우리는 국가로부터 아무런 도움을 받지 못하고 있고 그래서 정치선전 영화도 없습니다. 한마디로 말해서 우리에겐 아무런 영화도 없습니다." 우리는

***** 이 시기 할리우드의 마케팅과 배급 전략에 관한 상세한 정보는 슈니트만(Schnitman, 1984)을 참조할 것.

단순히 영화를 가지고 있다는 사실이 우리 사회의 가장 중요한 모순을 해결할 수 있다는 것을 의미한다는 것을 깨달았다. 필연적으로 모순은 여러 가지일 것이다. 그러나 영화는 현재적 의미를 갖는 눈물과 함께 이 모순들에 해결책을 제시한다.

물론 혁명에 의해 마련된 사회주의 의제를 지지하지 않는 영화감독들도 있었고 그들은 쿠바를 떠났다. 남은 감독들은 빛을 향한 여행 과정에서의 잘못과 혼란에도 불구하고 우리가 성취한 독립이 가장 중요하다고 확신했다. 살바도르 아옌데의 축출은——비록 그의 정치 프로그램이 쿠바 모델과는 전혀 관련이 없지만——우리로 하여금 우리의 독립을 수호하는 것이 얼마나 소중한 일인가를 경고하는 사건이었다.* 라틴아메리카 감독들의 투쟁 목표도 바로 이것이었다. 이런 이유로 쿠바 영화는 라틴아메리카 영화의 운명과 동일시되었고 사회주의 리얼리즘의 공리를 받아들이지 않았던 것이다.**

실제로 '쿠바영화기구'(ICAIC)는 라틴아메리카와 쿠바 영화의 전초기지가 되었다. 쿠바 영화가 없었다면 위대한 라틴아메리카 영화 작품 중 많은 수가 만들어지지 못했을 것이라고 감히 말할 수 있다. 1979년 아바나 영화제의 창설은 라틴아메리카 영화감독들에게 연례적인 모임의 기회를 제공했다. 그 전에는 중요하긴 했지만 칠레의 비냐 델 마르, 베네수엘라의 메리다, 캐나다의 몬트리올, 이탈리아의 페

---

* 라틴아메리카에서 민주적으로 선출된 첫번째 마르크스주의 대통령 살바도르 아옌데(Salvador Allende)는 1970년 칠레의 권좌에 올랐다. 그러나 3년 후 칠레군의 수장이었던 피노체트의 쿠데타에 의해 축출되었는데 이는 노동자계급을 무자비하게 탄압한 우파 독재로 이어졌다.
** 사회주의 리얼리즘은 소비에트 연방과 그 위성국가와 연결된, 정치적으로 노선이 정해진 예술이었다. 이것은 분명하고 좌파적인 정치적 메시지를 담아야 했기 때문에 예술과 스타일상의 고려는 부차적인 것이었다. 보다 자세한 논의는 라후센(Lahusen, 2002)을 참조.

사로에서 산발적인 모임이 있었을 뿐이다.*** 그러나 아바나 영화제를 통한 연례적인 모임의 결과로 '라틴아메리카 영화감독 회의'가 설립되었고 이것은 라틴아메리카 전역의 문화적 정체성을 기반으로 하는 라틴아메리카 영화를 하나의 운동으로 공고화시켰다. 이 시기의 영화는, 우리의 지도자들이 그렇게 자주 주창했던 것처럼 라틴아메리카와 카리브 지역을 하나의 조국 — 스페인어로는 '파트리아 그란데'(Patria Grande)라고 부른다 — 으로 의식화시키려 했다.

1980년대 동안 '영화감독 회의'는 라틴아메리카 전역에 시네마테크, 시네클럽 등의 기구가 설립되도록 노력했다. 결국 가브리엘 가르시아 마르케스에 의해서 '라틴아메리카 신영화재단'이 설립되었는데, 이 재단의 가장 중요한 프로젝트는 산안토니오 데 로스바뇨스(San Antonio de los Baños)에 국제영화TV학교를 세우는 것이었다.****

신영화운동은 영화감독들로 하여금 자신의 작품에 이론가가 되는 상황을 조성했다. 이것은 오로지 하나의 미학적 모델을 규정하는 문제는 아니었다. 물론 우리는 우리의 정치적 입장에 맞는 미학을 찾으려 했지만 말이다. 이러한 맥락에서 페르난도 비리와 호르헤 산히네스(Jorge Sanjinés)의 이론적 작업, 페르난도 솔라나스(Fernando Solanas)와 옥타비오 헤티노(Octavio Getino)의 「제3의 영화」, 글라우

*** 첫번째 라틴아메리카 영화제는 1967년 비냐 델 마르에서 열렸고 1968년엔 베네수엘라의 메리다에서, 1969년엔 다시 비냐 델 마르에서 개최되었다(Hart, 2004 : 8~9). 페사로 영화제는 1965년에 설립되었고 몬트리올 세계영화제는 1977년에 설립되었는데 두 영화제의 설립에는 라틴아메리카 신영화가 결정적인 영향을 미쳤다. 그러나 1979년이 되어서 라틴아메리카 영화는 '쿠바영화기구'의 지원을 받아 아바나에 영구적인 둥지를 틀게 되었다.
**** 가브리엘 가르시아 마르케스는 1985년 라틴아메리카 신영화재단을 설립했고 이 재단에 의해 산안토니오 데 로스바뇨스에 현재 훌리오 가르시아 에스피노사가 교장으로 있는 국제영화TV학교가 세워졌다.

베르 호샤(Glauber Rocha)의 「궁핍의 미학」, 그리고 나의 글인 「불완전 영화를 위하여」 등이 제기되었다.*

소비에트 연방의 해체와 베를린 장벽의 붕괴는, 5백 년 이상 우리를 고행의 길로 인도한 식민주의의 순환을 영원히 종식시킬 목표로 추진되었던 위대한 영화운동에 제동을 거는 사건이었다.

연간 거의 열두 편씩 제작되던 쿠바의 장편 극영화는 이 기간을 거치며 겨우 네 편 수준으로 떨어졌다. 물론 이 기간 중에도 「딸기와 초콜릿」, 「스위트 아바나」와 같은 중요한 작품들이 발표되긴 했지만 말이다.** 라틴아메리카 영화의 새로운 세대 감독들은 영사기의 빛을 향한 여행에 발을 내디디며 왕성한 생명력을 보여 주고 있다. 아르헨티나, 브라질, 베네수엘라 같은 국가에서는 이미 지평선 너머로 등불이 켜졌다.

어떤 타입의 영화들이 만들어지고 있는가? 우리는 만들 수 있으면 어떤 영화든 만든다. 특정한 목적을 염두에 두지 않는 영화들도 만든다. 우리를 하나로 묶는 것은 우리나라에서 어떤 영화라도 만들 수 있고 보여 줄 수 있는 권리를 지키고자 하는 염원이다.

그럼에도 실험은 계속되어야 한다. 우리는 우리의 첫번째 임무가 라틴아메리카를 보이도록 하는 것이라는 점을 알고 있다. 우리들의 나라는 보이지 않는 나라이기 때문이다. 이미지가 없는 국가는 존재하는 국가가 아니다. 이미지가 없는 국가에서의 죽음은 자신의 이미지를 갖고 있는 국가에서의 죽음보다 덜 아프다. 이러한 이유로 실험적이건

---

* 이 글들의 영어판은 채넌(Chanan, 1983)을 참조할 것.
** 「딸기와 초콜릿」(1993)은 토마스 구티에레스 알레아, 「스위트 아바나」(Suite Habana, 2003)는 페르난도 페레스(Fernando Pérez)가 연출했다.

아니건 어떤 영화라도 우리를 보이게 하는 것이라면 환영한다.

원칙적으로 민중에게 속한, 더욱 진정한 영화를 위한 추구는 결코 중단되어서는 안 된다. 우리는 스타가 없고 스타를 만들지도 않는다. 우리가 필요로 하는 것은 극중 인물이 스타 배우보다 더 중요한 영화이고 영화관을 떠날 때 관객들이 스타에 대해 얘기하지 않고 극중 인물에 대해 얘기하는 영화다. 우리는 이야기를 전하는 새로운 방법이 관객의 비판정신을 지워 버리지 않는 영화를 필요로 한다.

나는 최근에 쓴 「역사의 종말」이라는 짧은 글 마지막 부분을 인용하는 것으로 결론을 지을까 한다. 그것은 다음과 같다.

발터 벤야민이 말했던 것처럼 영화는 예술작품의 반복될 수 없는 고유한 아우라를 잃어버렸고 그래서 예술작품에 대한 전통적인 숭배를 없애 버렸다.*** 이런 관점에서 보자면 영화는 예술과의 관계를 탈신성화했고 보다 공개적이고 대중적이고 자유로운 소통을 야기했다. 이것이 바로 영화를 본연적으로 대중적일 수밖에 없게 만들었다.

최초의 영화는 우리가 잘 아는 바와 같이 관객을 어리둥절하게 만들었다. 그것으로 무엇을 할 수 있을지 분명하지 않았다. 그저 즐거움을 주기에 적당한 스펙터클이었을까? 새로운 시각예술이었을까? 시간이 흐르자 영화는 제7의 예술로 인정받게 되었다. 세계 전역의 지성인들과 예술가들은 앞 다투어 영화를 전통적인 예술형태의 개념 안에 편입시켰다. 유럽인들은 영화를 예술형태로 해석했다. 미국인들은 영

*** 벤야민의 글 「기술복제시대의 예술작품」(Benjamin, 1970)을 참고할 것.

화를 산업으로 보았다. 유럽인들은 영화를 이미 정해진 예술의 계서(階序)에서 산업화 이전의 예술로 위치시켰다. 미국인들은 영화가 대중을 고려해서 만들어진 것처럼 이용했다. 영화에 대한 유럽과 미국의 접근법은 모두 — 양자의 혼합형 역시 — 가치 있는 작품들이 양산되도록 했다. 그러나 두 접근법 모두 이 새로운 미디어가 가진 해방의 잠재력을 발휘하는 데 방해가 되는 것이었다. 유럽의 접근법은 전통적인 틀 속에서 영화를 새로운 숭배대상으로 만들었고 미국의 접근법은 단순히 영화를 평가절하하는 것이었다.

그러나 할리우드 역시 이미 초기부터 영화가 유일무이한 예술작품이 될 수 있다는 것을 깨달았던 것은 사실이다. 할리우드의 영화감독들은 회화작품에 내재된 아우라가 영화에서는 배우가 내뿜는 고유한 카리스마에 있다고 보았다. 초기 시대에 그들은, 대중은 물론 좀더 고급 관객까지도 그레타 가르보나 찰리 채플린의 진정한 카리스마에 매혹된다는 것을 입증시켰다.

그러나 할리우드는 스스로가 이러한 혁신을 걷어차 버렸다. 수익의 논리를 추종하게 된 것이다. 그 결과 등장인물보다는 배우에 기반한 영화들이 성장하게 되었다. 스타 시스템이 탄생했고 이와 함께 가공된 인물형을 창조하고 이를 과대 포장하는 시스템이 작동됨으로써 허위적인 아우라를 생산하게 되었다. 관객들은 배우의 자질보다는 유명세에 경의를 표하기 위해 극장에 갔다. 훌륭한 서사를 표현해 내거나 미묘한 인물을 연기하는 위대한 남자배우와 뛰어난 여자배우들조차 수백만 달러의 광고로 치장되면 그들은 연기하는 인물이 되기보다 그 자신들 스스로가 중요한 사람이 되어 버리고 만다. 결국 산업이 승리자가 된 것이다. 이 상황에서 패배한 것은 예술만이 아니다. 관객들의 비판정신도 사라졌고, 영화 속에 스며들어 있던 보다 자유로운 소통을 위한 가능성 또한 실패로 돌아갔다. 이것이 바로 할리우드 스토리텔링을 작동시키는 게임의 법칙이다. 이러한 이유로 "제도화된 재현"(Institutional Representation) — 노엘 버치의 용어를 빌리자면 — 은 다른 종류의 이야기 서술 방식인 실험(experimentation)을 더욱 필요로 한다(Noël Burch, 1990). 그래서 지금의 시점에서 요구되는 영화는 이러한 게임의 룰을 거역함으로써 제7의 예술이라 불리는 영화가 더 많은 성인관객 그리고 소외되지 않는 관객을 끌어들이도록 하는 가능성을 열어 주는 영화다. 너무나 오랫동안 우리를 만신창이로 만들어 왔던 대문자로 쓰는 '역사'(History)가 종말을 맞이한 것처럼 영화 내에서도 역사의 종말이 일어나야 한다.

이것은 배우의 중요성을 무시하는 것이 아니다. 아무리 매혹적이고 굉장한 특수효과라 할지라도 이러한 것들이 배우를 대체할 수는 없다. 그보다는 연기를 — 또는 촬영, 음악, 미장센을 — 단순히 등장인물과 플롯의 의미를 고양시키는 많은 요소들 중의 하나로서만 보자는 것이다.

이러한 생각은 우리의 작업처럼 스타 시스템에 의존할 수 없는 영화제작에 적용될 수 있다. 스타 시스템을 갖고 있지도 않으면서 스타 시스템을 작동시키는 패러다임을 채택하는 것은 부적절하다. 뿐만 아니라 이는 우리가 여전히 경쟁력을 갖추지 못한 채 통제된 시장의 미로에서 길을 잃고 헤매는 것을 의미한다.*

영화의 정체성은 위기에 빠져 있고 영화제들은 이 상황을 반영하

---

* 라틴아메리카에서 스타 시스템에 관한 자세한 논의는 킹(King, 2002)을 참조할 것.

고 있다. 영화제에서 "최우수 배우"보다는 "최우수 등장인물", "최우수 비소외(非疏外) 영화"가 상을 받아야 한다. "가장 이미지화되기 어려운 불친절한 소설"도 인정을 받아야 한다.

　이것은 기본적으로 예술은 우열을 가리는 경쟁의 대상이 될 수 없다는 인식을 기반으로 하는 것이기도 하다. 예술은 다른 사람들과 나누기 위한 것이다. 문제는 영화가 예술 전반에 위기를 불러왔다는 점이다. 요즘은 새로운 테크놀로지가 그 어느 때보다도 예술에 대한 전통적인 관념을 뒤집고 있다. 영화는 여전히 제7의 예술로 불리고 있고 영화사는 미술사가 씌어지는 것과 똑같은 방식으로 씌어질 수 있다. 그러나 아무도 TV를 제8의 예술로 생각하지 않으며 전통적인 패러다임에 따라 TV사(史)를 쓸 생각을 하지 않는다. 영화는 시네마테크라는 독자적인 뮤지엄을 가지고 있지만 TV는 "텔레마테크"를 가지고 있지 않다. 더욱 혼란스러운 것은 컴퓨터 또는 PC의 등장이다. 요즘 예술의 위기 또는 사망에 대한 말들이 많은 것은 우연이 아니다. 하지만 오늘날 예술은 무엇인가? 이러한 새로운 테크놀로지가 존재하지 않던 시절에는 이 질문에 답하기 쉬웠다. 새로운 테크놀로지들에 경의를 표하는 것이나 그것들을 서열화하려는 시도는 불필요한 일이 될 것이다. 신성한 것으로부터 세속적인 것으로의 이행은 돌이킬 수 없는 것으로 보인다.

8장_문화와 커뮤니케이션 영역에서 바라본 라틴아메리카와 미국의 관계

네스토르 가르시아 칸클리니[*]

라틴아메리카에서 과거에 근대적이었거나, 지금 근대적인 곳이 어디이며, 그곳은 언제부터, 어떻게 근대적이 되었는가? 이 질문에 대답하는 것은 '근대성', '근대화', '모더니즘' 같은 용어가 무엇을 의미하는지 따져 보는 일이다. 19세기 내내 라틴아메리카를 이해하는 작업은 풍요로운 문화적 모더니즘과 빈곤한 근대화 사이의 모순을 이해하는 작업이었다. 그것은 또한 산업화와 도시화라는 이중의 과정에 의해 가속화되었던 근대화가 어떻게 낡은 전통과 나란히 존재할 수 있는지 밝히는 작업이기도 했다. 이런 모순을 분석하기 위해 근대성에 관한 여러 가지 패러다임이 동원되었는데, 이들 사이에는 서로 다르면서도 한 가지 공통점이 있었다. 그것은 근대성의 패러다임들이 국가의 틀 안에서 인식되었다는 점이다. 기본적인 질문은 다음과 같은 것이었다. 브

---

[*] 네스토르 가르시아 칸클리니(Néstor García Canclini)는 멕시코시티의 메트로폴리타나 자치대학 연구교수로 재직 중이다. 라틴아메리카 문화연구 분야의 고전적인 작품으로 평가받는 『혼종문화: 근대성 넘나들기 전략』(1990)은 새로운 서문이 추가되어 최근 재출판되었다. 기타 그의 저서로 『소비자와 시민: 세계화와 다문화적 갈등』(2001)이 있다. 이 글은 스티븐 하트가 영어로 번역했다.

라질인, 페루인, 멕시코인이 근대국가에서 살아가는 방법은 무엇이며, 근대적이지 않은 그들의 모습에서 드러나는 것처럼, 여전히 과거지향적이거나 과거와 현재가 뒤섞인 채 그들이 할 수 있는 것은 무엇인가?

최근에 국가라는 공간적 경계는 흐려졌다. 근대화가 진행되는 무대는 더 이상 국가라는 공간으로 국한되지 않는다. 오늘날 근대적이라는 것은 세계를 여행하고, 세계와 소통하며 교류하는 것이다. 근대적이라는 것은 메시지가 전 지구적으로 순환되고, 사람들이 여러 가지 언어를 말하며, 상품이 수많은 시장에서 매력적인 구매 대상이 된다는 것을 의미한다.

이러한 이유 때문에 나는 라틴아메리카인들이 순환과 전 지구성이라는 관점에서 근대적으로 사는 방법을 모색하려고 한다. 아마도 세계화된 근대성의 현 단계에서 핵심적인 특징은 사람보다 상품과 메시지들이 더 수월하게 이동할 수 있다는 것이다. 이러한 가정을 증명하기 위해서 나는 이주(移住)의 유형과 다양한 미디어를 통한 상호문화적 커뮤니케이션에 초점을 맞출 것이다.

근대성이 진행되는 과정에서 발생한 이주의 양상

라틴아메리카의 근대화는 사람과 커뮤니케이션의 국제적 순환과 관련되어 있었다. 하지만 오늘날 우리가 흔히 알고 있는 방향은 아니었다. 사실상, 라틴아메리카에 근대성의 토대를 제공한 것은 유럽인이 아메리카 대륙으로 이주하면서부터였다. 약 5천 2백만 명의 사람들이 유럽을 떠난 1846년부터 1930년까지는 매우 중요한 기간이었다. 유럽 이주민 중 21퍼센트에 해당하는 약 천만 명이 라틴아메리카로 이주했다. 라틴아메리카로 이주한 유럽인 중 38퍼센트가 이탈리아인, 28퍼센트가 스페인인, 11퍼센트가 포르투갈인이었다. 그들 중 대다수가 선호한 목적지는 아르헨티나였고, 나머지 사람들은 브라질, 쿠바, 앤틸리스 제도, 우루과이, 멕시코로 이주했다. 20세기 초반 유럽의 전체 인구가 대략 2억 명이었음을 염두에 둔다면, 유럽 인구의 4분의 1이 이주했음을 알 수 있다. 유럽인들이 아메리카로 대거 이주한 1840~1940년 사이에 아르헨티나 인구는 40퍼센트가 증가했다. 이 기간에 미국 인구는 약 30퍼센트, 캐나다와 브라질 인구는 약 15퍼센트 증가했다(González Martínez, 1996). 유럽에서 인구가 유입되면서 산업이 근대화되고, 교육제도가 발전하고, 출판사들이 설립되었다. 한마디로, 유럽으로부터의 이주가 라틴아메리카에서 근대적인 국가건설을 설계하고 이식하는 데 기여했다는 사실은 잘 알려져 있다.

그렇다면 최근 몇십 년 동안은 어떠했는가? 오늘날 이주의 양상은 달라졌다. 19세기에서 20세기 전반까지의 이주는 거의 언제나 영구적인 것이었고 떠난 사람들과 남은 사람들 사이의 유대가 끊어졌다면, 오늘날의 인구이동은 여행이나 사업을 위한 짧은 여행처럼 잠정적인 정착을 포함한다.

오늘날의 이주는 세 가지 유형으로 구별할 수 있다. (1) 영구정착을 목적으로 하는 이주, (2) 사업과 관계된 잠정적 이주, (3) 앞의 두 가지 유형의 중간 형태로, 가변적인 상황의 이동을 포함하는 이주가 그것이다. 최근 몇십 년 동안 증가한 이주 유형은 두번째와 세번째 유형이다(Garson and Thoreau, 1999). 이주민의 유입과 유출은 기간과 조건에 의해 제한되고 통제된다. 과거의 인구정책이 영구이주와 연관이 있었다면, 최근에는 많은 경우 거주 허가가 임시적이고, 이주자의 국적과 유입국가의 경제적 필요를 바탕으로 차별적으로 주어진다. 거주 허가서는 갱신되지만 산업화된 서유럽의 국가들처럼, 이주자들에게 매력적이고 이주민의 유입이 많은 나라들은 극소수에게만 국적을 부여하고 이주자들의 권리, 안정성, 통합을 제한한다. 이주자의 노동 숙련성과 그들을 선택하는 경제적 필요가 일치하기 때문에 이주를 받아들일 때조차도, 사회문화적 소통의 단락(短絡), 특정 지역 내에서의 인종차별, 교육과 의료서비스를 받을 권리의 부정, 폭력과 국외추방으로 이어질 수 있는 믿음과 관습에 대한 부정적인 폄하 등이 발생한다.

국가마다 정책이 다르기에 이러한 경향은 국가마다 차이가 나며, 또한 이주자의 유형에 따라 다르다. 전문가, 기술자, 지식인, 숙련노동자는 이주할 때 더 환영을 받는다. 부자와 고학력자에게 여행 사유를 묻는 일은 거의 없다. 한스 마그누스 엔젠스베르거가 시사하듯이, 두툼한 수표책을 가진 사람, 무기밀수입자, 혹은 마약거래상은 그들의 돈을 세탁해 주는 은행가처럼 "선입견을 주지 않으며", "국적을 뛰어넘는" 사람들이다(Enzensberger, 1992 : 42). 그럼에도 불구하고, 모든 노동시장에 일반화된 불안정성은 경쟁이 세계화된 결과이며, 이러한 상황은 외국인의 신분을 더욱 불안하게 만드는 요인이고, 이주한 사회로 통합되는 것을 어렵게 만든다(Garson and Thoreau, 1999).

오늘날 이주민들이 겪는 이러한 불이익을 상쇄시키는 것은 이주민들이 고향과 자유롭게 소식을 주고받을 수 있는 통신수단의 발달이다. 라틴아메리카의 대도시에서 유럽에서 발행되는 신문들을 매일 읽을 수 있으며, 공중파와 케이블을 통해 유럽과 미국에서 라틴아메리카 소식을 들을 수 있다. 과거에는 몇 주 혹은 몇 달씩 걸리던 대륙 간 거리가 오늘날에는 시청각 매체, 이메일, 가족과 지인들로 이루어진 네트워크를 통해 축소되었다. 배로 여행하던 것과 비행기로 여행하는 것은 다르고, 물리적 여행은 전자 매체를 통한 소통과 다르다. 오늘날 상호문화성을 만들어 내는 것은 이주자들의 물리적 이동이 아니라, 오히려 이메일을 통한 커뮤니케이션이다.

이주 현상이 어떻게 변화했는지 좀더 뚜렷이 알기 위해서는 20세기 후반에 이주의 방향이 역전되었다는 사실을 상기하는 것이 중요하다. 1960~1965년 사이에 아르헨티나, 베네수엘라, 브라질, 우루과이는 105,783명의 스페인 이민자를 받아들였다. 그러나 이후 20년 동안 백만 명이 넘는 스페인인들이 유럽의 다른 나라로 이주했다(González Martínez, 1996). 동시에 라틴아메리카에서 스페인, 이탈리아, 독일로 이주하기 시작했고, 이보다 작은 규모의 사람들이 유럽의 다른 국가들로 이주했다. 수백만에 이르는 이주민들 중에는 정치적으로 박해받은 사람들과 실직자들도 있었고 미래의 비전을 상실한 라틴아메리카 사람들도 있었다. "아메리카에서 부자가 되기 위해" 유럽인들이 아메리카로 이주하던 시기는 막을 내렸고, 유럽의 경제적 성장에 동참하기 위해 (소위 수다카*로 불리는) 남미 사람들이 유럽으로 이주하는 역전 현상이 일어나고 있다.

19세기와 20세기에 발생한 인구이동이 정복과 식민시대에 유럽과 아메리카 사이에 만들어진 양극적 관계를 변화시켰다는 가정을 할 수 있다. 그럼에도 불구하고, 여전히 구태의연한 사고방식을 목격할 수 있다. 즉 유럽인은 라틴아메리카인을 차별하고, 라틴아메리카인은 유럽인을 선망하면서도 불신한다. 결과적으로 대륙 간 유대는 오랫동

---

* 수다카(sudaca). 남아메리카인을 비하하는 말.—옮긴이

안 지속되어 온 불균등한 구조를 그대로 재생산하는 식으로 변화되었을 뿐이다. 한쪽에서는 입국이 제한되고, 다른 쪽에서는 쉽게 입국이 허가된다는 점이 이를 잘 보여 준다.

미국처럼 유럽연합에서도 라틴아메리카인이 법적으로 차별받는 이유는 무엇인가? 이러한 차별에 대한 인권운동 단체의 항의에 대한 대답은 이렇다. 북미와 라틴아메리카는 유럽에 비해 이주를 위한 광대한 영토를 가지고 있었고, 유럽은 북미와 라틴아메리카가 산업과 교육 그리고 근대적 서비스 산업을 발전시키기 위해 갓 도착한 이주민들에게 장려금을 제공했을 때처럼 이주민을 받아들일 수는 없다는 것이다. 더구나 수백만 명의 외국인들이 이주해 간 유럽과 미국에서 최근에 실업률이 크게 증가했다는 소리를 듣는다. 심지어 사회 도처에서 범죄와 사회적 갈등의 증가가 이주자들 때문이라는 비난도 들린다(Dewitte, 1999).

19세기부터 20세기까지 많은 것이 변화했을지라도 이러한 상호작용의 관계에서 발생한 결정적인 변화는 자본, 상품, 이메일이 사람들의 이동보다 훨씬 용이하게 국경을 넘어간다는 것이다. 외국에 투자하는 것이 그 나라의 시민이 되는 것보다 더 쉽다. 근대화를 가속화시킨 자유무역협정은 이주자이기 때문에 차별받는 사람들의 권리를 비롯한 근대성에 내재적인 보편적 인권이라는 개념을 결코 포함시키지 않는다. 우리는 계몽의 근대성에서 신자유주의 근대성으로 이동했다.

최근 몇십 년 사이에 일어난 또 다른 근본적인 변화는 근대성의 헤게모니가 유럽에서 미국으로 이동했다는 사실이다. 라틴아메리카가 어느 정도 유럽의 발명이었다면, 라틴아메리카는 이제 주로 미국 사회와 미국이라는 제국에서 자신의 타자성(otherness)을 발견한다.

잘 알려져 있는 것처럼, 몇몇 라틴아메리카 국가들—예를 들어 멕시코 같은—은 미국과의 교역이 90퍼센트에 이른다. 또한 인구의 10~15퍼센트가 미국으로 이주한 나라들도 있으며, 그 결과 오늘날 미국에서 스페인어를 사용하는 인구는 4천만 명이 넘는다.

미국에 거주하는 멕시코, 도미니카 공화국, 엘살바도르 이주자들이 고향에 송금하는 돈은 경화(硬貨)를 획득할 수 있는 중요하고 순수한 자원이다. 2004년 멕시코 이주자들이 멕시코에 송금한 돈은 16,613,000달러에 이른다. 송금된 돈이 세 나라의 도시와 농촌경제뿐만 아니라, 고향에 남아 있는 가족에게 미치는 영향력—그리고 그들의 근대성의 경험—은 그 나라의 수출보다 더 크다.

상상력과 상호문화적 오해들

세계화의 현 단계에서 근대화 과정을 새롭게 인식하는 방법은 무엇인가? 내가 앞에서 언급한 사실과 수치에서 드러나는 것처럼, 근대화에 대한 전망이 바뀐 것은 사회경제적으로 변동이 생겼기 때문이며, 또한 사회적 행위자들의 상상력이 새롭게 변했기 때문이다. 이러한 변화의 과정을 시각적으로 보여 주는 문서와 예술적 이미지를 제시하기 전에, 나는 라틴아메리카적인 것이 무엇인지를 보여 주었던 과거의 이미지 하나를 다시 보기를 제안하고 싶다. 그것은 1936년 호아킨 토레스 가르시아(Joaquín Torres García)가 그린 남아메리카 지도이다.

토레스 가르시아는 자신의 선언문에서 "우리의 북쪽이 남쪽이다"라고 선포했다. 지도를 뒤집어 놓음으로써 그는 우리가 사는 국가나 도시, 예를 들어 우루과이의 몬테비데오에서 세계를 바라보도록 인식의 전환을 촉구했다. 아래위가 뒤집힌 지도는 나침반의 바늘을 따라 좀더 나은 삶을 영위하기 위해 북쪽으로 이주하는 오늘날의 라틴아메리카인들에 대한 비유로 읽힐 수 있다. 토레스 가르시아의 비유는 문화적 교환이 쌍방향으로 균등하게 이루어지지 않음을 나타내는 것으로 해석할 수 있다.

    여기서 나는 나의 책인 『상상의 세계화』(García Canclini, 1999)에서 분석했던 두 개의 예술작품을 선택하려고 한다. 첫번째 작품은 「아메리카」(*América*)라는 제목이 붙은 유키노리 야나기(柳幸典, Yukinori Yanagi)의 작품으로, 작은 플라스틱 상자에 채색된 모래로 36개국의 국기를 그려 놓았다. 국기가 그려진 작은 칸들은 관(管)으로 연결되어 있고, 그 관을 통해 개미들이 왕래하면서 모래로 만들어진 국기들은 점점 모습이 망가지면서 서로 섞이게 된다. 3주 후, 국기들은 알아볼 수 없게 되었다. 유키노리 야나기는 이 작품의 첫번째 판본을 1993년 베니스 비엔날레에 출품했다. 1994년에 야나기는 샌디에이고에서 북미, 중미, 남미 국가들의 국기로 구성된 두번째 판본을 제작했고 이것을 '인사이트'(inSITE)라는 이름의 다문화예술전람회(multinational art exhibition)에 출품했다. 야나기의 작품은 전 세계의 민족주의와 제국주의를 점차 붕괴시키는 이주노동자들에 대한 비유로 해석될 수 있다. 하지만 이 작품을 감상한 모든 사람들이 이 사실을 눈치 챈 것은 아니다. 야나기가 이 작품을 베니스 비엔날레에 출품했을 때 동물보호협회가 "개미를 착취"하는 행위를 중지하라는 항의를 벌여 며칠 만에 작품을 철거해야만 했다. 또 다른 반응도 있었다. 일반 관람객들이 국가 사이의 차이들이 사라지는 불안정한 모습을 보고 싶어 하지 않았다는 것이다. 야나기 입장에서는 정체성의 표식이 해체되는 경험을 표시하려고 시도했다. 1996년 상파울루 비엔날레에서 야나기는 작품에 사용한 개미가 너무 느리게 움직여서 국기의 모양이 충분히 변형되지 않을지도 모른다는 염려를 나타냈다.

야나기가 보여 준 비유는 세계화가 진행됨에 따라 발생하는 대규모 이주가 오늘날의 세계를 문화의 흐름과 상호작용의 체계로 변화시켜, 결국에는 국가 간의 차이가 해소되고 있는 것을 시사한다. 그러나 인구이동 자료들은 이러한 유동성의 이미지뿐만 아니라, 전반적인 초국가적(transnational) 이동조차도 확실히 보여 주지 못한다. 1년 이상 다른 나라에 정착하기 위해서 자신의 나라를 떠나는 사람들의 전체 숫자는 1억 3천만~1억 5천만 명으로, 전 세계 인구의 평균 2.3퍼센트를 차지한다. 길다 사이몬이 지적하듯이, "우리의 지구는, 사람들이 점점 더 저렴한 비용으로, 점점 더 빠른 속도로 이동하고 있지만, 실상은 움직이지 않는 정주민으로 가득 차 있다. 통제불가능한 이주의 물결로 뒤덮인 세계의 이미지는 새로움보다는 오히려 진부한 물건으로 가득 찬 거대한 상점과 닮았다"(Simon, 1999 : 43).

미국과 라틴아메리카 사이에 발생하는 교환을 이해하려면 세계에서 가장 왕래가 빈번한 도시인 멕시코 티후아나(Tijuana)를 보면 된다. 멕시코에 속하는 국경도시 티후아나와 미국에 속하는 샌디에이고 사이의 국경을 왕래하는 사람은 매년 9천만 명이 넘는다. 그 중 상당수는 이주자들이고, 또 다른 상당수는 티후아나에 살면서 샌디에이고로 일하러 가거나, 반대로 샌디에이고에 살면서 티후아나로 일하러 가는 사람들이다. 게다가 4만 명이 넘는 관광객들이 매일 티후아나를 방문하고, 그들 중 45퍼센트는 티후아나에 3시간도 채 머물지 않는다. 최근 14년 동안 티후아나의 인구는 두 배로 증가했다. 티후아나 출신의 예술가는 이 양방향의 교환을 어떤 식으로 표현할까? 한 가지 예로 우리는 마르코스 라미레스 에레(Marcos Ramírez Erre)가, 1997년 시작된 인사이트 도시예술 프로그램의 최근 전람회에 출품하기 위해 티후아나와 샌디에이고 국경에 설치한 트로이 목마에서 이러한 표현 방식을 볼 수 있다.

    라미레스 에레는 국경검문소에서 몇 미터 떨어진 곳에 높이가 25미터에 이르고 머리가 둘 달린 나무 목마를 세웠는데, 머리 하나는 미국 쪽을, 다른 머리 하나는 멕시코 쪽을 향하고 있다. 그는 머리 둘 달린 목마를 통해 문화적 침투가 북쪽에서 남쪽으로 일방적으로 이루어진다는 상투적인 인식을 깨려고 한다. 또한 그는 남쪽으로부터 온 이주자들이 현 상태를 무시하고 미국 내에 무언가를 불법적으로 반입하고 있다는 정반대의 환상도 깨려고 시도한다. 그가 나에게 말하기를, 이 부서지기 쉽고 오래 가지 않을 "반(反)기념물은 감추는 것이 없이 속이 훤히 들여다보이는데, 왜냐하면 미국인들이 의도하는 바를 라틴아메리카인들이 이미 알고 있으며, 반대로 라틴아메리카인들의 의도를 미국인들이 이미 알고 있기 때문이다". 예전에는 검문소 앞에 줄지어 서 있는 자동차 사이를 돌아다니며 아스테카 달력이나 멕시코 수공예품을 팔았지만, 지금은 이런 것들보다 "스파이더맨과 디즈니 장난감"을 더 많이 파는 멕시코 행상인들 모습을 통해서, 라미레스 에레의 트로이 목마가 보여 주는 것은 민족주의적 에토스라기보다는 오히려 변형된 보편적 상징이다. 역사적으로 널리 알려진 트로이 목마의 변화는 트로이 목마가 메시지의 다방향성을 가리키는 상징으로 변화된 것이며, 다양한 매체에서 다양하게 사용될 수 있음을 뜻한다. 국경의 행상인들은 라미레스 에레의 트로이 목마가 새겨진 티셔츠와 우편엽서를 아스테카 달력 및 "디즈니 장난감"과 함께 팔고 있다. 라미레스 에 레도 네 종류의 티셔츠를 가지고 있으며, "기념물" 옆에서 사진을 찍고 싶은 사람은 누구나 사진을 찍음으로써 관광객들이 멕시코적인 것과 미국적인 생활양식의 상징 옆에서 찍는 사진의 이미지에 역설적인 암시를 만든다.

야나기의 작품에서 국기의 형상을 허물어뜨리는 개미는 세계 어디에서나 일어나고 있는 상호작용을 암시하며, 그렇게 함으로써 정체성의 확실한 표식은 결국 사라진다. 머리가 둘 달린 트로이 목마는 상호작용의 쌍방향성과 호혜성에 대한 표현이다. 안이 들여다보이는 트로이 목마는 "그들이 우리에게 원하는 것과 우리가 그들에게 원하는 것"을 더 이상 감출 수 없다는 것을 시사한다. 양자 간의 갈등은 감출 수 없는 것이지만, 그 갈등은 민족주의적 이미지로 표현되지 않고 다국적인 상징으로 표현됨으로써 보는 사람으로 하여금 미국과 멕시코 사이의 국경에 대해 반추하게 만든다. 야나기의 작품이 국가 간 장벽의 해체를 공표하는 것이라면, 미국과 멕시코 국경 검문소에 있는 라미레스의 머리 둘 달린 목마와 실험적인 설치물들(입고 사진을 찍을 수 있는 트로이 목마가 새겨진 티셔츠와 트로이 전통 복장, 관광객에게 팔기 위해 도안된 새로운 수공예품을 패러디하는 기념물들)이 만들어 내는 종합적 효과는 상호문화적 오해가 어떻게 만들어지는지 보여 준다.

북쪽과 남쪽에 존재하는 다문화성의 모순

결국 이 글의 초점은 문화산업이 미국과 라틴아메리카 국가 간 관계에 대해서 우리에게 무엇을 말해 주는가 하는 것이다. 일반적으로 대중매체는 개인들에게 허용된 것보다 훨씬 용이하게 자신들의 메시지를 순환시킨다. 이주를 하거나 돈과 소식을 고향에 보내는 일들이 이전 어떤 시대보다도 서로 간의 소통을 원활하게 해주고 있다. 하지만 이러한 것들은 라디오, 텔레비전, 영화, 인터넷이 제공하는 커뮤니케이션 능력과 비교될 수는 없다. 대중매체를 통한 커뮤니케이션은 북쪽과 남쪽 사이의 불균등뿐만 아니라 세계화된 근대성에 참여할 수 있는 기회의 불평등을 보여 준다.

라틴아메리카인이 미국인을 바라보는 통로는 무엇이며, 미국인은 어떤 통로를 통해 라틴아메리카인을 바라보는가? 영화를 예로 들어보자. 1960년대 미국 시장에서 상영되는 영화의 10퍼센트는 외국에서 수입된 것이었지만 현재 0.75퍼센트까지 떨어졌다. 다양한 국가의 영화가 미국에서 상영되지 못하는 것은 몇 가지 이유 때문이다. 즉 거대 기업이 배후에서 영화 배급을 지배하고 있고, 배급자와 극장이 감당해야 할 부동산 비용과 선전 비용이 증가하며, 많은 미국인들이 자신들의 사회와 언어, 그리고 생활방식에 스스로 만족하고 있을 뿐 아니라 다른 나라의 문화나 상품에 대해서는 거부감을 보이기 때문이다.

미국 사회의 다언어적이고 다문화적인 특성 때문에 다른 언어로 제작되는 약간의 예외를 감안한다고 해도, 미디어를 장악하는 단일 언어 정책에 깔려 있는 갈등은 쉽게 발견된다. 최근의 인구센서스를 보면 미국 총 인구의 12퍼센트인 3천 5백만 명이 스페인어를 사용하고 있으며, 그 중 63퍼센트가 멕시코 출신이다. 스페인어 인구의 비율은 로스앤젤레스(6백 9십만 명)와 뉴욕(3백 8십만 명) 같은 도시에서 특히 높다. 마이애미, 시카고, 휴스턴, 샌프란시스코 만(灣) 지역에서는 각각 대략 백 5십만 명 정도가 스페인어를 사용한다. 이런 이유로 이 인구 집단이 미국에서 스페인어로 만들어진 영화나 라틴아메리카에서 만들어진 영화를 매우 친숙하게 받아들일 것이라는 사실은 자명하다 (Miller, 2002).

다른 나라 영화의 전통을 거의 완전히 배제한 채 미국 영화만을 상영하는 미국의 상황은 놀랍게도 라틴아메리카 국가에서도 마찬가지이다. 아르헨티나, 브라질, 멕시코처럼 오랜 영화 전통을 가진 나라들에서도, 상영되는 영화의 약 90퍼센트를 할리우드 영화가 차지한다. 유럽의 많은 국가들이나 다른 대륙에서도 상황은 비슷하다.

미국 영화가 전 세계적인 헤게모니를 쥐게 된 것은 "역사적으로 살펴볼 때 분명히 정치적 요인 때문이었다". 얼핏 보기에 우연이라고 생각되는 정치적 요인은 미국 영화와 경쟁 관계에 있던 다른 나라의 영화 제작자들을 파괴한 두 번의 세계대전이었고, 여기에 "미국 정부의 적극적인 지원"도 한몫을 했다. 문화산업과 시청각산업에서 미국이 차지하는 전 세계적 우위는 한 가지 요인 때문이 아니며, 그 한 가지 요인조차도 '자연 발화'된 것이 아니다. 그것은 여러 가지 요인에 의한 역사적 결과물이었다(Sánchez Ruiz, 2002 : 23). 이와 더불어 1980년대부터 라틴아메리카 정부들이 채택한 탈규제 정책의 결과로 외국 투자자들이 새로운 이윤을 얻게 되었다는 사실을 덧붙여야 한다. 탈규제 정책은 미국, 캐나다, 호주의 투자자들이 라틴아메리카 전역의 대도시를 비롯해 중간 규모의 도시에 복합영화관을 건설하도록 지원했다. 이런 방식으로 다국적 자본이 상영할 영화를 결정하고 획일화시켰으며 세계적으로 흥행에 성공한 영화만을 상영함으로써 다른 나라의 영화가 상영되는 시간은 줄어들었다. 라틴아메리카 주요 도시에서 상영된 영화를 조사한 결과, 최근 40년 동안 영화관은 증가했지만 상영되는 영화의 다양성은 감소되었다. 1990년에는 멕시코에서 상영된 영화의 50퍼센트가 미국 영화이고, 45.6퍼센트가 멕시코 영화였다. 그러나 2000년에는 이 비율이 미국 영화 84.2퍼센트와 멕시코 영화 8.3퍼센트로 바뀌었다. 복합영화관이 확산되기 시작한 1995년에는 16.8퍼센트가 미국과 멕시코 이외 국가의 영화였지만, 2000년에는 이 수치가 7.5퍼센트까지 감소했다(Rosas Mantecón, 2002).

다른 요인들도 미국 영화가 전 세계적 우위를 차지하는 데 기여했다. 첫째, 문화와 커뮤니케이션 영역의 발전과 병행해서 미국의 영화 산업이 일찍 발전했으며, 그 결과 전문적인 경험, 첨단 산업기술, 선진화된 마케팅 지식이 축적되었다. 둘째, 미국과 라틴아메리카의 빠른 도시화와 산업발전이 강력한 이주 양상을 초래했다. 셋째, 자국의 영화산업을 육성하기 위한 미국 정부가 보호무역중심적인 장려금 지급과 더불어 세금 감면을 제공했으며 이를 통해 배급과 영화 상영을 거의 반(半)독점적으로 통제했다. 이러한 정책은 다른 나라에서 공적 기구의 규제를 통해 실시하는 스크린쿼터 정책보다도 더 효과적으로 다른 국가와 다른 언어의 영화를 통제하는 방벽 구실을 했다(McAnany and Wilkinson, 1996).

미국의 이런 이중적 태도는, 한편으로 미국 내에서 사회적 다문화주의를 인식하는 방식과, 다른 한편으로 국내 시장과 국제 시장을 통제하는 문화산업의 다양성 거부 정책에서도 볼 수 있다. 미국은 국가 내에서 배제되거나 주변화된 소수자에 특권적 조건을 부여하는 가장 강력한 차별철폐조치(Affirmative Action)를 실행하는 국가이다. 그러나 동시에 영화, 텔레비전 음악 같은 초국가적 회선을 통해 미국 영토 바깥에서 들어오는 다양한 상품과 문화적 메시지들을 배제하는 공격적인 정책을 추진한다. 이러한 주변화는 국제기구(WTO, 유네스코 등) 내에서 발생하는데, 미국은 다른 나라들이 자국의 문화산업을 보호하려는 모든 조처에 반대한다. 이러한 일차원적 접근은 미국 내의 예술 혹은 미디어 분야에서 생산되는 소수자의 작업을 평가 절하하는 태도에서도 확연히 엿볼 수 있다.

많은 예술가들이 작품——시각적인, 조형적인, 혹은 문학적인——을 통해 미국과 라틴아메리카 사이의 불평등한 관계와 이러한 불공평한 사회문화적 결과들이 미국과 라틴아메리카 주민들에게 미치는 영향을 표현했다. 여기서 로사리토(Rosarito) 근처의 멕시코 해안에서 촬영한 「타이타닉」에 대한 앨런 세큘라(Allan Sekula)의 사진과 글을 예로 들어 보겠다. 타이타닉 호가 침몰하는 장면은 티후아나의 남쪽 해변인 포포틀라(Popotla)에 위치한 유니버설 스튜디오에서 촬영되었는데, 그 이유는 미국에 비해 열 배나 싼 비용 때문이었다. 세큘라는 이러한 미국 문화산업의 '개입'을 1840년경부터 바하칼리포르니아*를 찾아왔던 '백인 모험가'들 이후로 계속된 과정의 일부로 본다. 그들에게 바하칼리포르니아는 "열등한 장소, 대개를 게걸스럽게 먹을 수 있고 아무것도 신경 쓰지 않고 제멋대로 운전할 수 있는 어린애 같은 자유를 누릴 수 있는 유토피아였다. 그리고 지금은 할리우드가 통째로 탈출하고 있다. 3층의 국경 방벽을 넘어와서는, 끝 모를 심연에 빠져 허우적대는 근대성의 역사에 대한 미국 특유의 거만한 관점을 드러낸다". 그의 말은 계속된다. "엑스트라들은 마네킹 시신들 사이에서 이리저리 떠다니고 추위에 떨다가 감독의 지시에 따라 움직이기도 하고 죽

---

* 바하칼리포르니아(Baja California). 캘리포니아 주의 연장선상에 있는 반도로 멕시코 영토이다.—옮긴이

은 척하기도 한다. 그들은 한 무리의 익사자들이며 …… 멕시코 북부의 산업 국경은 테일러주의의 어두운 미래를 보여 주는 전형이다."

세큘라가 시사하는 바처럼, 영화 「타이타닉」은 "실제로 타이타닉 호가 침몰했던 때에는 몰랐던 산업단지(마킬라도라)의 오래된 전조(前 兆)였다. 값싼 노동력 집단은 물 위를 떠다니는 인종차별 기계의 부품이고, 기계에 의해 움직인다. 기계는 국경선 양쪽에서 점점 더 민주주의에 무관심해지지만, 어두운 바다에 뿌려진 기름인 문화에는 무관심하지 않다".

결합 가능한 선택들

문화적 교환과 커뮤니케이션에 있어서 남쪽과 북쪽 사이의 불균등과 마찬가지로, 이주의 양상에 대한 분석은 근대적인 것에 대한 재정의도 세계화되고 불평등한 방식으로 이루어지고 있음을 보여 준다. 지역마다 근대화와 전통이 어떠한 연관을 맺느냐는 것이 중요한 것이 아니라, 상이한 방식으로 근대화된 지역들이 전 지구적 교환의 맥락에서 어떻게 재배치되느냐 하는 것이 중요하다.

내가 이 문제를 좀더 자세하게 다룬 책, 『금세기 라틴아메리카인의 위치는 어디인가』(García Canclini, 2002)를 파이도스 출판사에서 발간했을 때, 마리오 에스케나시(Mario Eskenazi)는 몇 가지 색깔의 겹쳐진 라틴아메리카 지도를 통해 대륙의 중심이 이동하는 것 같은 모습의 책 표지를 디자인했다. 그는 토레스 가르시아처럼 남쪽과 북쪽을 뒤집어 놓지 않았다. 그는 여러 장의 지도가 움직이고 겹쳐지면서 국가 간 경계가 흐려지는 모습을 통해 오늘날 라틴아메리카에 발생하고 있는 역동성을 표현했다. 지도는 바탕 색깔이 겹쳐지는 부분에 따라 검정, 빨강, 노랑, 초록, 파랑, 엷은 자주색을 띤다. 라틴아메리카의 정체성은 다양한 색깔로 표현되며, 한 곳에 고정되지 않는다. 라틴아메리카는 단순히 우리가 통상 부르는 이름의 영토로 제한되지 않는다. 수백만의 라틴아메리카인이 캘리포니아, 뉴욕, 마드리드, 런던 혹은 파리에 거주하고 있으며, 전 세계 모든 대륙에서 라틴아메리카의 문화적 생산물인 소설, 텔레비전 드라마, 과학 연구, 음악을 발견할 수 있다. 그것은 중심이 부재하거나(decentered) 다른 중심을 갖는(eccentric) 근대성이다.

아마 이런 여러 가지 이미지들 간의 편차, 라틴아메리카를 상상하는 여러 가지 방식이 라틴아메리카 사람들이 어떻게 미래를 대면할 것인가를 시사하는 여러 가지 대안이 될 것이다. 이는 어느 하나를 선택해야 하는 딜레마가 아니라 두 개의 필요한 작업을 결합하는 문제라고 믿는다. 그것은 토레스 가르시아와 에스케나시의 제안을 결합하는 것으로, 편심(偏心)적이고 다양한 색깔의 장소를 탐험하는 지도를 통해 남쪽을 북쪽에 위치시키는 작업이다. 라틴아메리카에는 라틴아메리카 사람이 되는 여러 가지 방식이 존재한다.

그럼에도 불구하고, 만일 라틴아메리카 사람들이 단순히 차이를 인정하는 것으로 만족한다면, 만일 라틴아메리카에는 여러 종류(원주민, 아프리카계 흑인, 백인 등)의 사람들이 존재한다는 것을 인식하는 것으로 만족한다면, 불균형 때문에 생기는 불평등이 점점 증가하는 현실을 직시하지 못하고 있는 것이다. 다문화주의──박물관, 출판사, 음반회사 혹은 텔레비전 매체에서 정전(正典)화된──는 권력이 북쪽의 소수에 집중되어 있는 피라미드 체계에 의해 관리된다. 예술적이고 지적인 작업을 분할하는 새로운 전략은 문화와 커뮤니케이션을 통한 상징 자본과 경제 자본을 축적하는 전략이며, 이러한 전략은 지구 전체의 부가 미국, 몇몇 유럽 국가, 일본으로 집중되는 상황을 초래한다.

경제적이고 문화적인 교환이 전 세계적으로 확산되고, 전 방위로 이주가 진행되며, 지구 전체를 가로질러 정보가 연결되는 현상은 특정한 고립된 문화들의 맥락에서 발생하는 문화적 상대주의와 대립된다. 집단, 종족, 국가 사이의 경계가 흐려지고 불안정해지면, 그리고 경쟁심이 분노가 되면, 인문주의적 관용은 기껏해야 윤리적 수사에 그치는 부적절한 개념이 된다.

라틴아메리카 사람들은 세계화된 시민이 어떤 모습인지 찾기 시작했다. 시민의 참여가 효율적으로 이루어지면, 중요한 정책적 이슈는 단순히 고위 관리들 사이의 합의로 이루어지거나, 언론에 의해 주도되는 여론조사 방식의 참여에 의해 결정되지 않고, 시민들의 사회적 행위에 의해 결정될 것이다. 또한 시민들의 사회적 행위가 단순히 개인들이나 개별적 운동들의 저항으로 그치지도 않을 것이다. 끊어지며 동시에 이어지는(絶續) 세계에서 '타자에 대한 관용'과 '하위주체와의 연대'는 상호문화성에 이르기 위해 숱한 시행착오를 겪으며 얻어진 결론이며, 모든 사람이 함께 공존하기 위해 필요한 정책이다. 그러나 여기서 그친다면 관념으로 그칠 위험이 있다. 다른 곳에서와 마찬가지로, 라틴아메리카에서는 차이가 존재하는 사람들끼리의 소통, 불평등과의 투쟁, 누구나 상호문화적 유산에 접근할 수 있도록 허용하는 것이 필수불가결한 과업이며, 그때에 비로소 저질의 풍요로움이 판치는 이 시대에서 벗어날 수 있다.

결론_ 언제부터 라틴아메리카가 근대적이었는가?

로렌스 화이트헤드[*]

이 책은 여러 학자들의 공동연구와 학술회의의 결과물을 엮은 것으로서 "언제부터 라틴아메리카가 근대적이었는가?"라는 매우 민감한 주제를 다루고 있다. 그렇다면 라틴아메리카의 근대는 언제 시작되었나? 1500년경 최신식 항해술로 무장한 유럽인들이 최초로 동에서 서로 대서양을 횡단하여 정복과 식민을 시작하고 후손들이 그들의 발자취를 따라 식민활동을 이어가게 만든 시발점이 된 그때인가? 아니면 아이티에서 고대 이후 처음으로 노예반란이 성공한 1793년이었나? 혹은 아마존 열대 우림에 대한 자세한 인공위성 사진이 발표되어 비로소 그 삼림이 사라지고 있음을 알게 된 때였나? 아니면 19세기 초반에, 쇠락한 스페인 중상주의 제국에서 독립한 '근대적 양식'의 국민자치국가의 정치체제로서 입헌공화제가 공표된 때였나? 철도의 출현이

---

[*] 로렌스 화이트헤드(Laurence Whitehead)는 영국 옥스퍼드 대학 너필드 칼리지에서 정치학 펠로우로 재직 중이며, 2002년 옥스퍼드 대학의 신설 멕시코 연구센터의 초대 센터장으로 선출되었다. 최근 저서로 『라틴아메리카: 새로운 해석』(2006)과 『민주화: 이론과 경험』(공저, 2002), 『신흥 시장 민주주의: 동아시아와 라틴아메리카』(공저, 2002)가 있다

근대성의 시작을 알리는 신호탄이었나? 아니면 내연기관, 또는 피임약, 인터넷인가? 국가가 주도적으로 수립하거나 날조한 민족주의적 역사 전통을 국가에 의해 임명되고 조정되는 교사들이 전 영토에 퍼뜨렸을 때가 근대성의 절정인가? 아니면 라틴아메리카가 근대적이며 '선진적인' 북반구 국가들처럼 발전하는 데 결정적인 제한요인으로 작용한 무지몽매한 '전통적인' 이베리아 식의 시스템을 폐기한 때였나? 만일 지금까지 예시한 바가 너무 유럽 중심적이라면, 라틴아메리카의 근대성의 시발점은 어쩌면 그들의 역사 속에서 찾을 수 있을지 모르겠다. 즉, 옥수수 재배에 성공한 사건이나 마야 역법 같은 천문학적인 발견은 어떨까?

이 모든 것이 근대성의 '순간'이었고, 미래지향적 발전이었으며, 당사자들의 시대적 맥락에서는 발견이었다. 하나하나의 '순간'이라는 것은 진보적인 발전의 힘과 변화를 동시에 의미한다. 필자의 사유는 소위 '다양한 근대성'에 기초하고 있는데 이는 1960년대의 근대화 이론이었던 승리주의(triumphalism)와 내재적 목적론에 대비되는 것이다. 즉, 하나의 필연적 조건이 '근대'를 운명적으로 잉태하는 것은 아니며, 근대라는 것은 정형화된 틀 속에서 태동하는 것도 아니고 다양한 방식으로 생기고 존재하는 것이다. 또한 근대화를 달성하기 위해선 생각보다 큰 대가를, 그것도 일부 계층이 치러야 할지 모른다. 예를 들어, 역사가들의 주장과는 달리 근대가 소위 계몽의 기획에 기원을 두고 있다고 볼 수 없는 이유가 있다.* 근대가 계몽주의 시대를 초월한 현상이며, 근대와 계몽의 결합은 훨씬 더 다양한 가능성을 응축하고 있기 때문이다. 사실 경우에 따라 근대화 과정은 뭔가를 생산해 내는 것보다 더 많은 것을 파괴시킬 수 있다. 이 글의 목적은 장기지속

(longue dureé)의 관점에서 라틴아메리카와 카리브 지역을 조망하는 데 있다.** 일단 공동연구에 참여한 여러 학자들의 연구 성과를 전체적으로 개관해 보고, 개별 연구가 제시한 라틴아메리카의 특징과 본 연구의 주된 관심사인 근대성 분석을 종합화하려는 시도를 해보고자 한다.

"언제부터 라틴아메리카가 근대적이었나?"라는 질문에 대해 '근대'의 사전적 의미에 따라 대답한다면 정확한 답은 "한 번도 근대적인 적이 없었다"가 될 것이다. 그러나 다양한 근대성 이론에 기초하여 대답한다면 좀더 설득력 있게 "적어도 독립 이후에는 언제나 근대였다"가 될 것이다. 이것이 바로 필자가 최근에 출판한 책(Whitehead, 2006)과 이 책의 공동 저자들이 주장하고 있는 바다. 그런데 라틴아메리카의 사회·정치·경제·문화적 현실을 분석할 때 혼종성과 이질성을 간과해서는 안 된다. 근대를 대표하는 가장 광범위하고 일반적인 현상이라고 하는 텔레노벨라[telenovela; TV 연속극]나 해외여행 등도 결국 일부만 누릴 수 있기 때문이다. 이와 같이 근대를 누리는 계층이 있었던 반면 같은 공간에서 공존했던 국민 대다수는 별다른 변화 없이 폐쇄적으로 살면서 전통을 고수했다. 그러므로 '근대사회'는 정의도

---

* 산카 무티(Sankar Muthi)는 계몽주의자들의 글을 숙독한 후 다음과 같은 의견을 최근에 개진한 바 있다. "18세기의 계몽사상가들은 인간성, 문화적 차이, 유럽과 비유럽의 정치적 관계를 이론화하기 위해 심각한 학술적 논쟁을 벌였다. 18세기의 계몽주의자들 중 매우 유명하고 영향력 큰 학자들은 '기획'이나 핵심적 지식세계를 근대성에 접목시키는 데 실패한 이론을 내놓았다. '계몽사상은 반대적'(against)이라는 부정적인 정의에 입각해야만 계몽주의 내에서 다양한 텍스트, 주장, 성향을 읽어 낼 수 있다.……"(Muthi, 2003 : 264~265).

** 물론 '라틴아메리카'는 1860년 이전에는 하나의 범주나 지역으로 존재하지 않았다. 이는 프랑스 제2제정, 즉 나폴레옹 3세의 '근대적' 발명품이다. '인도아메리카'(Indo-America)는 더 최근인 20세기의 발명품이다. 카리브를 포함시키는 작업은 역사적·지리적으로 필요하지만 문제를 복잡하게 만드는 요인이기도 하다.

애매할뿐더러 다른 지역과는 달리 라틴아메리카 사회 전체에 공통으로 출현한 현상이라고 보기 어렵다. 그렇다면 그 다른 지역은 도대체 어디를 말하는가? 싱가포르? 실리콘밸리? 런던? 하지만 이렇게 근대성이 보편화된 곳이라고 알려진 곳에서도 문제점은 있다. 전통의 영향은 근대사회에도 여전히 살아 있을 뿐만 아니라, 전통은 전반적으로 혼종적인 성격을 띠고 있는 근대의 일부분이기 때문이다. 그래서 "언제부터 라틴아메리카가 근대적이었는가?"라는 물음에 대답하기란 매우 어렵다. 대안적 개념인 '다양한 근대성'에 대해선 좀더 신중한 접근이 필요하다. 이 개념에 따르면 라틴아메리카와 카리브 지역은 다른 지역에서 볼 수 있는 전근대-근대-탈근대로 진행되는 선형적이고 축적적인 방식으로 근대성을 지향하지 않고, '근대성에 대한 열망'이 광범위하고 반복적으로 구현되고 있다. 이와 같은 개념에 따르면 광활한 라틴아메리카와 카리브 지역은 "언제나 근대적"이었다. 즉 항상 근대화와 근대성을 추구했다. 이와 같은 명제는 필자가 제시한 대안적인 답을 뒷받침한다.

근대성에 대한 이런 '대략적인 개념'이 어떻다는 것이며, 왜 라틴아메리카와 카리브 지역의 특징적인 성격을 이해하는 데 유용한가? 여기서 한 가지 중요한 사실은 아무리 한 사회가 친숙하고 친밀하게 느껴지더라도 좀더 국제적인 틀, 혹은 정말로 전 지구적 체제를 구성하는 작은 요소라는 점이다. 따라서 한 지방이 전통을 고수하거나 후진적인 성향을 보인다고 해서 이를 독자적인 현상으로 볼 수 없다. 엄연히 외부에 지배적 현실이 존재하며 전통적이고 지방적인 것들은 이 외부의 조건에 따라 규정되기 마련이다. 지방에 합류할 수도 있고 아니면 혼란을 야기하거나 억압을 가할 '근대세계'가 존재하고, 이는 완전히 무시할 수는 없다는 것이다. 전근대적인 양상이 지속된다 하더라도, 이는 안정적이지도 않고 일관된 대안도 아니며 헤게모니를 잡을 수도 없다.

이런 대략적인 일반화에는 필연적으로 반대 사례가 제기되고, 가장 뚜렷한 몇몇 거시사적 예외를 고려하면 이러한 일반화에 대해 납득할 수 있을 것이다. 즉, 논란의 여지는 있지만 1763년 이전 파라과이의 예수회, 1781년 안데스의 투팍 아마루 봉기, 팔마레스의 킬롬보, 1891년 브라질 카누두스 지역의 콩셀레이루 추종자들, 어쩌면 1980년대 페루의 센데로 루미노소에 이르는 예외 사례를 생각해 볼 수 있다.* 이 사례들은 극단적인 반(反)근대적 시도로 분류될 수 있으며, 라틴아메리카 상당 부분의 영토와 주민에게 영향력을 행사하였다. 이들 중 한두 가지 경우는 근대성의 '대안적' 관점에 부합했을 수도 있다. 그러나 중요한 사실은 반례로 예시한 모든 움직임이 결국 영원히 파괴되었다는 사실이다. 다양한 근대성의 관점에서 볼 때, 반근대적이라는 낙인이 위와 같은 움직임들을 제거하고 다시는 일어설 수 없도록 하는 데에 결정적인 역할을 했다. 유난히 강렬한 '근대성에 대한 열망'을 지닌 라틴아메리카에서 대안적인 사회계획과 권력이 인정을 받기 위

---

* '투팍 아마루'(Túpac Amaru)는 원래 잉카 부흥운동을 주도한 빌카밤바 왕조의 마지막 왕으로, 여기서는 그의 후손인 투팍 아마루 2세를 가리킨다. 1781년 그의 봉기는 식민시대 안데스 최대 규모였을 뿐만 아니라 원주민 국가 건설을 천명함으로써 식민체제의 근간을 뒤흔들었다. '킬롬보'(quilombo)는 브라질에서 밀림으로 도망친 흑인 노예들이 만든 부락을 가리킨다. 17세기 말에 형성된 팔마레스(Palmares)의 킬롬보가 가장 규모가 커서 인구가 수천 명에 달했으며, 거의 소왕국처럼 50년간 존재했다. 안토니우 콩셀레이루(Antonio Conselheiro)는 브라질의 카누두스에서 종말론을 내세워 수많은 추종자를 거느리게 된 교주이다. 공화정 수립에 반대하는 봉기를 일으켜 한때 브라질 중앙정부의 골칫거리였다. '빛나는 길'이라는 뜻의 '센데로 루미노소'(Sendero Luminoso)는 안데스에서 봉기한 마오주의 노선의 혁명단체이다.—옮긴이

해서는 근대적인 세계의 지지가 필요하다. 이러한 지지가 있을 때에만 판단착오에 따른 실수로 차질을 빚더라도 생존할 수 있다.

다른 한편, 근대성에 대한 외부의 영향이 매우 다양하고, 때로는 서로 경쟁적일 수 있으며, 근대적이고자 하는 내부적 열망과 잘 어울리지 않을 수 있다. 20세기 중반, 상당수의 라틴아메리카 여론주도층은 스탈린의 소련을 진보의 메카로 생각했다. 다른 이들은 바티칸의 회칙을 꼽기도 하고 파리에서 태동한 각종 사상을 꼽기도 했다. 최근에는 세계은행과 하버드가 각광을 받았다. 이처럼 다양한 가능성 때문에 '다양한 근대성'은 모든 것을 포함하며 어떤 것도 배제하지 않는다고 여길지 모른다. 그러나 이는 최소한 두 가지 점에서 잘못된 것이다. 첫째, 세계의 다른 지역에서는 라틴아메리카보다 더 큰 헤게모니를 행사해 온 일관된 반근대적 사회들이 존재한다. 둘째, 라틴아메리카에서 근대적이라고 받아들이는 것들이 사실 매우 편협하고 차별적이다. 어느 특정 시간 또는 특정 사회영역을 두고 보면, 여러 많은 가능성 가운데 아주 작은 부분만이 해당될 뿐이다. 이 두 가지 점에 대해 자세히 설명해 보도록 하겠다.

첫째, 다른 지역은 라틴아메리카만큼 '근대성에 대한 열망'을 유난히 강하게 보이지는 않는다. 물론 이 세상의 모든 지역이 다 그렇지 않다는 것은 아니다. 북아메리카, 호주와 뉴질랜드, 그리고 좀 상황이 다르긴 하지만 이스라엘 등 비교적 '최근에' 정착한 지역에서 라틴아메리카와 비슷한 경향을 보이는 경우도 있다. 또 이런 주장이 절대적인 것도 아니다. 다만 여기서 명심해야 할 점은 다른 많은 지역과 라틴아메리카는 시간적, 공간적으로 상대적인 차이가 있다는 것이다. '세계화'로 모든 지역이 비슷해지고 있지만 근대성에 대한 열망에서 라틴아메리카는 시간적으로 빨랐다. 따라서 최근에 혹은 불완전하게 근대화 과정을 밟은 다른 지역보다 방향을 정반대로 바꿀 가능성이 더 적다.

이에 대한 반례가 페리 제독에 의해 강제로 문호가 개방된 1853년 이전의 일본이다. 당시까지 일본은 의도적으로 세계로부터 스스로를 격리시켰으며 외부인의 눈으로 스스로를 보는 것을 강력하게 거부했다. 또한 왕조 시대의 중국, 1895년 이전의 한국, 공산주의 체제 이전의 티베트, 1879년 이전의 줄루, 와화브 파 이슬람교가 장악했던 사우디아라비아 등이 이에 해당된다. 이들은 모두 폐쇄적인 성향을 띠며 라틴아메리카보다 훨씬 더 오래 서구의 근대성에 저항했다. 이들은 고대 문명, 천년왕국설에 기초한 종교, 풍부한 언어와 문화 전통, 오랜 세습 전통 등, 자기 자신을 합리화시킬 수 있는 자체 전통을 가지고 있었으며, 외부의 새로운 영향은 흡수해 버리거나, 흡수가 되지 않을 경우 이에 저항했다. 반대로, 라틴아메리카의 고대 아스테카 문명과 잉카 문명은 문자 그대로 파괴되었고, 유럽의 종교를 받아들였으며(나중에는 미국의 종교), 심지어 원주민운동가들도 주로 스페인어를 사용한다. 이런 결과를 초래한 스페인과 포르투갈, 프랑스의 지배자들은 19세기에 모두 패하거나 쫓겨났지만 라틴아메리카는 여전히 내부 지향성보다는 외부 지향성을 유지하고 있다. 아프리카에서 강제로 이주된 사람들마저도 이주와 노예 생활로 뿌리를 잃어버리고, 그들의 역사적 전통 외부에서 구축되고 부과된 인종차별 도식에 종속되어 버렸다. 이와 같은 '주변부적' 발전 단계를 겪어 왔기 때문에 라틴아메리카는 세계를 주도한 '근대성'과 어떤 관계를 맺느냐를 중요하게 의식한다. 그 결과 외부에서 조성된 기준과 잣대에서 어떤 순위를 차지하느냐 등에 매우 집착하는 경향이 있다. 이는 메카, 로마, 예루살렘, 아일랜드, 바스크 등이 자신의 역사적 전통 혹은 신성한 과거를 현대에 접목시키는 일에 온 힘을 쏟고 있는 것과 대조된다.

둘째, 라틴아메리카의 근대성에 대한 개념은 '다양'하지만 또 한편으로는 심하게 억압되어 있다. '다양한 근대성'이라는 틀 안에는 하나의 지배적인 축이 있다. 19세기에는 프랑스가 이 축이었는데 21세기 초가 되면서 그 영향이 미미해졌다. 소련의 영향은 더욱 미미해졌다. 지금은 미국이 주요한 축인데 처음에는 멕시코와 카리브 해에 영향을 미쳤지만 20세기 후반에는 전체 남아메리카 대륙에 지대한 영향을 미치고 있다(브라질은 스페인어를 사용하는 다른 라틴아메리카 국가에 비해 영향을 덜 받는 편이다). 앞으로 중국이 미국과 비슷한 자리를 차지할 가능성이 있지만 지금 당장은 여전히 가능성에 불과하다.

라틴아메리카가 근대성의 이런 지배적 '원천'에 대한 대안을 탐색하고 근대화의 비주류적 변종에 대해 개방적인 것은 라이벌 모델에 매력을 느낀 탓도 있지만, 푸에르토리코처럼 미국화되는 데 대한 거부감 때문이기도 하다. 이런 논리는 많은 분야에서 목격할 수 있다. 예를 들어 라틴아메리카는 미주정상회담, 미주자유무역지대(FTAA)에 참여하지만, 또 한편으로는 미미하게나마 이베로아메리카 정상회담, 유럽-라틴아메리카 간의 다양한 협력 사업, 볼리바르대안미주통합운동(ALBA)에도 참여한다.* 영화에서도 마찬가지다. 할리우드는 히스패

---

* 이베로아메리카 정상회담은 1991년 생겼으며, 이베리아반도와 라틴아메리카에서 스페인어와 포르투갈어를 사용하는 국가들의 정상이 참여한다. 볼리바르대안미주통합운동(Alternativa Bolivariana para América Latina y El Caribe : ALBA)은 2001년 베네수엘라 대통령 우고 차베스(Hugo Chávez)가 주도하여 결성되었다.—옮긴이

닉을 상대로 한 영화를 만들 때 칸이나 마드리드에서 인정받는 라틴아메리카 영화 제작자들과 경쟁해야 한다. 한편, 불법 이민과 고국 송금도 이런 논리를 반영한다. 거의 모든 분야에서 지배적인 미국의 근대성을 순순히 받아들이길 거부하는 사람들에게는 늘 다른 대안이 존재한다. 정치나 문화 같은 분야에서는 미국이 제공하는 선택의 폭이 좁지만, 과학적 노하우나 다양한 원천의 정보 등의 다른 분야에서는 라틴아메리카인들에게 수많은 가능성을 제시할 수 있다. 외국인의 직접투자유입, 전문기술, 학술 교류, 원조, 심지어 이메일 교환 등의 통계를 보면 라틴아메리카의 사회 그룹들이 미국 이외의 해외에서 받아들이고 있는 대안적 근대성이 상대적으로 중요하다는 점을 알 수 있다. 그리고 대안 지역들이 항상 다양하기는 해도 수적으로는 제한되었음을 알 수 있다. 시간이 흐르면서 변화가 발생하기도 하고(갑작스런 소련의 영향 축소 또는 중국의 급부상), 라틴아메리카의 다양한 사회영역에 따라 구성이 변하기도 하며, 지향점에 따라 외부의 원천은 거의 다르게 구성되기도 한다. 하지만 그럼에도 불구하고 지침이 되는 지역의 수는 한정되어 있고 그 한정된 지역 가운데 미국이 독보적이다.

그렇다면 라틴아메리카가 외부 세계를 지향한다고 주장할 때 어떤 반론이 있을 수 있는지 살펴보자. 추상적이고 거시적인 일반화에 의거하다 보면 다양한 근대성 관점이 라틴아메리카 사회의 풍요로운 복합성과 창의적인 능력을 단순한 외부 모델의 수입 혹은 모방으로 축소할 소지가 있다는 반론이 가능하다. 그러나 나는 오히려 그 반대라고 생각한다. 다양한 근대성 관점이란 틀을 통해 우리는 라틴아메리카 내부에서 진행되는 논쟁과 실험의 구조, 범위를 더 잘 이해할 수 있다. 이들 논쟁과 실험은 매우 다양하고 창의적이지만 국제적 상호작용의 일정 맥락 안에서 진행되고 때로는 한쪽에 치우친 일방적 작용이나 단순한 모방에는 저항한다. 기준이 되는 틀 속에는 항상 북아메리카와 유럽(다른 지역도 될 수 있음)이 자리하고 있고, 특히 한 가지 문제에 고민한다. "우리의 경험이 근대성의 일반적인 구조 가운데 어떤 위치를 차지할까?" 하는 고민이다. 이렇듯, 지역적이지만 대외지향적인 사고의 결과, 라틴아메리카의 사상가와 역사 주체들은 자신들의 산물이 근대세계에 포함될 수 있기를 열망한다. '진보한', '발전한' 혹은 '근대적인' 나라에서 체득한 스스로의 경험이 알려지고 논쟁이 될수록 자국에서 더 설득력을 얻고 효과적이게 된다.

다양한 근대성 관점은 라틴아메리카의 창의성, 적응력, 지배적 사유방식에 대한 저항 등을 포괄하고 있다. 뿐만 아니라 이 지역과 근대성의 중심부 간의 양방향 상호작용 및 다른 근대적 지역들이 라틴아메리카의 혼종적 사회현실을 반영하려는 시도도 조망하고 있다. 선진 서구민주국가의 획일화된 근대성을 무분별하게 단순히 모방하는 것이 아니라, 라틴아메리카가 근대세계 내의 논쟁에 적극적으로 기여하면서, 어떤 때는 이쪽과 제휴하고 또 어떤 때는 저쪽과 제휴하는 모습을 보여 주고, 거꾸로 이들 서구세계에 라틴아메리카적 색채를 가미한 자극을 주기까지 한다. 따라서 다양한 근대성이라는 관점이 제시하고자 하는 것은 무조건적 종속이 아니라 영향을 주고받는 선택적 전유(appropriation)이다. 그래서 라틴아메리카는 자신들의 선택적 인식과 기준에 따라 국제형사재판소(ICC)나 교토의정서를 지지하기도 하고, 국민연금의 민영화를 받아들이기도 한다. 이렇게 함으로써 외부의 사례를 그대로 베끼기보다는 다른 나라의 경험을 들여와 더욱 강화하고 심지어 완전히 재구성하기도 한다. 칠레의 연금민영화의 경우 '시카고 학파'*에서 아이디어는 빌려 왔지만, 이를 변형시킨 칠레형 모델은 주변 국가뿐 아니라 선진국에도 영향을 줬다. 유사한 경우로 전 대륙을 휩쓸었던 라틴아메리카의 '붐' 소설**은 스페인을 비롯한 유럽의 문단에도 새 생명을 불어넣었다. 일반적으로 얘기하면, 라틴아메리카의 창의성은 외부의 근대성에서 영감을 얻을 뿐 아니라 이를 더욱더 다양하고 풍부하게 만든다. 라틴아메리카의 존재는 여러 분야에서 세계의 근대성을 보다 더 탄력적이고 활기차며 다양하게 바꾼다.

　　다양한 근대성에 대한 또 다른 형태의 보다 일반적인 반론에 대해서 언급해 보자. 인류학자들 사이의 매우 공통적인 견해이며 이 책에서는 피터 웨이드의 글에서 거론되었는데, 이런 종류의 광범위한 일반화나 거대 서사는 지역사회에 더 몰두해 있는 라틴아메리카인들의 삶의 경험과 너무 동떨어져 있어서 실질적인 알맹이가 없다는 주장이다. 대중문화가 가장 많이 경험되고 생산되는 소규모 집단의 층위에서는 전통도 혁신만큼이나 영향력이 크며, 외부의 관점보다는 동질적 집단의 기대지평선에 따라 행동하는 경향이 많다. 한때는 많은 인류학자들이 근대적 세계라는 겉포장을 뜯어내려고 애쓰면서 그 속에 묻혀 있는 전통을 우선시했다. 이들은 근대적 세계가 지역에 깊이 뿌리내리고 있는 문화와 관습을 덮어 버렸다고 생각했다. 인류학에서 요즘은 더 이상 이런 접근을 환영하지 않지만 근대성을 우선시하는 것에 대해서는 여전히 반발한다. 대신 최근 인류학은 지역의 다양한 외형에 ── 본래

＊시카고 학파(Chicago School). 시카고 대학 경제학과의 신자유주의 학파를 지칭함. 피노체트 시절에 시카고 대학 경제학과 출신의 칠레 관료와 학자들이 칠레에 신자유주의 모델을 들여왔다.─옮긴이
＊＊1960년대 라틴아메리카 소설이 국제적으로 폭발적인 인기를 얻음에 따라 붙은 이름이다.─옮긴이

적응력이 뛰어나서 다양한 외형을 지니게 되었든지, 아니면 정말로 변화를 싫어해서 그랬든지—힘입어 혼종성과 가치평가의 공정성을 강조한다. 웨이드가 거론한 대로 지역 단위의 다양한 사회현실에 집중하는 인류학적 입장에서는 "라틴아메리카가 전면적으로 근대성에 집착을 보인다"는 개략적인 주장에 반대할 수밖에 없다.

그러나 필자의 관점에서 볼 때 라틴아메리카 전체에 대한 논의는 거시적 수준만큼이나 미시적 수준에서도 고려해 봐야 한다. 큰 그림에 국한시키지 말고 세세한 부분도 고려해야 한다는 얘기다. 이 책에서는 기 톰슨이 지방적 층위에서 이런 관점이 어떻게 적용되는지 정확한 역사적 맥락에서 생생하게 그려 내고 있다. 그 예들은 매우 많다. 특히 프리메이슨, 자유주의자, 의료관계자, 페미니스트, 군 개혁주의자 등 다양한 라틴아메리카의 '진보적인' 문화분파(分派) 등이 독립 이후의 역사 전반에 걸쳐 해방을 위한 다양한 지방적 투쟁 서사를 쏟아 내고 있다. 그러나 다양한 근대성 관점은 보다 전통적 성격을 띤 근대주의자들인 철도 건설업자, 커피업자, 통화개혁론자, 심지어 안보전문가들도 각 지역에서 나름대로 진보와 향상을 추구하며 노력했다고 평가한다. 서로 경쟁을 벌인 이 두 종류의 혁신가들이 공유하고 있는 것은 변화의 필요성, 외부 모델에 대한 개방성, 물려받은 조건을 어떻게 업그레이드하거나 변형시킬까 하는 고민이다. 이런 양상이 필자가 언급한 '근대성에 대한 열망'의 미시적 토대이다. 이는 라틴아메리카 자연의 풍요와 광활함에 기초한 응답이며, 정복 이전의 문명 파괴에 대한 응답이고, 초기의 유럽과 그 후 미국의 위압적인 영향력에 대한 응답이며, 라틴아메리카 전역에 걸쳐 마을 단위까지 변화를 야기한 기술과 문화가 지나치게 외부세계에 기원을 두고 있는 것에 대한 응답이다.

물론 이런 외부의 영향은 거시적·미시적 수준에서 저항을 받고 변형 과정을 겪는다. 그러나 장기적으로, 또 국가 단위뿐만 아니라 지방적·개인적으로도 다양한 분야에서 영향을 받다 보니 라틴아메리카는 서구 선진국에서 입증된 발전 및 개혁 모델과 이미지에 놀라울 정도로 개방적이었고 앞으로도 그럴 것이다. 현재의 상황을 외부의 잣대에 따라 판단하고 개선하려고 노력하는 경향도 뿌리 깊이, 그리고 널리 퍼져 있다. 이런 의미에서 라틴아메리카는 '항상' 근대적이었다.

  이런 주장을 구체적으로 입증하기에는 전혀 다른 수준의 논의가 필요할뿐더러 지면상의 한계도 있다. 라틴아메리카가 사회의 미시적 토대에서부터 '근대성에 대한 열망'을 보인다는 말은 상대적이고 비율적으로 그렇다는 것이다. 이를테면 이슬람, 불교, 힌두 사회 역시 라틴아메리카처럼 세계화에 커다란 반응을 보인다는 증거를 들이대면 할 말이 없게 된다. 실제로 서구의 근대성이라는 기준에 따라 스스로를 평가하는 경향은 라틴아메리카나 앞에서 언급한 다른 지역들이나 마찬가지로 두드러진다. 따라서 근대성과의 절대적 밀착을 판단 기준으로 요구해서는 안 된다. 비슷한 이유로, 이러한 종류의 지역 가로지르기식의 증거 수집을 위해서는 혼례 관습, 고대 건축물의 신성화, 패션에 대한 반응, 컴퓨터 사용, 서구식 교육에 대한 접근성 등의 다양한 양상을 면밀히 살펴봐야 할 것이다. 이질적인 라틴아메리카 사회영역을 가로지르는 이 다양한 양상들 속에서 우리는 상이한 반응 정도와 불균형을 발견할 수 있을 것이다. 그렇다 하더라도, 라틴아메리카에 '근대성에 대한 열망'이 있다는 주장을 폐기하려면, 먼저 이 다양한 양상을 충분히 고려하고 난 뒤에, 모든 사회 관례에서 세계화에 대한 반응 정도가 일정하다는 결론에 이르러야만 비로소 가능하다. 각각의 사회계층과 세대는 전신, 단파 라디오, 노트북 컴퓨터 등 다른 방식으로 이 반응을 표출할 것이다.

유럽 기원의 라틴아메리카 엘리트들이 특히 외부지향적인 경향을 보이는 것은 그다지 놀랄 일이 아닐 것이다. 그러나 나는 좀더 광범위하게 대중문화에서 감지되는 이런 경향을 짚어보고 싶다. 1920~1930년대에 멕시코의 시골 마을 산호세 데 그라시아에서 스페인어판 『리더스 다이제스트』가 유행한 것은 이런 종류의 예에 속한다. 피터 웨이드가 음반산업의 발달을 언급한 것도 이에 속한다(라틴아메리카의 음반산업이 외부에서 수입되어 현지화된 산물이라는 것은 다양한 근대성의 관점에서 볼 때 별문제 없다). 마리오 바르가스 요사가 자신의 소설에서 1950년대 라디오 극을 재구성한 것이라든가, 또는 홀리오 가르시아 에스피노사가 쿠바 영화의 발전에 관해 쓴 글 등이 이런 예에 해당된다. 라틴아메리카의 '근대성에 대한 열망'에서 가장 주목할 만한 점은 외부적 혁신의 전유가 '건너뛰기'로 이어질 수 있다는 것이다(반대로 미국의 경우는 일직선적 발전을 보여 준다). 예를 들어, 아마존의 마을에 학교나 우체국보다 TV연속극이 먼저 들어간다거나, 이민자들의 송금이 식수보다 먼저 들어간다거나, 인터넷이 안정적인 전기 공급보다 앞서 도입되는 식이다. 이렇게 일관성 없는 불균등한 발전에도 불구하고 라틴아메리카의 근대성에 대한 열망은 엘리트에서부터 각국의 오지까지 퍼져 있다.

또 다른 주요한 이슈는 '전통의 무게'이다. 수딥타 카비라지(Sudipta Kaviraj)에 의하면 '과거'를 언급할 때 크게 신경쓰지 않는 서구인들과는 달리, 산스크리트어에는 과거에 대한 두 가지 개념이 있다. 하나는 회복할 수 없을 정도로 상실된 과거이고, 다른 하나는 잔존해서 현재 상황 판단의 살아 있는 원천이 되고 있는 과거이다. 라틴아메리카 현대 사회에서 정복 이전의 과거는 전자의 경우이고, 이 점에 있어서는 '신세계' 전체와 '최근 정착지역'이 유사하다. 후자에 해당되는 '과거'는 유럽(구세계), 아시아, 중동에서 많이 볼 수 있고, 아프리카에서도 볼 수 있을 것이다(반면, 대서양을 건너온 아프리카 노예들은 자신들의 과거 문화를 박탈당했다). 물론 근대화와 세계화를 옹호하는 학자들이 믿는 것처럼 머지않아 현재지향적인 국제 사회 단 하나만 남고, 모든 고대 문명과의 연관을 찾기 어렵게 될 수도 있다. 그럴 경우, 라틴아메리카의 '근대성에 대한 열망'도 그 독특한 특징을 잃게 될 것이다. 그러나 우리의 '언제'라는 물음에 대한 전 지구적 차원의 답이 '지금'이라고 하더라도, '항상'이라고 말할 수 있는 지역이 세계에는 많지 않다. 이런 점에서 라틴아메리카는 독특하다.

하지만 정복은 5세기 전의 일이었고, 그 이후의 전통은 라틴아메리카 사회에 생생히 남아 있다. 라틴아메리카는 가톨릭화된 문화 지역이며, 가톨릭주의는 전통적인 세계관이자 오랜 관습이다. 그렇다면 이런 명백한 '전통의 무게'와 라틴아메리카는 '항상'——적어도 독립 이후부터——'근대성에 대한 열망'을 보였다는 주장을 어떻게 양립시킬 것인가? 다양한 근대성 관점에서는 전통과 근대성을 이분법적으로 나누거나 연속적으로 나열하는 것을 부정한다. 과거는 현재의 목적에 부합하도록 선택적으로 수용되고 재해석된다. 겉으로 볼 때는 뿌리 깊게 박힌 아주 후진적인 전통주의라도 자세히 살펴보면 최근에 발명되거나 심지어 수입된 것들이다(안데스 지역 원주민 여자들이 전통 의상을 입을 때 쓰는 작은 중절모를 생각해 보라). 한 사회의 근대 기획들이 다양하고, 경쟁적으로 겹쳐지고, 불완전할 때, 그 근대 기획들을 정당화시켜 줄 과거 역시 다양하게, 겹쳐지면서, 불완전하게 존재할 수밖에 없다. 단선적 과거가 아니라 혼종적 과거가 지배하는 것이다. 교황청과 가톨릭 성직자들이 전통주의적이고 성스러운 이미지를 보여 주려고 노력할지 모르지만 해방신학이나 오푸스데이는 이에 순응하지 않는다. 해방신학과 오푸스데이는 필자가 라틴아메리카의 특징이라고 주장하는 혼종성, 창의성, 외부 영감에 대한 개방 성향을 보여 주는 좋은 사례이다. 개신교의 복음주의파도 이에 해당된다. 쿠바혁명의 옹호자들과 반대자들도 모두 호세 마르티를 똑같이 언급한다. 에밀리아노 사파타*의 유산을 두고 제도혁명당 지지자들과 새롭게 포장한 마르크스주의자들이 여전히 다투고 있다. 에콰도르에서는 '알파로 비베, 카라호!'**가 그런 경우이다. 정치적인 영역을 넘어서서, 탱고, 코리도, 가우초 시인들, 영웅 소년들, 법이론 정립자 등이 모두 현재에 사용되기 위해 요구되고 전유되고 왜곡되고 있다.*** 다양한 과거는 여러 대안적 미래를 두고 벌이는 논쟁의 원동력이 되고 있는 것이다.

---

* 에밀리아노 사파타(Emiliano Zapata, 1879~1919). 멕시코혁명의 영웅으로 농민을 대변했다. 1994년 멕시코 남부 치아파스에서 봉기한 사파티스타들의 이름이 그에게서 유래했다.—옮긴이

** 알파로 비베, 카라호!(Alfaro vive, carajo). 이 구호는 거칠게 번역하자면 "알파로는 살아 있다, 제기랄!"이라는 뜻으로, 1983년 결성된 에콰도르의 좌파 지하조직의 이름이다. 이 조직은 엘로이 알파로(Eloy Alfaro, 1842~1912)를 기리며 그런 이름을 붙였다. 알파로는 물론 좌파 인사가 아니었다. 열렬한 자유주의자로 에콰도르의 유명한 독재자 가브리엘 가르시아 모레노(Gabriel García Moreno, 1821~1875) 및 가톨릭교회에 대한 투쟁으로 이름을 얻었다. 카라호는 두 차례 대통령직을 수행하였지만(1895~1901, 1906~1911) 암살되었다.—옮긴이

*** 멕시코의 코리도(corrido)는 메스티소 민요로 일종의 음유시 역할을 했다. 가우초(gaucho)는 아르헨티나, 브라질, 우루과이 등의 팜파스(pampas)에서 유목생활을 하던 이들을 지칭하며, 가우초들 사이에도 파야도르(payador)라고 부르는 일종의 음유시인이 있었다. 영웅 소년들(niños héroes)은 멕시코-미국 전쟁 때인 1847년 멕시코시티 차풀테펙(Chapultecpec) 전투에서 육군사관학교를 지키기 위해 끝까지 저항한 13세에서 20세 사이의 소년들 6인을 가리킨다.—옮긴이

이 책은 보통 개별적으로 연구되던 정치, 영화, 향토사, 문화 관습 등 여러 분야를 함께 아우른다. 내가 라틴아메리카를 다양한 근대성으로 특징지으려는 것은 이 분야들을 비롯해 경제, 국제관계, 건축, 집합적 기억 등을 포괄하려는 의도에서이다. 하지만 이렇게 여러 분야를 다루면 한두 분야의 지식에서 파생된 일반론을 나머지 분야에 적용하기 불가능하다는 비난을 받을 수밖에 없다. 전통과 근대성의 균형점은 (만일 균형점을 확인할 수 있다면) 매번 다른데 이는 건축과 텔레노벨라, 또는 음악과 정치 사이에서 균형을 찾는 것과 같은 이치이다. 그러나 다양한 근대성 관점에서, 또한 이 책에서 주장하는 것처럼, 유동적이고 근대성을 지향하는 사회에서 이들 분야 간에 활발한 상호작용과 침투성이 존재한다면 우리가 말하는 일반화를 변호하는 것도 불가능하지는 않다.

분야 간의 침투성은 쌍방향으로 작용한다. 인터넷은 오랜 장벽이었던 거리를 극복하고 정보의 흐름을 가속화시켰다는 점에서 라틴아메리카의 '근대화'에 도움이 되었다. 인터넷은 사파티스타가 치아파스의 고립을 극복해 유럽 지식인들이 멕시코 정부의 신자유주의 기획에 반대하도록 도움을 주었을 뿐만 아니라, 교황청이 이 지역의 교회를 보다 철저하게 관리하고 진보성향 성직자의 행동을 억압하는 데도 도움이 되었다. 이런 현상은 현대 사회에서 광범위하게 진행되고 있다. 텔레노벨라, 영화, 지식층의 담론, 심지어 대학 수업에서도 이와 같은 현상이 뚜렷하다. 근대성을 지향하는 라틴아메리카의 특성 가운데 하나는 서로 다른 사회의 장 사이의 원활한 커뮤니케이션이다. 라틴아메리카 사회는 내부적으로도 또 대외적으로도 이질적이고 상반되는 사상과 형식에 특이하다 싶을 정도로 개방적이다. 이는 종종 '포풀리즘'——다양한 기원을 지닌 희망과 염원이 일종의 모순된 조합으로, 결집력 있는 지도자나 혹은 '운동'이 확고한 강령 없이 생각을 달리하는 표적 집단에 대한 반대를 (하다못해 일시적으로나마) 결집시키는 것이다——으로 묘사되는 주기적인 폭발의 사회적 토대이다. 포퓰리즘은 정치권을 넘어 다른 영역에서도 명백히 존재한다. 가령, 사회적인 통합을 넘어 인종적 통합의 상징이기까지 한 국가대표 축구팀, 계층을 초월하는 라틴아메리카 대중음악의 호소력, 유명 작가와 사상가들의 국경을 초월한 업적, 근대성의 중심부에서 온 방문객과 이민자를 수용하는 태도, 해외 이주자들을 본국의 가족 및 고향과 연결시켜 주는 지원 네트워크에도 포퓰리즘이 깃들어 있다. 이런 개방성, 유동성, 세계주의는 라틴아메리카의 다양한 근대성이 상호작용을 일으키고 있다는 사실을 반영하고 있으며, 세계 다른 지역의 여러 사회에서 볼 수 있는 한층 폐쇄적이고 방어적이고 내부지향적 사회와 대조된다. 이들 내부지향적 사회들은 종교, 문화, 정치, 경제, 이주 등의 분야가 좀더 강력하게 상호결속되어 있어서 세계주의적인 경향을 거부하며 자급자족적 사회관습과 전통을 지키려고 한다. 한편 라틴아메리카는 대체로 각 분야끼리의 결속력이 약하다. 그래서 혼종성과 침투성을 보이는 것이다. 가령, 삼바 경기장, 카포에이라,* 페냐** 등을 생각해 보라. 라틴아메리카에서는 또한 다양한 스케일로 인해 자신이 속한 사회적 울타리 밖에서 실험이 가능하다. 특권계층 지식인들이 농민 봉기에 참여하고, 학교 중퇴자가 도시 시위대가 되고, 리고베르타 멘추

---

* 카포에이라(capoeira). 브라질 흑인 노예들 사이에서 유래한 발 기술 중심의 무술로 정의할 수 있으나 음악과 종교의식도 결합되어 있음.—옮긴이
** 페냐(peña). 주로 민속음악을 공연하는 카페 혹은 식당.—옮긴이

(Rigoberta Menchú) 같은 원주민 여성이 노벨평화상을 받기도 했다. 이 모든 것들 덕분에 주변부적 근대성이 마련한 일반적 틀 안에서 변화, 혁신, 개조가 가능했다.

그렇다면, "언제부터 라틴아메리카가 근대적이었는가?" 어떤 질문들은 답이 명확한 경우가 있다. 예를 들면 "언제 콜럼버스가 아메리카 대륙에 처음 상륙했는가?" 하는 질문 따위이다. 하지만 어떤 질문들은 관점에 따라 논란만 많은 경우가 있다. 예를 들면 "카리브 해는 얼마나 푸른가?" 하는 질문이 던져지면 그렇다. 이 두 질문 모두, 우리가 물려받은 세계의 이해와 관련된 중요한 문제라면 학술적인 답을 요한다. "언제부터 라틴아메리카가 근대적이었는가?"는 후자의 경우에 해당하는 질문이지만 연구할 가치가 있다. 카리브 해의 푸른 정도에 대한 질문이나 행복 추구에 대한 물음처럼, 이 질문은 의미심장한 이슈이지만 전통적인 방법으로 명확한 답을 내놓기는 어려운 문제이다. 카리브 해는 놀라울 만큼 푸르다. 북해나 남대서양 바다에 익숙한 사람들은 그 차이를 거의 대부분 인정한다. 그러나 이 푸른색이 항상 일정한 것은 아니다. 허리케인이 덮칠 때도 있고 바람이 심한 밤도 있을 수 있다. 푸른색이 절대적이거나 시간이 지나도 불변하는 그런 것이 아니란 얘기다. 어떤 사람은 확연히 푸른색을 느끼지만 다른 사람은 의식하지 않고 그냥 지나칠 수도 있다. 다시 말해 카리브 해의 푸른빛은 라틴아메리카의 근대성처럼 상대적이며 관점에 따라 다를 수 있다. 하지만 그럼에도 불구하고 이는 '현실'이다.

"언제부터 라틴아메리카가 근대적이었는가?"라는 질문에 대해 "근대성에 대한 지속적 집착을 지니게 되었을 때부터 언제나 근대적이다"라고 대답하는 건 기만적으로 보일 수 있다. 질문이 정확한 정의를 요구하고 구체적 시기와 객관적 자료를 제시하는 단정적인 답을 요구하는 데 반해, 대답은 너무 추상적이고 해석하기 나름이며 심지어 '구조주의적'이기까지 하다. 이런 이의제기에 대한 내 대답이 기만석이지 않고 질문의 저변에 깔린 이슈들을 생각하는 또 하나의 방법이라고 생각하지만, 그럼에도 불구하고 재고할 가치가 있는 이의제기임을 인정한다. 나의 대답은 질문보다 훨씬 더 포괄적이고 정확한 시기나 경계, 확실한 측정기준이 결여되어 있다. 그러나 이런 유의 대답이 이 책에 등장하는 두 가지 부류의 사람들의 비판에 대응할 수 있다. 첫번째 부류 사람들은 논리실증주의를 지향하는데, 이들은 무의미하거나 혼란스러운 대답을 거부하는 경향이 있다. 두번째 부류의 사람들은 상대론자이거나 주관론자들로서, 이들은 질문과 대답에 대한 인식론적 가설을 거부한다. 이 두 부류 모두 우리를 둘러싸고 있는 사회를 이해하는 능력을 무디게 한다.

    첫번째 부류는 정확한 정의와 객관적 기준을 요구하고, 이런 정확성 추구는 일단은 유익한 결과를 가져올 수도 있다. 그러나 가령 '근대국가'에서 구체적으로 '근대'가 의미하는 바가 무엇인가와 같은 질문을 논할 때는 정확성은 별로 필요가 없다. 정확성을 너무 강조하면 '근대성'이 일반적으로 제기하는 보다 폭넓은 이슈들을 살펴보기 어렵다. '행복'에 관한 주장을 평가할 때처럼 비슷한 질문에 대해 생각해 보라. "나는 우리 팀이 이기면 행복하다"는 경험적으로 확인할 수 있는 주장이며 합리적이고 구체적인 의미를 갖고 있다. "행복 추구는 인간에게는 기본적인 동인이다." 이것도 아주 의미 있는 주장이지만 전자에 비해 훨씬 추상적인 질문이어서 진위를 따지기 어렵다. 그러나 인문과학이 전자와 같은 질문만을 다룬다면 빈곤해질 것이다. 이제 다시 근대성 문제로 돌아가 보자. '행복 추구'가 지속적으로 존재하는 주관적인 열망이고 결코 완전히 성취되거나 명확하게 측정할 수 없는 것처럼, '다양한 근대성' 관점도 절대적이고 최종적인 정의를 내리기 힘들다. 그래서 '행복 추구'와 '다양한 근대성' 둘 다 목적론적이라 하여 배제할 수는 없다. 첫번째 부류 사람들의 반론은 '근대성'이 집단적 열망, 사회적 개선을 위한 갖가지 경쟁적인 목표들, 결코 만족에 이를 수 없는 끝없는 실험욕구를 가리키는 한 적용될 수 없다. 주관적인 근대성 개념은 무의미한 것도 아니며 애매모호한 것도 아니다. 사실 주관적인 근대성 개념도 근대성의 존재나 부재를 추적할 수 있는 객관적 지표를 제시할 수 있을 것이다. 다만 이 개념이 상대적이고 관점에 따라 다르기 때문에 첫번째 부류의 비판자들이 요구하는 정확한 객관화의 기준을 충족시켜 주지 못하는 경향이 있을 뿐이다. 주관적 근대성 개념이 상대적이라고 말하는 이유는(모든 전통은 한때 근대적 발명품이었고 마찬가지로 모든 지속적인 근대적 실천은 언젠가는 전통이 된다는 점을 염두에 둔다면) 전통 개념과 근대성 개념이 쌍으로 붙어 다니기 때문이다. 보는 관점에 따라 다르다고 말하는 이유는 근대성을 향한 열망이라는 것이 우리가 지금 어디에 있고 무슨 변화를 필요로 하는지를 조망하는 관점 ─ 이 관점은 결코 쉽게 주어지지 않는 상호주관적 관점이지만, 구성되어야만 하는 관점이고 재교섭에 언제나 개방적이다 ─ 에 의거할 수밖에 없기 때문이다.

두번째 (상대주의자/주관주의자) 부류는 근대성의 이러한 상대적 특성, 관점에 따라 다르다는 특성을 수용하지만 그 정도가 지나치다. 이 부류는 원칙적으로는 라틴아메리카의 '근대 지향성'을 다른 세계의 그것과 구별하는 것을 잘못이라고 생각한다. 이들은 계서제, 단선적 발전, 목적론에 반대한다. 또한 하나의 거시적 관점이 과도하게 전체를 지배하는 점도 반대한다. 이런 비판들에 맞서 '다양한 근대성' 관점은 전통의 터전(예를 들어 탈무드 두루마리)과 대조되는 근대성의 터전(가령, 인터넷)을 제시하려고 할 것이다. 일단 이 첫 행보를 취하고 나면 자연히 전통과 근대성의 사회적 맥락들을 구분해서 보게 될 것이다. 한쪽 맥락 속에서는 터전과 실천들이 밀도 있게 집중되어 있고 집단적 상상에 밀착되어 있을 것이고, 다른 쪽 맥락은 그 반대일 것이다. 그렇다면 오랜 기간 근대성에 대한 반복되는 열망을 보이는 것은 첫번째 집단임을 알 수 있다. 이와 같은 구분을 통해 우리는 주변을 둘러싼 사회의 본질을 설명할 수 있고 인위적이거나 편파적인 시각에서 벗어날 수 있다.

    이 글의 주요 논지가 타당함을 입증하는 방법은 여러 가지가 있다. 다양한 타입의 측정이 가능한데 예를 들면 인터넷 사용인구 수, 해외 송금을 받는 인구의 수(혹은 바다에 햇빛이 내리쬐는 시간)가 될 수도 있다. 그러나 보는 관점에 따라 다르다는 입장에서 볼 때 카리브 해 유람선 운항 횟수나 해변의 부동산 가격이 (사회적으로) '실질적'이며 좀더 확고한 증거가 될 것이다. 상호주관적 믿음과 인식은 자가 비준적인 행동결과를 낳을 수 있다. 라틴아메리카는 서구에 속해 있고, 근대적 혁신에 대단히 개방적이고, 외부의 평가에 민감하다는 식의 라틴아메리카의 자기구축(self-construction)은 집단적 결과에 큰 차이를 가져오고 다른 지역과 라틴아메리카를 차별화시킨다. 그리고 이런 자기구축과 그 결과는 라틴아메리카 정체성의 주요 구성요소가 되고, 이 지역 사람들이나 외부 관찰자가 모두 사용하는 '암묵적 지식'의 일부가 된다. 이런 이유로 "언제부터 라틴아메리카가 근대적이었는가?"라는 질문은 의미가 있는 것일 뿐 아니라 동시대의 많은 논쟁과 밀접한 관련이 있다. 때로 겉으로 명확하게 드러나지 않을 때도 있지만 라틴아메리카에 대한 토론 이면에는 항상 이 질문이 잠재되어 있다. 니콜라 밀러와 스티븐 하트의 시도가 우리 모두를 자극했듯이, 그 질문과 정면으로 맞서는 것은 학술적 질문과 성찰에서 보통 서로 분리되어 있던 학문영역들을 한데 모으려는 자극을 준다. 또한 각자의 근본적인 방법, 가정, 관점 등을 설명하게 만든다. 필자는 다양한 근대성 관점의 전체론적 결론(holistic conclusion)을 지지한다. 카리브 해가 매우 푸르듯이, 라틴아메리카는 오래전부터 조숙하고 불균등하고 불완전하지만 그럼에도 불구하고 확실히 근대적이다.

참고문헌

Adán, Martín(1971). *La casa de cartón*. Lima: J. Mejía Baca.

Agnew, John(1987). *Place and Politics: The Geographical Mediation of State and Society*. Boston: Allen and Unwin.

_____(1999). "The New Geopolitics of Power", in D. Massey, J. Allen, and P. Sarre eds., *Human Geography Today*. Cambridge: Polity.

Anderson, Benedict(1991). *Imagined Communities*. London: Verso.

Andolina, Robert, Sarah Radcliffe, and Nina Laurie(2005). "Development and Culture: Transnational Identity Making in Latin America", *Political Geography* 24(6), August.

Annino, Antonio(1995). *Historia de las elecciones en Iberoamérica, siglo XIX*. Buenos Aires: FCE.

Apffel-Marglin, Frédérique with PRATEC(1998). *The Spirit of Regeneration: Andean Culture Confronting Western Notions of Development*. London: Zed Books.

Appendini, Guadalupe(1998). "Cartas de Italianos dirigidas al Presidente Benito Juárez", *Excelsior* 2, June.

Arguedas, José María(1983). *Los ríos profundos, Obras completas*, III. Lima: Editorial Horizonte.

_____(1985). "El nuevo sentido histórico del Cusco"[1941] in his *Indios, mestizos y señores*. Lima: Editorial Horizonte.

Arnold, Denise and Juan de Dios Yapita(1998). *El rincón de las cabezas*. La Paz: ILCA.

Assis, Machado de(1963). *The Psychiatrist and Other Stories*. trans. William L. Grosmann and Helen Caldwell. Berkeley: University of California Press.

_____(1975). *Quincas Borba*. Rio de Janeiro: Civilização Brasileira/Instituto Nacional do Livro.

_____(1977a). *Dom Casmurro*. Rio de Janeiro: Civilização Brasileira/ Instituto Nacional do Livro.

_____(1977b). *Memórias póstumas de Brás Cubas*. Rio de Janeiro: Civilização Brasileira/Instituto Nacional do Livro.

_____(1997a). *Dom Casmurro*. trans. John Gledson. New York and Oxford: Oxford University Press.

_____(1997). *The Posthumous Memoirs of Brás Cubas*. trans. Gregory Rabassa. New York and Oxford: Oxford University Press.

_____(1998). *Quincas Borba*. trans. Gregory Rabassa. New York and Oxford: Oxford University Press.

Barth, John(1989). "Foreword to Doubleday Anchor Edition", *The Floating Opera and The End of the Road*. New York: Anchor Books.

Barthes, Roland(1977). *Image-Music-Text*. Essays selected and translated by Stephen Heath. London: Fontana.

Basadre, Jorge(1992). *Perú: problema y posibilidad y otros ensayos*. Caracas: Biblioteca Ayacucho.

Bastian, Jean-Pierre(1989). *Los Disidentes: sociedades protestantes y revolución en México, 1872~1910*. México, D.F.: FCE.

Bauman, Z.(1991). *Modernity and Ambivalence*. Ithaca: Cornell UP.

_____(1999). *In Search of Politics*. Cambridge: Polity.

Bayly, C. A.(2003). *The Birth of the Modern World 1780~1914*. Oxford: Blackwell.

Bell, Morag(2002). "Inquiring Minds and Postcolonial Devices: Examining Poverty at a Distance", *Annals of the Association of American Geographers* 92(3). Washington D.C.: The Association of American Geographers.

Benavides, O. Hugo(2004). *Making Ecuadorian Histories*. Austin: University of Texas Press.

Benjamin, Walter(1970). "The Work of Art in the Age of Mechanical Reproduction", *Illuminations*, New York: Vintage.

_____(1973). "Theses on the Philosophy of History", in his *Illuminations*. ed. Hannah Arendt. London: Fontana.

_____(1985). "A Small History of Photography", in his *One Way Street and Other Writings*. London: Verso.

_____(2002). *The Arcades Project*. Cambridge, MA: Harvard UP.

Berman, Marshall(1983). *All That Is Solid Melts into Air*. London: Verso.

Bernard, Jean-Pierre et al.(1973). *Guide to the Political Parties of South America*. Harmondsworth: Penguin Books.

Beverley, John(1999). *Subalternity and Representation: Arguments in Cultural Theory*. Durham: Duke University Press.

Bloom, Harold(2002). "Joaquim Maria Machado de Assis(1839-1908)", in his *Geniuses: A Mosaic of One Hundred Exemplary Creative Minds*. New York: Warner Books.

Bonnett, A.(2002). "The Metropolis and White Modernity", *Ethnicities* 2(3). London: Sage Publications.

Borges, Jorge Luis(1989). "Pierre Menard, autor de Quijote", *Obras Completas*, Vol. I. *Ficciones*. Buenos Aires: Emecé.

Brodsky, Joseph(1994). "The Condition We Call Exile or Acorns Aweigh", *On Grief and Reasons. Essays*. New York: Farrar, Straus and Giroux.

Brunner, José Joaquín(1992). *América Latina: cultura y modernidad*. México, D.F: Editorial Grijalbo.

Burch, Noël(1990). *Life to Those Shadows*, Berkeley: University of California Press.

Burga, Manuel and Alberto Flores Galindo(1994). *Apogeo y crisis de la república aristocrática, Obras completas*, vol. II. Lima: Sur.

Calderón, Fernando(1995). "Latin American Identity and Mixed Temporalities: or How to be Post-Modern and Indian at the Same Time", in J. Beverley, J. Oviedo, and M. Aronna eds., *The Postmodernism Debate in Latin America*. London: Duke University Press.

Caldwell, Helen(1960). *The Brazilian Othello of Machado de Assis*. Berkeley: University of California Press.

_____(1970). *Machado de Assis. The Brazilian Master and his Novels*. Berkeley: University of California Press.

Callahan, William J.(1984). "Was Spain Catholic?", *Revista Canadiense de Estudios Hispánicos* VIII. Toronto: Carleton University.

Castro Alfin, Demetrio(1994). "Unidos en la adversidad, unidos en la discordia: el partido dem crata, 1849~1868", Nigel Townson ed., *El republicanismo en España(1830~1977)*, Madrid: Aliamza.

Castro-Gómez, Santiago(1998). "Latinoamericanismo, modernidad, globalización: prolegómenos a una crítica poscolonial de la razón", in Santiago Castro-Gómez and Eduardo Mendieta eds., *Teorías sin disciplina: latinoamericanismo, poscolonialidad y globalización en debate*. México: Miguel Ángel Porrúa.

Castro Rocha, João Cezar de(2005). *The "Dialectic of Marginality": Preliminary Notes on Brazilian Contemporary Culture*. Centre for Brazilian Studies: Oxford: University of Oxford, CBS-62-2005.

Chanan, Michael ed.(1983). *Twenty-Five Years of the New Latin American Cinema*. London: Channel 4 Television: BFI Book.

_____(2003). *Cuban Cinema*. Minneapolis: University of Minnesota Press.

Chatterjee, Partha(1993). *The Nation and Its Fragments: Colonial and Postcolonial Histories*. London: Princeton University Press.

Chocano, Magdalena(1987). "Ucronía y frustración en la conciencia histórica peruana", *Márgenes*, n° 2, I. Lima:

Cisneros, Antonio(1989). *Por la noche los gatos*. México, D.F: FCE.

Clews Parsons, Elsie(1936). *Mitla. Town of the Souls*. Chicago: University of Chicago Press.

Collier, D. and J. E. Mahon(1993). "Conceptual 'Stretching' Revisited: Adapting Categories in Comparative Analysis", *American Political Science Review* 87, Washington, D.C.: American Political science Association.

Comaroff, Jean and John L. Comaroff eds.(1993). *Modernity and Its Malcontents: Ritual and Power in Postcolonial Africa*. Chicago: University of Chicago Press.

Conrad, Joseph(1929). *The Nigger of the "Narcissus": A Tale of the Sea*. London: Dent.

Cornejo Polar, Antonio(1994). *Escribir en el aire: ensayo sobre la heterogeneidad socio-cultural en las literaturas andinas*. Lima: Editorial Horizonte.

Coronil, Fernando(1997). *The Magical State*. Chicago: University of Chicago Press.

Corsín Jiménez, Alberto(2005). "Changing Scales and the Scales of Change: Ethnography and Political Economy in Antofagasta, Chile", *Critique of Anthropology* 25(2). London: Sage Publications.

Cosío Villegas, Daniel(1955~1965) coord. *La historia moderna de México*, 9 vols. México: Hermes.

Coutinho, Marilia(2003). "Tropical Medicine in Brazil: The Case of Chagas' Disease", in Diego Armus ed., *Disease in the History of Modern Latin America*. Durham: Duke University Press.

Craib, Raymond(2004). *Cartographic Mexico: A History of State Fixations and Fugitive Landscapes*. London: Duke University Press.

Cunha, Euclides da(1944). "Preliminary Note", *Rebellion in the Backlands*. trans. Samuel Putnam. Chicago and London: The University of Chicago Press.

Dalby, Simon(2003). "Calling 911: Geopolitics, Security and America's New

War", *Geopolitics* 8(3). London: Frank Cass.

Davis, Diane(1999). "The Power of Distance: Re-Theorizing Social Movements in Latin America", *Theory and Society* 28. Dor Drecht Springer Nethelends.

Deacon, Desley(1997). *Elsie Clews Parsons: Inventing Modern Life*. Chicago: Chicago University Press.

Debord, Guy(1995). *The Society of the Spectacle*. New York: Zone Books.

De la Fuente, Rosa(2004). *La autonomía indígena en Chiapas: La construcción de un nuevo espacio de representación*. Unpublished Ph.D. thesis, Madrid: Universidad Complutense de Madrid, Department of Political Science.

De la Fuente Benavides, Rafael(1968)[Martín Adán]. *De lo barroco en el Perú*. Lima: Universidad Nacional Mayor de San Marcos.

Deleuze, Gilles(1989). *Cinema II*. London: Athlone.

Dewitte, Philippe(1999). *Immigration et intégration: l'état des savoirs*. Paris: La Découverte.

Dore, Elisabeth and Maxine Molyneux, eds.(1999). *Hidden Histories of Gender and the State in Latin America*. London: Duke University Press.

Dunkerley, James(2000). *Americana: The Americas in the World, Around 1850*. London: Verso.

Durán, Nelson(1979). *La Unión Liberal y modernización de la España Isabelina. Una convivencia frustrada, 1854~1868*, Madrid: Akal.

Dussel, Enrique(1993). "Eurocentrism and Modernity", *Boundary* 220(3). London: Duke University Press.

_____(1995a). *The Invention of the Americas: Eclipse of "the Other" and the Myth of Modernity*. trans. Michael D. Barber. New York: Continuum.

_____(1995b). "Eurocentrism and Modernity", in John Beverley, José Oviedo, and Michael Aronna eds., *The Postmodernism Debate in Latin America*. Durham: Duke University Press.

_____(2002). "World-System and 'Trans'-Modernity", *Nepantla: Views from the South* 3: 2. London: Duke University Press.

Eakin, Marshall C.(1998). *Brazil: The Once and Future Country.* New York: St. Martin's Griffin.

Eguren, José María(1961). *Poesías completas.* comp. Estuardo Núñez. Lima: Universidad Nacional Mayor de San Marcos.

Englund, Harri and James Leach(2000). "Ethnography and the Meta Narratives of Modernity", *Current Anthropology* 41(2). Chicago: University of Chicago Press.

Enzensberger, Hans Magnus(1992). *La gran migración.* Barcelona: Anagrama.

Escalante Gonzalbo, Fernando(1992). *Ciudadanos imaginarios.* México: El Colegio de México.

Escobar, Arturo(1995). *Encountering Development: The Making and Unmaking of the Third World.* Princeton: Princeton University Press.

_____(2001). "Culture Sits in Places:Reflections on Globalism and Subaltern Strategies of Localisation", *Political Geography* 20.

_____(2004). "Beyond the Third World: Imperial Globality, Global Coloniality and Anti-Globalisation Social Movements", *Third World Quarterly* 25(1). London: Carfax Publishing Company.

Esteban, Jorge de(1981). *Las constituciones de Madrid.* Madrid: Taurus.

Fabian, Johannes(1983). *Time and the Other: How Anthropology Makes Its Object.* New York: Columbia University Press.

Fagan, Ted and William Moran(1986). *The Encyclopedic Discography of Victor Recordings, 1903~1908.* Westport, CN: Greenwood Press.

Fallaw, Ben(2002). "The Life and Death of Felipa Poot: Women, Fiction, and Cardenismo in Postrevolutionary Mexico", *Hispanic American Historical Review* 82. Durham: Duke University Press.

Fascina, Francis and Charles Harrison eds.(1982). *Modern Art and Modernism: A Critical Anthology.* London: Harper & Row.

Ferguson, James(1999). *Expectations of Modernity: Myths and Meanings of*

Urban Life on the Zambian Copperbelt. Berkeley: University of California Press.

Fitz, Earl(1989). *Machado de Assis*. Boston: Twayne Publishers.

Flores Galindo, Alberto(1994). *La agonía de Mariátegui, Obras Completas*, Vol. II. Lima: Sur.

Fontaine, Pierre-Michel(1981). "Transnational Relations and Racial Mobilization: Emerging Black Movements in Brazil", in John F. Stack ed., *Ethnic Identities in a Transnational World*. Westport, CN: Greenwood Press.

Foote, Nicola(2004). *Race, Nation and Gender in Ecuador: A Comparative Study of Black and Indigenous Populations, c.1895-1944*. Unpublished Ph.D. dissertation, University of London.

Forment, Carlos A.(2003). *Democracy in Latin America 1760-1900. vol.I. Civic Selfhood and Public Life in Mexico and Peru*. Chicago and London: The University of Chicago Press.

Foucault, Michel(1984). "Space, Knowledge and Power", in Paul Rabinow ed., *The Foucault Reader*. New York: Pantheon.

Fowler, Will(2000). *Tornel and Santa Anna: The Writer and the Caudillo, Mexico 1795~1853*, Westport, CN: Greenwood Press.

Freund, Julien(1968). *The Sociology of Max Weber*. Harmondsworth: Penguin Books.

Fuentes, Carlos(2001). *Machado de la Mancha*. México, D.F.: FCE.

Gaonkar, Dilip ed.(1999). *Alter/Native Modernities*. Durham: Duke University Press.

García Canclini, Néstor(1992). *Culturas híbridas. Estrategias Para entrar y salir de la modernidad*. Buenos Aires: Editorial Sudamericana.

_____(1993). *Transforming Modernity: Popular Culture in Mexico*. trans. Lidia Lozano. Texas: University of Texas Press.

_____(1995). *Hybrid Cultures: Strategies for Entering and Leaving Modernity*. trans. Christopher L. Chiappari and Silvia L. López. Minneapolis and London: University of Minnesota Press.

_____(1999). *La globalización imaginada*. México: Paidós.

_____(2000). "From National Capital to Global Capital: Urban Change in Mexico City", *Public Culture* 12(1). London: Duke University Press.

_____(2001). *Consumers and Citizens: Globalization and Multicultural Conflicts*. trans. George Yúdice. Minneapolis and London: University of Minnesota Press.

_____(2002). *Latinoamericanos buscando lugar en este siglo*, Buenos Aires: Editorial Paidós.

García Canclini, Néstor, Ana Rosas Mantecón, and Enrique Sánchez Ruiz eds.(2002). *Cine mexicano y latinoamericano: situación actual y perspectivas en América Latina, España y Estados Unidos. Informe presentado al Instituto Mexicano de Cinematografía*. México: Universiclad de Guadalajara.

García Cantú, Gastón(1974). *El socialismo en México*. México: Era.

García Espinosa, Julio(2002). *El cine cubano: un largo camino hacia la luz*. Havana: Casa de las Américas.

García Osuna, J.(2003). *The Cuban Filmography, 1897 through 2001*. New York: McFarland and Company.

Garson, Jean Pierre and Cécile Thoreau(1999). "Typologie des migrations et analyse de l'intégration", In Philippe Dewitte ed., *Immigration et intégration, L'état des savoirs*. Paris: La Découverte.

Geertz, Clifford(1993). *The Interpretation of Cultures*. London: Fontana.

Geist, Anthony L. and José B. Monleón, eds.(1999). *Modernism and Its Margins: Reinscribing Cultural Modernity from Spain and Latin America*. New York and London: Garland Publishing, Inc.

Geras, Norman and Robert Wokler, eds.(2000). *The Enlightenment and Modernity*. Basingstoke: Macmillan.

Giddens, Anthony(1987). *The Nation-State and Violence*. Berkeley: University of California Press.

_____(1990). *Consequences of Modernity*. Cambridge: Polity.

Gidwani, V. and K. Sivaramakrishnan(2003). "Circular Migration and the Spaces of Cultural Assertion", *Annals of the Association of American Geographers* 93(1). Whshington, D.C.: The Association of American Geographers.

Gilbert, David, David Matless, and Brian Short, eds.(2003). *Geographies of British Modernities: Space and Society in the Twentieth Century.* Oxford: Blackwell.

Gilroy, Paul(1993). *The Black Atlantic: Modernity and Double Consciousness.* London: Verso.

Godoy, Ricardo(1977). "Franz Boas and His Plans for an International School of American Archaeology and Technology in Mexico", *Journal of the History of the Behavioural Sciences* 13, July. Oxford: Blackwell.

González Martínez, Elda E.(1996). "Españoles en América e iberoamericanos en España: cara y cruz de un fenómeno", *Arbor* 154, 607, Madrid: CLIV.

González Prada, Manuel(1966). *Pájinas libres.* Lima: Fonde de Cultura Popular.

Graham, Richard ed.(1990). *The Idea of Race in Latin America, 1870~1940.* Austin: University of Texas Press.

Gran, Peter(1996). *Beyond Eurocentrism. A New View of Modern World History.* Syracuse: Syracuse University Press.

Greene, Alison(2001). "Cablevision(nation) in Rural Yucatan: Performing Modernity and Mexicanidad in the Early 1990s", in Gilbert M. Joseph, Anne Rubinstein, and Eric Zolov eds., *Fragments of a Golden Age. The Politics of Culture in Mexico Since 1940.* Durham: Duke University Press.

Gregory, Derek(1994). "Modernity", in R. Johnston et al. eds., *The Dictionary of Human Geography.* Oxford: Blackwell.

_____(2004). *The Colonial Present.* Oxford: Blackwell.

Guano, Emanuela(2002). "Spectacles of Modernity: Transnational Imagination and Local Hegemonies in Neoliberal Buenos Aires", *Cultural*

Anthropology 17(2). California: University of California Press.

Guardino, Peter(1996). *Peasants, Politics and the Formation of Mexico's National State: Guerrero, 1800~57.* Stanford: Stanford University Press.

_____(2005). *Popular Political Culture in Oaxaca, 1750~1850.* Durham: Duke University Press.

Guerra, François-Xavier(1992). *Modernidad e independencias: ensayos sobre las revoluciones hispánicas.* Madrid: Editorial Mapfre.

_____(1995). *Revoluciones hispánicas: Independencia americana y liberalismo español.* Madrid: Editorial Complutense.

Guerra, Francois-Xavier, Annick Lempérière, et al.(1998). *Los espacios políticos en Iberoamérica.* México: FCE.

Gupta, A.(1998). *Postcolonial Developments Agriculture in the Making of Modern India.* Oxford: Oxford University Press.

Hale, Charles(1989). *The Transformation of Liberalism in Late Nineteenth Century Mexico.* Princeton: Princeton University Press.

_____(1996). "Political Ideas and Ideologies in Latin America, 1870-1930", in L. Bethell ed., *Ideas and Ideologies in Twentieth Century Latin America.* Cambridge: Cambridge University Press.

Hansen, João Adolfo(1999). "Dom Casmurro: Simulacrum and Allegory", in Richard Graham ed., *Machado de Assis. Reflections on a Brazilian Master Writer.* Austin: University of Texas Press.

Hansen, Thomas B. and Finn Stepputat(2001). "Introduction: States of Imagination", in T. B. Hansen and F. Stepputat eds., *States of Imagination: Ethnographic Explorations of the Postcolonial State.* Durham: Duke University Press.

_____ eds.(2005). *Sovereign Bodies: Citizens, Migrants and States in a Postcolonial World.* London: Princeton University Press.

Hardt, M. and T. Negri(2000). *Empire.* London: Harvard University Press.

Harley, J. B.(1992). "Rereading the Maps of the Columbian Encounter", *Annals of the American Association of Geographers* 82(3). Washington,

D. C: The Association of American Geographers.

Harris, Marvin(1976). "The History and Significance of the Emic/Etic Distinction", *Annual Review of Anthropology* 5. Palo Alto: Annual Review.

Harrison, Laurence E. and Samuel P. Huntington eds.(2000). *Culture Matters. How Values Shape Human Progress.* New York: Basic Books.

Hart, John Mason(1980). *El anarquismo y la clase obrera mexicana (1860~1931).* México: Sigle Editores.

Hart, Stephen M.(2004). *A Companion to Latin American Film.* London: Tamesis.

Harvey, David(1989). *The Condition of Postmodernity.* Oxford: Blackwell.

Hepple, Leslie(1992). "Metaphor, Geopolitical Discourse and the Military in South America", in J. Duncan and T. Barnes eds., *Writing Worlds.* London: Routledge.

Hewitt de Alcantara, Cynthia(1984). "Particularism, Marxism and Functionalism in Mexican Anthropology, 1920~50", In *her Anthropological Perspectives on Rural Mexico.* Boston: Routledge and Kegan Paul.

Hillier, Jim ed.(2001). *American Independent Cinema: A Sight and Sound Reader,* London: BFI.

Hobsbawm, Eric J.(1988~98). *The Age of Revolution; The Age of Capital; The Age of Empire; The Age of Extremes.* London: Phoenix Press.

Hollinger, David A.(2001). "Enlightenment and the Genealogy of Cultural Conflict in the United States", in Keith Michael Baker and Peter Hanns Reill eds., *What's Left of Enlightenment?.* Stanford: Stanford University Press.

Hoosen, David ed.(1994). *Geography and National Identity.* Oxford: Blackwell.

Hopenhayn, Martín(1994). *Ni apocalípticos ni integrados. Aventuras de la modernidad en América Latina.* Fondo de Cultura Económica. In English as *No Apocalypse, No Integration: Modernity and Postmodernism in Latin America.* trans. Cynthia Margarita Tompkins and Elizabeth Rosa Horan

(2002). Durham: Duke University Press.

Howell, Philip(forthcoming). *Prostitution, Empire and Modernity: The Geography of Regulation, 1850~1930.* Cambridge: Cambridge University Press.

Huntington, Samuel P.(1996). *The Clash of Civilizations and the Remaking of World Order.* New York: Simon and Schuster.

Inda, Jonathan Xavier and Renato Rosaldo eds.(2001). *The Anthropology of Globalization: A Reader.* Oxford: Blackwell Publishers.

Inglehart, Ronald(1988). "The Renaissance of Political Culture", *American Political Science Review* 82. Washington, D. C: American Political science Association.

Inkeles, Alex and David H. Smith(1974). *Becoming Modern. Individual Change in Six Developing Countries.* Cambridge: Harvard University zPress.

Israel, Jonathan I.(2001). *Radical Enlightenment. Philosophy and the Making of Modernity, 1650~1750.* Oxford: Oxford University Press.

Jervis, John(1998). *Exploring the Modern: Patterns of Western Culture and Civilisation.* Oxford: Blackwell.

Jones, Colin(2002). *The Great Nation. France from Louis XV to Napoleon.* London: Penguin.

Joseph, Gilbert and Daniel Nugent eds.(1994). *Everyday Forms of State Formation: Revolution and the Negotiation of Rule in Modern Mexico.* London: Duke University Press.

Jover, José María(1976). *Política, diplomacia y humanismo popular en la España del siglo XIX.* Madrid: Turner.

Jrade, Cathy L.(1998). *Modernismo, Modernity, and the Development of Spanish American Literature.* Austin: University of Texas Press.

Kahl, Joseph A.(1974). *The Measurement of Modernism. A Study of Values in Brazil and Mexico.* Austin: University of Texas Press.

Keynes, J. M.(1936). *The General Theory of Employment, Interest and*

Money. New York: Harcourt Brace.

King, Anthony D. (1995). "The Times and Spaces of Modernity (or Who Needs Postmodernism?)", in Mike Featherstone, Scott Lash, and Roland Robertson eds., *Global Modernities*. London: Sage Publications.

King, John (2003). "Stars Mapping the Firmament", in Stephen Hart and Richard Young eds., *Contemporary Latin American Cultural Studies*, London: Arnold.

Knight, Alan (1985). "El liberalismo mexicano desde la Reforma hasta la Revolución (una interpretación)", *Historia Mexicana* XXXV, Colegio de México.

_____(1990). "Race, Racism and Indigenismo: Mexico 1910~14", in Richard Graham ed., *The Idea of Race in Latin America, 1870~1940*. Austin: University of Texas Press.

_____(1994). "Popular Culture and the Revolutionary State in Mexico, 1910-1940", *Hispanic American Historical Review* 74. Washington, D. C.: Board of Editors of the Hispanic American Review.

_____(1998). "Populism and Neo-Populism in Latin America, Especially Mexico", *Journal of Latin American Studies* 30(2). London and New York : Cambridge University Press.

_____(2002). *Mexico: From the Beginning to the Spanish Conquest*. Cambridge: Cambridge University Press.

Korff, R. (2001). "Globalisation and Communal Identities in the Plural Society of Malaysia", *Singapore Journal of Tropical Geography* 22(3). Singapore: University of Singpore.

Koselleck, Reinhart (2002). "The Eighteenth Century as the Beginning of Modernity", in Koselleck, *The Practice of Conceptual History, Timing History, Spacing Concepts*. trans. Todd Samuel Presner et al. Stanford: Stanford University.

Kuper, Adam (1988). *The Invention of Primitive Society: The Transformation of an Illusion*. London: Routledge.

_____(1993). "Post-Modernism, Cambridge and the great Kalahari Debate", *Social Anthropology* 1(1). Cambridge: Cambridge University Press.

Lahusen, Thomas(2002). *How Life Writes the Book: Real Socialism and Socialist Realism in Stalin's Russia*. Ithaca: Cornell University Press.

Landes, David(1998). *The Wealth and Poverty of Nations*. London: Abacus.

Larraín, Jorge(2000). *Identity and Modernity in Latin America*. Cambridge: Polity.

Latour, Bruno(1993). *We Have Never Been Modern*. trans. Catherine Porter. London: Harvester Wheatsheaf.

Lechner, Norbert(1995). "A Disenchantment called Post-Modernism", in J. Beverley, J. Oviedo, and M. Aronna eds., *The Postmodernism Debate in Latin America*. London: Duke University Press.

Lefebvre, Henri(1991). *The Production of Space*. Oxford: Blackwell.

Levine, David(2001). *At the Dawn of Modernity. Biology, Culture and Material Life in Europe after the Year 1000*. Berkeley: University of California Press.

Levy Zumwalt, Rosemary(1992). *Wealth and Rebellion: Elsie Clews Parsons, Anthropologist and Folklorist*. Chicago: Chicago University Press.

Lewis, Oscar(1951). *Life in A Mexican Village: Tepoztlán Restudied*. Chicago: Chicago University Press.

Lida, Clara E.(1972). *Anarquismo y Revolución en la España del XIX*. Madrid: Siglo Veintiuno de España.

_____(1973). *Antecedentes del movimiento obrero español(1835~1888)*. Madrid: Siglo Veintiuno de España..

_____(2002). "The Revolutions of 1848 in the Hispanic World", in Guy Thomson ed., *The European Revolutions of 1848 and the Americas*. London: University of London.

Lida, Clara E. and Carlos Illades(1999). "El anarquismo europeo y sus primeras influencias en México", Unpublished paper, El Colegio de México.

Lomnitz, Claudio(2000). "Passion and Banality in Mexican History: The Presidential Persona", in Luis Roniger and Tamar Herzog eds., *The Collective and the Public in Latin America: Cultural Identities and Political Order*. Brighton and Portlan: Sussex Academic Press.

_____(2001). *Deep Mexico, Silent Mexico: An Anthropology of Nationalism*. Minneapolis and London: University of Minnesota Press.

Loveman, Brian(2001). *Chile. The Legacy of Hispanic Capitalism*, 3rd edn. Oxford: Oxford University Press.

Mac Adam, Alfred (2000). "Review", *Hispanic Review* 68.

MacLachlan, Colin M. and Jaime E. Rodriguez O.(1980). *The Forging of the Cosmic Race, A Reinterpretation of Colonial Mexico*. Berkeley: University of California Press.

Mahoney, James(2003). "Long-Run Development and the Legacy of Colonialism in Latin America", *American Journal of Sociology* 109(1).

Marcus, Millicent(1986). *Italian Film in the Light of Neorealism*. Princeton: Princeton University Press.

Marie, Michel, Richard John Neupert, and Richard Neupert eds.(2002). *The French New Wave: An Artistic School*. Oxford: Blackwell.

Marston, Sallie(2000). "The Social Construction of Scale", *Progress in Human Geography* 24(2).

Martin, Gerald(1989). *Journeys through the Labyrinth*. London: Verso.

Martín-Barbero, Jesús(2002). "The Media: Memory, Loss and Oblivion", *GSC Quarterly* 4(Spring). Available at http://www.ssrc.org/gsc/newsletter4/martinbarbero.htm

Martínez Alier, Juan(1971). *Labourers and Landowners in Southern Spain*. London: Allen and Unwin.

Martins, Luciana and Abreu, Mauricio(2001). "Paradoxes of Modernity: Imperial Rio de Janeiro, 1808~1821", *Geoforum* 32.

Matory, J. Lorand(1999). "The English Professors of Brazil: On the Diasporic Roots of the Yorùbá Nation", *Comparative Studies in Society and History*

41(1).

McAnany, E. G. and K. T. Wilkinson eds.(1996). *NAFTA and the Cultural Industries*. Austin: University of Texas Press.

McIntyre, Alasdair(1985). *After Virtue. A Study in Moral Theory*, 2nd edn. London: Duckworth.

Melville, Eleanor G. K.(1994). *A Plague of Sheep: Environmental Consequences of the Conquest of Mexico*. Cambridge: Cambridge University Press.

Merquior, José Guilherme(1972). "Gênero e estilo nas Memórias póstumas de Brás Cubas", *Colóquio/Letras*. Lisboa.

_____(1975). "A Problematic Vision", *Review of the Center for Inter-American Relations*.

Mignolo, Walter(2000). *Local Histories/Global Designs: Coloniality, Subaltern Knowledges and Border Thinking*. London: Princeton University Press.

Miller, Daniel, ed.(1995). *Worlds Apart: Modernity through the Prism of the Local*. London: Routledge.

Miller, Toby(2002). "El cine mexicano en los Estados Unidos", In García Canclini et al, *Latinamericanos Buscando Lugar en este siglo*, Buenos Aires: Paidós.

Morales Muñoz, Manuel(1990). *Los catecismos en la España del siglo XIX*. Málaga: Universidad de Málaga.

Moreiras, Alberto(2001). *The Exhaustion of Difference: The Politics of Latin American Cultural Studies*. Durham: Duke University Press.

Motes, Jordi Maluquer de(1977). *El socialismo en España 1868~1933*. Barcelona: Editorial Crítica.

Muthi, Sankar(2003). *Enlightenment Against Empire*, Princeton: Princeton University Press.

Nicholls, Peter(1995). *Modernisms: A Literary Guide*. London: Macmillan.

Ogborn, Miles(1998). *Spaces of Modernity: London's Geographies, 1680-1780*. London: Guildford Press.

Oporto, Henry(1992). "Es posible una Bolivia moderna?", *Revista UNITAS* 7 (September).

Orlove, Ben(1991). "Reading the Maps and Mapping the Reeds: The Politics of Representation in Lake Titicaca", *American Ethnologist* 18(1).

_____(1993). "Putting Race in Its Place", *Social Research* 60(2).

Osborne, Peter(1995). *The Politics of Time*. London: Verso.

Oslender, Ulrich(2004). "Fleshing Out the Geographies of Social Movements: Colombia's Pacific Coast Black Communities and the 'Aquatic Space'", *Political Geography* 23(8).

Pagden, Anthony(1982). *The Fall of Natural Man: The American Indian and the Origins of Comparative Ethnology*. Cambridge: Cambridge University Press.

Palma, Ricardo(2000). "Los ratones de fray Martín", in his *Tradiciones peruanas*. Madrid: Cátedra.

Param, Charles(1970). "Jealousy in the Novels of Machado de Assis", *Hispania* 53(2).

Parsons, Elsie Clews(1930). *Mitla Town of the Souls and Other Zapoteco-Speaking Pueblos of Oaxaca Mexico*. Chicago: Chicago University Press.

Pérez Luzaró, Mariano(1853). *Historia de la Revolución de Italia de 1848 y 1849*. Madrid: no publisher stated.

Perreault, Tom and Patricia Martin(2005). "Geographies of Neoliberalism in Latin America", *Environment and Planning A* 37, February.

Poole, Deborah(1997). *Vision, Race and Modernity: A Visual Economy of the Andean Image World*. Princeton, NJ: Princeton University Press.

Popke, E. and R. Ballard(2004). "Dislocating Modernity: Identity, Space and Representations of Street Trade in Durban, South Africa", *Geoforum* 35(1).

Power, Marcus(2003). *Postcolonial Development Geographies*. London: Longman.

Pred, Allan(1984). "Place as Historically Contingent Process: Structuration and Time-Geography of Becoming Places", *Annals of the Association of American Geographers* 74.

Pred, Allan and Michael Watts(1992). *Reworking Modernities: Capitalism and Symbolic Discontent*. New Brunswick: Rutgers University Press.

Quijano, Aníbal(1988). *Modernidad, identidad y utopía en América Latina*. Lima: Sociedad y Política Ediciones.

_____(1990). *Modernidad, identidad y utopía en América Latina*. Quito: Editorial El Conejo.

_____(1995). "Modernity, Identity and Utopia in LatinAmerica", in J. Beverley, J. Oviedo, and M. Aronna eds., *The Postmodernism Debate in Latin America*. London: Duke University Press.

Quintero, Luis and Erika Silva(1991). *Ecuador: una nación en ciernes*. Quito: FLACSO.

Radcliffe, Sarah A.(1996). "Imaginative Geographies, Post-Colonialism and National Identities: Contemporary Discourses of the Nation in Ecuador", *Ecumene* 3(1). Sevenoaks: E. Arnold.

_____(2001). "Imagining the State as a Space: Territoriality and the Formation of the State in Ecuador", in T. Blom Hansen and F. Stepputat eds., *States of Imagination: Ethnographic Explorations of the Postcolonial State*. London: Duke University Press.

_____(2005a). "Neoliberalism as We Know It, but Not Under Conditions of Its Own Choosing: A Commentary", *Environment and Planning A* 37, February.

_____(2005b). "Development and Geography II: Towards a Postcolonial Development Geography?", *Progress in Human Geography* 29(3).

Radcliffe, Sarah and Sallie Westwood(1996). *Remaking the Nation: Place, Politics and Identity in Latin America*. London: Routledge.

Rahnema, M. and V. Bawtree eds.(1997). *The Post-Development Reader*. London: Zed.

Rama, Angel(1984). *La ciudad letrada*. Hanover, NH: Ediciones del Norte.

In English as *The Lettered City*. trans. John Charles Chasteen(1996). Durham, NC: Duke University Press.

Ramos, Julio(1989). *Desencuentros de la modernidad en América Latina: literatura y política en el siglo XIX*, Fondo de Cultura Económica, México. In English as *Divergent Modernities: Culture and Politics in Nineteenth-Century LatinAmerica*, trans. John D. Blanco(2001). Durham: Duke University Press.

Rebaza, Luis(1997). "José María Eguren", in Verity Smith ed., *Encyclopedia of Latin American Literature*. London: Fitzroy Dearborn.

Redfield, Robert(1930). *Tepotzlán. A Mexican Village*. Chicago: Chicago University Press.

_____(1934). *Chan Kom. A Maya Village*. Chicago: Chicago University Press.

_____(1940). "The Folk Society and Culture", *American Journal of Anthropology* 45(5).

_____(1941). *The Folk Cultures of Yucatán*. Chicago: Chicago University Press.

_____(1947). "The Folk Society", *American Journal of Sociology* 56(4).

_____(1950). *A Village that Chose Progress: Chan Kom Revisited*. Chicago: Chicago University Press.

Renegger, N. J.(1995). *Political Theory, Modernity and Postmodernity*. Oxford: Blackwell.

Rincón, Carlos(1995). *La no simultaneidad de lo simultáneo: posmodernidad, globalización y culturas en América Latina*. Santafé de Bogotá: Editorial Universidad Nacional de Colombia.

Robbins, Joel(2004). "The Globalization of Pentecostal and Charismatic Christianity", *Annual Review of Anthropology* 33. Annual Reviews.

Roberts, John Storm(1979). *The Latin Tinge: The Impact of Latin American Music on The United States*. New York: Oxford University Press.

Robinson, David(1989). "The Language and Significance of Space in Latin

America", in J. Agnew et al. eds., *The Power of Place: Bringing Together Geographical and Sociological Imaginations*. London: Unwin Hyman.

Roel, Antonio Eiras(1961). *El Partido Demócrata Español(1849~1868)*, Madrid: Rialp.

Roniger, Luis, and Carlos H. Waisman, eds.(2002). *Globality and Multiple Modernities: Comparative North American and Latin American Perspectives*. Brighton: Sussex University Press.

Rosaldo, Renato(1982). "Utter Savages of Scientific Value", in Eleanor Leacock and Richard Lee eds., *Politics and History in Band Societies*. Cambridge: Cambridge University Press.

Rosas Mantecón, Ana(2002). "Las batallas por la diversidad: exhibición y públicos de cine en México", In García Canclini et al., *LatinAmericanos buscando lugar en este siglo*. Buenos Aires: Paidós.

Rouanet, Sergio Paulo(2005). *Machado de Assis e a subjetividade shandeana*. Centre for Brazilian Studies: University of Oxford, CBS-67-2005.

Rowe, William(2003). "Sobre la heterogeneidad de la letra en *Los ríos profundos*: una crítica a la oposición polar escritura/oralidad", in J. Higgins ed., *Heterogeneidad y literatura en el Perú*. Lima: Centro de Estudios Literarios Antonio Cornejo Polar.

Sáenz, Mario ed.(2002). *Latin American Perspectives on Globalization: Ethics, Politics and Alternative Visions*. Lanham, Boulder, New York and Oxford: Rowman and Littlefield Publishers.

Sahlins, Marshall(1999). "Two or Three Things That I Know About Culture", *Journal of the Royal Anthropological Institute* 5(3).

Said, Edward(1978). *Orientalism*. New York: Vintage Books.

Sánchez, Cánovas(1985). *El moderantismo y la Constitución española de 1845*, Madrid: Fundación Santa María.

Sánchez Ruiz, Enrique(2002). "La industria audiovisual en América del Norte: entre el mercado (oligopólico) y las políticas públicas", in García Canclini et al, *LatinAmericanos buscando lugar en este siglo*, Buenos

Aires: Paidós.

Santiago, Silviano(2001). *The Space In-Between. Essays on Latin American Culture*. Ana Lúcia Gazzola ed., Durham and London: Duke University Press.

Sá Rego, Enylton de(1989). *O calunu e a panacéia. Machado de Assis, a sátira menipéia e a tradição luciâdnica*. Rio de Janeiro: Forense Universitária.

_____(1997). "Preface-Warning: Deadly Humor at Work", in Assis, 1997b.

Sarlo, Beatriz(1988). *Una modernidad periférica: Buenos Aires 1920 y 1930*. Buenos Aires: Nueva Visión.

Sarmiento, Domingo F.(1961). *Facundo. Civilización y barbarie*. New York: Doubleday.

Schnitman, Jorge A.(1984). *Film Industries in Latin America: Dependency and Development*, Norwood, NJ: Ablex.

Schwarz, Roberto(1992). *Misplaced Ideas: Essays on Brazilian Culture*. Edited with an Introduction by John Gledson. London and New York: Verso.

_____(2001). *A Master on the Periphery of Capitalism*. trans. and with an Introduction by John Gledson. Durham and London: Duke University Press.

Scott, Heidi(2003). "Contested Territories: Arenas of Geographical Knowledge in Early Colonial Peru", *Journal of Historical Geography* 29(2). London: Academic Press.

Scott, James C.(1998). *Seeing Like a State. How Certain Schemes to Improve the Human Condition Have Failed*. New Haven: Yale University Press.

Shermer, Michael(1997). *Why People Believe Weird Things*. New York: Henry Holt.

Siegel, Micol(2001). "The Point of Comparison: Transnational Racial Construction, Brazil and the United States, 1918~1933", Ph.D. dissertation, New York University, New York.

Silva, Erika(1995). *Los mitos de la ecuatorianidad: ensayo sobre la identidad nacional.* Quito: Abya Yala.

Simon, Gilda(1999). "Les mouvements de population aujourd'hui", In Dewitte, 1999.

Slater, David(1998). "Rethinking the Spatialities of Social Movements: Questions of (B)orders, Culture and Politics in Global Times", in S. Alvarez, E. Dagnino and A. Escobar eds., *Cultures of Politics, Politics of Culture: Re-Visioning Latin American Social Movements.* Boulder: Westview Press.

_____(2004). *Geopolitics and the Post-Colonial: Rethinking North-South Relations.* Oxford: Blackwell.

Smart, Barry(1990). "Modernity, Postmodernity and the Present", in Bryan S. Turner ed., *Theories of Modernity and Postmodernity.* London: Sage.

Smith, Neil(1984). *Uneven Development.* Oxford: Blackwell.

Solway, Janet and Richard Lee(1990). "Foragers, Genuine or Spurious? Situating the Kalahari San Debate", *Current Anthropology* 31(2). Chicago: University of Chicago Press.

Sontag, Susan(2002). *Where the Stress Falls.* New York: Farrar, Strauss and Giroux.

Stepan, Nancy Leys(1991). *"The Hour of Eugenics": Race, Gender and Nation in Latin America.* Ithaca, NY: Cornell University Press.

Stephenson, Marcia(1999). *Gender and Modernity in Bolivia.* Austin: University of Texas Press.

Stiles, Daniel(1992). "The Hunter-Gatherer 'revisionist' Debate", *Anthropology Today* 8(2). London: Royal Anthropological Institute.

Stoler, Ann Laura(1995). *Race and the Education of Desire: Foucault's History of Sexuality and the Colonial Order of Things.* London: Duke University Press.

Talmon, J. L.(1985). *The Origins of Totalitarian Democracy.* Boulder: Westview Press.

Taussig, Michael(1980). *The Devil and Commodity Fetishism in South America*. Chapel Hill: University of North Carolina Press.

_____(1987). *Shamanism, Cololonialism and the Wild Man: A Study in Terror And Healing*. Chicago: Chicago University Press.

Taylor, Charles(2004). *Modern Social Imaginaries*. Durham: Duke University Press.

Taylor, P. J.(2000). *Modernities: A Geohistorical Interpretation*. Cambridge: Polity.

Tenorio Trillo, Maurico(1999). "Stereophonic Scientific Modernism: Social Science between Mexico and the United States, 1880~1930", *Journal of American History* 86. Bloomongton, Ind.

Terán, Francisco(1983). *Estudios de historia y geografía*. Quito: Biblioteca Ecuatoriana.

Therborn, Goran(1995). "Routes to/through Modernity", in Mike Featherstone, Scott Lash and Roland Robertson eds., *Global Modernities*. London: Sage.

Thompson, Grahame F.(2004). "Is All the World a Complex Network?", *Economy and Society* 33(3). London: Routledge.

Thomson, Guy(1991). "Popular Aspects of Liberalism in Mexico, 1848~1888", *Bulletin of Latin American Research* X.

_____(1994). "The Ceremonial and Political Roles of Village Bands, 1846~1974", in William H. Beezley, Cheryl Martin, and William E. French eds., *Rituals of Rule, Rituals of Resistance. Public Celebrations and Popular Culture in Mexico*. Wilmington, DE: Scholarly Resources.

_____(1998). "'La République au village' in Spain and Mexico, 1848~1888", in Hans-Joachim Konig and Marianne Wiesebron eds., *Nation Building in Nineteenth Century Latin America. Dilemmas and Conflicts*. Research School CNWS: Leiden.

_____(2001). "Garibaldi and the Legacy of Revolutions in 1848 in Southern Spain", *European History Quarterly* 31.

_____(2002a). "Liberalism and Nation-Building in Mexico and Spain during the Nineteenth Century", in James Dunkerley ed., *Studies in the Formation of the Nation-State in Latin America*. London: Institute of Latin American Studies.

_____(2002b). "Memoria y memorial de la intervención europea en la Sierra de Puebla, 1868~1991", in Antonio Escobar Ohmstede, Romana Falcón, Raymond Buve eds., *Pueblos, comunidades y municipios frente a los proyectos modernizadores en América Latina, siglo XIX*. CEDLA: Amsterdam.

Thomson, Guy, with David LaFrance(1999). *Patriotism, Politics and Popular Liberalism in Nineteenth-Century Mexico. Juan Francisco Lucas and the Puebla Sierra*. Wilmington, DE: Scholarly Resources.

Thurner, Mark(2003). *After Spanish Rule: Postcolonial Predicaments of the Americas*. Durham and London: Duke University Press.

Tipps, Dean C.(1973). "Modernization Theory and the Study of National Societies: A Critical Perspective", *Comparative Studies in Society and History* 15(2).

Turner, Bryan S.(1990). "Periodization and Politics in Postmodernity", in Bryan S. Turner ed. *Theories of Modernity And Postmodernity*. London: Sage.

Uribe-Uran, Victor M. ed.(2001). *State and Society in Spanish America during the Age of Revolution*. Wilmington, DE: Scholarly Resources, Wilmington.

Vallejo, César(1997). *Poesía completa*, vol. IV. Lima: Pontificia Universidad Católica del Perú.

_____(2002). "Los artistas ante la política", in his *Artículos y crónicas completos*, vol I. Lima: Pontificia Universidad Católica.

Van Young, Eric(2001). *The Other Rebellion: Popular Violence, Ideology and the Mexican Struggle for Independence, 1820~21*. Stanford: Stanford University Press.

Vargas Llosa, Mario(1966). *La casa verde*. Barcelona: Seix Barral.

Vaughan, Mary Kay(1997). *Cultural Politics in Revolution. Teachers, Peasants, and Schools in Mexico, 1930~1940*. Tucson: University of Arizona Press.

Vich, Víctor(2005). "El subalterno 'no narrado': un apunte sobre la obra de José María Arguedas", in Carmen María Pinilla ed., *Arguedas y el Perú de hoy*. Lima: Sur.

Vilar, Bluma Waddington(2001). *Escrita e leitura: citação e autobiografia em Murilo Mendes e Machado de Assis*. Ph.D. Dissertation, Programa de Pós-graduação em Letras da Universidade do Estado do Rio de Janeiro.

Vilar, Juan B.(1984). *Intolerancia y Libertad en la España Contemporánea. Los Orígenes del Protestantismo Español Actual*. Madrid.

Viñas, David(1994). "Sarmiento: Madness or Accumulation", in Tulio Halperin Donghi, Ivan Jaksic, Gwen Kirkpatrick, and Francine Masiello eds., *Sarmiento. Author of a Nation*. Berkeley: University of California Press.

Vyse, Stuart A.(1997). *Believing in Magic. The Psychology of Superstition*. Oxford: Oxford University Press.

Wade, Peter(2000). *Music, Race and Nation: música tropical in Colombia*. Chicago: University of Chicago Press.

Wagley, Charles(1971). "Preface to Revised Edition", *An Introduction to Brazil*. New York: Columbia University Press.

Weil, George(1974). *El periódico. Orígenes, evolución y función de la prensa periódica*. México: Unión Tipográfica Editorial Hispanoamericana.

Whitaker, Arthur(1961). *Latin America and the Enlightenment*. Ithaca: Cornell University Press.

Whitehead, Laurence(2006). *Latin America: A New Interpretation*. New York: Palgrave.

Wiarda, Howard J.(2001). *The Soul of Latin America. The Cultural and Political Tradition*. New Haven: Yale University Press.

Wilk, Richard(1995). "Learning to Be Different in Belize: Global Systems of Common Difference", In Daniel Miller ed., *Worlds Apart: Modernity through the Prism of The Local.* London: Routledge.

Wilkie, James W.(1970). *The Mexican Revolution: Federal Expenditure and Social Change since 1910*, 2nd edn. Berkeley: University of California Press.

Williams, Raymond(1988). *Keywords A Vocabulary of Culture and Society.* London: Fontana.

Wilmsen, Ed and James Denbow(1990). "Paradigmatic History of the San-Speaking Peoples and Current Attempts at Revision", *Current Anthropology* 31(5).

Winant, Howard(1992). "Rethinking Race in Brazil", *Journal of Latin American Studies* 24.

Wolf, Eric R.(1982). *Europe and the People without History.* Berkeley: University of California Press.

Wright, M. W.(2003). "Factory Daughters and Chinese Modernity: A Case from Dongguan", *Geoforum* 34(3).

Young, Robert(1990). *White Mythologies.* London: Routledge.

Zilly, Berthold(2001). "A bárbarie: antítese ou elemento da civilização? Do *Facundo* de Sarmiento a *Os Sertões* de Euclides da Cunha", *Revista Tempo Brasileiro* 144.

옮긴이 후기

이 책은 '서울대학교 라틴아메리카연구소'(서라연)가 기획한 라틴아메리카 총서 〈트랜스라틴〉(TransLatin)의 제1권이다. 서라연은 1989년 '스페인중남미연구소'로 발족한 이래 각종 학술행사와 학술지『이베로아메리카연구』를 통해 국내 스페인어권 연구의 일익을 담당해 오다. 그 연구 성과를 인정받아 2007년 학술진흥재단 인문한국사업 유망연구소로 선정되면서 획기적인 변화를 추구하게 되었다. 연구소 자체가 확대·재편되고 이름도 '라틴아메리카연구소'로 바뀌었다는 외형적인 변화도 있었지만 보다 근본적인 변화가 있었다. 무엇보다도 장기 비전을 가지게 되었다는 점을 꼽을 수 있다. 지식의 식민성 극복과 학문의 대중적 소통을 목표로 하는 종합연구소로 거듭나겠다는 비전이다.

〈트랜스라틴〉 총서는 그러한 비전의 중요한 한 축으로 구상되었다. 국내 라틴아메리카 연구자들이라면 누구나 다 공감하겠지만, 그동안 라틴아메리카 관련 서적은 이 출판사 저 출판사에서 산발적으로 발간되어 라틴아메리카에 대해 체계적이고 꾸준한 소개가 사실상 불가능했다. 〈트랜스라틴〉 총서는 바로 이러한 현실을 극복해 보고자 서라연이 기획한 역점 사업이다. '트랜스라틴'이라는 이름은 금년 3월 서라연이 창간한 웹진과 이름이 같다. 격월간 웹진 『트랜스라틴』(http://translatin.snu.ac.kr)은 분과학문의 틀에 구애받지 않고 라틴아메리카를 종합적으로 다루고, 또한 학술성과 대중성을 동시에 추구하는 웹진이라는 점에서 라틴아메리카 연구 영역에서는 국내 최초의 시도이다. 그리고 이 웹진이 표방한 지역과 세계 가로지르기, 특유성과 보편성 가로지르기, 전문성과 대중성 가로지르기, 분과학문 가로지르기, 소통의 장 가로지르기가 총서 〈트랜스라틴〉의 목표이기도 해서 동일한 이름을 사용하기로 했다.

그러나 총서는 웹진을 통해 실현하기에는 다소 한계가 있는 원대한 목표도 가지고 있다. 바로 지식의 식민성 극복이다. 라틴아메리카의 독특한 시각이나 심오한 성찰을 소개해도 별로 소통이 되지 않는 것이 국내 현실이다. 라틴아메리카의 자생적 지식이 서구 지식과 유사하면 참신하지 않다고 생각하고, 다르면 신뢰하지 않기 때문이다. 또한 라틴아메리카 지식은 비현실적이거나 과격하다는 편견도 존재하고 심지어 라틴아메리카에는 고유의 철학도 없고 학문도 없다고 믿는 사람들까지 있는 실정이다. 이는 라틴아메리카 연구자로서 섭섭하다는 차원의 문제가 아니다. 이런 편견들이 서구 지식만을 중시하는 국내 학계의 풍토에서 비롯되었고, 그런 풍토는 지식의 생산·유통·소비를 장악하고 있는 서구중심주의적 국제 지식네트워크에 종속되어 있는 데 따른 것이라는 점이 정말 큰 문제이다. 지식의 식민성은 이런 상황을 규정하는 개념이고, 서라연의 목표는 서구 비판적인 라틴아메리카의 다양하고 풍요롭고 심오한 사유들을 소통시킴으로써 서구중심주의적 국제 지식네트워크에 종속된 국내 학계에 변화의 바람을 일으키는 것이다.

서라연은 지식의 식민성 극복이 말처럼 쉬운 일이 아니라는 것을 너무나도 잘 알고 있다. 그래서 〈트랜스라틴〉 총서 1차 기획을 통해 고전과 독창적인 시각의 책 이외에도 라틴아메리카 관련 기본서를 포함시켰다. 라틴아메리카를 올바로 알리는 일이 지식의 식민성 극복을 위한 기초적이고 필수적인 작업이라고 생각하기 때문이다. 2차 기획에서는 1차 기획의 기조를 유지하면서 국내 연구자들의 저술을 추가하여 지식의 식민성 극복을 위한 본격적인 행보에 나설 것이다. 〈트랜스라틴〉 총서가 국내의 라틴아메리카 연구자들이 여태껏 경험해 보지 못한 새로운 전망을 제시하는 일이 되리라는 것을 확신하기에 서라연은 많은 학자들이 참여할 수 있는 개방적인 기획을 해 나갈 수 있도록 노력할 것이다. 또한 라틴아메리카에 관심이 많거나 지식의 식민성 극복이라는 목표를 공유하는 다른 영역의 연구자들의 참여도 환영하는 바이다.

니콜라 밀러와 스티븐 하트가 편찬한 『라틴아메리카의 근대를 말하다—서구중심주의에 대한 성찰』을 총서 제1권으로 선정한 것은 무엇보다도 라틴아메리카에서 근대성이 지속적으로 화두가 되고 있기 때문이다. 라틴아메리카의 근대성 논쟁은 포스트모더니즘의 본격적인 도래의 산물이다. '잃어버린 10년'이라고 부를 정도로 치명적인 경제위기를 1980년대에 겪으면서 그때까지 라틴아메리카를 설명하던 근대화 이론이나 종속이론 같은 사회과학적 분석틀들은 완전히 신뢰를 상실하게 되었다. 극단적인 좌우 갈등을 경제위기의 원인으로 생각하던 이들에게 포스트모더니즘은 이념 대립을 극복할 수 있을 좋은 처방으로 생각되었다. 서구와는 달리 라틴아메리카에서는 사회과학자들이 인문학자들보다 더 포스트모더니즘에 매료되었을 정도이다. 그러나 우리나라의 경우와 마찬가지로 포스트모더니즘은 근대성 논쟁으로 귀결될 수밖에 없었다. 근대다운 근대가 존재하지 않았는데 '포스트'를 논할 수 있는가 하는 근본적인 문제제기가 있었고, 이에 따라 근대가 무엇인지 처음부터 논의해 볼 필요성이 대두되었던 것이다.

근대성 논쟁이 확산되고 지속된 데에는 신자유주의도 크게 일조했다. 근대, 근대성 등이 지식인 논쟁의 주요 주제로 등장하면서 아이러니하게도 발전주의의 변형된 부활을 가져왔다. 라틴아메리카의 근대를 점검하는 데 있어, 2차 세계대전 이후 미국의 반공산주의 전략, 즉 전 세계적인 경기 부양과 근대화 드라이브가 라틴아메리카에 끼친 영향을 빼뜨릴 수 없기 때문이다. '변형된 부활'이라는 표현을 쓰는 이유는 과거처럼 경제 일변도의 발전 개념보다는 폭넓게 근대를 정의하려고 했기 때문이다. 그래서 라틴아메리카 문화가 발전(근대성 성숙)의 걸림돌이라는 저급한 문화결정론들이 심심찮게 제기되기도 했다. 아무튼 발전주의가 다시 부활하면서 신자유주의자들은 경제적 발전과 근대성 성숙을 동일시하였고, 이러한 동일시가 타당한 것인가 하는 문제제기가 뒤따르면서 근대성이 여전히 중요한 화두가 될 수밖에 없었다.

최근 라틴아메리카 연구의 주요 경향인 탈식민주의 연구(Decolonial Studies) 역시 근대성 논쟁이 지속된 또 다른 배경으로 작용했다. 탈식민주의 연구자들은 신자유주의자들과는 정반대편에서 근대성 문제를 조망한다. 이들은 서구 근대성이 아메리카의 '발견' 및 식민지배와 더불어 시작되었다는 시각을 지니고 있다. 그래서 근대성과 식민성이 동전의 양면이라고 규정하고, '근대세계체제'라는 용어 대신 '근대적/식민적 세계체제'라는 용어를 쓰는 것이 타당하다고 주장하고 있다.

이러한 동향들과 그에 따른 다양한 논쟁 및 시각을 일목요연하게 소개하기는 쉬운 일이 아니다. 하지만 인문과학과 사회과학의 여러 분과학문 학자들의 다양한 목소리를 담고 있다는 장점을 지닌 이 책을 통해서 라틴아메리카 근대성 논쟁의 일단이나마 소개할 수 있게 된 것을 기쁘게 생각한다. 또한 이 책을 통해 라틴아메리카를 바라보는 다양한 시각이 존재한다는 사실을 미리 예고하는 것도 앞으로 발간될 총서들의 이해를 돕는 데 도움이 되리라고 본다.

앞으로 발간될 책들 중에서 네스토르 가르시아 칸클리니의 『혼종문화 : 근대성 넘나들기 전략』은 라틴아메리카 문화연구의 고전적인 저작이다. 라틴아메리카 근대성이 갖는 특징을 포착하기 위해 가르시아 칸클리니는 '근대적인 것', '전근대적인 것', '포스트 근대적인 것'에 대한 이론적 논의들을 통해 라틴아메리카가 가지고 있는 다시간성에 주목한다. 다시간성의 공존에 대한 이해를 통해 가르시아 칸클리니는 라틴아메리카 문화의 특징을 '혼종문화'라는 개념으로 정리한다. 또한 혼종문화를 라틴아메리카 근대성 논의의 새로운 돌파구를 마련할 수 있는 전략적 도구로 강조한다. 이 책은 세계라틴아메리카학회(Latin American Studies Association)가 1990~1992년 사이에 쓰인 라틴아메리카 관련 저술 중 선정해 수여하는 우수 저술상을 받은 바 있다.

엔리케 두셀의 『1492년. 타자의 은닉』은 저자가 1992년 독일 프랑크푸르트 대학에서 행한 강의록을 다듬어 발간한 것이다. 두셀은

1492년에 특별한 의미를 부여한다. 1492년이란, 콜럼버스가 아메리카를 '발견'한 해가 아니라 유럽이 타자를 만남으로써, 근대적 자아를 정의한 해다. 두셀은 이렇게 탄생한 유럽의 근대성이 타자를 동일자로 취급함으로써 타자를 발견하기는커녕 은닉하였다고 설파한다.

후안 곤살레스의 『미국 라티노의 역사—수확의 계절을 기다리며』는 미국 라티노의 기원부터 오늘까지를 다루고 있는 역사서이다. 일반대중이 쉽게 읽을 수 있도록 썼다는 점과 라티노 공동체 내부의 다양성에도 주목했다는 점이 장점이다. 푸에르토리코 출신인 저자의 시각은 '우리가 국경을 넘은 것이 아니라 국경이 우리를 넘었다'는 것으로 요약할 수 있다. 그래서 저자는 라티노 공동체의 성장이 라틴아메리카의 정치적 상황이나 빈곤이 낳은 이주 문제가 아니라 미국의 헤게모니 쟁탈전에서 비롯된 것이라고 주장한다.

미카엘 로위의 『신들의 전쟁—해방신학 이후』는 라틴아메리카의 해방신학이 구소련 붕괴 및 현실사회주의의 몰락과 더불어 종말을 맞았다는 관점에 이의를 제기한다. 1990년대의 해방신학은 '가난한 자'의 범주를 원주민, 흑인, 여성과 같은 사회적 소외계층으로 확장시켰을뿐더러, 최근 주된 라틴아메리카 사회운동에서 그 대중적 영향력이 지속되고 있기 때문이다. 그런 의미에서 저자는 '해방신학'(Liberation Theology)보다 확장된 '해방 기독교신앙'(Liberationist Christianity)이라는 용어를 사용한다. 제목에서 말하는 신들의 전쟁이란 기독교적인 생명의 신과 물신이라는 죽음의 신 사이의 전쟁을 의미한다.

월터 미뇰로의 『라틴아메리카—이름 뒤에 감춰진 현실』은 2006년 프란츠 파농 상을 수상한 책으로 라틴아메리카라는 이름 뒤에 숨어 있는 식민지적 권력 기반을 파헤친다. 이러한 작업을 통해 라틴아메리카 현실을 이해하는 데 핵심적인 탈식민이론에 중요한 기여를 하고 있으며, 90년대 중반 이후 발생하고 있는 라틴아메리카 사회운동의 배경을 분석하는 데도 꼭 필요한 책이다.

끝으로 도서출판 그린비 유재건 사장님에게 마음속 깊이 감사를 드리고 싶다. 비록 우리는 나름대로 분명한 목표를 가지고 기획을 했지만, 이를 원안대로 관철시킬 수 있을지는 미지수였다. 그린비 측에서 관심을 가지고 너그럽게 기획안을 수용해 주지 않았다면, 아마도 상당한 고민에 빠졌을 것이다. 이 책을 꼼꼼하게 편집해 준 진승우 씨에게도 감사를 드린다. 또한 책 편찬 과정에서 수고해 준 대학원생 이경민, 오상희, 오솔일에게도 감사를 표한다.

2008년 6월
서울대학교 라틴아메리카연구소

찾아보기

【ㄱ】

가르시아 모레노(García Moreno, Gabriel) 58, 286
가르시아 에스피노사(García Espinosa, Julio) 23, 240, 284
가르시아 칸클리니(García Canclini, Néstor) 16, 24, 29, 74, 79, 81~82, 253
　~의 발전주의 비판 74
가옹카(Gaonkar, Dilip) 192~194
가톨릭교회 39, 114, 119, 127, 167, 286
개혁 모델 283
경제 자본 270
계몽사상 149, 155, 273
계몽의 근대성 25, 258
계몽주의 39, 48, 71, 151, 154, 161, 166, 168
　~기획 150
　~사상 153
　~시대 272
　~적 근대성 151
계서제 291
고의적인 시대착오 기법 225
곤살레스 프라다(González Prada, Manuel) 175~177, 183, 193~194

공간
　근대~ 45, 67
　~경험 45
　~권력 기술 77
　~기획 63
　~모델 35~36
　~적 언어 36
　~적 지형학 55
　~적 척도화 79
공공영역 40
『공공정신』(El Espíritu Público) 116~117
과학적 합리성 71
관료제(체제) 154, 156
구성주의적 접근 88
구체제 엘리트 115
구티에레스 알레아(Gutiérrez Alea, Tomás) 242~243, 248
국가건설 255
국가주의적 목적론 81
국가 형성 57, 137, 145, 152
국민국가 12, 15, 27~28, 36, 104, 143
　~들의 부와 빈곤 107
국민방위군(National Guard) 119
국민자치국가 271
국민주권 27

국제영화TV학교 240, 247
군사지리서비스 61
권력경관 44
『귀족공화국의 절정과 위기』(Apogeo y crisis de la república aristocrática) 209
규율화된 신체 51
그라나다 110, 116~117
근대 공간 45, 67
근대국가 45, 178, 113, 136, 254
근대권력 52
근대 기획 22, 28, 38, 43, 45~46, 52~54, 57, 62, 285
근대성 9, 20, 29, 97~98
　다른 중심을 갖는(eccentric)~ 269
　다양한~(multiple modernity) 9, 14, 28~29, 37, 43, 54, 96, 210, 272~273, 275~281, 285, 287~288, 291~292
　대안적~ 12, 72, 192~193, 201, 214, 279
　변용/토착적~ 192
　불균등한~ 75
　신자유주의적(전 지구적)~ 258
　중심이 부재하는(decentered)~ 269
　~개념 131~142, 291
　~경험 10, 12, 259
　~관점 282
　~기획 40~42
　~부재 37
　~에 대한 목적론(적 접근) 15, 75, 88, 96~97, 292
　~에 대한 인류학적 접근 72
　~에 대한 열망 274~276, 282~283, 285
　~의 경계 75
　~의 공간성 66
　~의 공간적 기원 74
　~의 내부적 관점 136

~의 다양한 변형 공간 68
~의 시대구분 70
~의 지역사들 101
~의 탄생 150
~의 헤게모니 258
근대세계 99, 143, 280
『근대세계의 탄생 1780~1914』(The Birth of the Modern World 1780~1914) 18, 104~105, 108
근대세계체제 75
근대의 공간성 54
근대적 기술전경(technoscape) 192
근대적 실천/기획 51
근대 주체 66
근대화 189, 218
　~과정 272, 259
　~론(이론) 101, 146, 148~149, 159~160, 163~164
　~주의 74
『금세기 라틴아메리카인의 위치는 어디인가』(Latinoamericanos buscando lugar en este siglo) 268
기든스(Giddens, Anthony) 40, 147
길로이(Gilroy, Paul) 91
『깊은 강』(Los ríos profundos) 198, 205

【ㄴ】

나르바에스(Narváez, Rámon María) 117~118, 122
『나르키소스 호의 검둥이』(The Nigger of the Narcissus) 195
나와 족(los nahuas) 123
나이트(Knight, Alan) 19, 103, 130, 135
내부적 관점(emic) 19, 22, 141
내재적 목적론 272

네그리(Negri, Antonio) 54, 70
네오리얼리즘(neorealism) 23, 242~243
네트워크 82, 87, 107, 256
노동계급 111, 113
노동시장 256
『녹색의 집』(La casa verde) 194~197
누에보레온(Nuevo León) 133

【ㄷ】

다문화예술전람회 260
다문화주의 25
다양한 근대성(multiple modernity) 9, 14, 28~29, 37, 43, 54, 96, 210, 272~273, 275~281, 285, 287~288, 291~292
단선적 발전 291
「대중」(Masa) 213
대중교육 151, 154
던컬리(Dunkerley, James) 73, 89
『도시와 개들』(La ciudad y los perros) 196
동질화 작업 205
『동 카스무루』(Don Casmurro) 230, 232
두셀(Dussel, Enrique) 49, 74, 144
디아스(Díaz, Porfirio) 103, 110, 127, 134
디아스 케사다(Díaz Quesada, Enrique) 241

【ㄹ】

라라인(Larraín, Jorge) 144~145, 147, 162
라미레스 에레(Ramírez Erre, Marcos) 262
  트로이 목마 262~263
라투르(Latour, Bruno) 30
라티푼디움(latifundium) 106
라틴아메리카 273
  ~문화사 219
  ~ '붐' 소설 281
  ~의 근대성에 대한 개념 278
  ~의 근대화 254
  ~의 내부 지향성 277
  ~의 외부 지향성 277
  ~의 정의(定義) 131
라틴아메리카 신영화재단 247
라틴아메리카 영화감독 회의 247
래드클리프(Radcliffe, Sarah A.) 14
랜디스(Landes, David) 107
러브맨(Loveman, Brian) 107
러시아혁명 211
레드필드(Redfield, Robert) 101~102
로살도(Rosaldo, Renato) 11, 80, 82
로우(Rowe, William) 20
로하(Loja) 봉기 116
롬니츠(Lomnitz, Claudio) 28
루사로(Luzaró, Pérez) 111
루소-트로피칼리즘(luso-tropicalism) 100
르네상스 식 격자 공간 201
리마(Lima) 184, 186, 190~192
『리마 끔찍한 도시』(Lima la horrible) 177
리소르지멘토(Risorgimento) 121, 126

【ㅁ】

마르케스(Márquez, Gabriel García) 242, 247
마르크스주의 42, 63, 179, 155
마리아테기(Mariátegui, José Carlos) 21, 175, 178~179, 208, 211~212
『마리아테기의 사투』(La agonía de Mariátegui) 207, 209, 212
마킬라도라(maquiladora) 134
망자(亡者) 작가 224
메니페아 풍자(Menippean Satire) 235
메소아메리카 143, 157

메스티소(mestizo) 135~136
메시아적 시간 208, 213
「메인 호의 서막」(El epílogo del Maine) 241
멕시코 19, 93, 100~103, 105, 110, 113~114, 117, 119~120, 122, 124, 126~127, 133~140, 154, 156
　~의 급진적인 자유주의 114
　~의 급진적인 자유주의자들 112
멕시코혁명 99, 103, 137
멘추(Menchú, Rigoberta) 289
명예혁명(glorioso) 128
「몇몇 박사들에게 고함」(Llamado a algunos doctores) 201
모더니즘(modernism) 71, 99, 161
모데르니스모(modernismo) 11, 99, 175
문명과 야만 221
문명화 222
문자해독 능력 132~133, 136, 146, 165
문학비평 11, 30, 217, 223
문화
　~기획 31
　~변동 모델 101, 103
　~산업 263, 265~267
　~연구 10, 30, 165
　~적 상대주의 270
　~적 침투 262
　~주의 160
　~횡단 패러다임 204
　~흡수(acculturation) 102, 192
미국 영화 265
미뇰로(Mignolo, Walter) 48, 79
미주자유무역지대(FTAA) 278
민속-도시 연속 103
민족주의적 의제 114
민주 신문 126
민주주의 137, 147, 164

【ㅂ】

바랑코 184, 186~187, 190
바르가스 요사(Vargas Llosa, Mario) 139, 194, 196, 201, 284
바버(Barber, B. R.) 142
바사드레(Basadre, Jorge) 179, 182~183, 196
바예호(Vallejo, César) 213
바티스타(Batista, Fulgencio) 24, 242~243
바하칼리포르니아(Baja California) 267
반계몽주의(Counter-Enlightenment) 150, 168
반(反)근대적 사회 276
반(反)근대적 시도 275
발견적 장치(heuristic device) 19
발델로마르(Valdelomar, Abraham) 180~181, 198
발전모델 100
발전지리학파 37
번역 불가능성 204
베버(Weber, Marx) 149, 154
베이크웰(Bakewel, Peter) 108
베일리(Bayly, C. A.) 18, 104, 106~108, 129
벤야민(Benjamin, Walter) 21, 194, 208, 212, 249
보르헤스(Borges, Jorge Luis) 217, 224, 230, 239
복음주의적 개신교 145
볼리바르(Bolívar, Simón) 198
볼리바르대안미주통합운동(ALBA) 278
부르봉 왕조 105, 128, 139
부에노스아이레스 133
『부활』(Ressurreição) 225
북미자유무역협정(NAFTA) 140

불균등 권력 28
불균등 발전 42
불평등의 증가 25
브라스밴드(brass band) 102, 120
『브라스 쿠바스의 사후 회상』(Memórias póstumas de Brás Cubas) 222~225, 237
브라질 22, 106, 132, 216, 218, 227
 ~문화사 217
 ~의 기적 218
 ~의 역사 226
브로드스키(Brodsky, Joseph) 215
블룸(Bloom, Harold) 222, 224, 232, 235
비교사 18, 100
비대칭적 권력관계 25
비발전지리학 65
비벌리(Beverley, John) 79, 81~82
비선형적 접근 21
비츠(Vich, Víctor) 204, 206
빈곤 지수(poverty index) 138
빌라르(Vilar, Bluma Waddington) 224

【ㅅ】

사르미엔토(Sarmiento, Domingo Faustino) 137, 142, 168~169, 221~222
사이드(Said, Edward) 46, 79
사파타(Zapata, Emiliano) 286
사파티스타(Zapatista) 287
사 헤구(Sá Rego, Enylton de) 235
사회적 행위자 259
사회주의 137
 ~리얼리즘 246
 ~적 교육 154
산업혁명 190
산업화 151, 154, 166
살리나스(Salinas de Gortari, Carlos) 140, 159
상상의 공동체 27
『상상의 세계화』(La globalización imaginada) 260
상상의 지리학 46~48, 54, 57, 59, 67
상징 자본 270
상호주관적 관점 291
생산양식 211
서구적 근대성 201
「석탄화부」(El Megano) 243
선형성 206
『성당에서의 대화』(Conversación en la Catedral) 194, 197~198
세속주의 153~154, 156
세쿨라(Sekula, Allan) 267~268
셰익스피어(Shakespeare, William) 232~234
손택(Sontag, Susan) 222, 238, 239
수다카(sudaca) 257
숨바이유(zumbayllu) 205
슈와르츠(Schwarz, Roberto) 216~217, 223, 226, 236
스콥스(Scopes) 재판 155
스타 시스템 250
스턴(Sterne, Laurence) 232, 237
스페인 100, 102, 105~106, 113, 116~ 119, 124, 127, 132, 136, 139, 145, 157, 257
 ~의 리에로 행진곡(Himno de Riego) 120
 ~의 민주주의자들 112, 124~126, 128
 ~이민자 257
스페인 내전 213
「스페인 내전과 민중 선언들」(Los enunciados populares de la guerra española) 213
『스페인이여, 내게 이 성배를 거두어 주오』(España, aparta de mí este cáliz) 213

승리주의(triumphalism) 272
시기구분 206
식민권력 47~48
식민적 만남(colonical encounter) 27
식민주의 244
「신사 카르멜로」(El caballero carmelo) 180~181, 198
신영화운동 247~248
신자유주의적 기획 159

【ㅇ】

아단(Adán, Martín) 186~192
아르게다스(Arguedas, José María) 200~201, 205~207
「아메리카」(América) 260
『아메리카나』(Americana: The Americas in the World) 89
아메리카 원주민 145
아바나 영화제 246~247
아시스, 마샤두 지(Assis, Machado de) 216~219, 222, 224~228, 231~232, 235
아시아적 생산양식 207
아옌데(Allende, Salvador) 246
아유틀라(Ayutla) 자유주의혁명 110
『아침의 영혼』(El alma matinal) 212~213
아프로-콜롬비안(Afro-Columbian)운동 53
『안데스 유토피아』(La utopía andina) 209
「알멘다레스 강변에서의 결투」(Un duelo a orillas del Almendares) 241
앨런 프레드와 마이클 와츠 14
에구렌(Eguren, José María) 184~186, 188
에스코바르(Escobar, Arturo) 66, 70, 74
에킨(Eakin, Marshall C.) 219
역사 단계론 21

연대성부재(unchrony) 208, 210
오순절파(Pentecostalism) 153
『오지 사람들』(Os Sertões) 219~220, 222
옥본(Ogborn, Miles) 45, 49, 52
와카(huaca) 200, 205
외부 모델 282
외부적 개념 141
외부적 관점(etic) 19, 138
원주민운동가 277
원주민주의 207
웨글리(Wagley, Charles) 218
웨이드(Wade, Peter) 9, 14, 103, 281
유럽
  ~계몽주의 20, 152, 155
  ~식 근대성 14
  ~식민주의 106
  ~중심주의 14, 16, 29, 35~36, 42, 64, 73~74
유키노리 야나기(柳幸典, Yukinori Yanagi) 260, 263
이베로아메리카 정상회담 278
이스라엘(Israel, Jonathan I.) 149~150
이주 255, 261
  ~노동자 260
  ~유형 255
  ~현상 257
이질성 273
  ~패러다임 204
2차 세계대전 175
인구이동 255~259, 261
인구정책 255
인사이트(inSITE) 260, 262
일요국민군 119
잉카 198, 200
잉카 가르실라소(Inca Garcilaso de la Vega) 198, 201

잉카 로카(Inca Roca) 206
『잉카 왕조사』 199~200
잉켈리스(Inkeles, Alex) 147, 158

【ㅈ】

자바티니(Zabattini, Cesare) 243
자본주의 15, 27, 137, 151, 164
자유당애국무장동지회 110
자유무역협정 258
자유자원대(Volunteers of Liberty) 124
자유주의 137
자유주의혁명 110
작동화(operationalization) 141, 147, 165
장기지속 273
「저개발의 기억」(Memorias del subdesarrollo) 243~244
저발전세계 217
전파설 14, 64, 145, 152
정치체제 271
제도화된 재현 251
제로 타임 212~213
제7의 예술 249, 251~252
조직화 개념 142, 146
주관적(내부적) 개념 141
주관적 근대성 291
주변부 144, 238
　~국가 216, 226, 228
　~적 발전 단계 277
중간계급 111, 117
지리
　~적 관점 36
　~적 상상 47, 62
　~적 실천 36, 44, 46, 67
　~적 조직 57
　~학적 접근 14

지배 엘리트 113
직선적 역사관 211
진보적인 2년 110, 124

【ㅊ·ㅋ·ㅌ】

차별철폐조치 266
척도화 74, 88, 96~97
칠레 158, 280
　~의 연금민영화 280
『칠레, 히스패닉 자본주의의 유산』(Chile. The Legacy of Hispanic Capitalism) 107
카누두스 전쟁 220
카르데나스(Cárdenas, Lázaro) 139
카르보나리당 124~126
카를로스 파(Carlismo) 139
카스트로 호샤(Castro Rocha, João Cezar de) 22
카우디요(caudillo) 100, 105, 167, 221
카우디이스모(caudillismo) 100
커뮤니케이션 257, 264, 266, 270
케추아(quechua) 202~203
코민테른(Comintern) 211
쿠냐(Cunha, Euclides da) 219~220
쿠바 영화 241~252, 284
쿠바영화기구(ICAIC) 243, 246
쿠바혁명 23, 286
쿠아우테목(Cuauhtémoc) 123, 126
키하노(Quijano, Aníbal) 74, 199, 201
『킨카스 보르바』(Quincas Borba) 229
타우시그(Taussig, Michael) 83, 86
타자성 258
탈근대성 161
탈몬(Talmon, J. L.) 155
텔레노벨라(telenovela) 273, 287
토레스 가르시아(Torres García, Joaquín)

259~260
뒤집혀진 남아메리카 지도 259
토렌토 공의회 145
토착문화 201, 203
톰슨(Thomson, Guy) 17, 282
트로이 목마 262~263
『트리스트럼 샌디』(Tristram Shandy) 232, 237

【ㅍ】

파리코뮌 128
파벨라(favelas) 220
파스(Paz, Octavio) 99
파슨스(Parsons, Elsie Clews) 101
『판탈레온과 방문위안부들』(Pantaleón y las visitadoras) 195
페론(Perón, Juan Domingo) 139
페온(Peón, Ramón) 241~242
편의적 다원주의 28
포스트모더니즘(postmodernism) 10, 27, 161, 163
포스트식민주의(postcolonialism) 47~48, 63, 75
포퓰리즘(populism) 139~141, 159, 288
표절자 234, 238~239
푸에블라 시에라 110~111, 117, 119, 122~123, 125~127
푸엔테스(Fuentes, Carlos) 222, 226~227
푸코(Foucault, Michel) 160
프랑스혁명 209, 235
프로테스탄트(protestant) 120
프로파간다(propaganda) 245

플로레스(Flores Galindo, Alberto) 208, 210, 212
「피에르 메나르, 『돈키호테』의 저자」(Pierre Menard, autor de Quijote) 230
『피의 축제』(Yawar fiesta) 206~207

【ㅎ】

하비(Harvey, David) 27
하위주체 47, 52, 106, 113, 127
한사상속 114
할리우드 250~251, 265, 267, 278
합리성(주의) 149, 154
혁명계급 209
혁명적인 6년 124, 127~128
혼종(성) 16, 92, 96, 273, 282, 286
『혼종문화 : 근대성 넘나들기 전략』(Hybrid Cultures : Strategies for Entering and Leaving Modrnity) 16, 79, 81, 253
혼혈 100
화이트헤드(Whitehead, Laurence) 144, 152
확장된 지리(stretched-out geographies) 50
후아레스(Juárez, Benito) 114
「후안 킨킨의 모험」(Las aventuras de Juan Quinquin) 242, 244
『후안 파쿤도 키로가의 생애. 문명과 야만』(Civilización y Barbarie. Vida de Juan Facundo Quiroga) 137, 221
히스패닉 101
　~세계 105, 107~108, 111, 114~115
　~자본주의 107
　~화 100

• 옮긴이 소개 •

서문 | 우석균 마드리드 콤플루텐세 대학교에서 라틴아메리카 문학으로 박사학위를 받고 현재 서울대학교 라틴아메리카연구소 책임연구원으로 있다. 저서로 『잉카 in 안데스』(2008) 등이 있고 역서로는 『네루다의 우편배달부』(2004)와 『마술적 사실주의』(2001, 공역) 등이 있다.

1장 | 이성훈 마드리드 콤플루텐세 대학교에서 라틴아메리카 문학으로 박사학위를 받고 현재 서울대학교 인문학연구원 연구교수로 있다. 저서로 『세계의 과거사 청산』(2005, 공저), 『차이를 넘어 공존으로』(2007, 공저)가 있다.

2장 | 강정원 플로리다대학교 인류학과 박사과정을 수료하고 페루 앙카시 주 산마르코스에서 다국적 기업인 안타미나 광산회사의 지역개발 사업과 이런 사업이 지역개발에 미치는 영향에 대해서 박사학위 논문을 집필 중이다.

3장 | 김윤경 서울대학교 서양사학과에서 라틴아메리카 역사로 박사학위를 받고 현재 강원대학교 사회과학연구소 연구교수로 있다. 논문으로 「멕시코의 '혁명적' 인디헤니스타들의 원주민에 대한 인식과 평가: '타자'에서 국민문화로」, 「'혁명적' 인디헤니스모의 이념적 성격: 마누엘 가미오를 중심으로」가 있다.

4장 | 박구병 로스앤젤레스 소재 캘리포니아 주립대학교(UCLA)에서 라틴아메리카 역사로 박사학위를 받고 현재 서울대학교 서양사학과 강사로 있다. 저서로는 『세계의 과거사 청산』(2005, 공저), 『제3세계의 역사와 문화』(2007, 공저) 등이 있다.

5장 | 강성식 서울대학교 서어서문학과에서 라틴아메리카 문학으로 박사학위를 받고 현재 서울대학교 강사로 있다. 역서로 『선과 악을 다루는 35가지 방법』(1997), 『마술적 사실주의』(2001, 공역)가 있다.

6장 | 박병규 국립멕시코대학교(UNAM)에서 라틴아메리카 문학으로 박사학위를 받고 현재 서울대학교 라틴아메리카연구소 책임연구원으로 있다. 역서로 『불의 기억』(2005), 『네루다 자서전: 사랑하고 노래하고 투쟁하다』(2008) 등이 있다.

7장 | 임호준 마드리드 콤플루텐세 대학교에서 스페인 문학으로 박사학위를 받고 현재 한국예술종합학교 영상원 연구교수로 있다. 저서로 『시네마, 슬픈 대륙을 품다』(2006), 역서로 『현대 스페인 희곡선』(2003) 등이 있다.

8장 | 김은중 국립멕시코대학교(UNAM)에서 라틴아메리카 문학으로 박사학위를 받고 현재 강원대학교 사회과학연구소 연구교수로 있다. 저서로는 『라틴아메리카 문학과 사회』(2001, 공저) 등이 있고 역서로는 『활과 리라』(1998, 공역), 『진흙의 자식들: 낭만주의에서 전위주의까지』(1999)가 있다.

결론 | 곽재성 영국 리버풀 대학교에서 국제정치학으로 박사학위를 받고 현재 경희대학교 국제대학원 교수로 있다. 저서로는 『라틴아메리카를 찾아서』(2000, 공저) 등이 있고, 역서로는 『교과서가 죽인 책들』(2004, 공역)이 있다.